■2025年度中学受験用

公文国際学園中等部

3年間スーパー過去問

●収録内容一覧

入試問題と解説・解答の収録内容

2024年度　Ａ入試	算数・数学・英語・国語 （英語は解答のみ）
2024年度　Ｂ入試	算数・社会・理科・国語
2024年度　帰国生入試	適性検査・英語 （解答のみ）
2023年度　Ａ入試	算数・数学・英語・国語 （英語は解答のみ）
2023年度　Ｂ入試	算数・社会・理科・国語
2023年度　帰国生入試	適性検査・英語 （解答のみ）
2022年度　Ａ入試	算数・数学・英語・国語 （英語は解答のみ）
2022年度　Ｂ入試	算数・社会・理科・国語
2022年度　帰国生入試	適性検査・英語 （解答のみ）

～本書ご利用上の注意～　以下の点について，あらかじめご了承ください。

★別冊解答用紙は巻末にございます。本書に収録している試験の実物解答用紙は，弊社サイトの各校商品情報ページより，一部または全部をダウンロードできます。

★編集の都合上，学校実施のすべての試験を掲載していない場合がございます。

合格を勝ち取るための
『スーパー過去問』の使い方

本書に掲載されている過去問をご覧になって，「難しそう」と感じたかもしれません。でも，多くの受験生が同じように感じているはずです。なぜなら，中学入試で出題される問題は，小学校で習う内容よりも高度なものが多く，たくさんの知識や解き方のコツを身につけることも必要だからです。ですから，初めて本書に取り組むさいには，点数を気にしすぎないようにしましょう。本番でしっかり点数を取れることが大事なのです。

過去問で重要なのは「まちがえること」です。自分の弱点を知るために，過去問に取り組むのです。当然，まちがえた問題をそのままにしておいては意味がありません。

本書には，長年にわたって中学入試にたずさわっているスタッフによるていねいな解説がついています。まちがえた問題はしっかりと解説を読み，できるようになるまで何度も解き直しをしてください。理解できていないと感じた分野については，参考書や資料集などを活用し，改めて整理しておきましょう。

このページも参考にしてみましょう！

◆どの年度から解こうかな　「入試問題と解説・解答の収録内容一覧」

本書のはじめには収録内容が掲載されていますので，収録年度や収録されている入試回などを確認できます。

※著作権上の都合によって掲載できない問題が収録されている場合は，最新年度の問題の前に，ピンク色の紙を差しこんでご案内しています。

◆学校の情報を知ろう!!「学校紹介ページ」

このページのあとに，各学校の基本情報などを掲載しています。問題を解くのに疲れたら息ぬきに読んで，志望校合格への気持ちを新たにし，再び過去問に挑戦してみるのもよいでしょう。なお，最新の情報につきましては，学校のホームページなどでご確認ください。

◆入試に向けてどんな対策をしよう？「出題傾向＆対策」

「学校紹介ページ」に続いて，「出題傾向＆対策」ページがあります。過去にどのような分野の問題が出題され，どのように対策すればよいかをアドバイスしていますので，参考にしてください。

◇別冊「入試問題解答用紙編」

本書の巻末には，ぬき取って使える別冊の解答用紙が収録してあります。解答用紙が非公表の場合などを除き，（注）が記載されたページの指定倍率にしたがって拡大コピーをとれば，実際の入試問題とほぼ同じ解答欄の大きさで，何度でも過去問に取り組むことができます。このように，入試本番に近い条件で練習できるのも，本書の強みです。また，データが公表されている学校は別冊の１ページ目に過去の「入試結果表」を掲載しています。合格に必要な得点の目安として活用してください。

本書がみなさんの志望校合格の助けとなることを，心より願っています。

株式会社　声の教育社　編集部

公文国際学園中等部

所在地	〒244-0004 神奈川県横浜市戸塚区小雀町777
電　話	045-853-8200
ホームページ	https://kumon.ac.jp/k-gakuen/kokusai/
交通案内	JR東海道線・横須賀線・根岸線(京浜東北線)「大船駅」西口より 直通バス約8分または路線バス約8分「小雀」下車徒歩約5分

くわしい情報は
ホームページへ

トピックス

★2021年度より，A入試で「数学・英語」受験が選択可能となりました。
★生徒の登下校時や説明会などの学校行事に合わせて直通バスを運行。

創立年 平成5年

男女共学

高校募集 なし

応募状況

年度	募集数		応募数		受験数	合格数	倍率
2024	帰国 適/英	男女 10名	男	28名	26名	13名	2.0倍
			女	22名	20名	6名	3.3倍
	A 国/算	男女 40名	男	66名	64名	16名	4.0倍
			女	75名	72名	33名	2.2倍
	A 国/数	男女 70名	男	57名	57名	42名	1.4倍
			女	34名	34名	31名	1.1倍
	A 国/英		男	12名	12名	7名	1.7倍
			女	16名	14名	9名	1.6倍
	A 数/英		男	6名	6名	3名	2.0倍
			女	9名	9名	7名	1.3倍
	B 4科	男女 40名	男	104名	74名	26名	2.8倍
			女	93名	52名	17名	3.1倍

2023年度の主な大学合格実績

＜国公立大学＞

東京大，東京工業大，東北大，北海道大，筑波大，東京医科歯科大，千葉大，東京外国語大，横浜国立大，東京都立大，横浜市立大

＜私立大学＞

慶應義塾大，早稲田大，上智大，東京理科大，明治大，青山学院大，立教大，中央大，法政大，学習院大，東京慈恵会医科大，順天堂大

本校の特色

「学校」「公文式」「寮」を教育の三本柱としています。中高一貫教育のメリットを最大限に生かすため，中１・中２をイエローゾーン(基礎期)，中３・高１をグリーンゾーン(充実期)，高２・高３をブルーゾーン(発展期)とする本校独自の３ゾーン制を導入し，各ゾーンに校舎と責任者を配することで，効果的で細やかな指導を行います。

入試情報（参考：昨年度）

【Ａ入試】　※英語の難易度は英検準２級程度

試験日時：2024年２月１日　８:20出席確認

選考方法：国語・算数/国語・数学/国語・英語/数学・英語(各50分，100点満点)

＊国語・算数は２科得点で選抜。国語・数学/国語・英語/数学・英語は２段階選抜。
〔第１段階〕１科目以上が絶対合格点以上で，かつ２科目とも合格基準点未満でない場合。
〔第２段階〕２科得点と自己推薦書(公文式中学課程認定以上，英検３級以上またはTOEIC・TOEFLのスコア，数検３級以上を証明する書類。なくても受験可)の合計で選抜。

合格発表：2024年２月２日　９:00～15:00(HP)

【Ｂ入試】

試験日時：2024年２月３日　８:20出席確認

選考方法：国語・算数(各50分，100点満点)
理科・社会(各40分，75点満点)

合格発表：2024年２月４日　９:00～12:00(HP)

【帰国生入試】　※英語の難易度は英検２級程度

試験日時：2023年12月16日　８:20出席確認

選考方法：適性検査・英語(各50分，100点満点)
面接(10分程度)

合格発表：2023年12月16日　15:00～16:30(HP)

編集部注―本書の内容は2024年3月現在のものであり，変更されている場合があります。正確な情報は，学校のホームページ等で必ずご確認ください。

算数 出題傾向＆対策

◆基本データ（2024年度Ｂ）

試験時間／満点	50分／100点
問題構成	・大問数…５題 　計算１題（５問）／応用小問２題（10問）／応用問題２題 ・小問数…23問
解答形式	解答のみを記入する問題が大半だが，考え方や途中式を書くものや作図もある。
実際の問題用紙	Ａ４サイズ，小冊子形式
実際の解答用紙	Ａ３サイズ

◆出題傾向と内容

▶過去３年の出題率トップ３
１位：四則計算・逆算20％　２位：角度・面積・長さ９％　３位：条件の整理など５％
▶今年の出題率トップ３
１位：四則計算・逆算18％　２位：角度・面積・長さ16％　３位：約数と倍数７％

１題めはやさしめの計算問題，２題め，３題めは標準的な応用小問集合題，それ以降は応用問題です。

応用小問は，整数の性質，規則性，場合の数，比の性質，濃度，グラフ，角度，長さ，面積，体積，図形の移動・回転，相当算，平均とのべ，消去算，旅人算，通過算，差集め算，周期算などが出題されています。応用問題に目を向けると，グラフなどを読み解く文章題，調べ・推理・条件の整理，図形の分野から出されることが多いようです。いずれも，よく考えさせる問題となっています。

◆対策～合格点を取るには？～

まず，計算力を毎日の計算練習で身につけましょう。計算の過程をきちんとノートに書き，答え合わせのときに，どんなところでミスしやすいかを発見するようにつとめること。

数の性質，割合と比では，はじめに参考書や問題集などにある重要事項を整理し，類題を数多くこなして，基本的なパターンと解法を身につけましょう。

図形では，はじめに求積問題を重点的に学習しましょう。

特殊算については，参考書などにある「○○算」の基本を学習し，公式をスムーズに活用できるようになりましょう。

分野＼年度		2024		2023		2022	
		A	B	A	B	A	B
計算	四則計算・逆算	●	●	●	●	●	●
	計算のくふう	○	○		○	○	○
	単位の計算						○
和と差	和差算・分配算	○		○			
	消去算	○					○
	つるかめ算		○	○			
	平均とのべ		○				
	過不足算・差集め算	○		◎	○		
	集まり		○		○		
	年齢算		○				
割合と比	割合と比			○			○
	正比例と反比例					○	
	還元算・相当算	○		○			
	比の性質			○	○	○	○
	倍数算						
	売買損益		○				
	濃度			○		○	○
	仕事算	○		○		○	
	ニュートン算		○				
速さ	速さ	○			○	○	
	旅人算	○		○			
	通過算		○				○
	流水算						
	時計算						
	速さと比						
図形	角度・面積・長さ	●	●	○	●	◎	○
	辺の比と面積の比・相似		○		○	○	○
	体積・表面積	◎		◎			
	水の深さと体積				○		
	展開図						○
	構成・分割			○	○		
	図形・点の移動	○		○	○		○
表とグラフ		○			○	○	
数の性質	約数と倍数	●		○	○		
	N進法						
	約束記号・文字式			○	○	○	
	整数・小数・分数の性質					○	○
規則性	植木算						
	周期算		○			◎	
	数列	○				○	○
	方陣算					○	
	図形と規則			○		○	
場合の数			◎		○	○	○
調べ・推理・条件の整理		○			◎	○	◎
その他							

※　○印はその分野の問題が１題，◎印は２題，●印は３題以上出題されたことをしめします。

社会 出題傾向＆対策

◆基本データ（2024年度Ｂ）

試験時間／満点	40分／75点
問題構成	・大問数…３題 ・小問数…36問
解答形式	記号選択，適語の記入，記述問題など，バラエティーに富んでいる。
実際の問題用紙	Ａ４サイズ，小冊子形式
実際の解答用紙	Ａ３サイズ

◆出題傾向と内容

本校の社会は，各問題の難度がやや高いうえ，試験時間のわりにボリュームがある内容なので，見直すよゆうのあまりない試験といえるでしょう。また，地理・歴史・政治の各分野からまんべんなく問われているので，総合的な実力をつけておく必要があります。特に政治分野では，細かく専門的なことがらを問うものも出されています。

●**地理**…地図や統計資料を読みとく問題，日本の国土・自然，農林水産業や工業などの産業，交通・通信，生活・文化，環境問題などが取り上げられているほか，時事問題も出されています。

●**歴史**…会話文や史料をもとに，古代から現代までのはば広い範囲から，おもなできごとや人物，文化などが問われています。

●**政治**…さまざまな資料を示し，憲法，国会・内閣・裁判所，生活や経済についての問題，国際関係などを問うほか，新聞記事や会話文をもとにした時事問題も出されています。

分野＼年度			2024	2023	2022
日本の地理		地図の見方	○		
		国土・自然・気候	○	○	○
		資源			
		農林水産業	○	○	○
		工業	○	○	
		交通・通信・貿易	○	○	○
		人口・生活・文化			★
		各地方の特色	○	○	○
		地理総合	★	★	
世界の地理					
日本の歴史	時代	原始～古代	○	○	○
		中世～近世	○	○	○
		近代～現代	○	○	○
	テーマ	政治・法律史			
		産業・経済史			
		文化・宗教史			
		外交・戦争史			★
		歴史総合	★	★	
世界の歴史					
政治		憲法	○	○	○
		国会・内閣・裁判所	★	○	○
		地方自治	○		○
		経済		○	
		生活と福祉			○
		国際関係・国際政治		○	
		政治総合			★
環境問題			○	○	
時事問題				○	○
世界遺産					
複数分野総合				★	

※　原始～古代…平安時代以前，中世～近世…鎌倉時代～江戸時代，近代～現代…明治時代以降

※　★印は大問の中心となる分野をしめします。

◆対策～合格点を取るには？～

全分野に共通することとして，形式面では，①基礎的知識としての数字（地理では，国土の面積，歴史では，重要なできごとが起こった年，政治では，重要事項を規定した憲法の条文の番号など）にかかわる問題，②地名，人名，憲法上の用語などを漢字で書く問題，③基本的な資料の空所を補充させる問題などに慣れておくことが必要です。内容面では，基本的事項はもちろんのこと，時事とからめたものや，わが国と諸外国との関係まで視野を広げ，整理しておきましょう。

地理的分野については，ふだんから地図に親しんでおき，学習した地名は必ず地図で確認し，白地図の上におもな平野，山脈，火山帯，川，都市などをかきこめるようにしておきましょう。

歴史的分野については，歴史の流れをおおまかにとらえる姿勢が大切です。そのためには，つねに年表を見ながら勉強する態度を，日ごろから身につけておくべきです。重要な事件が起こった年の前後の流れを理解するなど，単純に暗記するだけでなく，くふうして覚えていきましょう。

政治的分野では，日本国憲法が中心になります。主権，戦争の放棄，基本的人権，三権分立などの各事項を教科書で理解するほか，憲法の条文を確認しておくとよいでしょう。

理科 出題傾向&対策

◆基本データ（2024年度Ｂ）

試験時間／満点	40分／75点
問題構成	・大問数…３題 ・小問数…31問
解答形式	記号選択と適語（または数値）の記入が多いが，記述問題やグラフの完成も見られる。
実際の問題用紙	Ａ４サイズ，小冊子形式
実際の解答用紙	Ａ３サイズ

分野＼年度		2024	2023	2022
生命	植物	○		★
	動物	○		
	人体			
	生物と環境	★	★	
	季節と生物			
	生命総合			
物質	物質のすがた	○		
	気体の性質			
	水溶液の性質	★		
	ものの溶け方	○	○	○
	金属の性質			
	ものの燃え方			
	物質総合			
エネルギー	てこ・滑車・輪軸			
	ばねののび方			
	ふりこ・物体の運動		○	★
	浮力と密度・圧力			
	光の進み方	★		○
	ものの温まり方		○	
	音の伝わり方			
	電気回路	○		○
	磁石・電磁石		○	
	エネルギー総合			
地球	地球・月・太陽系	○		
	星と星座			
	風・雲と天候			○
	気温・地温・湿度			
	流水のはたらき・地層と岩石			★
	火山・地震		★	
	地球総合			
実験器具				
観察		○		○
環境問題		○	○	○
時事問題				
複数分野総合			★	

※　★印は大問の中心となる分野をしめします。

◆出題傾向と内容

本校の理科は，実験・観察・観測をもとにした問題が多く，また，はば広い分野から出題される傾向にあります。出題内容を全体的に見ると，内容的にはどれも基本的なことがらを問うものがほとんどですから，落ち着いて解けば十分時間内に正解が得られるはずです。ただし，各実験・観察に対する正しい理解や思考力を必要とするものが多く出題されているため，中途はんぱな知識のつめこみでは対応できないと考えられます。

●**生命**…魚の飼い方，生物の数の変化，動物の集団生活，植物の成長などが出されています。

●**物質**…洗剤の性質，ものの溶け方，濃度，化学変化，プラスチックなどが見られます。

●**エネルギー**…光，熱の移動と水の温度，ふりこ，電磁石，電気回路，物体の運動，滑車などが出題されています。

●**地球**…太陽高度，地震，地層，風のふき方，月と日食などが出されています。また，環境問題なども出題されています。

◆対策～合格点を取るには？～

本校の理科は実験・観察をもとにした問題が大部分なので，細かい知識を覚えるよりも，教科書・参考書の内容をしっかり身につけることや，資料（グラフや表，実験や観察の結果）をもとにして考える訓練を積んでおくことが大切です。そのために，次のことを実行してみてはいかがでしょうか。①教科書や標準的な受験参考書を中心とした学習をする。難問はさけて基本的なことがらの理解につとめること。グラフや表の見方に慣れるだけでなく，その意味やそこからわかることなども確認しておく。②学校で行う実験や観察には積極的に参加し，目的，方法，経過，結果，実験器具の使用方法などをノートに整理する。わからないことがあれば，図鑑などで調べる。自分でできる範囲で実験・観察を行うのもよい。③科学ニュースにも目を向ける。新聞や雑誌の記事，テレビのニュース番組や科学番組などをできるだけ関心を持って見るようにして，はば広い知識を身につける。④ある程度の理解が得られたら，標準的でよくまとまったうすめの問題集で確認する。⑤「物質」「エネルギー」からは，濃度や力のつり合いなどの計算問題が出題されやすいので，計算ミスをしないように日ごろからよく練習しておく。

国語　出題傾向＆対策

◆基本データ（2024年度Ｂ）

試験時間／満点	50分／100点
問題構成	・大問数…３題 　文章読解題２題／知識問題１題 ・小問数…21問
解答形式	記号選択と書きぬき，記述問題などバラエティーに富んでいる。120字程度の記述問題も出題されている。
実際の問題用紙	Ａ４サイズ，小冊子形式
実際の解答用紙	Ａ３サイズ

◆出題傾向と内容

▶近年の出典情報（著者名）
説明文：小林康夫　秋道智彌　真山　仁
小　説：朝井リョウ　葉山エミ　彩坂美月

●読解問題…説明文・論説文が１題，小説・物語文が１題という出題が定着しています。読解力にウェートがおかれており，文脈や心情・性格，主題の読み取りなど，正統的な設問が多くなっています。ほかには，指示語の内容，語句の文中での意味，接続語なども見られます。また，文章中のことばを使って答える比較的長めの記述や，内容に関連した自分の考えを述べる作文も出題されるのが大きな特ちょうです。

●知識問題…漢字の書き取り，四字熟語，対義語，熟語，慣用句・ことわざ，敬語表現，品詞の分類などが，はば広く問われます。

◆対策～合格点を取るには？～

本校の国語は，読解力を中心にことばの知識や漢字力もあわせ見る問題といえますが，その中でも大きなウェートをしめるのは，長文の読解力です。したがって，読解の演習のさいには，以下の点に気をつけるとよいでしょう。①「それ」や「これ」などの指示語が何をさしているのかをつねに考える。②段落や場面の構成を考える。③筆者の主張や登場人物の性格，心情の変化などに注意する。④読めない漢字，意味のわからないことばが出てきたら，すぐに辞典で調べ，ノートにまとめる。

また，知識問題は，漢字・語句（四字熟語，慣用句・ことわざなど）や文法の問題集を一冊仕上げるとよいでしょう。

分野		年度	2024 A	2024 B	2023 A	2023 B	2022 A	2022 B
読解	文章の種類	説明文・論説文	★	★	★	★	★	★
		小説・物語・伝記	★	★	★	★	★	★
		随筆・紀行・日記						
		会話・戯曲						
		詩						
		短歌・俳句						
	内容の分類	主題・要旨	○	○	○	○	○	○
		内容理解	○	○	○	○	○	○
		文脈・段落構成		○	○			
		指示語・接続語					○	
		その他	○	○	○	○	○	○
知識	漢字	漢字の読み						
		漢字の書き取り	○	○	○	○	○	○
		部首・画数・筆順						○
	語句	語句の意味	○	○	○	○	○	○
		かなづかい						
		熟語	○	○		○		○
		慣用句・ことわざ		○				
	文法	文の組み立て				○		
		品詞・用法		○				
		敬語		○		○		
	形式・技法							
	文学作品の知識							
	その他							○
	知識総合							
表現	作文		○		○	○	○	
	短文記述							
	その他							
放送問題								

※　★印は大問の中心となる分野をしめします。

カコを追いかけ
ミライをつかめ
「今の説明、もう一回」を何度でも
web過去問
ストリーミング配信による入試問題の解説動画
もっと古いカコモンないの？
カコ過去問
「さらにカコの」過去問をHPに掲載（DL）
声の教育社
詳しくはこちらから

2025年度 中学受験用

公文国際学園中等部 3年間スーパー過去問

をご購入の皆様へ

お詫び

本書、公文国際学園中等部の入試問題につきまして、誠に申し訳ございませんが、以下の問題は著作権上の都合により掲載することができません。設問と解説、解答は掲載してございますので、ご必要とされる方は原典をご参照くださいますよう、お願い申し上げます。

記

2022年度〈A入試〉 国語 二 の問題文

2022年度〈A入試〉 英語 4 の問題文

以上

株式会社　声の教育社　編集部

2024年度 公文国際学園中等部

【算　数】〈A入試〉(50分)〈満点：100点〉

《注意》解答用紙に図をかくときは，定規やコンパスを使う必要はありません。

1 次の $\square$ にあてはまる数を求めなさい。

(1) $9+(3\times 7-1)\div 5=\square$

(2) $20-\{9+(10+14)\times 2\}\div 3=\square$

(3) $1.57\times 12+3.14\times 7-6.28\times 3\div 2=\square$

(4) $0.8\times\left\{2\frac{1}{9}-\left(1.25-\frac{5}{6}\right)\times 1\frac{1}{15}\right\}=\square$

(5) $\frac{9}{5}-(6\times 1.3-\square)\div 4=0.6$

2　次の □ にあてはまる数を求めなさい。

(1)　12 人で取り組むと 15 日かかる仕事があります。この仕事を □ 人で取り組むと 9 日かかります。

(2)　ある本を 1 日目に全体の $\frac{3}{5}$ だけ読み、2 日目にその続きから 1 日目に読んだ量の半分だけ読み進めたところ、残りが 23 ページでした。この本は全部で □ ページです。

(3)　たて 216 mm、横 48 mm、高さ 144 mm の直方体の箱に、同じ大きさの立方体のブロックをすき間なく詰《つ》めます。ブロックをできるだけ大きくして個数を減らすとき、ブロックの 1 辺の長さは □ mm です。

(4)　長さ 4 m のひもを A、B、C の 3 人で分けます。B のひもは A のひもより 30 cm 短く、C のひもは B のひもの 2 倍より 10 cm 長いです。このとき、A のひもの長さは □ cm です。

(5)　右の図の斜《しゃ》線部分の面積は □ cm^2 です。ただし、円周率は 3.14 とします。

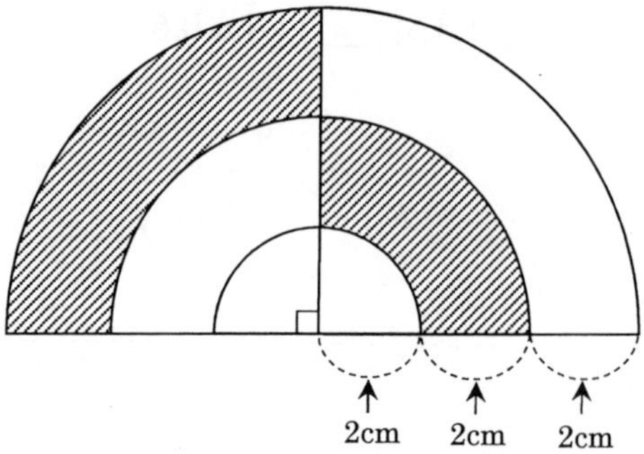

(6)　0 から 9 までの数字が書いてあるカードが 1 枚ずつあります。これを A～E の 5 人にそれぞれ 2 枚ずつ配ったところ、下のようになりました。A の 2 枚のカードは □ と □ です。

A …　2 つの数をかけると、5 人の中で 1 番小さい数

B …　最小公倍数は 21

C …　最大公約数は 3

D …　差は 3

E …　和は 9

3　次の［　］にあてはまる数をそれぞれ答えなさい。

(1)　次のように、数がある規則に従って並んでいます。

$$\frac{1}{1}, \frac{1}{2}, \frac{2}{2}, \frac{1}{3}, \frac{2}{3}, \frac{3}{3}, \frac{1}{4}, \frac{2}{4}, \frac{3}{4}, \frac{4}{4}, \frac{1}{5}, \frac{2}{5}, \cdots$$

$\frac{4}{7}$ は［①］番目の数であり、100 番目の数は［②］です。

(2)　右の図のような台形 ABCD の辺の上を点 P は A から B の方向に、点 Q は C から D を通って A の方向にそれぞれ毎秒 1 cm の速さで動きます。
このとき、動き始めてから 3 秒後の四角形 PBCQ の面積は［①］cm^2 です。また、動き始めてから 7 秒後の四角形 PBCQ の面積は［②］cm^2 です。

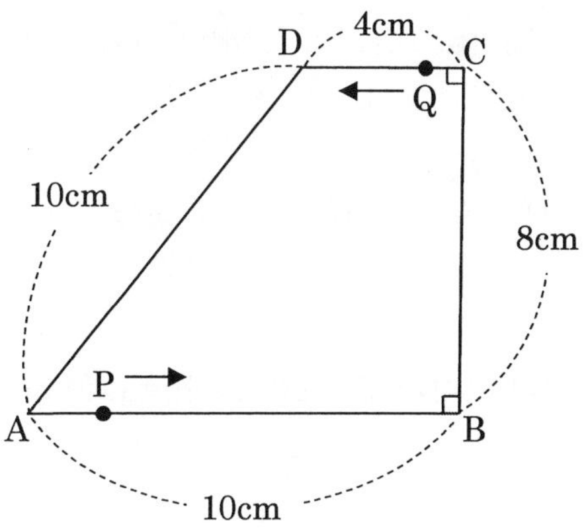

(3)　カードの表《おもて》面に 1 から 10 の数字が 1 つずつ書かれた 10 枚のカードがすべて表を上にして並べられています。このとき、「1 の倍数のカードを裏返す」、「2 の倍数のカードを裏返す」、「3 の倍数のカードを裏返す」… という操作を 10 の倍数のカードまでくり返し行います。(※裏面の状態のカードを裏返すと表面になります。) この操作を最後まで行ったとき、裏返された回数が 2 回のカードは［①］枚です。また、最終的に裏面になっているカードは［②］枚です。

(4)　ある会場を借りてパーティーを開きます。その費用として食事代と会場使用料がかかり、1 人あたりの食事代は全員同じ代金で、会場使用料は参加人数に関係なくある一定の費用がかかります。30 人集まると 1 人あたり 3300 円、50 人集まると 1 人あたり 2700 円かかります。このとき、1 人の食事代は［①］円です。また、［②］人以上集まると、1 人あたりの費用は 2500 円以下になります。

4 右の図のようにAさんとBさんが通う学校は2人の家を結んだ直線上に位置しています。このとき、次の問いに答えなさい。ただし、移動するときは寄り道などをせず、目的地に向かって真っすぐ歩くこととします。

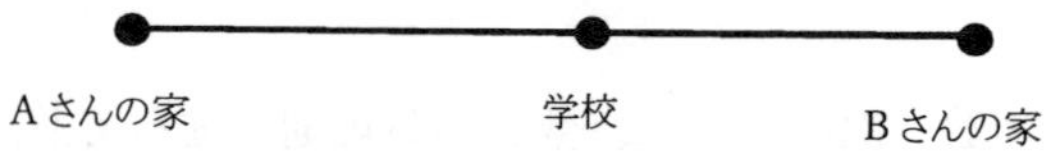

ある日、AさんとBさんは学校を同時に出発し、それぞれ一定の速さで帰ったところBさんの方がAさんよりも早く家に到《とう》着しました。右のグラフ1は、そのときの時間と離《はな》れていく2人の距離《きょり》の関係をグラフに表したものです。

【グラフ1】

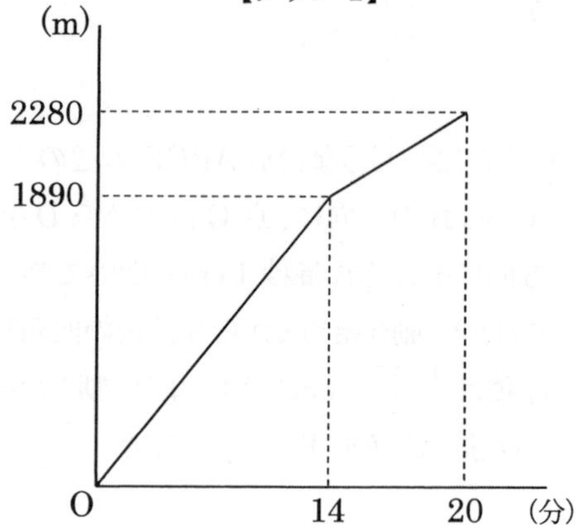

(1) Aさんが帰った速さは毎分何mでしたか。

(2) 学校とBさんの家の距離は何mですか。

次の日、それぞれの家を同時に出発した2人は前日と同じ速さで学校に向かいましたが、Bさんは家を出てから8分後に忘れ物をしたことに気づきました。その地点から速度を上げて家に1度もどり、その速さのまま学校に向かうと、Aさんから7分15秒遅れて到着しました。ただし、家にもどったときに家にいた時間は考えないものとします。

(3) 忘れ物に気づいたあとからのBさんの速さは毎分何mでしたか。

(4) 右のグラフ2は、この日の時間と2人の距離の関係を表したものです。グラフの空欄《らん》①～③にあてはまる数をそれぞれ答えなさい。途《と》中の式や考え方も書きなさい。

【グラフ2】

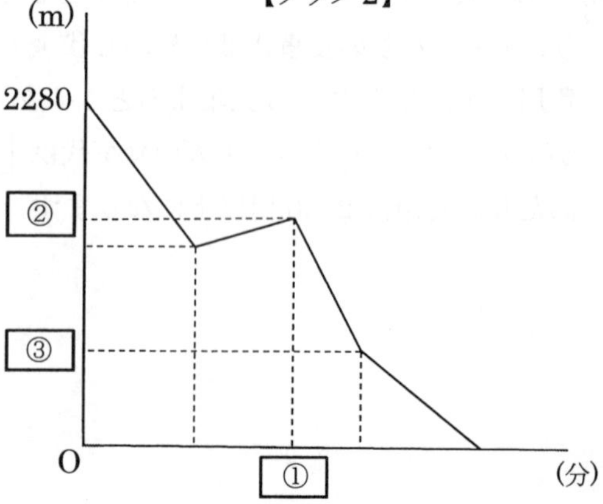

5 下の図のように異なる直方体A、Bが1段に3個ずつ、たて横交互《ご》になるように4段積まれており、全体の体積は144 cm^3 です。また、4段目のAの直方体を抜《ぬ》き出した全体の表面積は178 cm^2 です。このとき、次の問いに答えなさい。ただし、直方体の面が重なっている部分は表面積に含《ふく》めないものとします。

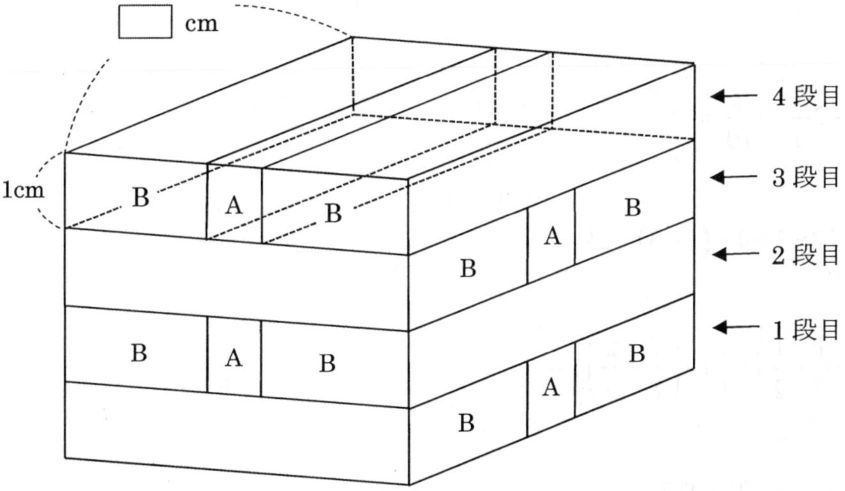

(1) 図の □ にあてはまる数を求めなさい。

(2) 直方体Aの体積は何 cm^3 ですか。

(3) 4段すべての直方体が積まれた状態から4段目のAを1つと、1段目のBを2つ、合計3つの直方体を抜き出したときの全体の表面積は何 cm^2 ですか。

(4) 4段すべての直方体が積まれた状態から3段目のAを1つと、2段目のBを2つ、合計3つの直方体を抜き出したときの全体の表面積は何 cm^2 ですか。途《と》中の式や考え方も書きなさい。

【数　学】〈Ａ入試〉(50分)〈満点：100点〉

1　次の計算をしなさい。

(1)　$2\frac{5}{6}+4\frac{1}{4}=$

(2)　$3\frac{1}{9}\div 2\frac{2}{3}=$

(3)　$6\frac{1}{3}-2\frac{2}{5}-1\frac{3}{10}=$

(4)　$15-\left\{2\times 3+4-\left(5-3\right)\div 2\right\}=$

(5)　$\left(\frac{3}{4}-\frac{1}{3}\times\frac{1}{2}\right)\div\left\{4\times\left(\frac{7}{8}-\frac{2}{3}\right)\right\}=$

(6)　$18\times 1.2+2.38\div 0.7=$

(7)　$0.75\div 0.4\times\frac{4}{9}+\frac{4}{5}\div 1.2=$

(8)　$-5^2\div\left(\frac{6}{5}\right)^3\div\left(-\frac{2}{3}\right)^3\times\left(\frac{2}{5}\right)^4=$

2 次の問いに答えなさい。

(1) 3つの数 $2\frac{5}{6}$, 2.8 , $\frac{20}{7}$ を小さい順に左から並べて書きなさい。

(2) 分子と分母の合計が98で、約分すると $\frac{5}{9}$ になる分数の分母を答えなさい。

(3) 次の(ア)〜(エ)が成り立つような一番小さい正の整数を答えなさい。

(ア) 2で3回割り切れる　　(イ) 3で2回割り切れる

(ウ) 6で2回割り切れる　　(エ) 10で1回割り切れる

(4) 次の式を計算しなさい。

① $\frac{4x-5y}{12}-\frac{3x-4y}{9}=$

② $(x-3y)(x+5y)-(x-4y)^2=$

③ $\sqrt{98}+\frac{10}{\sqrt{2}}-\sqrt{72}=$

(5) 次の式を因数分解しなさい。

① $3x^2-13x+12=$

② $2x^2-8(y-1)^2=$

(6) 次の方程式または不等式を解きなさい。

① $\frac{2}{3}\left(x+\frac{1}{4}\right)=\frac{x-1}{4}$

② $\begin{cases}-\frac{1}{6}x+\frac{5}{6}y=1\\0.2x+0.1y=1\end{cases}$

③ $3x^2-8x-4=0$

④ $\frac{5x-3}{4}-\frac{5x-1}{3}<x$

3 次の問いに答えなさい。

箱Aと箱Bにそれぞれボールが入っており、箱Aには箱Bより6個少ない数のボールが入っています。もし、箱Aに入っている半数のボールを箱Bに移すと、箱Aの中のボールの数は箱Bの中のボールの数の30%になります。

(1) 箱Aに入っているボールの数をx個、箱Bに入っているボールの数をy個として、連立方程式を作りなさい。

(2) 箱Aに入っているボールの数を答えなさい。

4 次の問いに答えなさい。答えだけでなく、途《と》中式も書きなさい。

(1) 2次方程式 $x^2+3x+c=0$ の解の1つが$x=-5$のとき、cの値と残りの解を求めなさい。

(2) 図のように半径6の円Oと半径4の円O′が直線と点P, 点Qでそれぞれ接しています。2つの円の中心間の距離《り》が16のとき、線分PQの長さを求めなさい。

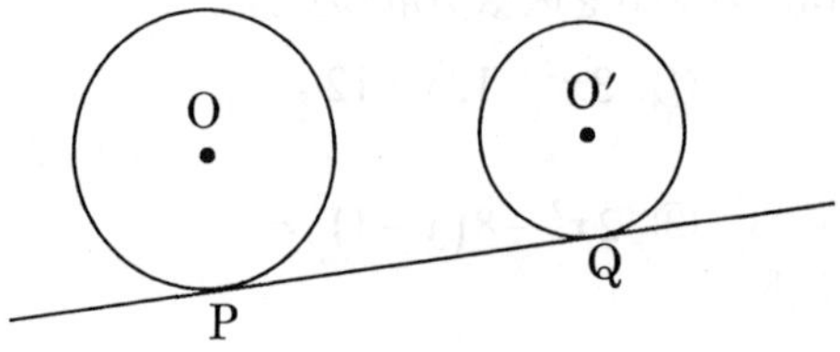

(3) 図の三角形ABCの3辺の長さはそれぞれ AB = 5, BC = 6, CA = 4 です。ここで、図のように点Aから辺BCに垂線ADを引くとき、ADの長さを求めなさい。ただし、CD = xとして方程式を立てて求めること。

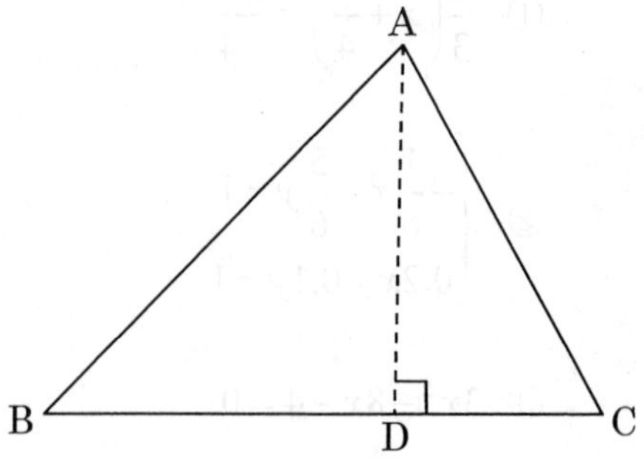

5　2 つの放物線 $y=x^2-4x$ …① と $y=-x^2+6x$ …② のグラフを考えます。このとき、次の問いに答えなさい。(3) (4) については答えだけでなく、途《と》中式も書きなさい。

(1)　放物線①の頂点 A の座標を求めなさい。

(2)　放物線①と②の交点で、原点 O ではない方の点 B の座標を求めなさい。

(3)　放物線②の頂点を C とします。このとき、直線 OB と直線 AC の交点 D の座標を求めなさい。

(4)　放物線①と x 軸の交点で、O ではない方の点を E、放物線②と x 軸の交点で、O ではない方の点を F とし、直線 DE と y 軸の交点を G とします。このとき、三角形 DEF の面積は三角形 ODG の面積の何倍か求めなさい。

【英　語】〈A入試〉(50分)〈満点：100点〉

1 次の(1)～(15)の英文の（　　）に入れるのにもっとも適切なものを1～4の中から1つずつ選び、その番号を書きなさい。

(1) I'm sorry we ran (　　　) time to discuss your plan for the weekend today. We will talk about it tomorrow, I promise.

1 into　　2 over　　3 out of　　4 late for

(2) Junko is (　　　) the best swimmer I know. She can swim faster than any other girl in this city.

1 so much　　2 by far　　3 beyond knowing　　4 not least

(3) A: I am so worried about the science test tomorrow. I don't think I can score over 50.
B: Things will work (　　　) well somehow. Don't worry.

1 on　　2 up　　3 above　　4 out

(4) Bob arrived at my office at 9:30 AM this morning, but he was supposed to see me at 9:00 AM. This means he had arrived 30 minutes (　　　) his appointment with me.

1 after　　2 prior　　3 later　　4 before

(5) A: I didn't know that Frank had children. (　　　) are they?
B: If I remember correctly, they are three and five.

1 How　　2 How many　　3 How old　　4 How often

(6) I will send you a message online when I (　　　) ready to do so.

1 will be　　2 was　　3 am　　4 have been

(7) Mary always keeps silent, (　　　) her brother is a chatterbox; he never stops talking!

1 inspite　　2 below　　3 unless　　4 while

(8) Let me see what I have in the fridge. I see some eggs, cheese, and (　　　) milk.

1 a few　　2 several　　3 a bottle of　　4 a pair of

(9) A: What number should I call in case of an (　　)?
B: You should dial 110 to call the police, or 119 to call an ambulance.

1 emergencing　2 emergency　3 emergence　4 emerges

(10) If you want to get a job in this section, you must (　　) it by the end of next week.

1 report to　2 apply for　3 answer to　4 reply for

(11) My father is (　　) active than he used to be. He is over eighty now.

1 little　2 a little　3 less　4 least

(12) The parents worked hard to make (　　) meet.

1 hands　2 sides　3 ends　4 corners

(13) The prices are (　　) change without notice.

1 interested in　2 favor of　3 subject to　4 will have done

(14) The word (　　) means a sum of money that has to be paid as a punishment for not obeying a rule or law.

1 debt　2 interest　3 fare　4 fine

(15) Let me speak to (　　) is responsible for this problem.

1 whoever　2 whomever　3 everybody　4 anybody

2 次の日本語の意味を表すように英文(16)～(20)において、それぞれ下の 1～5 の語句を並べかえて空所を補（おぎな）い、もっとも適切な文を完成させなさい。解答はそれぞれの文の(a)と(b)に入れるものの番号のみを解答用紙の決められた欄（らん）に書きなさい。

(16) 一般的に日本の大学教育は 4 年間だ。しかし、医学部は 4 年ではなく 6 年間通うのがふつうだ。
University education in Japan generally lasts four years. However, in medical schools ______ ___(a)___ ______ ___(b)___ ______ of four.

1 for six years　　2 to attend　　3 usual　　4 instead　　5 it is

(17) 明日お迎えに行きましょうか？
Do you ______ ___(a)___ ______ ___(b)___ ______ tomorrow?

1 to pick　　2 you　　3 want　　4 up　　5 me

(18) 彼はいつでもああなんです。
That ______ ___(a)___ ______ ___(b)___ ______ .

1 case　　2 with　　3 is always　　4 the　　5 him

(19) 世界にはあまりにも多くの本が存在している。君は自分のためになるような本を読むべきだ。
There are so many books in the world. You should ______ ___(a)___ ______ ___(b)___ ______ .

1 such books　　2 as　　3 can　　4 benefit you　　5 read

(20) 仕事が終わらなかったので、私は最終電車に乗ることをあきらめた。
Since I couldn't finish the job, I ______ ___(a)___ ______ ___(b)___ ______ the last train.

1 gave　　2 the idea　　3 getting on　　4 of　　5 up

3 次の英文を読み、後の問題(21)～(24)に答えなさい。

Mr. Tofu

If anyone should be called "Mr. Tofu" in the United States, it's Yasuo Kumoda, the man who made tofu popular there. Although he succeeded in the end, Kumoda's career was filled with bad luck that would have crushed the spirits of most people. Time and again, his great ideas came close to success only to be ruined by unexpected events.

At age 40, in the early 1980s, Kumoda was sent to the United States to try to sell Morinaga tofu there. Surely Japanese expats and health-conscious Americans would eat tofu. Some Americans did like it, but only a few Americans liked it. Some didn't like the feel and taste of it. The word "tofu" reminded others of the toes on their feet. Many also thought soy was only for pet food. In 1988, a newspaper survey found that tofu was the one food Americans disliked most.

Year after year, Mr. Tofu kept trying. He visited Rocky Aoki, the owner of the Benihana restaurant chain. But Aoki refused to let Kumoda use the Benihana name as a tofu brand, or to offer tofu in his restaurants. Kumoda's next idea was to put "TOFU NO1" on his car license plate. But a consultant told him that Americans might take it to mean "TOFU NO!" Instead, he used (1) "TOFU-A." Still, other drivers on the road sometimes gave him the "thumbs down" sign.

He ran in the L.A. Marathon dressed as a block of tofu. He got some attention on TV when he tripped and fell. But bad luck and other obstacles prevented his tofu sales from taking off.

Then one day, when he was close to giving up, he saw a woman buying tofu. Kumoda spoke to her and found that she mixed it with fruit to make a healthy shake. He began developing new tofu products based on this fresh new idea. Later, he heard first lady Hillary Clinton talk about tofu as a healthy food for President Bill Clinton. Kumoda sent some of his new product to the White House and received a kind reply.

This renewed Kumoda's enthusiasm. But just then, Morinaga's patience ran out. The company told him he could build a factory for his new products, but he would have to pay for it himself. This was a big personal risk, and many people would have given up. But not Mr. Tofu. He borrowed money to build a factory in Oregon. After 10 more years of struggle, this bold move finally paid off. Mr. Tofu never gave up. Tofu became famous and he succeeded. Today, Morinaga tofu is selling well in the United States.

There's a common Japanese saying: (2) "Peach and chestnut trees take three years to bear fruit, persimmons take eight," to which Kumoda adds, "And tofu takes 10!"

Adapted from: 英語でちょっといい話 ベストセレクション株式会社アルク 2022年6月16日(第4版)

(21) 本文で述べられている「tofu がアメリカにおいて好まれなかった理由」を、日本語で以下 2 つの文にまとめた。文 1 と 2 の(　　)に入る語を日本語でそれぞれ答えなさい。

1 豆腐(ふ)という言葉の音(tofu)が、(　　　)をイメージさせたから
2 (　　　)はペットフードに用いられるものだと考えていたから

(22) 下線部(1)を使用したのはなぜか。最も適切なものを 1～4 の中から 1 つ選び、番号で答えなさい。

1 アメリカでは、ナンバープレートに数字を用いてはいけなかったから。
2 Benihana の Aoki さんのことを尊敬しており、A を入れたかったから。
3 "TOFU NO1"を使用したところ、他の運転手から好ましくない態度を取られたから。
4 "TOFU NO1"を使用したら、誤った意味で理解されるかもしれなかったから。

(23) 本文の内容と一致するものを1～4の中から1つ選び、番号で答えなさい。

1 Yasuo Kumoda was called Mr. Tofu because he successfully made tofu popular in Japan.
2 Many Americans liked tofu because of the taste, texture, and sound.
3 Rocky Aoki, the owner of the Benihana restaurant chain, allowed Kumoda to use the Benihana name for his tofu brand.
4 Kumoda developed new tofu products based on the idea of mixing tofu with fruit to make a healthy shake.

(24) 下線部(2)の諺(ことわざ)と同じメッセージを含むものを 1～4 の中から 1 つ選び、番号で答えなさい。

1 "The early bird catches the worm."
2 "A watched pot never boils."
3 "Don't count your chickens before they hatch."
4 "Good things come to those who wait."

4 次の英文を読み、後の問題(25)～(28)に答えなさい。

In the 1980s, during my high school days, I had an incredible and thrilling experience with two of my closest friends, Kenny and Klaus. We loved riding bikes, but we didn't have all the parts we needed to keep them running smoothly.

So, one night, I said to Kenny and Klaus, "We need to find those parts for our bikes, or we'll never be able to race again."

Klaus replied, "I heard that the junkyard has everything we need," his eyes shining with excitement.

Kenny warned, "Yeah, but it's illegal to be there. Are you sure we should do this?"

I replied, "Come on, Kenny. Where's your sense of adventure?"

One night, we went to a junkyard located near my house, hoping to find what we needed. It was a place where old and thrown-away machines were left to rust, surrounded by overgrown bushes and tall grass. We knew it was dangerous and against the law, but our desire for adventure was too strong to resist.

As we made our way along the dark and winding path, we stumbled and knocked over some old metal pieces, causing a loud noise. Our neighbor's dog, who had been sleeping, immediately started barking loudly. I whispered, "Oh no, we've been heard." The noise woke up the entire neighborhood, and the neighbor called the police, who were soon on their way with their dogs.

We had no choice but to hide in the tall grass, hoping to avoid the police. The night was dark, and the only sounds we could hear were the footsteps of the officers and the barking of the dogs getting closer.

Klaus said, "Quick, hide in the grass!" ducking down behind a pile of scrap metal. As we lay there, hiding from the police, Kenny said to himself, "I can't believe this. We are going to get caught. I should have stayed home!"

Klaus moved right beside Kenny and said, "Shh. Just be quiet and stay still. The police will leave soon."

And after what felt like an eternity, the police did indeed give up their search and leave the area. We were all relieved, and as we made our way back home, Klaus said, "That was one wild night, guys. Although we came home empty-handed, I'll never forget what happened tonight." Kenny and I nodded in agreement, knowing that this was a night that would stay in our memories forever.

This was a night of fear and excitement, of danger and adventure. It was a time when we were young, wild, and free. A time when we lived life to the fullest, without a care in the world.

(25) Klausについて正しく説明されている英文を1～4の中から1つ選び、番号で答えなさい。

1 He does not really like adventures.
2 He was friends with the police and enjoyed hiding from them.
3 While he was hiding from the police, he really wanted to go home.
4 He had useful information on where to find bicycle parts.

(26) 3人がjunkyard（廃品（はいひん）置き場）へ向かう途中、近所の犬が吠（ほ）え始めた理由について、正しい文を1～4の中から1つ選び、番号で答えなさい。

1 彼らが大きな音をたててしまったから。
2 彼らが大きな声で話しながら暗い道を歩いていたから。
3 犬の食事の時間だったから。
4 古い金属のにおいがしたから。

(27) 結果的に3人は自転車の部品を持ち帰ることができたのでしょうか。1～4の中から1つ選び、番号で答えなさい。

1 They were not able to bring anything home.
2 Kenny and "I" were able to bring home some old scrap metal for their bikes.
3 Klaus was able to bring home some old metal pieces for his bike.
4 They each brought home a handful of bike parts.

(28) 次の質問に英語で答えなさい。

Do you think the three boys still remember what happened that one night in the 1980s? Answer "Yes" or "No" with one simple reason.

5 次の英文を読み、後の問題(29)～(33)に答えなさい。

A Monstrous Thunderstorm in Mumbai

On Sunday morning, Mumbai was shaken by a monstrous thunderstorm that dumped 23.5 centimetres of rain over the city in just four hours. The rain fell from a cloud system that was (1) high, making it more than twice the height of Mt. Everest, the loftiest peak on our planet.

This is not the first time that Mumbai has received such high rainfall. In 2005, the city was flooded by 94.4 cm of rain in a single day. Last week, on Friday, it received 25 cm of rain but Sunday's spell was different as it covered the whole city in a matter of hours. Sunday's thunderstorm was the fifth such one in July. Sunday's storm was also different as the sheer vertical height of the clouds is rarely ever seen. Having dropped a lot of rain over Mumbai, it moved on to the South Gujarat coast.

It seems to be the season for extreme weather. Mando village in the mountainous Uttarkashi district of Uttarakhand also saw a (2) cloudburst. A cloudburst is short spell of very heavy rainfall in a small area.

It is not just India which is seeing these extreme events. Floods in Germany and Belgium have destroyed many villages, towns and bridges. Over a hundred people are feared dead and many missing. These are some of the worst floods the region has ever seen. They were caused by heavy rain that caused rivers to (3) burst their banks. Other affected countries include Switzerland and Netherlands.

Meanwhile, as northern Europe drowned, the United States (US) was burning. Record heat on the Pacific coast of North America has been affecting both the US and Canada since June. Hot, dry conditions have sparked over 70 wildfires in the western US. The biggest of these is the Bootleg Fire, north of California in Oregon, which has already covered an area of 1200 square kilometres. This makes it as large as Los Angeles, one of the biggest cities in the US. Wildfires have become a huge issue in the US during summer and record-size fires have been seen in the last few years.

Scientists are linking these extreme weather events to climate change. German Chancellor Angela Merkel is the first global leader to say that events like these should speed up our collective response to fix climate change. Let us hope that other leaders and countries follow suit and take action.

Adapted from: A monstrous thunderstorm in Mumbai Jul 19, 2021
https://www.childfriendlynews.com/

(29) 空所(1)に入る最も適切なものを1～4の中から1つ選び、番号で答えなさい。
1 18 meters
2 180 meters
3 1.8 kilometers
4 18 kilometers

(30) 下線部(2)に最も近い意味を表すものを1～4の中から1つ選び、番号で答えなさい。
1 台風一過
2 天変地異
3 雲散霧(む)消
4 集中豪(ごう)雨

(31) 下線部(3)に最も近い意味を表すものを1～4の中から1つ選び、番号で答えなさい。
1 break
2 cover
3 save
4 visit

(32) 本文によると、アメリカ西部で多数発生している山火事の原因となる条件は、どのようなものか。2つ日本語で答えなさい。

(33) 本文の内容と合わないものを1つ選び、番号で答えなさい。
1 Mumbai(ムンバイ)では近年、激しい雨が降ることが珍しくない。
2 激しい雨による災害は、インド以外の国々でも起きている。
3 アメリカでは、山火事の発生が問題化している。
4 世界中の指導者たちは、大規模な自然災害に十分な対応をしている。

三　次の問いに答えなさい。

問1　次の本文を読み、それを要約した後の文の空欄部《くうらんぶ》に当てはまる言葉をそれぞれ指定された字数で本文中から抜き出しなさい。なお、句読点も字数に含みます。

〈本文〉

クジラの肉はマグロのようにやわらかい赤身である。これを調理するにはいくつもの方法がある。代表的なものをいくつかあげておこう。

調理のいらない食べかたがさしみである。脂《あぶら》がのった尾の部分は尾の身として、さしみでたべられる。牛肉や馬肉をさしみでたべるのと似ていて、ショウガじょうゆをつけてたべられることがおおい。この部分は鯨肉《げいにく》のなかでも高級品とされている。

肉は、さしみ以外にも、煮たり、フライにしたり、あるいは焼いたりしてたべられている。戦後すぐの時期、日本は食糧難《しょくりょうなん》の時代にあった。そのさいに、鯨肉の供給がたいへん重要視された。小学校の給食に、クジラのカツがよくだされたという記憶《きおく》をもつお父さんやお母さんもおられるだろう。わたし自身もクジラカツをよくたべた世代である。このように、戦後すぐの時代、クジラの肉は日本人の食生活のうえでたいへん重要な役割をはたしたのである。

（秋道智彌『鯨と日本人のくらし』より）

〈要約文〉

［①（7字）］であるクジラの肉は、戦後すぐの、日本が食糧難の時代に［②（10字）］され、日本人の［③（16字）］をはたした。

問2　次の本文を読み、それを要約した後の文の空欄部に当てはまる言葉を41字以上50字以内で答えなさい。

〈本文〉

コミュニケーション能力、いわゆる「コミュ力」とは、弁が立つことだと考えている人が多いと思います。言葉で相手を納得させたり、時には言い負かす力がある、そういうイメージですね。

でも、それは間違いです。

言葉巧《たく》みに相手を誘導《ゆうどう》する人を見ると、羨《うらや》ましいと思うかもしれませんが、この「言葉巧み」というのが曲者《くせもの》です。

早口でまくし立てたり、相手の反論を徹底的《てっていてき》につぶしたりする人は、議論では勝てても、相手の信頼を得られないことがあります。なぜなら、自分の主張を押しつけているだけだからです。

そもそもコミュニケーションとは、一方通行ではありません。自分と他者が意見を交換して、理解し合うことです。

つまり、言いくるめられるのとは別次元の「納得」がなければ、コミュニケーションが成立したことにはなりません。

そのために重要なのは、話す力ではなく、実は聞く力なのです。

（真山仁『〝正しい〟を疑え！』より）

〈要約文〉

言葉巧みに相手を誘導するということは、［　　　　］のために必要なのは、話す力ではなく、聞く力である。

エ　音質も悪く、他人に聞かせても受け入れてもらえないだろうと思っていた曲に、薫ちゃんが感動してくれたから。

オ　自分が勝《まさ》ることがないと思っていた薫ちゃんに、曲を作るという点では勝つことができたと思ったから。

問7　傍線部⑤「生で聴かないとわかんないことっていっぱいあるから。スカイプとか、そういうデータ？　みたいなので聴いてもダメっていうか」、傍線部⑥「ユッコのピアノ、生で聴く人より、データで聴く人のほうが断然多くない？　今だって、ライブより、CDとかテレビとかで音楽に触れる人のほうが多いじゃん」とありますが、ここには二人の考え方の違いが表れています。この違いを踏まえ「ライブ」の良い点を自分で考えて41字以上50字以内で答えなさい。

下書き

50　40

問8　本文の説明として合っているものを二つ選び、記号で答えなさい。

ア　会話が数多く登場するが、それを追っていくと、二人の考えの違いが少しずつ浮き彫《ぼ》りになる形になっている。

イ　私の視点から描かれ、薫ちゃんの気持ちが読者には全く分からない形になっている。

ウ　私と薫ちゃんの違いを描くことで、さまざまなものがデータ化している現代社会の特徴《とくちょう》があぶり出されている。

エ　なっちゃんと渡邊君が同じお守りを着けていることは、私という存在を今後も脅《おびや》かし続けることを暗示している。

オ　最後の薫ちゃんの言葉は、このあとも彼女が効率だけを重視するために世の中で活躍《かつやく》できないことを示している。

カ　長く続く二人の会話は、未来においても二人の友情が絶対に壊れることはないことを示している。

問3　傍線部②「そんなところにも、ものすごく憧れている」とありますが、このように思う「私」を説明したものとして最も適するものを次の中から一つ選び、記号で答えなさい。

ア　音楽を続けることがたとえ困難になったとしても、演奏《えんそう》することを決してあきらめずに、多くの人に曲を届けられるような存在でありたいと思っている。

イ　自分の中に吐き出したいような感情が生まれたときに、曲だけではなく詞にもできるような能力のあるアーティストでありたいと考えている。

ウ　心の中に生まれた気持ちがどのようなものなのか、見当がついたときに、それをすぐに曲の形にできる作曲家でありたいと思っている。

エ　生活の中で行き詰《づ》まりを覚えたときに、ピアノに向かえばすべてを吐き出せるような技術のあるピアニストでありたいと考えている。

オ　自分でもどうしていいか分からないような言葉にならない気持ちに出会ったときに、それを自分にしかできない形で曲にできるようになりたいと思っている。

問4　空欄《くうらん》部《ぶ》［Ⅰ］～［Ⅳ］の中には漢字2字の同じ言葉が入ります。本文内「▼」～「▲」の中から抜き出して記しなさい。

問5　傍線部③「ほんとほんと。なんかわかんないけど、わーってなる感じ、胸の中が」とありますが、これはどういうことですか。説明として最も適するものを次の中から一つ選び、記号で答えなさい。

ア　赤いお守りによって生じた不《ふ》愉快《ゆかい》な気持ちが曲を通して薫ちゃんにも伝わったということ。

イ　私の気持ちが言葉を通してではなく曲を通して薫ちゃんに伝わっているということ。

ウ　私が感じたピアノに向かって吐き出すほどの強い気持ちが、薫ちゃんに聴いてもらって楽になったということ。

エ　私が感じていたつらい気持ちが曲を聴いた薫ちゃんによって言語化されたということ。

オ　薫ちゃんが曲を聴くことで、一生《いっしょう》懸命《けんめい》私の気持ちを理解しようとしてくれているということ。

問6　傍線部④「ここから天井《てんじょう》を突《つ》き破ってどこまでも飛んでいきたいくらい、嬉《うれ》しかった」とありますが、それはどうしてですか。理由を説明したものとして最も適するものを次の中から一つ選び、記号で答えなさい。

ア　感情を言葉にしたいと思うもののそれができずにいたが、意外にも曲という形にすることができたから。

イ　言葉にならない気持ちを託《たく》した曲を、仲良くしている薫ちゃんが「切ない」とだけ言葉にしてくれたから。

ウ　今まで私の言うことにすべて反対してきた薫ちゃんが、この曲についてはよい評価をしてくれたから。

問1　傍線部《ぼうせんぶ》a「一目置かれる」b「批判的《ひはんてき》」c「圧巻」の本文中での意味として最も適するものを次の中からそれぞれ一つずつ選び、記号で答えなさい。

a「一目置かれる」

ア　憧《あこが》れにより、親しみをもたれること。
イ　妬《ねた》みにより、距離《きょり》を取られること。
ウ　怒りにより、遠ざけられること。
エ　敬意により、一歩譲《ゆず》られること。
オ　驚きにより、うわさされること。

b「批判的」

ア　肯定的に評価する様子。
イ　否定的に評価する様子。
ウ　あわれみ見下す様子。
エ　賞賛してやまない様子。
オ　同情する目で見る様子。

c「圧巻」

ア　威厳のあること。
イ　劣《おと》っていること。
ウ　奇妙《きみょう》であること。
エ　省略《しょうりゃく》すること。
オ　すぐれていること。

問2　傍線部①「学校の誰かが、あの人すごいなあ、と言った」とありますが、それはどうしてですか。その理由を説明したものとして最も適するものを次の中から一つ選び、記号で答えなさい。

ア　普段は学校の活動に興味を示すことなく、取り組むこともない薫ちゃんが、多くの生徒を巻き込む形で斬新《ざんしん》な開会式を開催《かいさい》したから。

イ　通信教育にしか興味を持つことがなく、学校もサボりがちな薫ちゃんが、文化祭の開会式だけには強い興味を持ったから。

ウ　普段は他人を否定してばかりの薫ちゃんが、文化祭の開会式に関してはさまざまな生徒と積極的に関わったから。

エ　普段は学校の活動に関心を示さない薫ちゃんが、『Over』のパフォーマンスをまねることで学校の行事に仲間入りをしたから。

オ　移動時間も無駄《むだ》と考え、芸術分野に何の興味もなさそうな薫ちゃんが、誰も関わりたがらない文化祭の開会式に率先《そっせん》して取り組んだから。

が頬《ほお》に貼《は》りついてしまっている。

「※2スカイプとかでできそうなのに、レッスン」

「いやできないでしょ！」

「何で？」

薫ちゃんの表情は、至って真剣《しんけん》だ。「え～？」面白いことなんて何もないはずなのに、私の顔面の筋肉はしまりのない笑顔を作り上げてしまう。

「何でできないの？」

「え、だって直接会ってやらないと、細かい違いとかわかんないし」

　そういうもんなの、と結論めいた雰囲気《ふんいき》を演出する私の言葉を、薫ちゃんが取り上げる。

「細かい違いって何？　指使いとか表現の仕方とか？　それって動画とかでやりとりできないの？」

　う～ん、と、私は薫ちゃんから目を逸《そ》らして、また、真上を見る。

「できないと思う。⑤生で聴かないとわかんないことっていっぱいあるから。スカイプとか、そういうデータ？　みたいなので聴いてもダメっていうか」

「でもさ、ユッコが本当に曲を作る人になったとしてさ、ていうかなると思うんだけどさ」

　耳のすぐそばで、薫ちゃんの声がする。あのころよりもずっと大人っぽくなって、胸も大きくなって、頭もよくなった薫ちゃんの声。

「⑥ユッコのピアノ、生で聴く人より、データで聴く人のほうが断然多くない？　今だって、ライブより、CDとかテレビとかで音楽に触れる人のほうが多いじゃん」

私は、天井のクリーム色を、じっと見つめた。

天井のクリーム色は、正真正銘《しょうしんしょうめい》、昔のまま、変わらない。

「……何もう～、さっきあんなに褒《ほ》めてくれた人とは思えない否定きたんですけど～」

「否定じゃないよ、単純に疑問なだけ」

「好奇心旺盛《こうきしんおうせい》ですなあ」

はぐらかす私を見かねてか、薫ちゃんが話題を変えた。

「大変だね、夏休み中も学校行くとか」

そう言いながら、薫ちゃんはもぞもぞと動いている。靴下《くつした》を脱いでいるみたいだ。

「まあ、気分転換《きぶんてんかん》にもなるし。そこで誰かに会えたりしたら楽しいし」

誰かに。

瞼《まぶた》の裏で揺《ゆ》れる赤いお守りの残像を、振《ふ》り払《はら》う。

「そうかもしれないけどさ～」

薫ちゃんが、ふぁああ、と、思い切ったあくびをする。

「なんか効率悪いよね、ピアノがある場所じゃないと練習できないなんて」

むくりと起き上がった薫ちゃんが、冷房《れいぼう》へとリモコンを向けた。

やっぱり、少し暑い。

（朝井リョウ『ままならないから私とあなた』より）

※注1『Over』…私と薫ちゃんが応援しているバンドの名前。

2スカイプ…電話やテレビ電話などができるソフトウェアのこと。

んなことを考えているうちに、一音目が、鳴ってしまった。
「わ」
薫ちゃんが小さく漏《も》らした声を、私の耳はきちんと聴き取ってしまう。
もう、少しは薄《うす》まってくれているはずと思っていた［Ⅳ］が、あの日の濃度《のうど》のまま、あっという間に蘇《よみがえ》ってくる。私の作ったメロディが、私の心の輪郭線《りんかくせん》を明確にしていく。
心がそのまま、音符《おんぷ》になっている。▲
「はい、おーわり。なんかごめん、ひどかったね」
やっぱり、こんなの自己満足かもしれない。私にしか伝わらないものかもしれない。携帯を布団《ふとん》の上に投げてしまおうかと思った、そのときだった。
「すごくない？」
薫ちゃんが、がばりとベッドから起き上がった。
「やばくない？　びっくりしたんだけど。曲作れるとかマジやばいって。天才じゃん」
「え、何どうしたの」
予想外の薫ちゃんの反応に、私は戸惑う。
「ヤバイヤバイ、マジ感動。なんかめっちゃ切なかったよ、今の曲」
薫ちゃんが、枕《まくら》をぼふんぼふんとベッドに叩《たた》きつけている。私の髪《かみ》の毛がぐしゃぐしゃになる。
「……ほんと？」
私は、髪の毛を手ぐしで整えながら尋《たず》ねる。
「③ほんとほんと。なんかわかんないけど、わーってなる感じ、胸の中が」
なんかわかんないけど、と、薫ちゃんが繰《く》り返す。「わーってなる感じ？」私はくすくす笑うことで、胸の中の興奮を必死に鎮《しず》めようと努める。
伝わっている。曲を作っていたときの私の感情が、薫ちゃんにも、伝わっている。
曲なら、伝わるんだ。言葉にならない感情でも。
「これからなんか作ったら、まず私に聴かせてよ、ユッコ」
「え？」
全身にじんじんと広がる感動を味わっていると、薫ちゃんがまたベッドに寝転んだ。
「曲作ったら、全部、聴かせて」
さっきよりも近い距離《きょり》から、薫ちゃんの声がする。
「わかった」
私は、短くそう答えた。できるだけ、表情も、体のどこも動かさないようにして、そう答えた。
だけど本当は、④ここから天井《てんじょう》を突《つ》き破ってどこまでも飛んでいきたいくらい、嬉《うれ》しかった。心の真ん中がどくどく熱い。
薫ちゃんでよかった。私は思う。
音楽科に行きたいって一番に伝えたのも、初めて作った曲を初めて聴いてもらう相手も、薫ちゃんで、よかった。
「つーか、音楽科ってどんな試験対策するの？　普通に数学とかあるの？」
あんたどんだけ数学好きなの、と、私は笑う。
「あるよー。一般教科は国語と英語と数学だけ。あとは専門科目と実技だから、ピアノの先生と音楽の先生んとこに通わなきゃいけないんだよね」
「え、夏休みにわざわざ先生のとこ通わなきゃいけないの？」
薫ちゃんが、顔をくるっとこちらに向ける。静電気で、髪の毛

と違って、入学時から自分のどんな能力を伸ばしたいのか、能動的に考える必要がある。

「それって、将来ピアニストになるってこと？」

「うーん、そういうわけでもない、かも」

言葉を濁《にご》す私を、薫ちゃんは逃がさない。

「そうなの？　じゃあ何になるための学校なの？」

「えー……っとぉ」

この部屋で、音楽科に行きたいと告げたとき、薫ちゃんは笑ったりバカにしたりしなかった。私は、音楽科に行きたいと思う自分のことを散々《さんざん》笑ったりバカにしたりしていたから、ちょっと拍子抜《ひょうしぬ》けしたほどだった。

芸能人になりたいわけでも、歌手になりたいわけでもない。だけど、『Over』の光流《ひかる》ちゃんみたいに、曲を作って、ピアノを弾いて、それをたくさんの人に届けて、っていうことが仕事になったら、どれだけいいだろう。

「実はね、ちょっともうね、やってみてるの」

「ん？　何を？」

私は、ベッドの上で行方不明になりかけていた携帯《けいたい》を探り出す。

「実は、将来、ピアニストっていうよりも、曲とか作る人になれたらいいなーなんて思ってて」

『Over』は、メンバー全員が作詞も作曲もできる。だけど、光流ちゃんの曲は、光流ちゃんが作ったってすぐにわかる。私は、②そんなところにも、ものすごく憧《あこが》れている。

「最近、ちょっと、いろいろ挑戦《ちょうせん》してみたりなんかしちゃって」

▼　自分の中に何か強い［Ⅰ］があるなって思ったとき、それが具体的にどういう種類のものかわからなくても、とりあえずピアノに向かいます。そういうときに生まれる曲が、一番私らしいものになると思うので――赤いお守りを初めて見たとき、私は、光流ちゃんがそう言っていたことを思い出した。心の中に生まれた［Ⅱ］がどういうものなのか、きちんと向き合うことが怖くなったら、ピアノに向かってすべてを吐き出せばいい。そう思うと、びしょびしょに濡《ぬ》れたセーターみたいに重かった心が、少し、軽くなった気がした。

なっちゃんと渡邊《わたなべ》君が、カバンに同じお守りを着けていることを知ったあのとき。どうにも処理できない［Ⅲ］に、頭も体も心もどうにかなりそうだった、あのとき。

「ってことは曲、作ってるってこと？」

「………」私は無言で頷《うなず》く。

「ハイ聴《き》かせろ〜」

薫ちゃんがベッドの上で飛び跳《は》ねる。「やめてっやめてっ」私は、定まらない指先で携帯を操《あやつ》ると、ボイスメモの画面を立ち上げた。なっちゃんと渡邊君、二人が揃《そろ》ってカバンに着けている赤いお守り。それを見つけてしまった夜、ご飯もろくに食べずにピアノに向かい、この録音ボタンを押したのだ。

指先がそっと、右向きの三角に触れる。

自分で録音ボタンを押しているので、音源を再生してから曲が始まるまで、数秒の間がある。私はその数秒の間に、突然、自分でも信じられないくらいこの状況《じょうきょう》を恥《は》ずかしく感じた。

あの日は、ピアノに向かうと、不思議と、感情がメロディとなって溢《あふ》れ出てきたような気がした。すごい、なんかちょっとできちゃった、しかもちょっと光流ちゃんぽくない⁉　なんてひとりで盛り上がっていたけれど、他人が聴いたらきっとただのぐちゃぐちゃな音の羅列《られつ》だ。家のピアノを録音しただけだから、音質だってもちろんひどい。せめて生で聴いたもらったほうが――そ

二　次の文章を読んで、後の問いに答えなさい。

薫《かおる》ちゃんは今、学校の中で、a一目置かれている。

たとえば体育を休むように、意味がない、必要がない、と判断したものに、薫ちゃんは参加しない。もちろん部活にも入っていない。塾《じゅく》にも行かない薫ちゃんは、小学校のときにはじめた通信教育を今でも続けている。「それで生きていくわけでもないのに放課後の時間全部部活に捧《ささ》げるとかやばくない？」「塾行くための移動時間とか、他の学校の人との人間関係とかめんどくさそうじゃん。そういうの邪魔《じゃま》だから、私は通信教材で十分」そんな薫ちゃんの主張に、はじめはクラスメイトや先生たちはb批判的《ひはんてき》だった。体育以外にも、課外活動や家庭科などをサボって別の勉強をしようとする薫ちゃんを、特に先生たちはなんとか説得しようとしていた。けれど、去年の文化祭の開会式の演出を薫ちゃんが手掛《てが》けたとき、少し空気が変わった。

薫ちゃんは、文化祭そのものには全く興味を示さなかったけれど、体育館で行われる開会式には興味がある、それどころか、演出を担当したいと言い出した。はじめは頭を抱《かか》えていた実行委員のメンバーも、あらゆるアイディアを提案し続ける薫ちゃんにやがて協力的になり、結局薫ちゃんは、放送部や美術部、物理部、科学部の部員たちを巻き込んでc圧巻の開会式を創り上げてしまった。「ずっとどこかで試してみたかったんだよね」そのころ勉強し始めたらしいプログラミングの技術を使って、私たちには思いつかない、というか思いついても実行できないような方法で、薫ちゃんは開会式を盛り上げてくれた。その演出内容の中には、※1『Over』のパフォーマンスからいくつかヒントを得たんじゃないか、と思われるものもあった。私はそれに気づいたけれど、誰にも言わなかった。

①学校の誰かが、あの人すごいなあ、と言った。そうすると別の誰かが、体育とかサボってああいうの勉強してたのかなあ、と言った。そうするとまた別の誰かが、だったら、あの人は確かに、俺たちと同じ授業とか受けてる場合じゃないかもなあ、と言った。

すると、薫ちゃんは言った。

――学校、って、すっごくたくさん生徒がいるのに、一通りのおっきいことしかできないから、意味のないこととか、無駄《むだ》なことが多くなっちゃうんだよね。

「……薫ちゃんって、学校意味ないってよく言ってるけど、高校には行くんだよね」

「うん」

薫ちゃんは相変わらず、私の体の上にいる。

「何で？　もう義務教育じゃなくなるじゃん」

「そりゃ、効率いいからだよ～」

薫ちゃんが、私の体の上を転がり始める。

「やめっ、やめっ、転がらないでっ」

「もっとプログラミングとか勉強してみたいんだけど、なんだかんだ設備が一番整ってるのって学校だもん。この国って飛び級制度とかもないし、海外行けるほどうちにお金ないし」

「お昼ご飯出るっ、出るっ」

私は無理やり、体の上から薫ちゃんをどかす。

「ユッコは、音楽科でピアノやるんだよね？」

すると、私の顔のすぐ隣に、薫ちゃんの顔がやってきた。

「その予定」

ピアノ、弦楽器《げんがっき》、管楽器、打楽器、ハープ、声楽、作曲――音楽科といっても、そこから専門的に学べる分野は様々だ。普通科《ふつうか》

問7　傍線部⑤「学ぶことは、自分をつくり替えることであり、世界をつくり替えること」とありますが、あなたはこれから何を学び、世界をどのようにつくり替えたいですか。81字以上100字以内で説明しなさい。

下書き

100　80

問8　本文について説明したものとして適するものには「○」、適さないものには「×」を解答欄に合うように答えなさい。

ア　ピカソは「ゲルニカ」を描くことで、絵画という存在の社会的な意味合いを広げたといえる。

イ　ピカソは「盲人の食事」で苦しく貧しい立場にある人間を描き、そこから自分も出発しなおそうとした。

ウ　筆者がピカソを天才的と考えるのは、十四歳でルネサンス期の一流の画家たちに並ぶほどの実力があったからである。

エ　筆者（私）は中学二年生の時にピカソの絵を見たが、その後は現代哲学を勉強しており、全く無関係なことを学ぶ結果になったと言える。

オ　人が学ぶということは、決して一時的なことではなく、常に世界を壊しては作りなおすという永続する営みである。

Cさん　私もそう思う。たとえ得意なことがあっても、周りと比べてうまくできるなどといった理由で満足してしまっていては、新しいことは生み出せないよね。

Dさん　そのためにはまず、今ここにいる自分をしっかりと見極めることが大切になるのかもしれないね。

ア　「学び続ける」「つくり替《か》える」と本文にあるように、全てが途中《とちゅう》であることを自覚し、よりよいものを目指していく発想が大切だ。

イ　一度完成と思えることがあったとしても、そこを終わりとしてしまっては成長がない。常に学び続けようとする意志が大事である。

ウ　「世界をつくり替える」のには、日ごろから持っている違和感《いわかん》も大切になる。そこがきっかけとなって新しい世界が生まれてくる。

エ　時には、今の自分の取っている方法を壊すことで限界が取り払われ、新たな学びが可能になることもあるかもしれない。

オ　学ぶことから逃れられないことを認識《にんしき》した上で、その苦しみを周囲の人たちとともに分かち合おうとする姿勢《しせい》が大切である。

問5　空欄部《くうらんぶ》［X］に入る四字熟語を次の中から一つ選び、記号で答えなさい。

ア　順風満帆《じゅんぷうまんぱん》　イ　山紫水明《さんしすいめい》　ウ　無味乾燥《むみかんそう》

エ　一朝一夕　オ　異口同音

問6　傍線部④「学ぶことは、自分が人間として今ここで生き、存在しているということと分かちがたく結びついている」とありますが、これはどういうことですか。説明として最も適するものを次の中から一つ選び、記号で答えなさい。

ア　人間は、生きているからこそ学ぶことができるので、人間として存在するために、どんなことがあっても死んでしまってはいけないということ。

イ　人間は、自然とともに生きる動物たちと同じように、豊かな自然の中で、ルールに縛《しば》られずに自由に学ばなければならないということ。

ウ　人間は、自然そのものの世界ではなく、自らが作りだした世界の中で、その世界に責任を持って学ぶ必要があるということ。

エ　人間は、頭脳だけではなく身体でも学ぶように作られているので、書物から学ぶだけではなく体を動かすことで身体能力を高めなければならないということ。

オ　人間は、生きている間にさまざまなことを吸収し続けるが、個性や考え方など、その人の本質は何も変わらないということ。

問1 傍線部《ぼうせんぶ》a～cのカタカナを漢字に直しなさい。

問2 傍線部①「それがピカソの問題だった」とありますが、どのような問題ですか。説明として最も適するものを次の中から一つ選び、記号で答えなさい。

ア 人間は決して完成してはいけないと思っていたが、若くして完成度の高い絵画を描いてしまったため、生きていくにはそれを壊《こわ》すしかないという問題。

イ ルネサンス期に活躍《かつやく》した画家たちにあこがれていたが、若くしてそれを超える作品を描いてしまったがために、自己満足してしまっているという問題。

ウ 若くして絵画を描《か》く技術を身に付け、完成された作品を作ることができてしまったため、これからどのような作品を描くべきか、分からないという問題。

エ 絵を壊すことによって、新しい方法を探ってみたが、若い頃の作品を超えるものをどうしても生み出すことができないという問題。

オ 若くして一流の画家に決して劣ることのないすばらしい作品を描いたので、これからもう一度絵画の基礎《きそ》を学び直さなければならないという問題。

問3 傍線部②「絵画の原点の経験をつくり出そうとした」とありますが、どういうことですか。説明として最も適するものを次の中から一つ選び、記号で答えなさい。

ア 絵画が成り立つのは「視覚」があるからであり、その「視覚」という前提を、弱視の人でも感知できる青一色で描くことで追求したということ。

イ 絵画の出発点は「見ること」であるが、「視覚」だけでは絵画は存在しえないということを、目の見えない人を描くことで表したということ。

ウ 絵画は「視覚的」芸術であることが忘れ去られているため、あえてそれを強調するのに一番強烈《きょうれつ》なイメージを与える「青」という色を用いて描いたということ。

エ 絵画は決して経済的に豊かな人のためだけにある芸術ではないということを、貧しさを表す青い色を用いて描くことで示そうとしたということ。

オ 絵画は「見ること」なしでは成立しない芸術であるということを、見る側に気づいてもらうためにメッセージ性の強い青という色で彩色《さいしょく》した絵画を描いたということ。

問4 傍線部③「彼のように『もう一度やり直す力』は誰にでもある」とありますが、これについて生徒たちが以下のような会話をしました。この会話を踏まえ、後の中から、本文の考え方に適さないものを一つ選び、記号で答えなさい。

Aさん ここでいう「やり直す力」とはそのあとにもあるように「今ある世界を超えていく力」ということなのだと思うんだけど、決して簡単なことではないよね。

Bさん そうだね、本文にあるように、ピカソはさまざまな方法でこれまでの自分を超えようとしている。「今ある自分に満足しない」ということが大前提だったのではないかな。

ルニカ》が――おそらくゴヤという偉大《いだい》な先例を除けば――最初であり、ピカソは、絵画という営為《えいい》の幅《はば》をつくり替《か》えていったのだ。

学問もスポーツも、人間がつくり出した営みのほとんどはある意味では一四歳で世界の頂点に立つこともできるのかもしれない。もちろん皆さんはピカソではないかもしれない。けれども、③彼のように「もう一度やり直す力」は誰《だれ》にでもある。すでにできあがっているものを学びながら、※7既存《きそん》の世界を超《こ》える新しい世界をつくっていく力だ。

今の皆さんだけが感じることができる、世界の中で生きていることに対する違和感《いわかん》。そして、世界と自分の間に感じられる越えがたいズレ。その中にすべての「種」が詰《つ》まっている。世界に対して脳を開き、「あれは一体何なのか?」「これはおもしろい!」「どうしてこれに興味を引かれるのだろう?」といった、自分にしかわからない小さな違和感や疑問を大切にとっておいてほしい。それが皆さんの大きな役目だ。学校の勉強は、[X]に感じるかもしれない。しかしその中にも「種」はあり、将来、花開く仕掛《しか》けが数多く詰まっている。考え抜き、心の中に「種」を宿しておくことが今はとても大切だ。

私は今、主に現代哲学《げんだいてつがく》を勉強している。だが大学にはもともと物理学を志《こころざ》して入学した。いくつかの理由で文科系に移籍《いせき》、フランス語を学んだ。しかし卒業論文のテーマには絵画を選んだ。ということを思うと、中学二年生のとき、国立美術館のピカソ展で生まれて初めてピカソの絵を見たときの強いcインショウやそのとき抱《いだ》いたアートへのあこがれ、そして同展について学校新聞に文章を書いたことなどがずっと心に残っていて、あるとき甦《よみがえ》ってきたのだなあ、と感じる。学ぶ意志さえあれば、どのような「種」も花開いてくる。学びとは一時の行いではなく、人生を変える一生の問題なのだ。

学ぶということから、人間は逃れられない。人間の※8ニューロンは、歳《とし》をとっても少しずつ新生し続けるという。どうやら我々は生物学的にも学び続けることを運命づけられているようだが、人間は、自己の非自然的なあり方に由来する「自由」のもとに学ぶからこそ「人間」なのだ。言い換えれば、④学ぶことは、自分が人間として今ここで生き、存在しているということと分かちがたく結びついている。しかしその学びは、決して完成しない。ひとたび完成したならば、次なる完成に向けて自分自身をつくり替えながら学んでいかなくてはならないから。その意味で人間とは、「途上《とじょう》の存在」にほかならず、常に道半《なか》ばなのである。⑤学ぶことは、自分をつくり替えることであり、世界をつくり替えること。今このことを感覚できれば、それが一生の力になるだろう。

（小林康夫「学ぶことの根拠」より）

※注1聖体拝領……キリスト教における儀式。
2厳粛……おごそかで気が引きしまるさま。
3ルネサンス……十四世紀から十六世紀にかけてヨーロッパに広まった芸術の革新運動のこと。
4比肩……同等のものとして並ぶこと。
5盲人……目の不自由な人。
6ブルジョアジー……労働者を雇うことのできる資産を持つ人。
7既存……すでに存在すること。
8ニューロン……神経細胞。

2024年度 公文国際学園中等部

【国　語】〈A入試〉（五〇分）〈満点：一〇〇点〉

《注意》一、句読点や記号も一字に数えなさい。
二、記述問題の下書き欄《らん》は、下書き用に利用してかまいません。
三、作問の都合で、作品を一部改変したところがあります。

一 次の文章を読み、後の問いに答えなさい。
（出題に際して、章ごとの見出しおよび図は省略しました。）

どのような大学に進み、どのようなaショクギョウを選ぼうとも、人間は一生、学ぶことから逃《のが》れられない。人間は、決して完成しない存在なのだ。しかし、それでも完成してしまったらどうすべきだろう。実は、完成は壊《こわ》さなくてはならない。

画家のパブロ・ピカソ Pablo Picasso（一八八一―一九七三）は、一四歳《さい》のとき、《初聖体拝領《はっせいたいはいりょう》》（一八九六）という作品を描《か》いている。父親に付き添《そ》われ※1聖体拝領を受けるために、跪《ひざまず》いて聖書を読み上げる少女の姿。※2厳粛《げんしゅく》な一瞬《いっしゅん》を美事《みごと》に捉《つか》まえている。レースや絨緞《じゅうたん》の繊細《せんさい》な質感を見ても分かる通り、※3ルネサンス期に活躍《かつやく》した一流の画家たちに※4比肩《ひけん》する技量だ。一四歳にしてそのようなレベルの絵を描いてしまったら、それから先、画家としてどう生きていったらいいのだろう。①それがピカソの問題だった。結論をいえば、彼は完成した自分自身を「壊した」。どう壊したのかを見ていこう。

ピカソは二〇歳を過ぎた頃、《※5盲人《もうじん》の食事》（一九〇三）という作品を描いた。画中の人物はスペインの貧民で、目がほとんど見えず手でものに触《ふ》れようとしている。ピカソは、単に盲人を描きたかったのではない。彼にとっての問題は、盲人の「姿」ではなく「目が見えないということ」だった。目が見えなければ、絵を見ることはできない。目が見えるということこそが、絵画の原点なのである。一四歳にしてすでに絵画における最高の技法を獲得《かくとく》していたピカソは、絵画が生まれるとは一体どういうことなのか、絵画とは何かと問い、その原点、すなわち「目が見える」ということに立ち返り、絵画そのものをもう一度やり直し、それが成立する場を考えようとした。

ピカソがそれに取り組んだ時期は「青の時代」と呼ばれる。彼が絵を青一色で描いたからだが、青一色というのは、ほとんど目の見えない人がかすかに感じる色なのだという。ピカソは盲人ではない。けれども、青一色で描くことによって②絵画の原点の経験をつくり出そうとしたのである。この「やり直す力」こそ、ピカソが天才と呼ばれる理由だ。

もう一つ、やり直そうとしたことがある。《盲人の食事》に描かれている年老いた盲人の食事はパン一つだけ。これは社会の最底辺を生きる姿であり、《初聖体拝領》で宗教的な儀式《ぎしき》に臨む※6ブルジョアジーのきらびやかさとはきわめてbタイショウ的だ。ピカソは、最も悲しく、苦しい、絶望的な場所から再出発して絵画そのものをすべてやり直そうとしていたのである。

その後、ピカソは《ゲルニカ》（一九三七）という巨大な絵を描いた。ゲルニカとは、第二次世界大戦中にナチスドイツに爆撃《ばくげき》されたスペインの小さな町である。ピカソは爆撃に怒り、これを描いたのだが、実はそれまで絵画と戦争にはほとんど何の関係もなかったのである。戦争に対して直接に抗議《こうぎ》する絵画はこの《ゲ

2024年度

公文国際学園中等部　▶解説と解答

算　数　＜Ａ入試＞（50分）＜満点：100点＞

解　答

1 (1) 13　(2) 1　(3) 31.4　(4) $1\frac{1}{3}$　(5) 3　2 (1) 20人　(2) 230ページ　(3) 24mm　(4) 120cm　(5) 25.12cm^2　(6) 0と4　3 (1) ① 25番目　② $\frac{9}{14}$　(2) ① 40cm^2　② 31.6cm^2　(3) ① 4枚　② 3枚　(4) ① 1800円　② 65人　4 (1) 毎分65m　(2) 980m　(3) 毎分80m　(4) ① 15　② 1305　③ 580　5 (1) 6 cm　(2) 6 cm^3　(3) 168cm^2　(4) 230cm^2

解　説

1 四則計算，計算のくふう，逆算

(1) $9+(3\times7-1)\div5=9+(21-1)\div5=9+20\div5=9+4=13$

(2) $20-\{9+(10+14)\times2\}\div3=20-(9+24\times2)\div3=20-(9+48)\div3=20-57\div3=20-19=1$

(3) $1.57\times12+3.14\times7-6.28\times3\div2=3.14\times\frac{1}{2}\times12+3.14\times7-3.14\times2\times3\div2=3.14\times6+3.14\times7-3.14\times3=3.14\times(6+7-3)=3.14\times10=31.4$

(4) $0.8\times\left\{2\frac{1}{9}-\left(1.25-\frac{5}{6}\right)\times1\frac{1}{15}\right\}=\frac{4}{5}\times\left\{\frac{19}{9}-\left(1\frac{1}{4}-\frac{5}{6}\right)\times\frac{16}{15}\right\}=\frac{4}{5}\times\left\{\frac{19}{9}-\left(\frac{5}{4}-\frac{5}{6}\right)\times\frac{16}{15}\right\}=\frac{4}{5}\times\left\{\frac{19}{9}-\left(\frac{15}{12}-\frac{10}{12}\right)\times\frac{16}{15}\right\}=\frac{4}{5}\times\left(\frac{19}{9}-\frac{5}{12}\times\frac{16}{15}\right)=\frac{4}{5}\times\left(\frac{19}{9}-\frac{4}{9}\right)=\frac{4}{5}\times\frac{15}{9}=\frac{4}{3}=1\frac{1}{3}$

(5) $\frac{9}{5}-(6\times1.3-\square)\div4=0.6$より，$\frac{9}{5}-(7.8-\square)\div4=0.6$，$(7.8-\square)\div4=\frac{9}{5}-0.6=\frac{9}{5}-\frac{3}{5}=\frac{6}{5}$，$7.8-\square=\frac{6}{5}\times4=\frac{24}{5}=4.8$　よって，$\square=7.8-4.8=3$

2 仕事算，相当算，約数，分配算，面積，条件の整理

(1) 1人が1日にする仕事の量を1とすると，この仕事全体の量は，$1\times12\times15=180$と表せる。よって，9日かかるとき，1日あたりの仕事の量は，$180\div9=20$となるから，20人で取り組むことになる。

(2) 1日目は全体の$\frac{3}{5}$だけ読み，2日目は全体の，$\frac{3}{5}\times\frac{1}{2}=\frac{3}{10}$だけ読んだので，残りのページ数は全体の，$1-\frac{3}{5}-\frac{3}{10}=\frac{1}{10}$にあたる。これが23ページだから，全体のページ数は，$23\div\frac{1}{10}=230$（ページ）と求められる。

(3) ブロックの1辺の長さを□mmとすると，□は216，48，144の約数であり，ブロックをできるだけ大きくする（ブロックの1辺の長さをできるだけ長くする）ので，□は216，48，144の最大公約数となる。右の図1の計算より，216，48，144の最大公約数は，$2\times2\times2\times3=24$だから，1辺の長さは24mmとなる。

図1

2)	216	48	144
2)	108	24	72
2)	54	12	36
3)	27	6	18
	9	2	6

(4)　ＡのひもはＢのひもより30cm長く，ＣのひもはＢのひもの２倍より10cm長いので，Ｂのひもの長さを①cmとすると，Ａのひもの長さは，①＋30(cm)，Ｃのひもの長さは，②＋10(cm)と表せる。すると，３人のひもの長さの和は，(①＋30)＋①＋(②＋10)＝④＋40(cm)となり，これが，４ｍ＝400cmにあたるから，④＝400－40＝360(cm)より，①＝360÷４＝90(cm)とわかる。よって，Ａのひもの長さは，90＋30＝120(cm)と求められる。

(5)　右の図２のように，斜線《しゃせん》部分の一部を移動すると，斜線部分は，半径が，２×３＝６(cm)の円の$\frac{1}{4}$から，半径が２cmの円の$\frac{1}{4}$を切り取った形になる。よって，斜線部分の面積は，$6\times6\times3.14\times\frac{1}{4}-2\times2\times3.14\times\frac{1}{4}=9\times3.14-1\times3.14=(9-1)\times3.14=8\times3.14=25.12$(cm²)と求められる。

図２

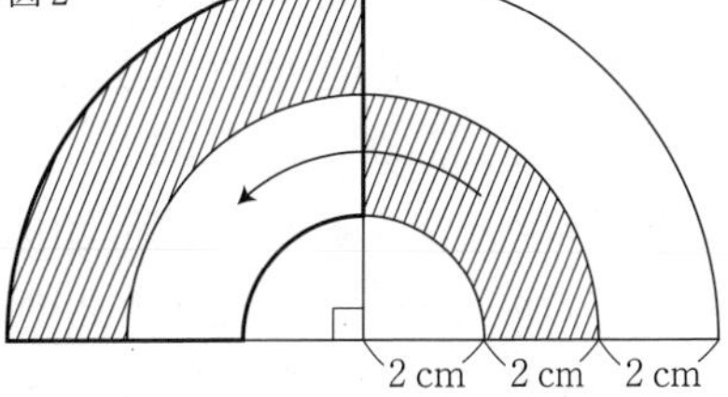

(6)　最小公倍数が21になる２つの数字の組み合わせは{３，７}しかないので，Ｂのカードは３と７である。また，Ｃのカードは最大公約数が３なので，２枚とも３の倍数であり，６と９に決まる。このとき，残っているカードは０，１，２，４，５，８になり，Ｅのカードの和は９なので，Ｅのカードの組み合わせは{１，８}か{４，５}になる。しかし，{４，５}だとすると，残りのカードが０，１，２，８になり，差が３である組み合わせがないので，Ｄの条件に合うカードがない。したがって，Ｅのカードは１と８である。すると，残りのカードは０，２，４，５になり，Ｄのカードは差が３なので，２と５に決まる。よって，Ａのカードは０と４である。このとき，Ａのカードの積は，０×４＝０になり，５人の中で一番小さいので，条件に合っている。

3　数列，点の移動，面積，約数と倍数，消去算，差集め算

(1)　右の図１のように，分母が同じ分数ごとに区切って，前から順に１組，２組，…とする。各組で分母の数と並んでいる分数の個数はどちらも組の番号と等しく，分子は１から始まって１ずつ増えている。したがって，$\frac{4}{7}$は７組の４番目であり，６組までには分数が，１＋２＋３＋４＋５＋６＝21(個)並ぶから，$\frac{4}{7}$は，21＋４＝25(番目)(…①)の数とわかる。また，１＋２＋３＋…＋13＝(１＋13)×13÷２＝91より，13組までには91個の分数が並び，14組までには，91＋14＝105(個)の分数が並ぶ。よって，100番目の数は，14組の，100－91＝９(番目)の数だから，$\frac{9}{14}$(…②)である。

図１

$\frac{1}{1}$,	$\frac{1}{2}$,	$\frac{2}{2}$,	$\frac{1}{3}$,	$\frac{2}{3}$,	$\frac{3}{3}$,	$\frac{1}{4}$,	$\frac{2}{4}$,	$\frac{3}{4}$,	$\frac{4}{4}$,	$\frac{1}{5}$,	$\frac{2}{5}$,	…
１組	２組		３組			４組				５組		

(2)　３秒後にＰはＡから，１×３＝３(cm)，ＱはＣから，１×３＝３(cm)のところにあるので，右の図２のようになる。このとき，四角形PBCQは台形で，PB＝10－３＝７(cm)だから，面積は，(３＋７)×８÷２＝40(cm²)(…①)と求められる。次に，７秒後にＰはＡから，

図２

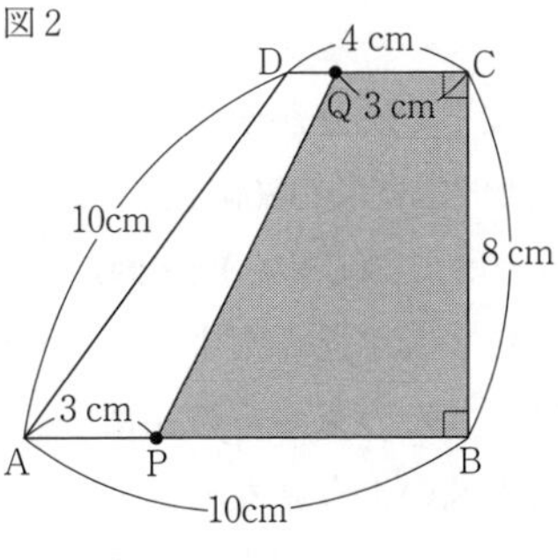

図３

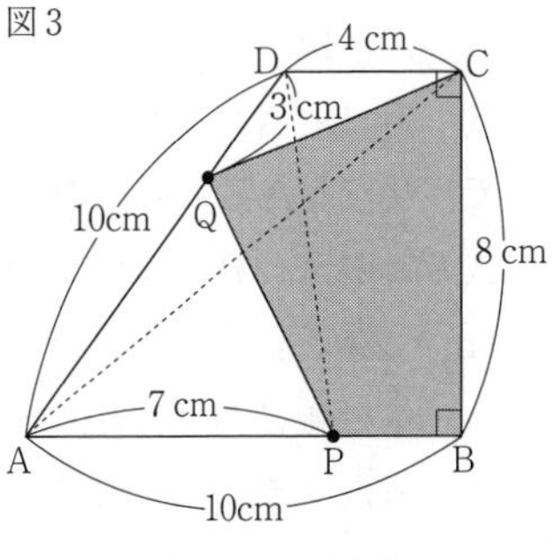

$1\times7=7$(cm)，ＱはＤから，$1\times7-4=3$(cm)のところにあるので，上の図３のようになる。図３で，三角形ACDの面積は，$4\times8\div2=16$(cm^2)で，三角形QCDと三角形ACDの面積の比は，QD：ADと等しく，３：10だから，三角形QCDの面積は，$16\times\frac{3}{10}=4.8$(cm^2)となる。また，三角形ADPの面積は，$7\times8\div2=28$(cm^2)で，三角形AQPと三角形ADPの面積の比は，AQ：ADと等しく，(10－３)：10＝７：10だから，三角形AQPの面積は，$28\times\frac{7}{10}=19.6$(cm^2)となる。さらに，台形ABCDの面積は，$(4+10)\times8\div2=56$(cm^2)だから，四角形PBCQの面積は，56－(4.8＋19.6)＝31.6(cm^2)(…②)と求められる。

⑶　例えば，９の約数は１，３，９なので，９のカードは，１の倍数のカードを裏返すとき，３の倍数のカードを裏返すとき，９の倍数のカードを裏返すときの３回裏返される。このように，カードが裏返される回数は，カードに書かれた数の約数の個数に等しくなる。１から10までの整数の約数はそれぞれ右の図４のようになるので，裏返された回数が２回のカードは，２，３，５，７の４枚(…①)とわかる。また，最終的に裏面になっているのは，裏返された回数が奇数《きすう》回のカードだから，約数の個数が奇数個のカードとなる。よって，１，４，９の３枚(…②)である。

図４

1…1	2…1，2
3…1，3	4…1，2，4
5…1，5	6…1，2，3，6
7…1，7	8…1，2，4，8
9…1，3，9	10…1，2，5，10

⑷　30人集まるとき，費用の合計は，3300×30＝99000(円)で，これは30人の食事代と会場使用料の合計にあたる。50人集まるとき，費用の合計は，2700×50＝135000(円)で，これは50人の食事代と会場使用料の合計にあたる。よって，50－30＝20(人)の食事代が，135000－99000＝36000(円)だから，１人の食事代は，36000÷20＝1800(円)(…①)と求められる。次に，会場使用料は，99000－1800×30＝99000－54000＝45000(円)となる。よって，１人あたりの費用が2500円以下になるとき，会場使用料の45000円を人数で割った金額は，2500－1800＝700(円)以下となるから，集まった人数は，45000÷700＝64.2…より，65人(…②)以上である。

４　グラフ―速さ，旅人算

⑴　問題文中のグラフ１で，14分後に２人の間の距離《きょり》の増え方が変わっているので，14分後にＢさんが家に到着《とうちゃく》したとわかる。よって，14分後から20分後までの，20－14＝６(分間)はＡさんだけが歩いており，その間にＡさんは，2280－1890＝390(m)歩いたから，Ａさんの速さは毎分，390÷６＝65(m)と求められる。

⑵　Ｂさんが家に到着するまで，２人の間の距離は１分間に，1890÷14＝135(m)増えており，これは２人が１分間に進む距離の和にあたるから，Ｂさんの速さは毎分，135－65＝70(m)とわかる。よって，Ｂさんは学校から家まで毎分70mで14分かけて歩いたので，学校とＢさんの家の距離は，70×14＝980(m)となる。

⑶　前日，Ａさんは学校から家まで20分かかったので，学校とＡさんの家の距離は，65×20＝1300(m)，Ａさんの家とＢさんの家の距離は，1300＋980＝2280(m)となる。すると，次の日に２人が進んだようすを，横の軸《じく》に時間，縦の軸にＢさんの家からの距離をとったグラフで表すと，右の図のようになる。Ａさんの速さは前日と同じなので，Ａさんが家から学

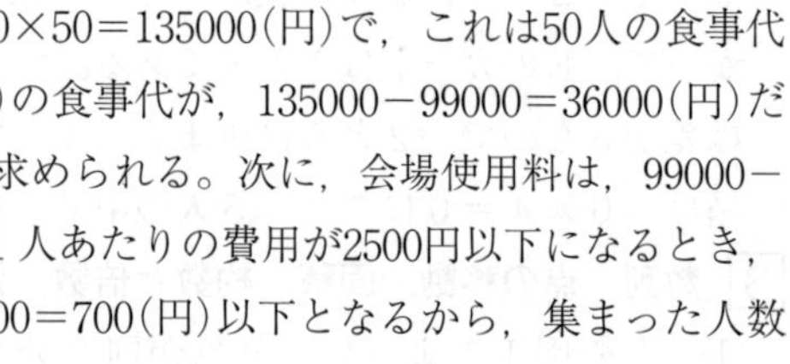

校までかかった時間は20分である。また，Ｂさんは８分後に忘れ物に気づき，Ａさんより７分15秒遅《おく》れて学校に到着したので，忘れ物に気づいてから学校に到着するまでに歩いた時間は，20分＋７分15秒－８分＝19分15秒で，これは，$15 \div 60 = \frac{1}{4}$(分)より，$19\frac{1}{4}$分である。さらに，Ｂさんは忘れ物に気づくまでに，70×８＝560(m)歩いたから，忘れ物に気づいてから学校に到着するまでに歩いた距離は，560＋980＝1540(m)となる。よって，忘れ物に気づいてからのＢさんの速さは毎分，$1540 \div 19\frac{1}{4} = 80$(m)と求められる。

(4)　問題文中のグラフ２の①は，Ｂさんが家に戻《もど》ってきた時間を表しているので，図のアにあたる。Ｂさんは忘れ物に気づいてから家に戻るまでに，560÷80＝７(分)かかるから，①は，８＋７＝15(分)となる。また，グラフ２の②は，①のときの２人の距離を表しているので，図のイにあたる。15分後までにＡさんは家から，65×15＝975(m)歩いたから，②は，2280－975＝1305(m)となる。さらに，グラフ２の③は，Ａさんが学校に到着したときの２人の距離を表しているので，図のウにあたる。Ａさんが学校に到着するのは，Ｂさんが再び家を出てから，20－15＝５(分後)で，５分間にＢさんは，80×５＝400(m)歩くから，③は，980－400＝580(m)となる。

５　立体図形―長さ，体積，表面積

(1)　問題文中の図で，立体全体の体積は144cm^{3}で，高さは，１×４＝４(cm)だから，立体全体の底面積は，144÷４＝36(cm^2)である。また，立体全体の縦の長さと横の長さは，どちらも直方体ＡやＢの高さにあたるから，同じである。よって，□×□＝36(cm^2)より，□＝６(cm)とわかる。

(2)　立体全体は，縦６cm，横６cm，高さ４cmの直方体で，その表面積は，６×６×２＋６×４×４＝168(cm^2)だから，４段目の直方体Ａを抜《ぬ》き出すと，表面積は，178－168＝10(cm^2)増えることになる。また，４段目の直方体Ａを抜き出すと，表面積は，右の図１の太線で囲んだ部分の面積だけ増え，かげの部分の面積だけ減る。太線で囲んだ部分の面積の和は，１×６×２＝12(cm^2)で，表面積は全体で10cm^{2}増えるから，かげの部分の面積の和は，12－10＝２(cm^2)とわかる。したがって，かげの部分１個の面積は，２÷２＝１(cm^2)だから，直方体Ａの横の長さは，１÷１＝１(cm)となる。よって，直方体Ａの体積は，１×１×６＝６(cm^3)と求められる。

図１

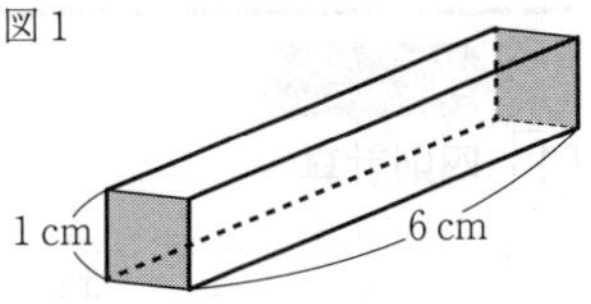

(3)　１段目のＢを１つ抜き出すと，表面積は右の図２のかげの部分の面積だけ減る。図２の直方体Ｂの縦の長さは，(６－１)÷２＝2.5(cm)だから，かげの部分の面積の和は，１×2.5×２＝５(cm^2)である。よって，４段目のＡを１つ抜き出した後，さらに１段目のＢを２つ抜き出すと，表面積は178cm^{2}から，５×２＝10(cm^2)減るので，178－10＝168(cm^2)になる。

図２

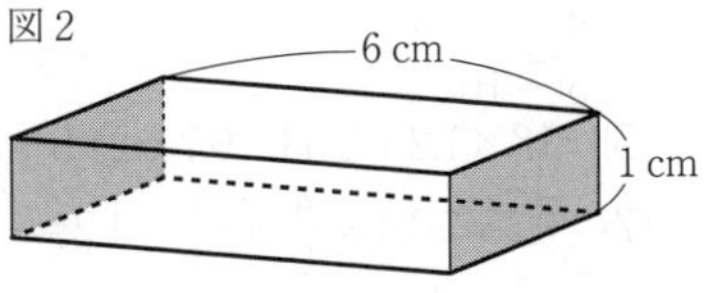

(4)　まず，２段目のＢだけを１つ抜き出すと，表面積は図２のかげの部分の面積だけ減り，太線で囲んだ部分の面積だけ増えるから，全体では，６×2.5×２－５＝30－５＝25(cm^2)増える。したがって，２段目のＢ２つだけを抜き出すと，表面積は，168＋25×２＝218(cm^2)になる。また，２段目のＢ２つを抜き出した後の３段目のＡは，上の図３の太線で囲んだ部分が表面に出ており，それ以外の部分は他の直方体の面と重なっているか

図３

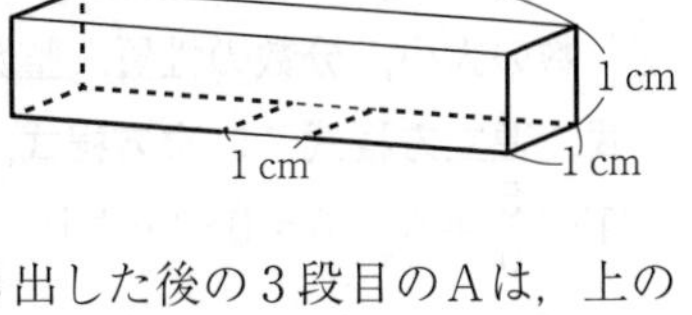

ら，この直方体Ａを抜き出すと，表面積は太線で囲んだ部分の面積だけ減り，それ以外の部分の面積だけ増える。太線で囲んだ部分の面積は，$1\times1\times2+1\times(6-1)=7$ (cm²)で，それ以外の部分の面積は，$1\times1+1\times6\times3=19$(cm²)だから，全体では，218cm²からさらに，$19-7=12$ (cm²)増える。よって，表面積は，$218+12=230$(cm²)になる。

数　学 ＜Ａ入試＞（50分）＜満点：100点＞

解　答

[1] (1) $7\frac{1}{12}$　(2) $1\frac{1}{6}$　(3) $2\frac{19}{30}$　(4) 6　(5) $\frac{7}{10}$　(6) 25　(7) $1\frac{1}{2}$　(8) $1\frac{1}{4}$　[2] (1) $2.8<2\frac{5}{6}<\frac{20}{7}$　(2) 63　(3) 360　(4) ① $\frac{y}{36}$　② $10xy-31y^2$　③ $6\sqrt{2}$　(5) ① $(3x-4)(x-3)$　② $2(x+2y-2)(x-2y+2)$　(6) ① $x=-1$　② $x=4$，$y=2$　③ $x=\frac{4\pm2\sqrt{7}}{3}$　④ $x>-\frac{5}{17}$　[3] (1) $x=y-6$，$\frac{1}{2}x=\frac{3}{10}\left(y+\frac{1}{2}x\right)$　(2) 36個　[4] (1) $c=-10$，**残りの解**…$x=2$　(2) $6\sqrt{7}$　(3) $\frac{5\sqrt{7}}{4}$　[5] (1) $(2,\ -4)$　(2) $(5,\ 5)$　(3) $\left(\frac{5}{2},\ \frac{5}{2}\right)$　(4) $\frac{3}{10}$倍

解　説

[1] 四則計算

(1) $2\frac{5}{6}+4\frac{1}{4}=2\frac{10}{12}+4\frac{3}{12}=6\frac{13}{12}=7\frac{1}{12}$

(2) $3\frac{1}{9}\div2\frac{2}{3}=\frac{28}{9}\div\frac{8}{3}=\frac{28}{9}\times\frac{3}{8}=\frac{7}{6}=1\frac{1}{6}$

(3) $6\frac{1}{3}-2\frac{2}{5}-1\frac{3}{10}=6\frac{10}{30}-2\frac{12}{30}-1\frac{9}{30}=5\frac{40}{30}-2\frac{12}{30}-1\frac{9}{30}=3\frac{28}{30}-1\frac{9}{30}=2\frac{19}{30}$

(4) $15-\{2\times3+4-(5-3)\div2\}=15-(6+4-2\div2)=15-(6+4-1)=15-(10-1)=15-9=6$

(5) $\left(\frac{3}{4}-\frac{1}{3}\times\frac{1}{2}\right)\div\left\{4\times\left(\frac{7}{8}-\frac{2}{3}\right)\right\}=\left(\frac{3}{4}-\frac{1}{6}\right)\div\left\{4\times\left(\frac{21}{24}-\frac{16}{24}\right)\right\}=\left(\frac{9}{12}-\frac{2}{12}\right)\div\left(4\times\frac{5}{24}\right)=\frac{7}{12}\div\frac{5}{6}=\frac{7}{12}\times\frac{6}{5}=\frac{7}{10}$

(6) $18\times1.2+2.38\div0.7=21.6+3.4=25$

(7) $0.75\div0.4\times\frac{4}{9}+\frac{4}{5}\div1.2=\frac{3}{4}\div\frac{2}{5}\times\frac{4}{9}+\frac{4}{5}\div\frac{6}{5}=\frac{3}{4}\times\frac{5}{2}\times\frac{4}{9}+\frac{4}{5}\times\frac{5}{6}=\frac{5}{6}+\frac{2}{3}=\frac{5}{6}+\frac{4}{6}=\frac{9}{6}=\frac{3}{2}=1\frac{1}{2}$

(8) $-5^2\div\left(\frac{6}{5}\right)^3\div\left(-\frac{2}{3}\right)^3\times\left(\frac{2}{5}\right)^4=-5^2\div\left(\frac{2\times3}{5}\right)^3\div\left(-\frac{2}{3}\right)^3\times\left(\frac{2}{5}\right)^4=-5^2\div\frac{2^3\times3^3}{5^3}\div\left(-\frac{2^3}{3^3}\right)\times\frac{2^4}{5^4}=5^2\times\frac{5^3}{2^3\times3^3}\times\frac{3^3}{2^3}\times\frac{2^4}{5^4}=\frac{5}{2^2}=\frac{5}{4}=1\frac{1}{4}$

[2] 数の大小，分数の性質，整数の性質，式の計算，式の展開，平方根の計算，因数分解，一次方程式，連立方程式，二次方程式，一次不等式

(1) $\frac{5}{6}=5\div6=0.83\cdots$より，$2\frac{5}{6}=2.83\cdots$となる。また，$\frac{20}{7}=20\div7=2.85\cdots$である。よって，$2.8<2.83\cdots<2.85\cdots$より，$2.8<2\frac{5}{6}<\frac{20}{7}$となる。

(2)　分子と分母の合計は，約分する前が98で，約分した後が，$5+9=14$だから，$98\div14=7$で約分することになる。よって，約分する前の分数は，$\dfrac{5\times7}{9\times7}=\dfrac{35}{63}$だから，分母は63である。

(3)　(ア)，(イ)より，2^3と3^2で割り切れ，(ウ)，(エ)より，$6^2=(2\times3)^2=2^2\times3^2$と，$10=2\times5$で割り切れる。よって，(ア)〜(エ)がすべて成り立つためには，2^3と3^2と5で割り切れればよいから，一番小さい正の整数は，$2^3\times3^2\times5=8\times9\times5=360$とわかる。

(4)　①　$\dfrac{4x-5y}{12}-\dfrac{3x-4y}{9}=\dfrac{3(4x-5y)}{36}-\dfrac{4(3x-4y)}{36}=\dfrac{12}{36}x-\dfrac{15}{36}y-\dfrac{12}{36}x+\dfrac{16}{36}y=\dfrac{y}{36}$　②　$(x-3y)(x+5y)-(x-4y)^2=x^2+2xy-15y^2-(x^2-8xy+16y^2)=x^2+2xy-15y^2-x^2+8xy-16y^2=10xy-31y^2$　③　$\sqrt{98}+\dfrac{10}{\sqrt{2}}-\sqrt{72}=\sqrt{7^2\times2}+\dfrac{10\sqrt{2}}{2}-\sqrt{6^2\times2}=7\sqrt{2}+5\sqrt{2}-6\sqrt{2}=12\sqrt{2}-6\sqrt{2}=6\sqrt{2}$

(5)　①　$3x^2=3x\times x$，$12=(-3)\times(-4)$で，$3x\times(-3)+x\times(-4)=-9x-4x=-13x$だから，$3x^2-13x+12=(3x-4)(x-3)$　②　$y-1=A$とおくと，$2x^2-8(y-1)^2=2x^2-8A^2=2(x^2-4A^2)=2\{x^2-(2A)^2\}=2(x+2A)(x-2A)$となる。よって，$A$を$y-1$にもどすと，$2\{x+2(y-1)\}\{x-2(y-1)\}=2(x+2y-2)(x-2y+2)$

(6)　①　$\dfrac{2}{3}\left(x+\dfrac{1}{4}\right)=\dfrac{x-1}{4}$の両辺を12倍して，$8\left(x+\dfrac{1}{4}\right)=3(x-1)$，$8x+2=3x-3$，$8x-3x=-3-2$，$5x=-5$，$x=-1$となる。　②　$-\dfrac{1}{6}x+\dfrac{5}{6}y=1$…㋐，$0.2x+0.1y=1$…㋑とする。㋐×6より，$-x+5y=6$…㋒　㋑×10より，$2x+y=10$…㋓　㋒×2＋㋓より，$10y+y=12+10$，$11y=22$，$y=2$　これを㋓に代入して，$2x+2=10$，$2x=8$，$x=4$　③　$3x^2-8x-4=0$に解の公式を用いると，$x=\dfrac{-(-8)\pm\sqrt{(-8)^2-4\times3\times(-4)}}{2\times3}=\dfrac{8\pm\sqrt{64+48}}{6}=\dfrac{8\pm\sqrt{112}}{6}=\dfrac{8\pm4\sqrt{7}}{6}=\dfrac{4\pm2\sqrt{7}}{3}$となる。　④　$\dfrac{5x-3}{4}-\dfrac{5x-1}{3}<x$の両辺を12倍すると，$3(5x-3)-4(5x-1)<12x$，$15x-9-20x+4<12x$，$15x-20x-12x<9-4$，$-17x<5$，$x>-\dfrac{5}{17}$

3　連立方程式の応用

(1)　箱Ａに入っているボールは箱Ｂに入っているボールより6個少ないので，$x=y-6$…①が成り立つ。また，箱Ａの半数のボールを箱Ｂに移すと，$\dfrac{1}{2}x$個が箱Ｂに移るので，箱Ａに入っているボールは，$x-\dfrac{1}{2}x=\dfrac{1}{2}x$(個)，箱Ｂに入っているボールは，$y+\dfrac{1}{2}x$(個)になる。このとき，箱Ａのボールの数は箱Ｂのボールの数の30％だから，$\dfrac{1}{2}x=\dfrac{3}{10}\left(y+\dfrac{1}{2}x\right)$…②が成り立つ。

(2)　②×20より，$10x=6\left(y+\dfrac{1}{2}x\right)$，$10x=6y+3x$，$7x=6y$…②′　①を②′に代入すると，$7(y-6)=6y$，$7y-42=6y$，$y=42$　これを①に代入して，$x=42-6=36$　よって，箱Ａに入っているボールは36個である。

4　二次方程式，三平方の定理

(1)　$x^2+3x+c=0$に$x=-5$を代入して，$25-15+c=0$，$10+c=0$，$c=-10$となる。これを$x^2+3x+c=0$に代入すると，もとの二次方程式は，$x^2+3x-10=0$とわかる。これを解くと，$(x+5)(x-2)=0$より，$x=-5$，2となるので，残りの解は，$x=2$である。

(2)　下の図1で，接線の性質より，$\angle\mathrm{OPQ}=\angle\mathrm{O'QP}=90°$だから，点O′からOPに垂線O′Rを引く

と四角形RPQO′は長方形になる。したがって，RP＝O′Q＝4より，OR＝6－4＝2だから，△O′ORで三平方の定理より，O′R＝$\sqrt{OO'^2-OR^2}=\sqrt{16^2-2^2}=\sqrt{252}=6\sqrt{7}$となる。よって，PQ＝O′R＝$6\sqrt{7}$とわかる。

図1

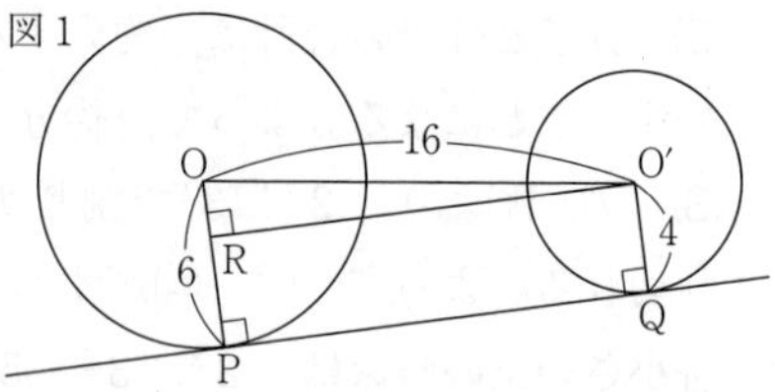

(3) 右下の図2で，CD＝xとすると，BD＝$6-x$と表せる。すると，△ACDで三平方の定理より，$AD^2=AC^2-CD^2=4^2-x^2$，△ABDで三平方の定理より，$AD^2=AB^2-BD^2=5^2-(6-x)^2$と表せるから，$4^2-x^2=5^2-(6-x)^2$が成り立つ。これを解くと，$16-x^2=25-(36-12x+x^2)$，$16-x^2=25-36+12x-x^2$，$16=25-36+12x$，$16=-11+12x$，$12x=27$，$x=\frac{9}{4}$となる。よって，$AD^2=4^2-\left(\frac{9}{4}\right)^2=16-\frac{81}{16}=\frac{175}{16}$より，$AD=\sqrt{\frac{175}{16}}=\frac{5\sqrt{7}}{4}$とわかる。

図2

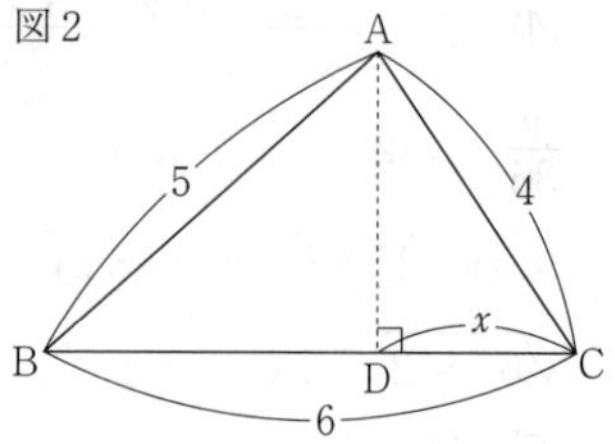

5 放物線と直線

(1) $x^2-4x=x^2-4x+4-4=(x-2)^2-4$より，右の図の放物線①の式は，$y=(x-2)^2-4$と表せる。よって，放物線①は放物線$y=x^2$を$x$軸《じく》の正の方向に2，$y$軸の正の方向に－4だけ平行移動したグラフだから，頂点Ａの座標は(2，－4)となる。

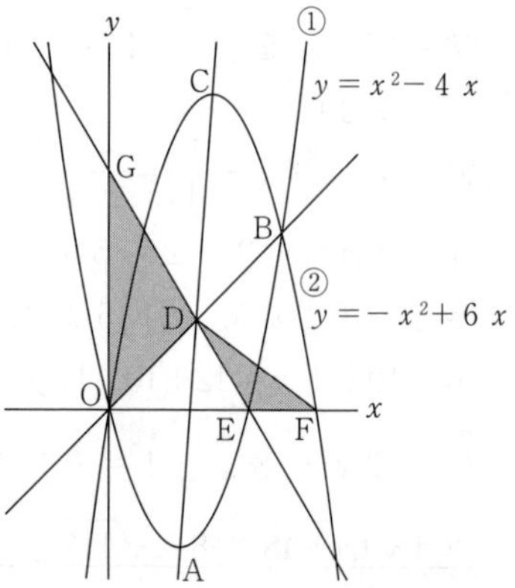

(2) 放物線①と②の式を連立させると，$x^2-4x=-x^2+6x$，$2x^2-10x=0$，$2x(x-5)=0$より，$x=0$，5となるので，原点Oではない方の交点Bのx座標は5とわかる。$x=5$を①の式に代入して，$y=5^2-4\times5=25-20=5$より，B(5，5)である。

(3) $-x^2+6x=-x^2+6x-9+9=-(x^2-6x+9)+9=-(x-3)^2+9$より，放物線②の式は，$y=-(x-3)^2+9$と表せるので，頂点Cの座標は(3，9)となる。次に，直線OBは原点Oと点B(5，5)を通るので，その傾《かたむ》きは，$\frac{5}{5}=1$となり，直線OBの式は$y=x$…㋐とわかる。また，直線ACはA(2，－4)とC(3，9)を通るので，その傾きは，$\frac{9-(-4)}{3-2}=\frac{13}{1}=13$である。したがって，直線ACの式を$y=13x+b$とおき，点Aの座標から，$x=2$，$y=-4$を代入すると，$-4=26+b$，$b=-30$より，直線ACの式は，$y=13x-30$…㋑とわかる。点Dは直線OBと直線ACの交点だから，㋐，㋑を連立させると，$x=13x-30$，$-12x=-30$，$x=\frac{5}{2}$となる。これを㋐に代入して，$y=\frac{5}{2}$より，交点Dの座標は$\left(\frac{5}{2},\ \frac{5}{2}\right)$である。

(4) 放物線①とx軸の交点はy座標が0だから，①の式に$y=0$を代入すると，$0=x^2-4x$，$x(x-4)=0$より，$x=0$，4となる。これより，原点Oではない方の交点Eの座標は(4，0)となる。同様に，放物線②の式に$y=0$を代入すると，$0=-x^2+6x$，$x^2-6x=0$，$x(x-6)=0$より，$x=0$，6となるので，放物線②とx軸の交点のうち原点Oでない方の点Fの座標は(6，0)となる。したがって，△DEFで，EFを底辺とすると，EF＝6－4＝2で，高さは点Dのy座標より，$\frac{5}{2}$だから，△DEF＝$\frac{1}{2}\times2\times\frac{5}{2}=\frac{5}{2}$である。また，D$\left(\frac{5}{2},\ \frac{5}{2}\right)$，E(4，0)を通る直線DEの傾きは，$\left(0-\frac{5}{2}\right)\div\left(4-\frac{5}{2}\right)=-\frac{5}{2}\div\frac{3}{2}=-\frac{5}{3}$なので，直線DEの式は，$y=-\frac{5}{3}x+$

cとおける。これに，点Eの座標から，$x=4$，$y=0$を代入して，$0=-\frac{20}{3}+c$，$c=\frac{20}{3}$より，直線DEの式は，$y=-\frac{5}{3}x+\frac{20}{3}$となる。すると，直線DEの切片から，点Gの座標は$\left(0,\ \frac{20}{3}\right)$なので，OG$=\frac{20}{3}$となる。△ODGで，OGを底辺とすると，高さは点Dのx座標より，$\frac{5}{2}$だから，△ODG$=\frac{1}{2}\times\frac{20}{3}\times\frac{5}{2}=\frac{25}{3}$とわかる。よって，△DEFの面積は△ODGの面積の，$\frac{5}{2}\div\frac{25}{3}=\frac{3}{10}$(倍)と求められる。

英　語　＜A入試＞（50分）＜満点：100点＞

※　解説は編集上の都合により省略させていただきました。

解　答

1 (1) 3　(2) 2　(3) 4　(4) 1　(5) 3　(6) 3　(7) 4　(8) 3　(9) 2　(10) 2　(11) 3　(12) 3　(13) 3　(14) 4　(15) 1　2 (16) (a) 3　(b) 1　(17) (a) 5　(b) 2　(18) (a) 4　(b) 2　(19) (a) 1　(b) 3　(20) (a) 5　(b) 4　3 (21) **1**（例）足のつま先　**2** 大豆　(22) 4　(23) 4　(24) 4　4 (25) 4　(26) 1　(27) 1　(28)（例）Yes, because they agreed that they would never forget what happened that night.　5 (29) 4　(30) 4　(31) 1　(32)（例）高温，乾燥　(33) 4

国　語　＜A入試＞（50分）＜満点：100点＞

解　答

一 **問1**　下記を参照のこと。　**問2**　ウ　**問3**　ア　**問4**　オ　**問5**　ウ　**問6**　ウ　**問7**（例）私はこれから，世界で起こってきたことや今起こっていることを学び，英語力を身につけることで，平和で格差や差別のない世界をつくっていくにはどうしたらよいのか，みんなで考え，実行していきたい。　**問8**　**ア** ○　**イ** ○　**ウ** ×　**エ** ×　**オ** ○　二 **問1**　a エ　b イ　c オ　**問2**　ア　**問3**　オ　**問4**　感情　**問5**　イ　**問6**　エ　**問7**（例）その場に存在した人だけが，緊張感や熱気，演奏者の息遣いなどの，生きた感覚を味わうことができる点。　**問8**　ア，ウ　三 **問1**　①　やわらかい赤身　②　供給がたいへん重要視　③　食生活のうえでたいへん重要な役割　**問2**（例）自分の主張を押しつけているだけであり，自分と他者が意見を交換して理解し合うコミュニケーションの成立

●漢字の書き取り

一 **問1**　a　職業　b　対照　c　印象

解　説

一　**出典：小林康夫《こばやしやすお》「学ぶことの根拠《こんきょ》」（『何のために「学ぶ」のか』所収）**。人間は一生学びから逃《のが》れられず，完成したら再び自分をつくり替《か》えながら学ぶ必要があり，それは世界をつくり替えることだと述べられている。

問１　**a**　生活のために毎日する仕事。　**b**　二つのものを比べたときに，ちがいがはっきりしているようす。　**c**　見たり聞いたりして，心に残る感じ。

問２　ピカソの問題である「それ」は，直前の文の内容を指す。一四歳《さい》にして一流の画家と同等の技量を身につけ，完成された作品が描《か》けてしまったため，今後はどのような作品をつくって生きていけばいいのかわからないことがピカソにとっての「問題」だったのだから，ウが正しい。

問３　「絵画の原点」とは，「目が見える」ということだと直前の段落で述べられている。ほとんど目の見えない人がかすかに感じるのは青一色であるため，ピカソは青一色で描くことによって「目が見える」とはどういうことかを経験し，絵画の成立する場を考えようとしたのだから，アがふさわしい。

問４　傍線《ぼうせん》部③の直後にあるとおり，「もう一度やり直す力」とは，すでにあるものを学びつつ，今ある世界を超《こ》える新しい世界をつくる力である。学ぶ苦しみを周囲の人たちとわかち合う姿勢が大切だとは本文に書かれていないので，オが選べる。

問５　空欄《くうらん》部Ｘをふくむ文の後では，逆接の「しかし」に続き，学校の勉強にも「種」があり，「花開く仕《し》掛《か》けが数多く詰《つ》まっている」とその意義深さが説かれている。逆接の言葉は前後で逆の内容を述べるときに用いるので，空欄部Ｘには味わいもおもしろみもないようすをいう「無味《むみ》乾燥《かんそう》」が入る。アは，物事が順調に進むようす。イは，山や水が清らかで景色が美しいさま。エは，きわめて短い時間のこと。オは，大勢の人が口をそろえて同じことを言うようす。

問６　傍線部④の直前に「言い換《か》えれば」とあるので，その前の内容に注目する。人間は自然そのものの中でではなく，「自己の非自然的なあり方に由来」する自らがつくりだした「自由」な世界の中で学び，それが人間を「人間」として存在させていると書かれているので，ウが合う。

問７　傍線部⑤は，学ぶことは自分の現時点での考え方や技量を見直してより良いものとし，それを世界に反映させていくといった意味になる。自分が今興味を持っているもの，将来的にかかわりたいと考えていることは何かを考えたうえで，何について学びたいかを書き，学んで得られると思うものをもとに，どう世界の現状にアプローチしていくつもりかを述べればよい。

問８　**ア**　本文の中ほどに，「ゲルニカ」はおそらく「戦争に対して直接に抗議《こうぎ》する」最初の絵画であり，ピカソはこれを描くことで「絵画という営為《えいい》の幅《はば》をつくり替え」たとあるので合う。　**イ**　傍線部ｂのある段落で同じ内容が述べられているので正しい。　**ウ**　傍線部②のある段落で，画家として完成した自分自身を壊《こわ》し，「やり直す力」があったことがピカソが天才と呼ばれる理由だと述べられているので合わない。　**エ**　最後から二番目の段落に，大学の卒業論文のテーマに絵画を選んだのは，中学二年生のときにピカソの絵を見たことが心に残っていたからだと筆者は述べているので合わない。　**オ**　最後の段落に同様の内容が書かれているので合う。

二　**出典：朝井《あさい》リョウ『ままならないから私とあなた』**。興味のないものには参加しないが，独創的な文化祭の開会式を演出した才能あふれる薫《かおる》ちゃんと，音楽の道をめざす「私」の交流を描《えが》いている。

問１　ａ　「一目置く」は，“すぐれた人に対して一歩ゆずる”という意味。　ｂ　批判する態度を取るようす。　ｃ　ほかのものと比べてずっとすぐれていること。

問２　普段《ふだん》は自分が意味を認めない活動には参加しない薫ちゃんが文化祭の開会式の演出には興味を示し，さまざまなアイディアを提案して多数の人を巻きこみ，ほかの生徒にはとうていできないような方法ですばらしい開会式をつくり上げたため，すっかり圧倒《あっとう》されて「すごいなあ」と言う者も現れたのである。

問３　「そんなところ」とは，『Over』の光流《ひかる》ちゃんの，光流ちゃんがつくったとすぐわかるような曲をつくることができるところを指す。また，続く部分に，自分でもはっきりつかめない強い感情があることに気づいたとき，光流ちゃんはピアノで曲をつくると書かれているので，オがよい。

問４　空らん部Ⅰ～Ⅳには，自分の「心の中に生まれ」，どうすればよいか扱《あつか》いに困り「処理できない」こともあるが，曲などで表現できるものが入るので，「感情がメロディとなって溢《あふ》れ出てきた」という表現から「感情」がぬき出せる。

問５　なっちゃんと渡邊《わたなべ》君がお揃《そろ》いで赤いお守りをカバンに着けていたことに気づいた夜，「私」はピアノに向かい，あふれる感情を曲にした。傍線部③の後にあるとおり，その曲を聴《き》いた薫ちゃんに曲をつくっていたときの「私の感情」が「伝わっている」ことに「私」は興奮しているので，イが選べる。

問６　つくった曲の録音は音質も悪く，「ぐちゃぐちゃな音の羅列《られつ》」としか思ってもらえないのではないかと考えていたが，薫ちゃんが感動してくれたので「私」は嬉《うれ》しくてたまらないのである。よって，エがふさわしい。

問７　「私」の言う「生で聴かないとわかんないこと」にはどのようなことがあるかを考え，ライブの良い点を自分の言葉で説明する。「データ」で聴いてもダメだと「私」が言っているのは，手直しできる「データ」とちがってライブはそのとき限りの生演奏であるため，全く同じ曲でもそのときどきによって伝わる雰囲気《ふんいき》がちがうからだと考えられる。ふんいきは演奏者の緊張感《きんちょうかん》，息づかい，会場の熱気などで生まれるが，「ライブ」の良さとはそういった生きた感覚を味わえる点といえる。

問８　本文は「私」と薫ちゃんの会話を中心として進められており，そこから少しずつ音楽が好きで感性の豊かな「私」と，効率の良さを重視する薫ちゃんとのちがいが読み取れる。よって，アは合う。また，「データで聴く人のほうが断然多くない？」など，「私」との会話の中での薫ちゃんの言葉からデータ化が進む現代社会の特徴《とくちょう》がうかがえるので，ウもふさわしい。なお，「私」の視点から描かれてはいるが，薫ちゃんが「私」の曲に感動したことなど，薫ちゃんの気持ちも書かれていること，なっちゃんと渡邊くんのお揃いのお守りは「私」を切ない気持ちにさせたが，今後の展開を予想させる内容は書かれていないことから，イとエは合わない。薫ちゃんは自分が納得《なっとく》できないものにはかかわらないが，文化祭の開会式では大活躍《かつやく》したこと，今の時点で長く二人が会話しているというだけでは，未来の友情のゆく末までは断言できないことから，オとカも正しくない。

三　出典：秋道智彌《あきみちともや》『鯨《くじら》と日本人のくらし：人びとは鯨とどうかかわってきたか』，真山仁《まやまじん》『“正しい”を疑え！』。

問１　①　クジラの肉は「やわらかい赤身」だと一文目にある。　②　三段落目に，戦後すぐの食糧難《しょくりょうなん》の時代に，クジラの肉の「供給がたいへん重要視」されたと書かれている。　③　最後の文に，戦後すぐの時代，クジラの肉は日本人の「食生活のうえでたいへん重要な役割」をはたしたと述べられている。

問２　本文半ばに，言葉巧《たく》みに相手を誘導《ゆうどう》することは「自分の主張を押《お》しつけているだけ」だと書かれている。また，最後の二文には，「コミュニケーションが成立」するために重要なのは，話す力ではなく聞く力だとある。また，最後から三文目で，「コミュニケーション」とは「自分と他者が意見を交換《こうかん》して，理解し合う」ことだと説明されている。これらをふまえてまとめる。

2024年度 公文国際学園中等部

【算　数】〈Ｂ入試〉（50分）〈満点：100点〉

《注意》解答用紙に図をかくときは，定規やコンパスを使う必要はありません。

1 次の □ にあてはまる数を求めなさい。

(1) $3+8\div(8-4)\div2=\square$

(2) $20\div\{24-(6\times2-1)\times2\}\times3=\square$

(3) $4\times39\times1012+5\times6\times2024-3\times24\times3036=\square$

(4) $\left\{\left(1.625+\dfrac{9}{16}\right)\div0.75-1\dfrac{5}{6}\right\}\times1\dfrac{11}{13}=\square$

(5) $0.2+\dfrac{1}{4}\div\left(\dfrac{4}{3}-\square\right)=0.5$

2 次の □ にあてはまる数を求めなさい。

(1) Ａさんの５回の算数のテスト結果は89点、76点、91点、82点、□ 点で、5回の平均は86点です。

(2) ある服を3割の利益を見込《こ》んで定価をつけましたが、売れなかったため定価の20％引きで売ったところ200円の利益が出ました。この服の原価は □ 円です。

(3) 現在の父の年令は子の年令の4倍で、16年後には父の年令は子の年令の2倍になります。現在の父の年令は □ 才です。

(4)　全校生徒が 160 人の学校に、男子生徒が 82 人、運動部に所属する生徒が 102 人います。このとき、運動部に所属しない女子生徒が最も多い場合は □ 人です。

(5)　$\frac{8}{27}$ を小数で表したとき、小数第 20 位の数は □ です。

(6)　右の図の角アの大きさは □ 度です。
ただし、同じ印の角は大きさが等しいものとします。

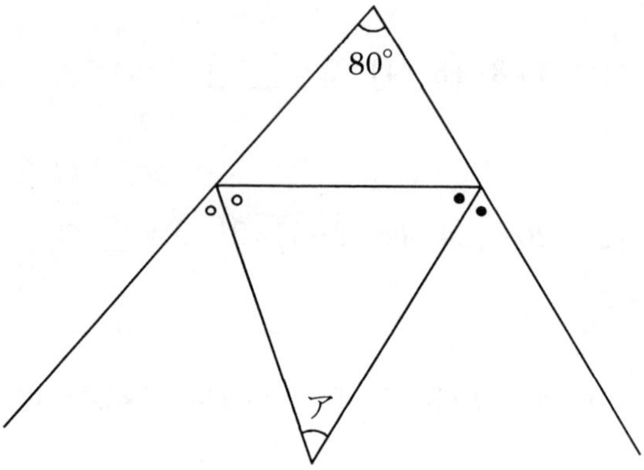

3　次の □ にあてはまる数をそれぞれ答えなさい。

(1)　右の図のように、大小 2 つの正方形と円が組み合わされてできた図形があります。小さい正方形の 1 辺の長さが 10cm のとき、大きい正方形の面積は ① cm^2 です。また、斜《しゃ》線部分の面積は ② cm^2 です。ただし、円周率は 3.14 とします。

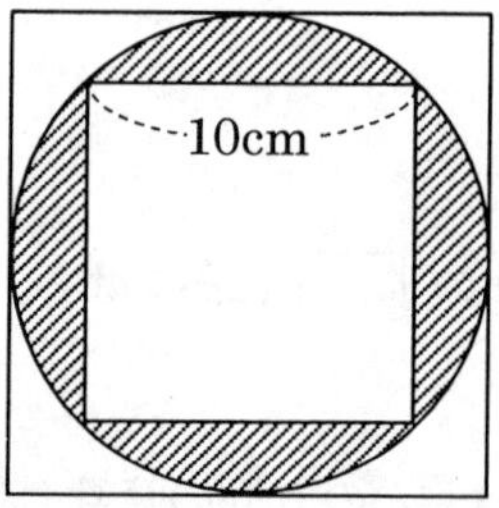

(2)　1 g、5 g、10 g のおもりが合わせて 15 個あり、合計の重さは 108 g です。このとき、10 g のおもりの個数は ① 個です。また、これらのおもりの一部または全部を使ってちょうど量ることのできる重さは ② 通りです。

(3)　水そうに水道から水が一定の割合で流れ込《こ》み、水そうの上から水があふれ出ています。この状態からポンプAを使って毎分8Lで排《はい》水すると24分で水がなくなり、ポンプBを使って毎分12Lで排水すると12分で水がなくなります。このとき、水道から流れ込む水は毎分 ① Lです。また、最初の状態から両方のポンプを使って排水すると、水そうの水は ② 分でなくなります。

(4)　1両の長さが同じ車両を10両つなげた普通列車と15両つなげた急行列車があります。普通列車、急行列車はある地点を通過するのにどちらも10秒かかります。急行列車が普通列車に追いついてから追い越《こ》すまでにかかる時間は ① 秒です。普通列車が1080mのトンネルに入り始めてから出終わるまでに1分40秒かかるとき、急行列車の長さは ② mです。ただし、連結部分の長さは考えないものとします。

4　点Pが右の図のような正六角形ABCDEFの各頂点をサイコロの出た目の数だけ反時計回りに動きます。点Pは最初、頂点Aにあり、1回目のサイコロの出た目の数だけ移動【移動①】し、その場所から2回目のサイコロの出た目の数だけ移動【移動②】し、…のように、さいころを何回か投げて、出た目の数だけ移動していきます。このとき、次の問いに答えなさい。

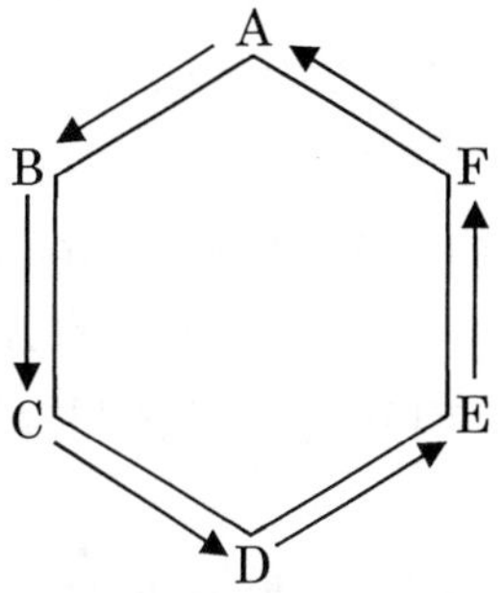

(1)　サイコロを3回投げて、それぞれ4、5、6の目が出ました。すべての移動をした後に、点Pは正六角形ABCDEFのどの頂点にあるか答えなさい。

(2)　サイコロを2回投げて、すべての移動をした後に、点Pが頂点Aにあるようなサイコロの目の出方を次のように考えました。以下の空欄《らん》ア～ウにあてはまる数をそれぞれ答えなさい。

例えば点Pが移動①の後に頂点Bにある場合、移動②の後に点Pが頂点Aにあるような2回目のサイコロの目の出方は ア 通りです。これは移動①の後に頂点Cにある場合や頂点Dにある場合なども同様に考えることができます。 つまり、1回目のサイコロの目の出方は イ 通りですが、1回目にどの目が出た場合でも、移動②の後に点Pが頂点Aにあるような2回目のサイコロの目の出方は ア 通りなので、サイコロを2回投げて、点Pが頂点Aにあるようなサイコロの目の出方は ウ 通りと求めることができます。

(3)　サイコロを3回投げて、すべての移動をした後に、点Pが頂点Aにあるようなサイコロの目の出方は何通りありますか。

次に同じルールで右の図のような正三角形ABCの各頂点を点Pが反時計回りに動きます。点Pは最初に頂点Aにあることにします。

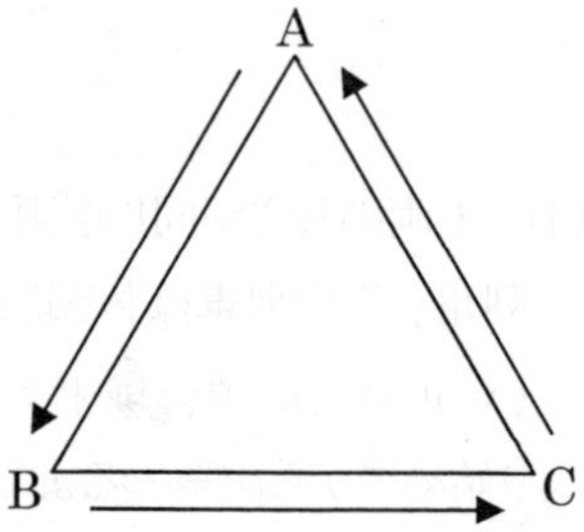

(4)　サイコロを3回投げて、点Pが移動①の後、移動②の後、移動③の後のいずれか1回だけ頂点Aに止まるようなサイコロの目の出方は何通りありますか。途《と》中の式や考え方も書きなさい。

5　公文さんは物の影《かげ》のでき方に興味を持ち、家でいくつか実際に影を作ってみることにしました。このとき、次の問いに答えなさい。

図1のように点Aから30 cm 離《はな》れた点Bに10 cmの棒を真っすぐに立て、点Aの真上30cmのところからライトで棒を照らすと後ろに影ができました。

図1

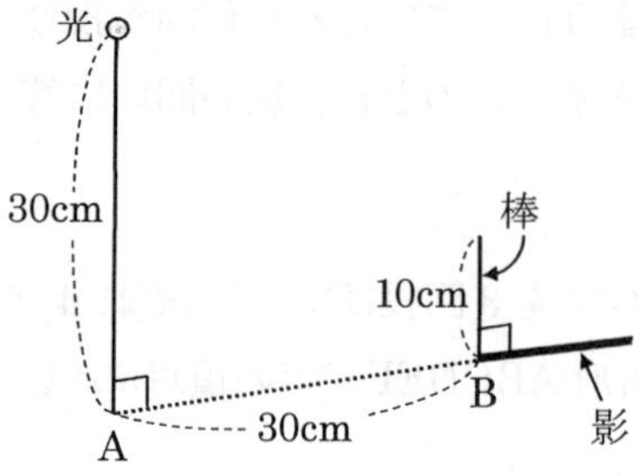

(1) 棒の影の長さは何cmですか。

次に、図2のように壁《かべ》が近い場所で同じように棒の影を作りました。壁から棒を立てた点Bまでの距離《きょり》は10 cmでした。すると、棒の影の一部が壁に映りました。ただし、ABを延長した直線と壁は90度で交わっており、壁は真っすぐに立っているものとします。

図2

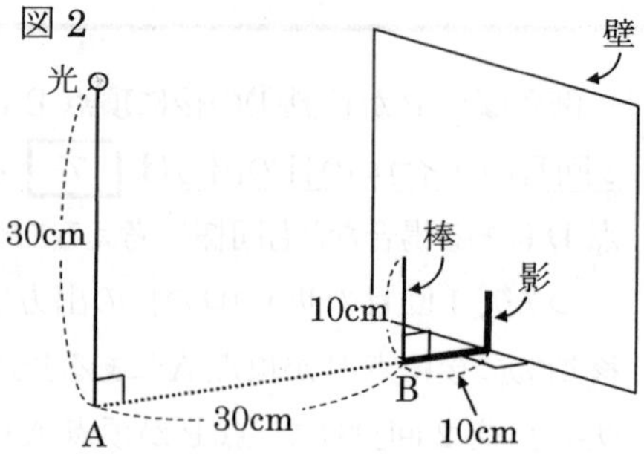

(2) 壁に映った部分の棒の影の長さは何cmですか。

次に、図３のように点Ｂの位置に１辺が20 cmの正方形の厚紙を設置しました。正方形の１辺をCDとするとき、CDとABは90度に交わっており、BCとBDの長さは等しく、正方形の紙は真っすぐ立っています。この厚紙をライトで照らすと後ろに台形の影ができました。

図３

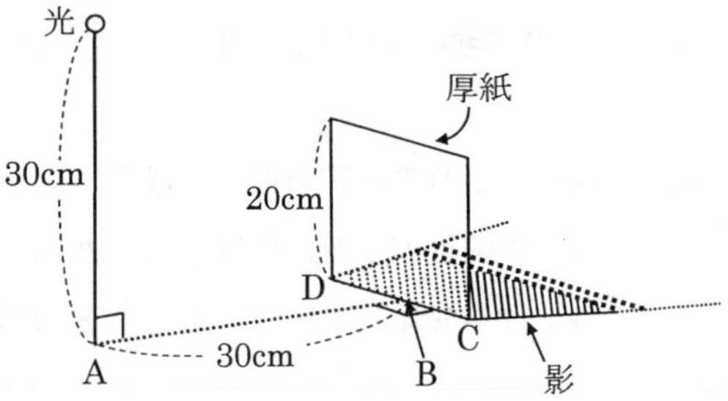

(3) できた厚紙の影の面積は何 cm^2 ですか。

最後に、図４のように壁が近い場所で同じように厚紙の影を作りました。壁から厚紙を立てた点Ｂまでの距離は10 cmでした。すると、厚紙の影の一部が壁に長方形の形として映りました。壁の立ち方は図２と同様、紙の立て方は図３と同様とし、厚紙の影は壁の横からはみ出さないものとします。

図４

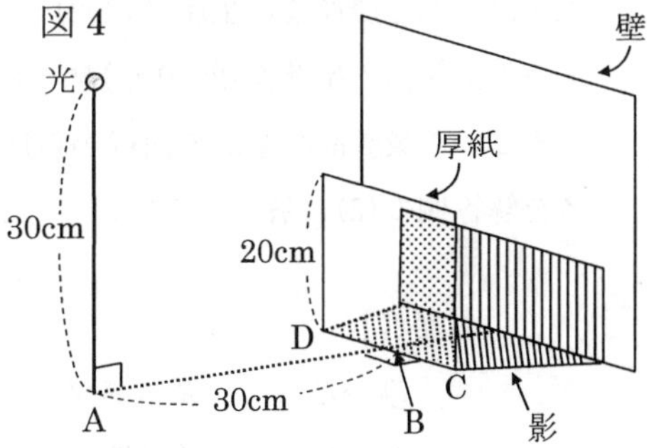

(4) 壁に映っている部分の厚紙の影の面積は何 cm^2 ですか。途《と》中の式や考え方も書きなさい。

【社　会】〈Ｂ入試〉（40分）〈満点：75点〉

1

１．日本の地理について、各問いに答えなさい。

問１　次のＡとＢの都道府県名を漢字で答えなさい。

Ａ：中国地方の西に位置する。九州との間の海峡は橋やトンネルで結ばれている。

Ｂ：日本海側に位置し、青森県と山形県に接する。米の生産がさかん。

問２　次のＣの川の名前を漢字で答えなさい。

Ｃ：下流は千葉県と茨城県の間を流れる。日本で最大の流域面積をもつ。

問３　表１は、ある農産物の生産量(2021年)について上位５位の都道府県を示している。表２は、ある工業製品の出荷額(2019年)について上位５位の都道府県を示している。表１の農産物名と表２の工業製品名を次の語群から選び、表１の農産物名を解答欄《かいとうらん》の(1)に、表２の工業製品名を解答欄の(2)に答えなさい。

【語群】

みかん	キャベツ	りんご	茶
食料品	輸送機械	石油製品	パルプ・紙

表１

順位	都道府県	生産量（百トン）
1位	静岡県	1347
2位	鹿児島県	1275
3位	三重県	257
4位	宮崎県	144
5位	京都府	116

『地理統計要覧 2023年版』より作成

表２

順位	都道府県	出荷額（十億円）
1位	愛知県	26663
2位	静岡県	4284
3位	神奈川県	3745
4位	福岡県	3354
5位	群馬県	3349

『地理統計要覧 2023年版』より作成

２．日本に「公文市」という市があるとする。「公文市」は、東京の都心から 40 キロメートル離《はな》れた場所にある市とする。図１は「公文市」の一部を示した地形図である。図の地域には南北に「公文川」が流れ、その川に向かって「えんじゅ川」と「こすずめ川」が流れている。図２は「公文市」の月別の降水量と平均気温を示している。なお、「公文市」は実在しない市だが、この設問では日本の関東地方に実在する市として各問いに答えなさい。

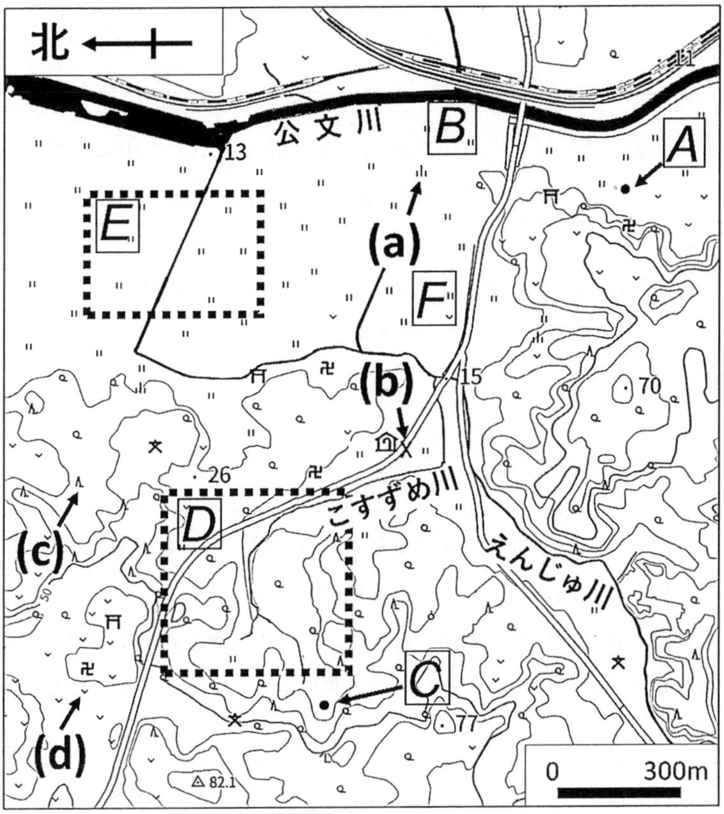

注）図１中の数値は標高（m）を示している。

図１

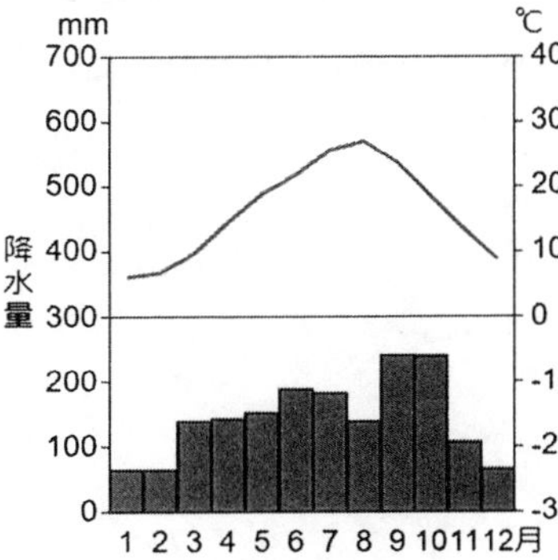

図２

問１　図１のＡから東側 50m 先を見た時、何が見えるか答えなさい。

問２　図１のＢでは洪水《こうずい》が起こる可能性がある。Ｂでもっとも洪水が起こりやすい季節はいつか。図２を見て答えなさい。

問３　Ｂの場所で、問２の季節に洪水が起こりやすいのはなぜか。次の文中の空欄（Ｘ）には漢字２字で、（Ｙ）には内容を答えなさい。

この季節は日本列島を（　Ｘ　）が多く通過する季節である。大雨で川が増水した時にＢの周辺は（　Ｙ　）であるため、川のはんらんによって浸水《しんすい》する可能性がある。

問４　図１の地域に 1950 年代から住んでいた人から、資料１のような話を聞いた。土地の利用が変わらない場合、文中の「マツの葉」は、図１の(a)～(d)のうち、どこから採ってきたのか１つ選び記号で答えなさい。

資料１

昔、風呂の水を沸《わ》かすのは、電気やガスではなく、森で採った薪《まき》を燃やして沸かしていたんだよ。薪に火をつけるのは難しいよね。どうやって薪を燃やすか知っているかい。 薪を燃やすためには、はじめにマツの林に入って、林の下に落ちているマツの葉を採ってくるんだ。マツの葉は油分があるのでよく燃える。マツの葉に火をつけると火が大きくなって薪を燃えやすくするんだよ。

問５　資料１の話の中で、どのような点が「環境にやさしい」と考えられるかについて、あなたの考えを解答欄の範囲《はんい》内で説明しなさい。

問６　図１のＣには湧《わ》き水がある。図１のＤで土地の開発が進んだ場合、図１のＥの範囲にはどのような影響《えいきょう》を与えるか。解答はいくつか考えられるが、そのうちの１つを答えなさい。

問7　図1のDでは森林が広がり、そこには野生動物が見られる。Dの範囲では土地の開発のために、図3の①のような計画が考えられた。しかし、図3の①の計画では野生動物が減少してしまう可能性があると考えられたことから、新たに図3の②の計画が示された。図3の①と比べて、図3の②の計画で良くなる点は何か。次のア～エの中から**適切な説明**を1つ選び記号で答えなさい。

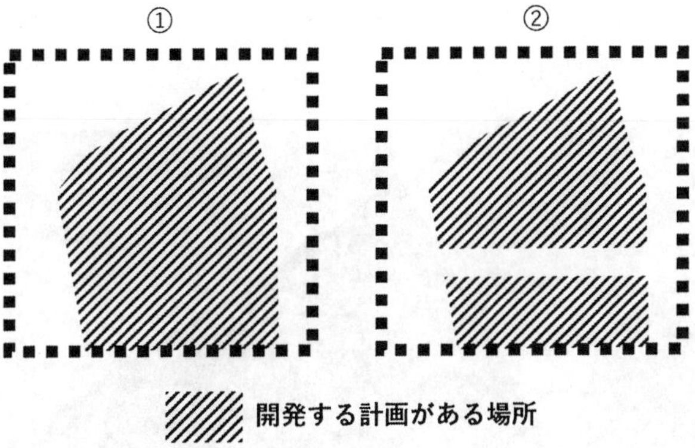

図3

ア　開発される場所が南に移動したので、より多くの野生動物が生活できるようになった。

イ　開発する面積が増えたが、野生動物を見る機会は増えた。

ウ　開発される場所の間に一すじの森林を残したことで、野生動物が移動できるようになった。

エ　野生動物のすむ場所が2つに分かれたが、より多くの自然が残されることになった。

問８　図１のＦでは、高速道路のインターチェンジ（出入口）が計画されている。高速道路のインターチェンジは、都市の中心部ではなく都市の周辺にあることが多い。図４は倉庫の役割を担う物流センターであり、物流センターは都市周辺のインターチェンジの近くに見られることが多い。物流センターは、なぜインターチェンジの近くにつくられるのか。次のア～エの説明のうち、**誤っている説明**を１つ選び記号で答えなさい。なお、インターチェンジは「IC」と略称《りゃくしょう》で示す。

図４

ア　ＦのICの周りには多くの人が住んでおり、買い物客が自動車で集まることができる場所だから。

イ　ICは高速道路と一般の道路が接続する場所になり、貨物自動車で運ぶのに便利だから。

ウ　物流センターを建てる時に、都市の中心部よりも広い土地が手に入りやすい場所だから。

エ　全国に広がる高速道路網《もう》を生かして、ICの近くは全国から物を集めやすい場所だから。

2 公文国際学園の歴史の授業で、公文くんと大船さんが憲法について考えました。2人の会話文を読み、あとの各問いに答えなさい。

公文くん　今回は憲法について調べてみましょう。日本の歴史に出てくる憲法にはどんなものがありますか？

大船さん　憲法と聞いてまず思いつくのは、現在の日本国憲法ですね。日本国憲法の条文を分かりやすく書き直した資料aを見てみましょう。

資料a　「日本国憲法」

第1条　①天皇は、日本国の象徴《しょうちょう》であり日本国民統合の象徴であって、この地位は、主権の存する日本国民の総意に基づく。

第11条　国民は、すべての基本的人権を生まれながらにしてもつことをさまたげられない。この憲法が国民に保障する基本的人権は、おかすことのできない永久の権利として、現在および将来の国民にあたえられる。

第14条　すべて国民は、法の下《もと》に平等であって、人種、信念、性別、社会的身分、または家柄《いえがら》により、政治的、経済的または社会的関係において、差別されない。

第19条　思想および良心の自由は、これをおかしてはならない。

第20条　信教の自由は、何人に対してもこれを保障する。いかなる宗教団体も、国から特権を受け、又《また》は政治上の権力を行使してはならない。

第21条　集会、結社および言論、出版その他一切の表現の自由は、これを保障する。

第99条　天皇または摂政《せっしょう》および国務大臣、国会議員、裁判官その他の公務員は、この憲法を尊重し擁護《ようご》する義務を負う。

公文くん　日本国憲法は、②第二次世界大戦が終わった後の日本で制定されたものでしたね。1945年8月15日に日本は、（　1　）宣言を受け入れたことを国民に伝えました。

大船さん　その後、日本を連合国軍が占領《せんりょう》したのですが、その中で（　2　）を最高司令官とするGHQの指示もあって、つくられたのが日本国憲法です。

公文くん　この憲法が今までの日本の憲法と比べてどんな特徴を持っているのか、考えてみましょう。

大船さん　まず思いつくのは、十七条の憲法でしょうか。当時の条文を分かりやすい言葉に訳《やく》した資料bを一緒《いっしょ》に見てみましょう。

資料b　「十七条の憲法」

第1条　争うことはやめて、みんなで協力しよう。
第2条　仏教を深く信じましょう。
第3条　天皇の命令には、必ず従いなさい。
第4条　役人の人々は、礼儀《れいぎ》正しくしなさい。

公文くん　十七条の憲法は聖徳太子が制定したものですね。聖徳太子は、叔母《おば》であり日本初の女性天皇である（　３　）天皇の摂政とされている人物で、604年に、家柄によらず個人の能力に応じて役人を登用する（　４　）の制を整えたことでも有名です。

大船さん　第２条を見ると分かるように、この憲法では③仏教が重視されたことが分かります。

公文くん　また、日本国憲法と比べると、＜　Ａ　＞が違《ちが》っていると言えそうです。

大船さん　次に憲法として思いつくのは、1889年に発布された大日本帝国憲法でしょうか。

公文くん　1874年に（　５　）らが出した民撰議院《みんせんぎいん》設立の建白書の提出などがきっかけとなって④憲法制定や国会開設への動きが盛んになりました。

大船さん　1881年に政府が国会開設の詔を出すと、（　５　）がフランス流の急進的な自由主義を目指す自由党を、大隈重信がイギリス流のゆるやかな立憲主義を目指す立憲改進党をつくるなど、国会開設に向けた動きが盛んになります。

公文くん　日本政府も国会開設に備えて、（　６　）をヨーロッパに派遣《はけん》して各国の憲法を調査させました。（　６　）は帰国後、⑤ドイツの憲法をもとに憲法を作成します。

大船さん　（　６　）は初代内閣総理大臣になった人物ですね。（　６　）らによってつくられた憲法草案が、1889年に大日本帝国憲法という形で発表されました。こちらも内容を分かりやすくした資料ｃを一緒に見てみましょう。

資料ｃ　「大日本帝国憲法」

第１条	大日本帝国は、万世一系《ばんせいいっけい》の天皇が治める。
第３条	天皇は神聖《しんせい》であってそれをけがしてはならない。
第４条	天皇は国家元首《げんしゅ》で、統治権をもって、この憲法の条文の規定に従って国を治める。
第５条	天皇は帝国議会の同意にもとづき法律をつくる権利をもつ。
第28条	日本臣民は……臣民たるの義務に背《そむ》かざる限りにおいて、信教の自由を有す。
第29条	国民は法律の範囲内で言論《げんろん》・著作《ちょさく》・出版《しゅっぱん》・集会・結社の自由をもつ。
第55条	国務大臣は、天皇を補佐し、その責任を負う。

公文くん　日本国憲法と比べてみると、＜　Ｂ　＞が違っていると言えそうです。こうしてみると、日本の憲法は⑥様々な国の影響を受けているんですね。憲法の始まりとなったのはどこの国でしょうか？

大船さん　日本をはじめとした多くの国に影響を与えたとされているのが、1789年にフランスで出された人権宣言です。分かりやすく日本語訳された資料ｄを見てみましょう。

資料ｄ　「フランス人権宣言」

第１条	人間は自由かつ権利において平等なものとしてうまれ、また、存在する。
第２条	すべての政治的組織の目的は、人間の生まれながらの取り消し得ない自然権の保障である。それらの権利とは、自由・所有権・安全および圧政への抵抗《ていこう》である。
第３条	あらゆる主権の原理(起源・根源)は、本質的に国民のうちに存する。いかなる団体、いかなる個人も、国民から明白に由来するのでない権威《けんい》を、行使することはできない。

公文くん　日本国憲法と比べてみると、＜　Ｃ　＞が共通していると言えそうです。フランス人権宣言は日本にも影響を与えていますね。ちなみに、第２条にある「圧政への抵抗」とは何でしょうか？

大船さん　当時のフランスでは、国王が絶対的な権力を持つ“絶対王政”が行われていました。国王が全てを決める政治（圧政）に反対した人たちがつくったのが、人権宣言です。

公文くん　そう考えると、人権宣言そして憲法には、国王（君主）や政府の権力を＜　Ｄ　＞するという目的もあると言えますね。

問１　文中の空欄（　１　）～（　６　）に当てはまる語句を答えなさい。（　１　）と（　２　）はカタカナ、その他は漢字で解答すること。

問２　下線部①に関連して、天皇に関する説明として正しい文を次のア～エから１つ選び記号で答えなさい。

ア　後醍醐天皇は794年に平安京へと都を移した。
イ　聖武天皇は全国に国分寺・国分尼寺を建立した。
ウ　鎌倉幕府滅亡後、桓武天皇が建武の新政を行った。
エ　壬申の乱の後、大海人皇子が天智天皇として即位した。

問３　下線部②に関連して、第二次世界大戦前後の日本の動きに関する次の出来事ア～エを古い順に並べた場合、３番目の出来事はどれになるか記号で答えなさい。

ア　日独伊三国同盟を結んだ。
イ　アメリカ軍との間で沖縄戦が起きた。
ウ　五・一五事件が起きた。
エ　ハワイの真珠湾攻撃を行った。

問４　下線部③に関連して、仏教に関する出来事についての説明として誤っている文を次のア～エから１つ選び記号で答えなさい。

ア　東大寺の大仏づくりには、行基が弟子とともに協力した。
イ　唐から日本にやってきた鑑真が、奈良に唐招提寺を建立した。
ウ　空海が比叡山に延暦寺を建てて、天台宗を広めた。
エ　法然が「南無阿弥陀仏」と唱える浄土宗を開いた。

問５　空欄＜　Ａ　＞に当てはまる文章として適切なものを次のア～エから２つ選び、記号で答えなさい。

ア　日本国憲法と違って、十七条の憲法では宗教の自由が保障されている点
イ　日本国憲法と違って、十七条の憲法では宗教の自由が保障されていない点
ウ　日本国憲法と違って、十七条の憲法では天皇中心の政治が目指されている点
エ　日本国憲法と違って、十七条の憲法では天皇中心の政治が目指されていない点

問６　下線部④に関連して、こうした国会の開設などを求める動きを何というか。漢字６字で答えなさい。

問７　下線部⑤に関連して、ドイツと日本に関する出来事の説明として正しい文を次のア～エから１つ選び記号で答えなさい。

ア　日本もドイツも、第二次世界大戦では連合国側で参戦した。
イ　江戸時代、ドイツのラクスマンが根室に来航した。
ウ　第二次世界大戦後、日本とドイツはともに国際連合の常任理事国になった。
エ　ドイツ人のシーボルトが、長崎に鳴滝塾を開いた。

問８　空欄＜　Ｂ　＞に当てはまる文章として、適切なものを次のア～エから１つ選び記号で答えなさい。

ア　大日本帝国憲法では天皇の権力が弱い点
イ　大日本帝国憲法では言論の自由が無制限に認められている点
ウ　大日本帝国憲法では国務大臣が天皇を補佐する責任を負っている点
エ　大日本帝国憲法では主権が国民に認められている点

問９　下線部⑥に関連して、日本と外国の関わりに関する説明として誤っている文を次のア～エから１つ選び記号で答えなさい。

ア　倭の奴国の王が、中国の後漢に使いを送り、後漢の皇帝から金印をもらった。
イ　白村江の戦いで、日本は唐と新羅の連合軍に勝利した。
ウ　戦国時代、スペイン船やポルトガル船が来航し、南蛮貿易が行われた。
エ　徳川家康は東南アジアの国々と朱印船貿易を行った。

問10　空欄＜　Ｃ　＞にふさわしい内容の文章を考えて記述しなさい。資料ａの「日本国憲法」と資料ｄの「フランス人権宣言」の内容をふまえながら、共通点を２つ挙げて解答しなさい。

問11　空欄＜　Ｄ　＞にふさわしい語句を答えなさい。

3 次の新聞記事を読み、あとの各問いに答えなさい。

■ネットやSNSを使って、若者の投票を促《うなが》している

Q：投票はなぜ大事か？

A：日本は国民に主権のある民主主義国家だ。主権者である住民の意見を政治に反映させるために必要だ。

Q：統一地方選があった。投票率はどうだったか？

A：残念ながら下がる傾向《けいこう》に歯止めがかからない。市議選は44.3%、町村議選は55.5%と過去最低を更新《こうしん》した。①国政選挙の投票率も最近は（　あ　）台に低迷している。

Q：日本の選挙制度はいつから始まったのか？

A：初めての国政選挙は1890（明治23）年。でも、選挙権を持っていたのは直接国税を15円以上納める満（　い　）歳《さい》以上の男子に限られ、人口の1%ほどだった。

Q：今のような投票制度になったのはいつからか？

A：一部の人だけが国のあり方を決めるのはおかしいという運動が広がり、1925（大正14）年には満（　い　）歳以上のすべての男子が対象になった。さらに、第二次世界大戦後の民主化を求める動きの中で1945（昭和20）年に②女性の参政権も認められ、満（　う　）歳以上のすべての国民が選挙権を持つことになった。

Q：統一選の狙《ねら》いは？

A：第1回の統一選が行われたのも戦後まもない1947年のことだった。全国各自治体の（　え　）や市町村長、議員を決める選挙の日程を統一することで、有権者の関心を（　X　）とともに、選挙の事務を効率化して経費を（　Y　）狙いがある。当初の投票率は80～90%もあった。

Q：投票率を上げるには？

A：特に投票率が下がっている若者世代の政治参加を促そうと、③2016年に選挙権年齢《ねんれい》が満18歳以上に引き下げられた。若者の投票を促す取り組みとして、ネットやSNSを使った事例もある。

Q：海外の取り組みは？

A：ベルギーやオーストラリアなど30カ国近くでは「義務投票制」が導入されている。北欧《ほくおう》エストニアの事例を参考に、インターネットでの投票をまず国政選挙で実施《じっし》し、後に地方選挙などにも導入していくことを求める動きが日本にもある。

『朝日新聞』　2023年6月5日より一部改編

問1　下線部①について、この選挙で選ぶ議員をすべて漢字で答えなさい。解答するときは、「～議員」という形で答えなさい。

問2　下線部①について、国政選挙で選ばれた議員が決めるルールを何というか。漢字2字で答えなさい。

問3　地方議会の議員は、その地域のみに適用される独自のルールを定めることができる。そのルールを何というか。適切なものを次のア～エから1つ選び記号で答えなさい。

ア　政令　　　イ　条約　　　ウ　条例　　　エ　憲章

問4　文中の空欄（　あ　）に当てはまる語句を次のア～エから1つ選び記号で答えなさい。

ア　10～20%　　　イ　20～30%　　　ウ　30～40%　　　エ　40～50%

問5　文中の空欄（　い　）に当てはまる数字を答えなさい。

問6　文中の空欄（　う　）に当てはまる数字を答えなさい。

問7　下線部②について、一定の年齢以上の、すべての国民が選挙権を持つことを何というか。解答するときは「～選挙」という形で漢字で答えなさい。

問8　空欄（　え　）に当てはまる都道府県の長を表す語句を漢字で答えなさい。

問9　文中の空欄（　X　）（　Y　）に入る組み合わせで正しいものを次のア～エから1つ選び記号で答えなさい。

ア　X：低くする　　Y：増額する　　　イ　X：高める　　Y：増額する
ウ　X：低くする　　Y：節約する　　　エ　X：高める　　Y：節約する

問10　下線部③に関連して、この引き下げを決めた国の機関を何というか。漢字で答えなさい。

問11　選挙に関する次のア～キの文を読み、内容が正しい文には「○」、誤っている文には「×」と答えなさい。

ア　地方選挙も国政選挙も、選挙権の年齢は同じである。
イ　地方選挙も国政選挙も、立候補できる年齢は同じである。
ウ　日本に永住権のある外国人も選挙権がある。
エ　国政選挙も地方選挙も、指定された場所にいけば投票日前に投票することができる。
オ　海外に住んでいる日本人も手続きをすれば、国政選挙の投票ができる。
カ　国政選挙も、地方選挙も女性の当選者の割合が5割を超《こ》えている。
キ　日本の選挙では、政党に所属していない人は立候補することができない。

問12　日本の国政選挙の比例代表制では、当選者を決めるために、ドント式という方法がとられている。ドント式とは、総得票数を1、2、3と順に整数で割り、その割った数値の大きい順番に議席を割りふる方式である。5人の議席がある選挙区で、政党Aが1000票、政党Bが900票、政党Cが700票の得票があった。このとき、政党Cの獲得《かくとく》議席は何議席になるか答えなさい。

問13　現在の選挙では、誰が誰に投票したか分からない方法で選挙が行われている。日本国憲法第15条第4項《こう》には、「すべて選挙における投票の（　　）は、これを侵してはならない。」と書かれている。空欄に入る適切な語句を漢字で答えなさい。

問14　投票率が低いことの問題点としてどのようなことが考えられるか。説明しなさい。

【理　科】〈Ｂ入試〉(40分)〈満点：75点〉

1　次の文章を読み、以下の問いに答えなさい。

中学1年生のアオイさんは水族館でボトルアクアリウムを作りました。ボトルアクアリウムというのは、下図のようにボトル(瓶《びん》)の中に石や砂、水草を配置し、熱帯魚などの小さな魚を飼育するものです。手入れが簡単であり、見た目も綺麗《きれい》で、近年人気の魚の飼育方法です。

アオイさんは以下の手順でボトルアクアリウムを作りました。

＜作り方＞

① ボトルを綺麗に洗い、砂や石を配置した
② 水草(オオカナダモ)を3本植えた
③ 熱帯魚(アカヒレ)を1匹《ぴき》入れた
④ 小さな巻貝(モノアラガイの一種)を1匹入れた

購入《こうにゅう》したお店の人から、ボトルアクアリウムにおける魚の育て方を聞き、アオイさんは以下のようにメモをとりました。これらを守り、アオイさんはこの魚をなるべく長生きさせようと決意しました。

＜育て方＞

① 今回のボトルアクアリウムの場合、魚は1匹だけ入れる
② 暑すぎたり寒すぎたりしないように、ボトルの置き場所や室温を調節する
③ 1日 10時間、ライトでボトル全体を照らす
④ 1週間に1回、水替《か》え(汲《く》み置きの水道水)をする
⑤ 水替えのときにボトルの内側の壁《かべ》を掃除《そうじ》する
⑥ エサは2日に1回、決まった量をあたえる
⑦ 小さな巻貝が増えた場合は取り除く

問１　**＜作り方＞**②より、ボトルアクアリウムに水草（オオカナダモ）を植える理由は何ですか。最もふさわしいものを次のア～エから1つ選び、記号で答えなさい。

ア．ボトル内の水が増えすぎないようにするため
イ．小さな巻貝の隠《かく》れ場所とするため
ウ．ボトル内の水に含《ふく》まれている酸素を増やすため
エ．ボトル内の水に含まれている二酸化炭素を増やすため

問２　問１の理由と関係の深い文を**＜育て方＞**から1つ選び、①～⑦の番号で答えなさい。また、このとき水草が行っていることを漢字3文字で答えなさい。

問３　**＜作り方＞**④より、ボトルアクアリウムに小さな巻貝を入れる理由は何ですか。最もふさわしいものを次のア～エから1つ選び、記号で答えなさい。

ア．エサの食べ残しや熱帯魚の排泄物《はいせつぶつ》、内壁《ないへき》の藻《も》などを食べてくれるため
イ．ボトルに入れた熱帯魚のエサとするため
ウ．ボトル内の水に含まれている酸素を増やしてくれるため
エ．ボトル内の水に含まれている二酸化炭素を減らしてくれるため

問４　**＜育て方＞**①より、熱帯魚を1匹だけ入れる理由として誤っているものを次のア～エから1つ選び、記号で答えなさい。

ア．熱帯魚同士のエサの取り合いを避《さ》けるため
イ．熱帯魚同士の生活空間の取り合いを避けるため
ウ．熱帯魚が繁殖《はんしょく》し、増えすぎてしまうのを防ぐため
エ．水に含まれる栄養素を増やすため

問５　**＜育て方＞**⑤より、ボトルの内壁を掃除する理由は何ですか。最もふさわしいものを次のア～エから1つ選び、記号で答えなさい。

ア．水草が生えすぎてしまうから
イ．熱帯魚がエサを見つけられなくなるから
ウ．小さな巻貝がエサを見つけられなくなるから
エ．ボトル内にライトの光が十分に当たらないから

問6　もし、アオイさんが**＜育て方＞**⑥を守らず、毎日エサを決まった量より多くあたえてしまったら、どのようなことが起こると予想されますか。最もふさわしいものを次のア～エから1つ選び、記号で答えなさい。

ア．熱帯魚が大きく成長しすぎてしまい、子どもが生まれてしまう
イ．エサの食べ残しや排泄物が増えていき、ボトル内の衛生環境《かんきょう》が悪化する
ウ．食べ残したエサの栄養分を水草が吸収して、水草がかれてしまう
エ．ボトル内の水の量が減ってしまう

ボトルアクアリウムを作ってから3か月がたちました。アオイさんは**＜育て方＞**をよく守り、熱帯魚は元気に生活し、水草もだいぶ成長しました。ある日、何となくボトルを眺《なが》めていたアオイさんは、あることに気づきました。「小さな巻貝が3匹に増えている！！」。もともと、小さな巻貝は1匹しか入れていないのをアオイさんは覚えています。不思議に思ったアオイさんは3匹の巻貝の体長を測り、大きさに応じて以下のように名前をつけました。

体長約 2.1 cm の個体 →「巻貝大」
体長約 1.8 cm の個体 →「巻貝中」
体長約 0.7 cm の個体 →「巻貝小」

さらに、アオイさんはインターネットで小さな巻貝（モノアラガイの一種）について調べ、以下のようにまとめました。

＜小さな巻貝の情報＞
① 成熟した個体の体長は 2 cm 前後である
② 雌雄《しゆう》同体で他個体と交尾《こうび》して子孫を残す
③ 数個から数十個の卵を水草や石などに産み付ける
④ 卵は 2～3 週間で孵化《ふか》する
⑤ 生まれた子どもは 2～3 か月程で成熟する

問 7　これまでの情報をもとに、「小さな巻貝がなぜ1匹から3匹に増えたのか」を予想し、その過程を書きなさい。ただし、小さな巻貝の名前は上記の通りそれぞれ「巻貝大」「巻貝中」「巻貝小」とします。なお、ボトルアクアリウムを作ったときに確認できた巻貝（貝殻《かいがら》がわかるもの）は1匹であり、見落としはなかったものとします。また、飼育していた3か月間、水は汲み置きの水道水を使い、エサは市販の熱帯魚のエサのみをあたえています。水草も足したりはしていません。

アオイさんは**＜育て方＞**⑦を思い出しました。小さな巻貝が増えた場合は取り除かなければなりません。アオイさんは、きっと巻貝が増えすぎるとボトル内の生物たちのバランスが崩《くず》れるからだと思いました。納得はしていたものの、これまで育ててきた小さな巻貝を取り除いて捨ててしまう(殺してしまう)のはかわいそうだと感じました。

そこでアオイさんは同じくらいのボトルを用意し、ボトルアクアリウムをもう1つ作ることにしました。**＜作り方＞**は①と②のみ同じにし、熱帯魚は入れず、「巻貝中」と「巻貝小」のみ入れました。

＜育て方＞の②③④⑤は守り、エサの量をこれまでのものよりも少し多くしました。

小さな巻貝用のボトルアクアリウムを作ってから6か月がたつと、巻貝は爆発《ばくはつ》的に増えていました。アオイさんは毎月巻貝の数を記録しました(表 1)。そこで(A)あることに疑問を持ちました。

表1　小さな巻貝の個体数の変化

期間	最初	1か月後	2か月後	3か月後	4か月後	5か月後	6か月後
個体数	2 匹	4 匹	9 匹	20 匹	29 匹	30 匹	30 匹

問8　表1の変化を以下のルールに従って、グラフに表しなさい。

巻貝の数は1か月ごとにグラフ上に大きな点●で描くこと。その後、点●同士を滑《なめ》らかな曲線でつなぐこと。

(例)

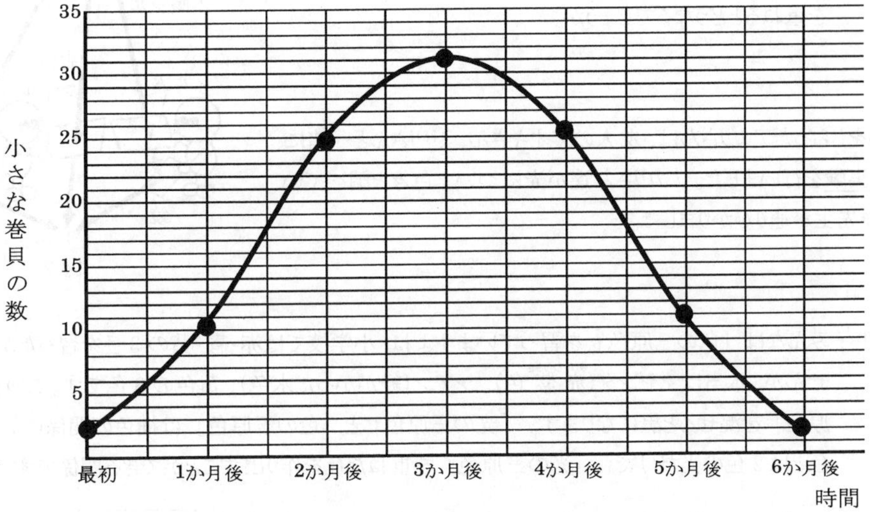

問9　下線部(A)について、アオイさんの疑問とはどのようなものだったのか予想して書きなさい。

また、その疑問に対する答えも書きなさい。

2 次の文章を読み、以下の問いに答えなさい。

ある日の朝、アカリさんは鏡で自分の姿を見ていると、(A)光が反射するとき、一方向だけに反射することに気がつきました。登校後、クロダ先生にこのことを話しました。

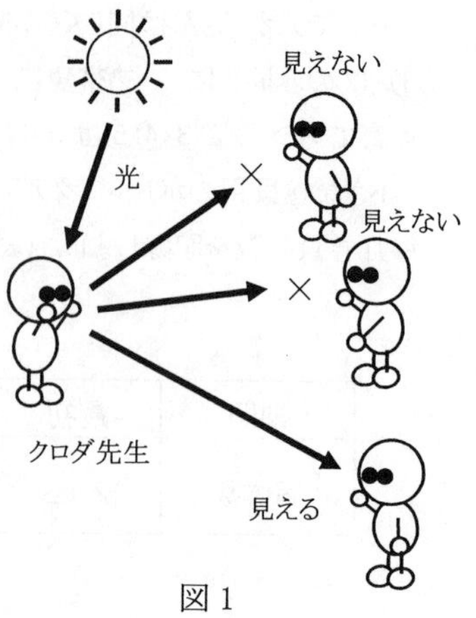

図 1

クロダ先生：光は「反射の法則」によって決まった方向にだけ反射します。

アカリさん：それはおかしいです。私たちはいろいろな場所からクロダ先生を見ることができます。もし「反射の法則」が本当なら、図 1 のようにクロダ先生は誰《だれ》か一人にしか見えないはずです。

クロダ先生：それは、［　①　］

アカリさん：そうだったんですね！ところで、太陽の光って何色ですか？

クロダ先生：太陽の光は虹《にじ》のすべての色が含《ふく》まれています。
ここに赤い光だけが通り抜《ぬ》けるフィルム、緑の光だけが通り抜けるフィルム、青い光だけが通り抜けるフィルムがあります。この３色は「光の三原色」と言います。この３色の光を重ねるとどうなるでしょうか。

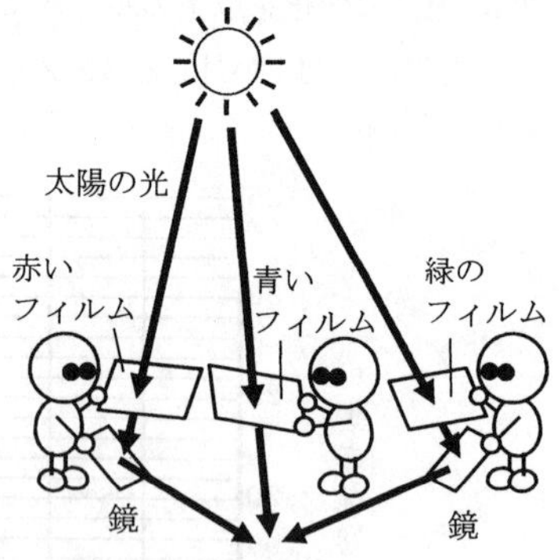

図 2

フィルムをもらったアカリさんは、友人のアオキさん、ミドリさんと一緒《いっしょ》に、(B)図 2 の実験を行いました。アカリさん達が光について色々と調べていると、シラキ先生が通りがかりました。

シラキ先生：みんなは「色の三原色」を習っていますよね。小学校では赤・青・黄の３色を習ったかもしれませんが、本当はマゼンタ(赤紫《あかむらさき》色)、シアン(緑がかった水色)、黄色の３色です。この「色の三原色」を混ぜると黒になります。「光の三原色」と「色の三原色」は補色の関係にあります。補色とは２色の光だけでも「光の三原色」を重ねた色を作り出すことができる関係です。

アカリさん：じゃあ「光の三原色」と「色の三原色」の補色の組み合わせは［　②　］ですね。

シラキ先生：さすが美術部ですね。では、数学部のアオキさん。光が進む速さは分かりますか？

アオキさん：もちろんっ！！
光は1秒間で地球を約７周半進みます。赤道から北極までの長さを 10000 分の１にした長さが１km だから、毎秒約［　③　］万 km です。

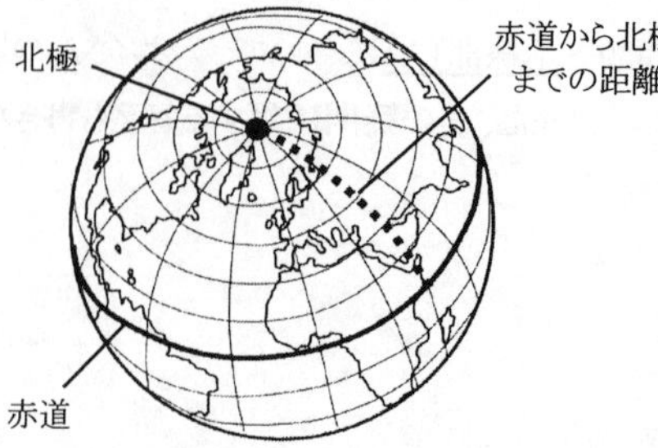

図 3

シラキ先生：アオキさんは古い定義を知っていますね。現在、1 km の定義は別なものですが、km という単位ができたときは地球を基準としていましたね。
では、生物部のミドリさん。目でどうやって景色が見えるのか分かりますか？

ミドリさん：眼球の水晶体《すいしょうたい》が(C)凸《とつ》レンズになって、網膜《もうまく》に景色が映り、その刺激《しげき》が視神経を通って脳に届くことで、脳が見えたと判断します。だから、網膜に映る景色の向きは(D)こうなるんです。

アオキさん：凸レンズかぁ。そういえば、夏の暑い日に、自動車の中に置いてあったものが(E)凸レンズのはたらきをして、火事になったというニュースを見たよ。

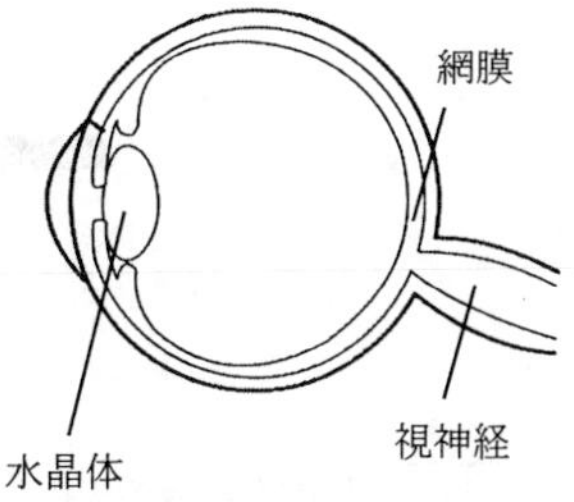

図 4

クロダ先生が話し合いに参加してくれました。

クロダ先生：光が集まったときに、なんで熱くなったか分かるかな。光は鏡などで反射する光（反射光）と、レンズなどで曲がりながら通り抜ける光（透過光《とうかこう》）に分かれますが、それだけでなく、吸収されていく光（吸収光）もあります。

アカリさん：だから、(F)夏に白い服を着ると涼《すず》しく、冬に黒い服を着ていると暖かいんですね。

クロダ先生：吸収光は、太陽電池など発電に用いることができます。太陽光パネルは、太陽光をたくさん受けるために、南向きにするだけでなく、表 1 のように地域や(G)季節よって最適な設置角度が異なっています。

アオキさん：あっ！北の方ほど最適な設置角度が大きいよ！

ミドリさん：それは、[④] だからだよね。

アカリさん：太陽光発電は本当に地球に優しいんですか？

クロダ先生：確かに(H)太陽光発電も問題があります。それらをどうやって解決していくか、みんなも考えていかないといけないですね。

表 1　各地域の太陽光パネル設置の最適な設置角度
（新エネルギー・産業技術総合開発機構 HP より）

北海道（札幌《さっぽろ》）	34.8 度	大阪府（大阪）	29.2 度
宮城県（仙台《せんだい》）	34.5 度	愛媛県（松山）	28.5 度
東京都（八王子）	33.0 度	福岡県（福岡）	28.2 度
愛知県（名古屋）	32.5 度	鹿児島県（鹿児島）	27.7 度

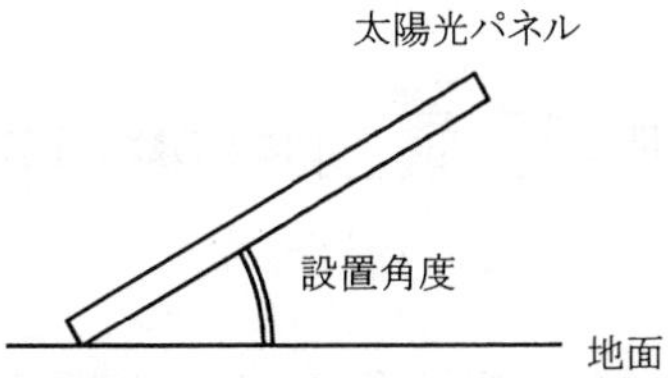

図 5

問1　図6の方向で鏡に光が当たったとき、下線部(A)の反射の方向をア～ウから1つ選び、記号で答えなさい。

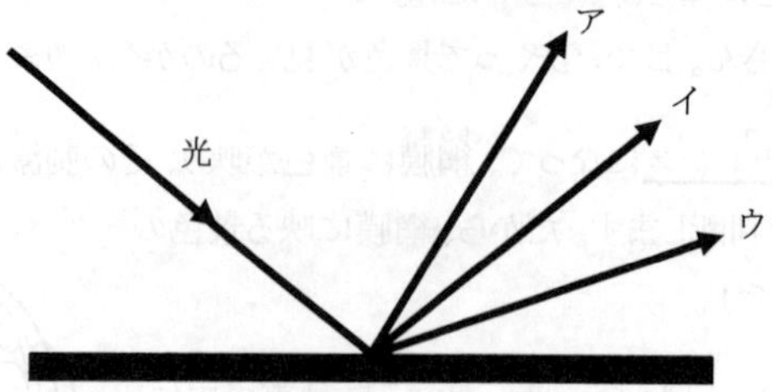

図6

問2　［　①　］に入る返答として正しいものを、次のア～エから1つ選び、記号で答えなさい。

ア．鏡の表面がガラスでできていて、一方向以外の光を吸収してしまうからです。でも、人間はガラスじゃないですよね。そのため、いろいろな方向に光が反射してみんなに見えるのです。

イ．鏡と違《ちが》い人間の体は柔《やわ》らかくて、「反射の法則」が成り立たないからです。そのため、いろいろな方向に光が反射してみんなに見えるのです。

ウ．光の大きさで考えると人間の体は全身デコボコだからです。そのため「反射の法則」に従って、いろいろな方向に光が反射してみんなに見えるのです。

エ．人間を見るとき、実は光を見ていないからです。そのため「反射の法則」は関係ないのです。

問3　下線部(B)の実験で、重なった光は何色になりますか。次のア～カから1つ選び、記号で答えなさい。

ア．白　　イ．赤　　ウ．黄　　エ．緑　　オ．青　　カ．黒

問4　［　②　］に入る組み合わせを次のア～エから1つ選び、記号で答えなさい。

ア．赤とシアン　緑と黄　青とマゼンタ　　イ．赤とマゼンタ　緑とシアン　青と黄

ウ．赤とシアン　緑とマゼンタ　青と黄　　エ．赤とマゼンタ　緑と黄　青とシアン

問5　［　③　］に入る数字を答えなさい。

問6　下線部(C)の凸レンズに垂直な光を当てたとき光が集まる位置を何といいますか。漢字で答えなさい。

問７　下線部(D)で、ミドリさんは図を描《か》きながら説明しました。次の「犬の散歩」の景色が網膜にどう映るか、次のア〜エから1つ選び、記号で答えなさい。

「犬の散歩」の景色

ア.

イ.

ウ.

エ.

問８　下線部(E)の凸レンズのはたらきをするものを虫メガネ以外に1つ答えなさい。

問９　下線部(F)の理由を説明しなさい。

問10　［　④　］には、地域によって違いが生じる理由が入ります。その理由を答えなさい。

問11　下線部(G)について、東京都八王子市での季節による最適な設置角度の変化として正しいグラフを次のア〜エから1つ選び、記号で答えなさい。

ア．最適な設置角度
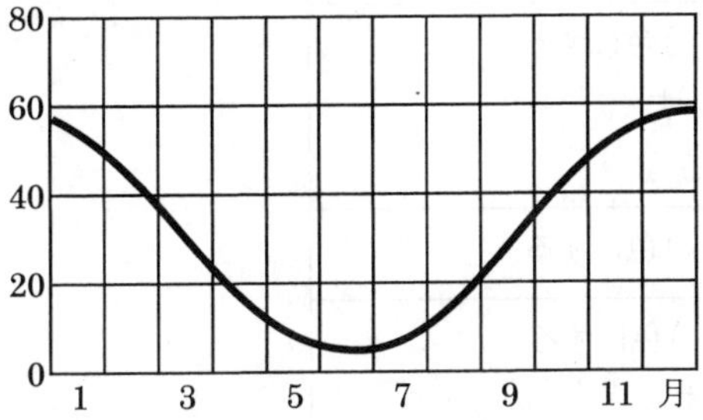

イ．最適な設置角度
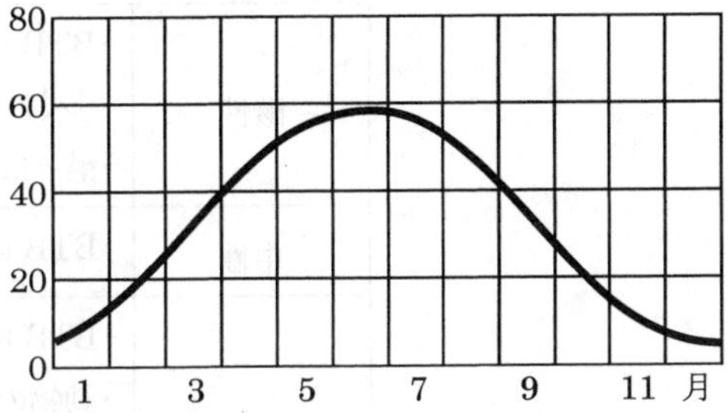

ウ．最適な設置角度
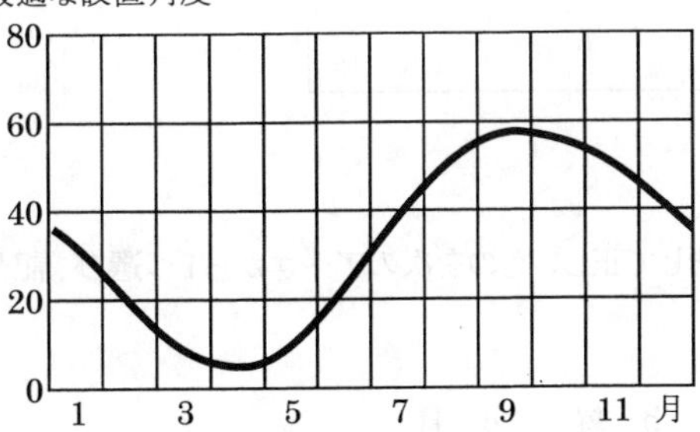

エ．最適な設置角度
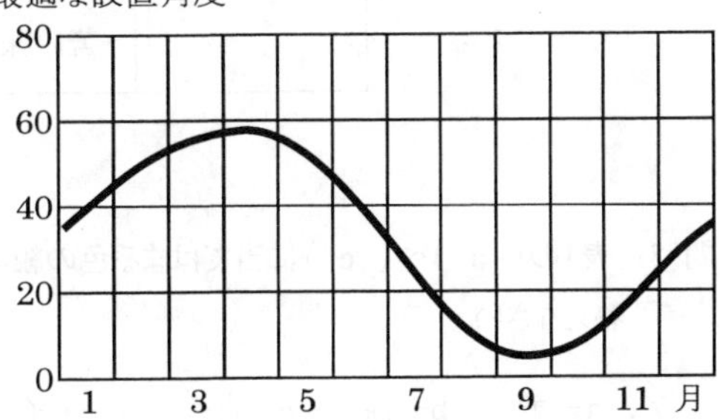

問12　下線部(H)の問題点を1つ挙げ、あなたが考える解決策を説明しなさい。ただし、解決策は実現が難しいものでもかまいません。あなたの考えを述べてください。

3 次の文章を読み、以下の問いに答えなさい。

モモイさんは大そうじをしています。テーブルを水拭《ふ》きしているとき、汚《よご》れにはすぐにとれるものととれないものがあることに気づきました。水分を多く含む汚れはすぐにとれ、時間がたって乾《かわ》いた汚れはすぐにとれませんでした。また、すぐにとれる汚れは水に溶《と》けやすいものが多く、すぐにとれない汚れは水に溶けにくいものが多いようでした。

問1　汚れが乾いた原因を表す言葉として最も適切なものを次のア～エから1つ選び、記号で答えなさい。

ア．融解《ゆうかい》　　イ．蒸発　　ウ．凝縮《ぎょうしゅく》　　エ．凝固《ぎょうこ》

問2　次のア～エの内、水に最もよく溶けるものを1つ選び、記号で答えなさい。

ア．小麦粉　　イ．食塩　　ウ．油　　エ．泥《どろ》

水に溶けにくい汚れをとるために洗剤《せんざい》について調べると、酸性洗剤、中性洗剤、アルカリ性洗剤の3種類があることがわかりました。酸性、中性、アルカリ性という言葉を学校で習ったことを思い出したモモイさんは教科書を見直して表1を見つけました。

表1　酸性、中性、アルカリ性の性質

種類	特徴《とくちょう》
酸性	・BTB溶液を(a)色にする ・多くの金属を溶かす ・酸っぱい味がする
中性	・BTB溶液を(b)色にする
アルカリ性	・BTB溶液を(c)色にする ・動物の体を溶かす ・油汚れをよく溶かす ・苦い味がする

問3　表1の(a)～(c)に当てはまる色の組み合わせとして正しいものを次のア～エから1つ選び、記号で答えなさい。

ア．a－黄　b－緑　c－青　　イ．a－赤　b－緑　c－青

ウ．a－黄　b－赤　c－緑　　エ．a－緑　b－青　c－黄

表 1 を見たモモイさんはお風呂《ふろ》場の汚れに洗剤を使ってみました。「クエン酸水溶液《すいようえき》」と書かれた洗剤を汚れに吹きかけて雑巾で拭いたところ、汚れはすぐにとれました。

問 4　クエン酸水溶液を用いるのが効果的な汚れとして最も適切なものを次のア～エから1つ選び、記号で答えなさい。

ア．ヒトの古い皮膚《ひふ》　イ．カビ　ウ．髪《かみ》の毛　エ．水道水に含まれる金属

お風呂場そうじをしていると、クエン酸水溶液がなくなったので自分で作ることにしました。クエン酸の粉を水に溶かして濃度《のうど》20%のクエン酸水溶液を 150 g 作ることにします。

問 5　必要なクエン酸は何 g か答えなさい。

問 6　誤ってクエン酸を多くとってしまい、60%クエン酸水溶液を作ってしまいました。これを水でうすめて 20%クエン酸水溶液 150 g を作ります。必要な 60%クエン酸水溶液は何 g か答えなさい。

お風呂場そうじを終え、モモイさんは洗濯《せんたく》をすることにしました。洗濯物が少しだけだったので、洗濯機を使わずに手洗いで洗濯をすることにしました。

問 7　洗濯物の汚れをよりきれいに落とす行動として誤っているものを次のア～エから 1 つ選び、記号で答えなさい。

ア．洗濯物が入った水をかきまぜる

イ．洗剤入りの水で洗った後、洗剤が入っていない水で何度も洗う

ウ．水ではなくお湯を使う

エ．洗剤をなるべくたくさん入れる

次に食器洗いをすることにしました。食器洗いに使う洗剤を取ろうとしたところ、2種類あることに気づきました。一方の洗剤は中性洗剤で、もう一方の洗剤はアルカリ性洗剤で「食器洗い機専用」と書かれていました。

問 8　このアルカリ性洗剤が「食器洗い機専用」である理由を説明しなさい。

モモイさんは中性洗剤に「界面活性剤《かいめんかっせいざい》」と書かれていることに気づきました。インターネットで界面活性剤を調べると、図１のように水にくっつく部分と油にくっつく部分を持つ物質で、この両方の部分を持つために油汚れを水に溶かすことができると書かれていました。

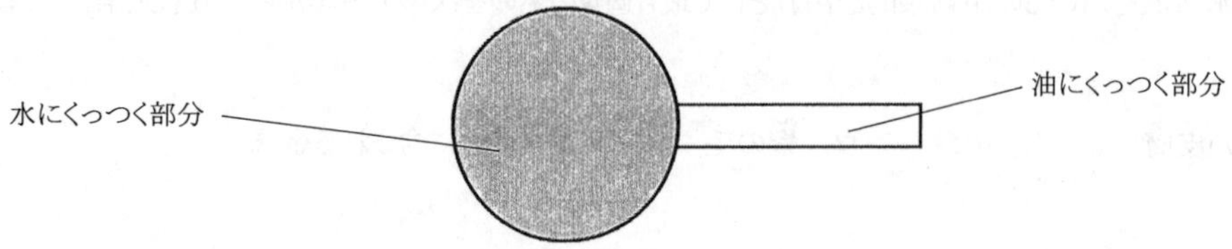

図１

問９　図２は食器についた油汚れがとれる様子を表しています。図２の左側のように、食器についている油汚れは界面活性剤によって図２の右側のように球状になって水に溶けこみます。油汚れが水に溶けこんだとき、界面活性剤はどのように水や油汚れとくっついているか、次のア～エから最もふさわしいものを1つ選び、記号で答えなさい。

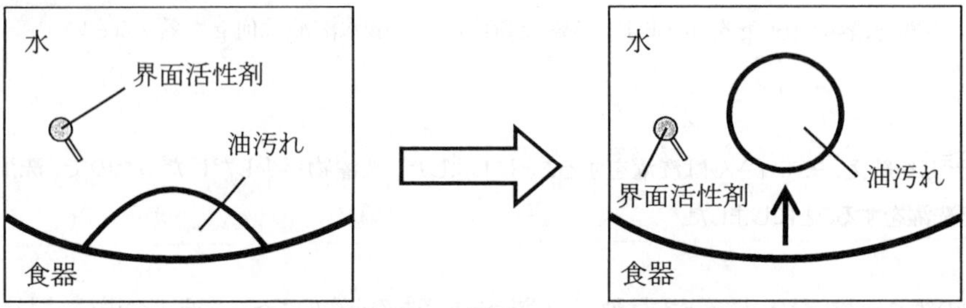

図２

ア．

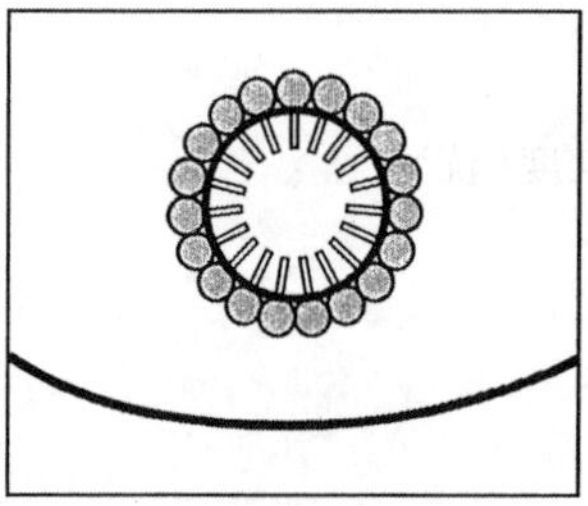

イ．

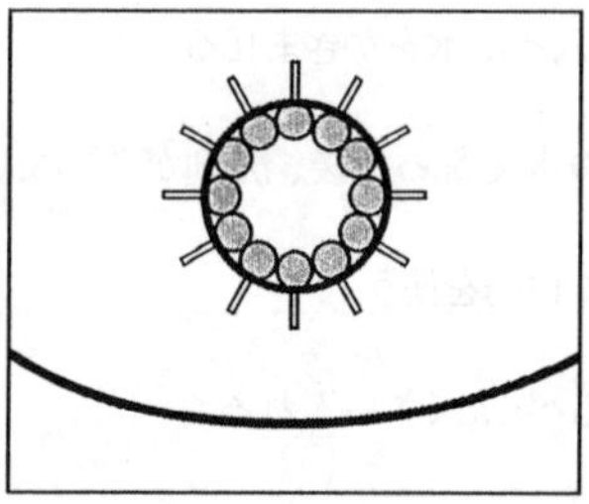

ウ．

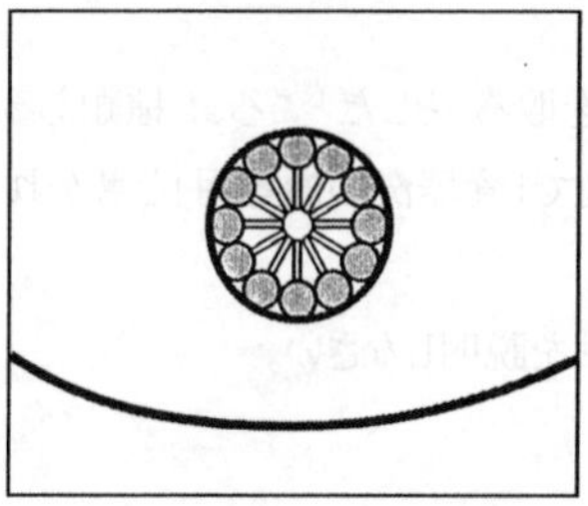

エ．

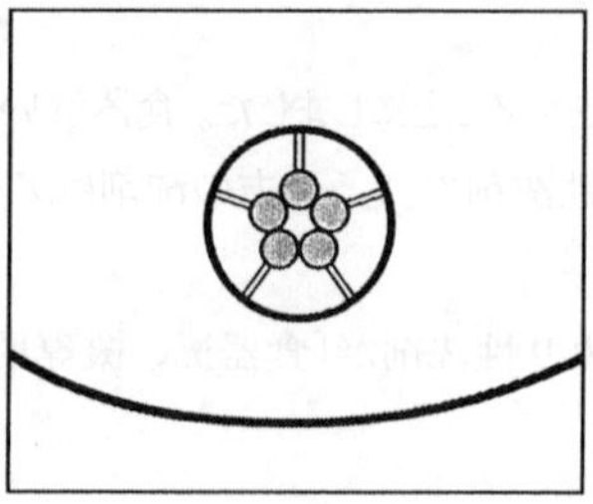

問 10　洗剤は便利な反面、生活排水《はいすい》として水質汚染《おせん》の原因になっています。洗剤の量を減らしても汚れがとれる方法を説明しなさい。

三 次の問いに答えなさい。

問1 次の①～④の傍線部《ぼうせんぶ》のカタカナを漢字に直しなさい。(正確に、ていねいに書くこと。)

① 近くのジンジャに初もうでに行く。
② 高原の生活はカイテキである。
③ 反対するイトが分からない。
④ 彼はタグいまれな人物である。

問2 次の⑤⑥の空欄部《くうらんぶ》に最も適する言葉を後のア～カの中から一つずつ選び、記号で答えなさい。

⑤ いい方法を思いついたよ。□というから、さっそく練習しよう。
⑥ 学校の図書館にはたくさんの本があるんだよ。利用しなければ□だね。

ア 病は気から　イ 宝の持ち腐《ぐさ》れ
ウ 寝耳に水　エ 負けるが勝ち
オ 善は急げ　カ 仏の顔も三度まで

問3 次の⑦⑧の空欄部に当てはまる漢字を二つ並べて、熟語《じゅくご》を作りなさい。

⑦
宣 ⇩ □ ⇩ 論
助 ⇨ □ ⇨ 動

判 ⇩ □ ⇩ 然
油 ⇨ □ ⇨ 髪

⑧
横 ⇩ □ ⇩ 倒
回 ⇨ □ ⇨ 落

第 ⇩ □ ⇩ 面
統 ⇨ □ ⇨ 覧

問4 次の⑨⑩の傍線部について、ア～オの中から、性質の異なる言葉をそれぞれ一つずつ選び、記号で答えなさい。

⑨
ア 佐藤さんがそのようにおっしゃっていた。
イ 鈴木さんはそれをご存じのようだった。
ウ 高橋さんが学校へいらっしゃった。
エ 田中さんが様子をうかがっている。
オ 伊藤さんがご飯を召し上がっていた。

⑩
ア 月の明るい光に包まれた。
イ 祖母の優しい笑顔が好きだ。
ウ 私の幼いころに歌った歌だ。
エ 冬の冷たい雨が降ってきた。
オ その様子はゆかいだった。

問8　本文における筆者の意見を説明したものとして適するものには「○」、適さないものには「×」を解答欄に合うように答えなさい。

Ａ　機械時計の発明により正確な時間が測定できるようになったことで、仕事に対して不真面目な人が減ったので、資本主義は人間社会をよりよくしたと言える。

Ｂ　時間を節約し、効率よく仕事をすることが大切であるという考え方は、人工の時間が生まれ時間の過ごし方が変化したところから生まれたと考えられる。

Ｃ　労働時間によって得られる賃金が変わるようになった現代では、「ダビデ像」や「眠り猫」のような時代を超える芸術作品が生まれる可能性はなくなった。

Ｄ　技術が発達していた西洋諸国はいち早く定時法を導入し、さらなる国家の発展をなしえたが、日本では不定時法を長く使用していたために進歩が遅れてしまった。

Ｅ　キリスト教社会においては、自然物は神が創造したものであるため、天体の運動や作物の育成、収穫に関わる暦《こよみ》は、神の時間として認識されていた。

問9　二重傍線部「現代の時間のすごしかた」とありますが、次の選択肢《せんたくし》は、本文を読んだ生徒がこの部分についてそれぞれの意見を述べたものです。本文をふまえた発言として適するものを次の中から一つ選び、記号で答えなさい。

ア　映画を倍速で見るなど、時間効率を重視しすぎている人が多い現代において、かつて人間が営んでいた時計にしばられない豊かな生活を知ることは有益である。

イ　「タイム・イズ・マネー」の考え方が生まれたのは意外と最近なのだから、お年寄りがゆっくり歩いていてもそれを急かすようなことはしてはいけない。

ウ　リニア新幹線など、移動時間を短縮するためのさまざまな乗り物が発明されているが、人間本来の時間感覚を狂《くる》わせてしまうので、危険な発明である。

エ　同じ地球上でも場所によって季節や昼の長さが違《ちが》うのだから、オリンピックなど世界中の人々が注目するイベントは、誰もが平等にそれを見られるよう工夫すべきだ。

オ　文化や宗教によって時間のとらえ方に違いがあるため、異文化の人と接するときは、相手の時間を奪《うば》わないように十分注意しなければならない。

問5　傍線部④「神の時間」とありますが、「神の時間」にしたがった生活を説明したものとして最も適するものを次の中から一つ選び、記号で答えなさい。

ア　宗教的な伝統や教義を重んじ、他者に対して思いやりを持って接するような生活。

イ　労働によって豊かな暮らしを得るために、日々一生懸命《いっしょうけんめい》に努力し続けるような生活。

ウ　毎日決まった時間に起き、学校に遅刻《ちこく》しないように同じ時間に家を出るような生活。

エ　宇宙の神秘や自然の驚異《きょうい》などの人間の理解が及《およ》ばない現象を信じて敬うような生活。

オ　昼や夜、四季の流れなど自然のサイクルを自分の活動の基準にするような生活。

問6　空欄部《くうらんぶ》 X に当てはまる言葉を本文中から漢字2字で抜き出して答えなさい。

問7　傍線部⑤「そうした社会的背景」とありますが、ここでの「社会的背景」とはどのようなものですか。本文中の言葉を使って51字以上60字以内で答えなさい。

下書き

60　50

c「倹約」

ア　お金が正しく使われているか調べること。

イ　無駄《むだ》を省き、費用を切りつめること。

ウ　必要なものだけを買うよう計画すること。

エ　お金を大切にし、ためこむこと。

オ　財産を得て、幸せになること。

問2　傍線部《ぼうせんぶ》①「そもそも機械時計が出現して以後、なにがいちばんかわったかというと、人びとの生活における時間意識です」とありますが、「人びとの生活」がどのようにかわったのかがわかる一文を本文中から抜き出し、始めの5字を答えなさい。

問3　傍線部②「職人気質《かたぎ》」とありますが、そのような働き方の例として最も適するものを次の中から一つ選び、記号で答えなさい。

ア　会社全体の利益を生むためには個人がいくら頑張《がんば》っても大きな効果は得られないので、チームワークを重視するために積極的なコミュニケーションをとった。

イ　会社に勤めて数年がたち、仕事場で後輩《こうはい》ができたので、自分のことだけでなく会社全体のことを考えて行動する必要が出てきた。

ウ　結婚し子どもも生まれ、家庭の時間を今以上に確保する必要が出てきたため、仕事の優先順位や効率を考えて、短時間で仕事が終わるようにした。

エ　数日後に控えたプレゼンテーションで、自分が売り出そうとしている商品をどのように紹介《しょうかい》するかを考えていたら、熱中しすぎていつの間にか夜になっていた。

オ　生きるために仕事をする必要があるが、どちらかというと趣味などの自分の時間を十分に確保したいので、残業などは極力しないようにしている。

問4　傍線部③「『時が金』という現実がつくられてゆくのです」とありますが、それはなぜですか。その理由の説明として最も適するものを次の中から一つ選び、記号で答えなさい。

ア　機械時計の発明により、それまで明確に定まっていなかった働く時間というものが人々に意識され、労働時間とその報酬《ほうしゅう》としてのお金とが強く結びついていったから。

イ　十八世紀に入り資本主義の考え方が人々にとって当たり前になることで、それまで重視されていなかった社会におけるお金の価値が格段に上がったから。

ウ　自然を大切にし、人々の欲望がそれほど強くなかった時代が終わりを迎《むか》え、人々がお金をめぐって競争し、効率を重視した生き方を選ぶようになったから。

エ　職人たちが、自分たちの作ってきた後世に残り続けるような銘作《めいさく》に金銭的価値があることに気づき、それまで支払《しはら》われていなかった対価を求めるようになったから。

オ　資本主義がうまれブルジョワが時間を支配するようになった結果、お金を持っていることが何よりも価値のあることとされ、時間の価値が下がっていったから。

自然的時間のことです。

　神が時間を支配していたといっても、その支配者は具体的には神の意志をつたえるキリスト教の教会や、法王を中心とするカソリック教団でした。

　ところが、長くつづいた安定的な神による時間支配に動揺《どうよう》をあたえる勢力が台頭し、それまでの時間にたいする考えをゆるがす事態が起こってきたのです。

　それは中世における新興商人階級の成長であり、とりわけ彼らがいとなむ※2高利貸《こうりが》しという事業が問題をひき起こすことになったのです。

（中略）

　かつて神が時間を支配していたときは、「利子」をとる商人が非難され罰せられました。しかしいまや、商人、※3ブルジョワが時計＝時間を支配するようになり、仕事をさぼるものにたいしては、賃金カットの（b）制裁がくわえられるようになるのです。

　このきびしい現実は、気分にのれば仕事に精をだし、やる気がしなければ休んでいた職人たちにとって、大きなショックでした。毎日かせぐ賃金に生活がかかっていた X 者は、仕事のはじまる時間におくれたり、仕事の途中で怠けることはゆるされません。

　そうした新しい社会の誕生と新しい時代の生きかたが、ようやく人びとの関心をあつめつつあったのが、十七世紀後半です。

　そのころ、イギリスではリチャード・バクスターというひとが、時間は貨幣《かへい》とおなじようにたいせつであるから、毎時間毎分をむだづかいしないように、もっとも自分の役にたつようにすごしなさい、と人びとに説いていました。また時間を、お金とおなじように（c）倹約《けんやく》し貯蓄しなさいといって、時間を惜しんで仕事にはげむよう勤勉の徳を説いていました。

　そういわれてみると、みなさんはシンデレラと魔法つかいとの時間の約束も、なるほど⑤そうした社会的背景があったのかということがわかるでしょう。

（角山榮『シンデレラの時計』より）

※注1混沌……区別が立たずものごとが入り混じっている状態。
　2高利貸し……高い利息を取ってお金を貸す人。
　3ブルジョワ……資金を使って事業を経営する人。

問1　波線部a「普及《ふきゅう》」b「制裁」c「倹約《けんやく》」の本文中での意味として最も適するものを次の中からそれぞれ一つずつ選び、記号で答えなさい。

a「普及」
ア　完全にできあがること。
イ　止めどなくあふれること。
ウ　広く一般に行きわたること。
エ　定番商品が生まれること。
オ　技術が進歩すること。

b「制裁」
ア　裁判官が不正をしていないかを見張ること。
イ　その行いが正しいかどうかを判断すること。
ウ　間違ったことが起こらないようにすること。
エ　感情や欲望をコントロールすること。
オ　ルールや決まりを破った者に罰《ばつ》を与えること。

ません。これを「定時法」と呼んでいます。

ここで注目すべき変化が起こったのです。

それは機械時計の出現と（a）普及《ふきゅう》によって、ヨーロッパでは不定時法から定時法へ時刻制度が変化していったことです。つまり人びとの暮らしが、自然の時間とリズムにそった暮らしから、機械時計のつくる人工の時間にしたがった暮らしにかわってゆくのです。

自然の時間とリズムにそっていとなまれる社会では、職人の仕事といえば、何時間かかろうが何日かかろうが、時間のことは気にせずに、自分でまんぞくできるまで良い作品づくりに精魂《せいこん》をかたむけることでした。それこそ②職人気質《かたぎ》というものです。つまり仕事の目的は、あくまでも良い作品をつくることにあったのです。

このようにしてつくられたのが、ルネサンス時代のミケランジエロの「ダビデの像」、日光東照宮《にっこうとうしょうぐう》の左甚五郎《ひだりじんごろう》の「眠り猫」をはじめとする、名工・名人といわれる人たちの銘作《めいさく》、銘品《めいひん》です。

ところが、人工の時間の成立とともに、仕事の性格はしだいに時間にしばられた賃労働へかわってゆくのです。すなわち良い作品をつくるのが仕事であったのが、時間労働によってえられる一時間いくらという賃金をかせぐことが、労働の目的になってゆくのです。

ここでたいせつなことは、仕事が一時間いくらというように、時間がお金にかわってゆくことです。

時間がお金になること、それを「タイム・イズ・マネー」といいます。この言葉は、ずっとのちの十八世紀はじめ、アメリカのフランクリンがいった言葉として有名ですが、じつは機械時計の出現以来、人びとの仕事の考えかた、時間意識の変化のなかで、③「時が金」という現実がつくられてゆくのです。

そうした現実がつくられてゆく過程で、資本主義がうまれてくるのですが、なにが大きくかわるかというと、時間の支配者がかわってゆくということです。このことは時計と時間の歴史をみるうえで、また現代の時間のすごしかたを考えるうえでも、ぜひ心にとどめておくべきたいせつなことです。

宗教はどの宗教でも、それぞれ独自の天地創造、終末観をもっています。

キリスト教の天地創造は、『旧約聖書』の「創世記」の冒頭《ぼうとう》にのべられています。それによると、神は※1混沌《こんとん》から、光と闇《やみ》、水と天、陸と植物、太陽と月と星、魚と鳥、獣《けもの》と人間を六日間でつくり、七日目は安息の日としました。

太陽と月と星をつくった神は、時間をつくったといいかえてもよいでしょう。

その④神の時間を知ることは、時間をはかることであり、それはまた暦《こよみ》をつくることでもありました。そのためには星の出現を予知し、月と太陽のサイクルをはかるといった本来天文学にぞくする作業がひつようでした。

こうして農民たちは、一年のうちいつ種子をまいたらよいか、またいつ収穫《しゅうかく》したらよいかといった情報を、神の時間表である暦によってえたのです。

天文学的時間をはかるのと並行して、みじかい時間をはかるひつようがありました。その場合は、古くから日時計とか、水時計、ろうそく時計、砂時計がもちいられていました。夜明けにはしばしば雄鶏《おんどり》が時を告げてくれました。つまり神の時間というのは、

問8　この文章における表現の特徴《とくちょう》について、適切でないものを次の中から一つ選び、記号で答えなさい。

ア　スタートの音を表す「パンッ」という音や「ゴールが近づいてくる」といった表現は、競技の緊迫《きんぱく》した状況《じょうきょう》、走ってくる最中の臨場感を伝える役割を果たしている。

イ　登場人物を客観的に見る視点から書かれているため、お互いに苗字《みょうじ》で呼び合う輝と香帆の間に生まれた恋心を、読者が自然と気づくようになっている。

ウ　連続した会話文によって登場人物たちの口調や話し方、会話の内容から彼《かれ》らの性格や考えていることが分かり、よりリアルな人物像を浮《う》かび上がらせることができる。

エ　「ぐっとくちびるをかんだ」や「にかっと笑って」など人の動きを表現した擬態語《ぎたいご》が多用され、その場のイメージを読者に伝えている。

オ　会話文だけでなく心の中で思ったことも書かれることによって、より主人公である輝の気持ちが伝わり、読者が物語に深く共感することができるようになっている。

二

次の文章は角山榮『シンデレラの時計』の一説です。本文は、シンデレラのストーリーを紹介《しょうかい》し、十五分ごとに鳴る機械時計についての説明をした後に続く部分です。この文章を読んで、後の問いに答えなさい。(設問の都合により章ごとの見出しは省略しました。)

ところで、もうひとつ私が気になるのは、シンデレラが魔法《まほう》つかいとかわした時間の約束です。どうして約束の時間におくれたら、きびしい罰《ばつ》をうけねばならなかったのでしょう。

いいかえると、時間の約束は当時の社会で、どういうふうに、人びとにうけとめられていたのでしょうか。

①そもそも機械時計が出現して以後、なにがいちばんかわったかというと、人びとの生活における時間意識です。

はやい話が、長いあいだ人びとは、朝は太陽とともに起きて野良《のら》ではたらき、夕がたは星をあおいで家に帰るという、自然の時間にしたがって暮《く》らしてきました。そうした自然の時間を制度化したものを、「不定時法」といいます。かんたんにいうと、日の出から日没《にちぼつ》までを〝昼の時間〟、日没から翌朝の日の出までを〝夜の時間〟とし、それぞれを六等分ないし十二等分して計算する方法です。

この方法によりますと、夏と冬とでは昼と夜の一時間は、それぞれ長さがちがいます。季節だけではなく、緯度によってもちがってきます。たとえばおなじ夏でも、東京と、はるかに緯度の高いロンドンとを比較すると、ロンドンの夏は午後十時になってもまだ明るさがのこっていることからも、わかるでしょう。

ところが、機械時計がつくる時間は、人工の時間であって、季節や緯度がどうあれ、昼も夜も一時間の長さはおなじで、かわり

問5　「ぼくはまだ子供なんだと、そんなあたり前のことを実感する。」という一文の入る箇所《かしょ》を【　A　】～【　E　】の中から一つ選び記号で答えなさい。

問6　傍線部④「再出発の日」とお母さんは言っていますが、輝は香帆の再出発の日をどのような日と捉《とら》えていましたか。その説明として最も適するものを次の中から一つ選び、記号で答えなさい。

ア　お母さんと二人で力を合わせて二人三脚に参加し、二人で頑張《がんば》っていることを亡くなっているお父さんに見せて安心させてあげたいという香帆の願いを実現する日。

イ　いつも仕事で疲《つか》れているお母さんを元気づけるため、今回の運動会で二人三脚に参加し、少しでもお母さんに笑顔になってもらいたいという香帆の思いを伝える日。

ウ　毎日頑張っているお母さんに対していつも何もできないため、せめて二人三脚で優勝し、それをお母さんにプレゼントしたいという香帆にとっての記念日。

エ　香帆やお母さんを残して死んでしまったお父さんがいなくても、過去に縛《しば》られずに、お母さんと二人でこれから先も強く生きていこうと香帆が強く決心する日。

オ　今まで学校行事に積極的に参加するなどの行動を取ってこなかったが、この二人三脚を機にもっと積極的に友人たちにも関わっていこうと香帆が思いを新《あら》たにする日。

問7　傍線部（Ⅰ）「やっぱり、残念だったな」と傍線部（Ⅱ）「お母さんは、違うと思うな」からは、二人三脚でお母さんと一緒に走ることができなかった香帆に対して、輝とお母さんの考えの違いが表れています。輝とお母さんの考えの違いを101字以上120字以内で述べなさい。

下書き

120　100

問2　傍線部《ぼうせんぶ》①「怒りの色がゆれていた」とありますが、このときの香帆の気持ちを説明したものとして、最も適するものを次の中から一つ選び、記号で答えなさい。

ア　わざわざ人の内情を聞いては「出れない」とか「来れない」などと言ってくる智博と祐希に対し耳うるさく感じる気持ち。

イ　母が来ていないのに「早く整列しなさい」と言うなど、三木先生が生徒の行動に目を向けられていないことに対する腹立たしい気持ち。

ウ　どうしても母と運動会の二人三脚に参加したかったのに、どうして来てくれないのかと、信頼《しんらい》を裏切られたような気持ち。

エ　母は自分のことを一番に考えてくれていると思っていたのに、運動会当日に母が仕事を優先したことを悲しく思う気持ち。

オ　何でも知っているかのような口調で、香帆の家庭が複雑な事情を抱《かか》えていることを周りに広める輝の姿にいらだつ気持ち。

問3　傍線部②「おじいちゃんとゴールする。それだけでいい」と輝は考えていますが、輝はなぜこのように考えたのでしょうか。41字以上50字以内で述べなさい。

下書き

40　50

問4　傍線部③「その目から、もうがまんできないとばかりに涙がこぼれる」とありますが、それはなぜだと考えられますか。最も適するものを次の中から一つ選び、記号で答えなさい。

ア　お母さんの仕事を考えれば来られなかったのは仕方がないが、せっかく今まで練習してきたのに、お母さんと一緒に二人三脚に参加できずにくやしいから。

イ　初めて参加した二人三脚にかなり緊張《きんちょう》していたが、お母さんが手をつないでくれたことによって緊張の糸が切れ、ほっとするとともに母の優しさに心がほぐれたから。

ウ　お母さんと一緒に出たかった二人三脚に、樹おじさんと参加してしまい申し訳ない気持ちになったものの、優勝できたので達成感に満たされたから。

エ　お母さんが時間になっても来ず心細く感じていたが、まわりの友人たちの優しさにふれ、無事に二人三脚に参加できて心が満ち足りていたから。

オ　お母さんは遅《おく》れても何とか学校には来てくれたが、今日がお母さんと香帆にとって大切な日だったことをすっかり忘れており悲しかったから。

かもしれないな。そう思うほど、綿菓子《わたがし》のようにふわりとやさしい感じの人だった。

「じゃあ、おれも帰るな。今日はおつかれさん」

樹おじさんはいつものように、手のひらをぼくに向けてくる。

「うん」

ぼくは思いきり、樹おじさんの手を打った。

「今日の輝、かっこよかったぞ」

そう言って、樹おじさんは手をふった。

かっこいい。ぼくが？　えっ、どこが？

思いがけない言葉にぼうっとしていると、肩にこつんとお母さんの体がふれた。

「あたしたちも帰ろ」

「うん」

夕日に背中を押《お》されながら、いつもの通学路を歩いていく。細長くのびた影《かげ》を、ぼくは目で追う。

長いほうの影がお母さん。お母さんを追いこすのは、まだ当分、先かもしれない。【　Ｄ　】

「（Ⅰ）やっぱり、残念だったな」

ぽつりとぼくはつぶやいた。

「なにが？」

「田村とお母さん。今日はさ、二人の再出発の日になるはずだったんだ」

お母さんに、香帆のことを話して聞かせた。

「お父さんに見せたいって、言ってたんだ。お母さんといっしょに走ってるとこ」

暮れていく夕焼けの空を見あげた。

やっぱり、香帆にはお母さんと走ってほしかった。二人でスタートラインに立つ姿を、空から見守ってほしかった。

「（Ⅱ）お母さんは、違うと思うな」

ゆっくり首をふりながら、お母さんは否定した。

「香帆ちゃんのお父さん、きっとよろこんでると思うよ。香帆ちゃんにやさしい友達がいて、お母さんのかわりに、いっしょに走ってくれる人がいること。二人だけでがんばらなくてもいいんだよって、まわりの人に助けてもらっていいんだよって、お父さんは言ってると思うな。それがわかったから、香帆ちゃんもうれしくて泣いてたんじゃないのかな」

流れる涙を、ぬぐいもせずに泣いていた香帆。最後は泣き笑いで洟《はな》をすすっていた。【　Ｅ　】

「正真正銘《しょうしんしょうめい》、今日は香帆ちゃんとお母さんの、④再出発の日だったと思うよ」

「ほんとにそう思う？」

「思う！」

お母さんはきっぱりと言った。

（葉山エミ『ベランダに手をふって』より）

問１　空欄部《くうらんぶ》［ａ］～［ｅ］に入る慣用句について、最も適する表現を次の中から一つずつ選び、それぞれ記号で答えなさい。ただし、同じ記号を２回以上使ってはいけません。選択肢《せんたくし》の言葉については言い切りの形で記しています。

ア　目を光らせる　　イ　目を丸くする　　ウ　目に入る

エ　目に飛び込む　　オ　目を配る

って、その目はぼくのことをまっすぐ見ている。

お母さんの横には、おばあちゃんがいた。ぼくたちの姿を見たおばあちゃんが、大きく口を開けて驚くのが見えた。

やばい。

おばあちゃんのことを忘れていた。勝手におじいちゃんを競技に出してしまった。

あとでおじいちゃんといっしょに怒られよう。【　Ｂ　】

そう覚悟《かくご》を決めて、ぼくたちは歓声のわくゴールに飛びこんだ。

夕日が落ちて、だれもいない校庭はうっすらオレンジ色だ。

ほんの一時間前まで、ここで走ったり声をあげたりしていたのに、今はぐちゃぐちゃになった白線が、ところどころ残っているだけだ。

「ほんとにありがとうございました」

香帆のお母さんが、樹おじさんに頭をさげている。

「いやいや、そんな。ぼくこそ、香帆ちゃんと走れて楽しかったです」

香帆のお母さんは、閉会式がおわるころにようやく到着《とうちゃく》した。体調の悪い患者《かんじゃ》さんがいて、状況《じょうきょう》が落ちつくまで病院を出ることができなかったのだという。

「大変ですよね、病院でのお仕事って」

お母さんが言うと、香帆のお母さんは「ええ」と複雑な表情でうなずいた。

「せっかく練習したのに、結局いっしょに走れなくて」

香帆のお母さんは、手をつないでいる香帆に目をやった。

ぼくたちは、正門の前で立ち話をしていた。

お母さんと、樹おじさんと香帆のお母さん。

おじいちゃんたちは、ひと足先に帰ってしまった。久しぶりに走ったおじいちゃんも、妊婦さんである莉子《りこ》おばさんも、さすがにつかれてしまったようだ。

「あんなに楽しみにしていたのに、いっしょに走れなくてごめんね」

つないだ手をゆらしながら香帆のお母さんが声をかけると、香帆はくしゃりと顔をゆがませた。③その目から、もうがまんできないとばかりに涙《なみだ》がこぼれる。

「お、おい。泣くなって。また来年、お母さんと走ればいいじゃん」

おろおろして、ぼくは言った。

「違《ちが》うの」

声がふるえている。

「うれしいの」

香帆の言葉に、ぼくはさらに困惑《こんわく》してしまう。

「うれしくて涙が出るの。みんなが……心配してくれて、やさしいから。塚原くんが、おじさんと走れって言ってくれて……おじさんがいっしょに走ってくれたから、すごくうれしいの」

香帆のお母さんは、つないでいないほうの手をのばすと、香帆のほおをすべり落ちていく涙をぬぐった。

「ほらほら、もう泣かない」

そう言って笑う香帆のお母さんの横顔は、香帆にとてもよく似ている。

正門を出て、香帆たちと別れた。【　Ｃ　】

香帆のお母さんは最後までぼくたちに頭をさげながら歩いていった。

もし香帆のお母さんが競技に出ていたら、おそらくビリだった

香帆のかわいいお願いに、樹おじさんのまゆげがへにょりとさがった。
なんだよ、その顔。樹おじさんに、ついやきもちを妬《や》きそうになった。
ぼくたちは、一直線にならんで順番を待った。
三年生がスタートして、少し前に進み出る。
智博も、祐希も菜摘も、みんなお父さんとくっついて準備万端《じゅんびばんたん》だ。
四年生がスタートして、ぼくたち五年生はスタートラインに立った。
ぼくはおじいちゃんの腰《こし》に腕をまわした。
樹おじさんよりもがっしりしたおじいちゃんの腰は、安定感がバツグンだ。おじいちゃんの手がぼくの肩《かた》をつかむと、一年ぶりとは思えないほどぴったりだった。
「おじいちゃん。ぜったいにむりはしないでね」
かっこ悪い走りはしたくないとか、そんなことはもうどうでもいいんだ。②おじいちゃんとゴールする。それだけでいい。
返事のかわりに、おじいちゃんの手に力がこもった。
四年生がゴールにすいこまれていく。いよいよだ。
スタートラインのギリギリ手前につま先をつける。
胸がドキドキする。きっと、少しはなれたところにいる香帆も同じだ。
がんばれ。
「よーい」
三木先生が声をあげる。
パンッ。
ぼくたちはいっせいにスタートした。
「いっちに、いっちに、いっちに」
ぼくはおじいちゃんに聞こえるように、声に出しながら足を動かした。
「いっちに、いっちに、いっちに、いっちに」
最初の三十メートルくらいは、ほぼ全員が横ならびだったけど、だんだん、スピードに差が出てくる。ぼくたちの前をいく背中が、どんどん増えていく。
左どなりにいた智博と祐希たちは、もうとっくにぼくたちの前を走っている。
ぼくとおじいちゃんは、どんどんはなされていく。
すいっと、樹おじさんと香帆のチームがぬき出るのがわかった。【 A 】
香帆の右手が、樹おじさんの腕をしっかりつかんでいる。
あぁ、よかった。香帆がちゃんと走ってる。
ぼくはおじいちゃんの腰をつかむ手に力をこめた。
赤いコーンの目印が[d]た。ここからちょうど、残り五十メートルだ。去年、おじいちゃんが倒《たお》れそうになったところだ。
「おじいちゃん、あと半分だよ」
ぼくたちのスピードはさらに落ちていく。
「ゆっくりで、いいよっ」
ゆっくり、ゆっくり。それでも、確実に足を前に出す。
気がつけば、校庭で走っているのはぼくとおじいちゃんだけになった。
去年といっしょ。ぼくたちだけで、校庭をひとりじめだ。
ゴールが近づいてくる。
ゴールの目の前では、応援《おうえん》している人たちが歓声《かんせい》をあげて待っている。
水色のシャツが[e]できた。お母さんだ。両手をぶんぶんふ

「あたし、もういくね。みんながんばって」

いや、だめだ。香帆もぼくたちといっしょに走らなきゃいけない。

「待って」

ぼくは香帆を呼びとめた。

「田村はうちのおじさんと走って」

みんなが「え？」と声をそろえた。

「おじさん、田村と走れるよね？」

「え、え、えっ？」

樹おじさんが［b］して驚《おどろ》いている。

「でも、塚原《つかはら》くんはどうするの？」

とまどいながら香帆が言う。

「ぼくはいいんだ。とにかく、田村はうちのおじさんと走りなよ」

「でも、おれがこの子と走っちゃってもいいのか？　いちおう、保護者と走る競技なんだろ？」

すると、智博が言った。

「いいじゃん。田村は輝のおじさんと走っちゃえよ。だれが保護者かなんて、ばれやしないって。なっ？」

智博の明るい声につられて、

「うん、そうだよ」

「せっかくだから、走ろ」

祐希と菜摘もいっしょにうなずいた。智博はにかっと笑って香帆を見た。それでも、香帆はまだ困った顔だ。

ぼくは列をさばいている三木先生に向かって声をはりあげた。

「三木せんせーい。保護者って、とくに決まりはないってことでいいんですよねー？」

「うん、ないない。ていうかー、君たちなにしてんのー、早くこっちにきなさーい」

「ほらね。保護者はなんでもありだって」

ぼくは香帆に自信満々で言ったが、香帆の顔はまだ晴れない。

ぼくのことを心配してくれているんだろうけど、早く整列しないと、三木先生は生徒も保護者も関係なく声をはりあげてしまいそうだ。

「でも、そしたら。塚原くんがあたしのせいで走れなくなっちゃう」

「ぼくは大丈夫」

後ろで、きらん、と［c］せている人がいる。

「おじいちゃんと走るから」

三木先生からたすきを受け取って、ぼくは自分の右足とおじいちゃんの左足をしっかり結んだ。

「おじいちゃん、きつくない？」

「ん、大丈夫。いい感じだ」

ぼくは体を折り曲げて、右どなりにいる香帆と樹おじさんの様子をうかがった。

香帆も、ぼくと同じ左側に立っている。

「おじさん、スタートの合図が鳴ったら、結んでる足から出すんだよ。そのあとは、いっちに、いっちに。このリズムを忘れないでよ。ちゃんと田村のペースに合わせてよ」

「わかってるって。それより、自分たちの心配をしろよっ」

からかうように樹おじさんは言った。香帆が樹おじさんを見あげる。

「あの、腕につかまってもいいですか？　お母さんと練習したときも、腕につかまってたから」

2024年度 公文国際学園中等部

【国　語】〈Ｂ入試〉（五〇分）〈満点：一〇〇点〉

《注意》一、句読点や記号も一字に数えなさい。
二、記述問題の下書き欄《らん》は、下書き用に利用してかまいません。
三、作問の都合で、作品を一部改変したところがあります。

一　次の文章を読んで、後の問いに答えなさい。

父親を亡くした輝《ひかる》は、同じく父を病気で亡くした同級生の香帆《かほ》と仲良くなる。香帆は母親と二人で運動会の二人三脚《ににんさんきゃく》競争に参加することに強い想いをかけていた。輝は昨年おじいちゃんと二人三脚に出場し、散々な結果だったため、今回は樹《いつき》おじさんと出ることを決め、練習をし本番に備えていた。しかし運動会当日、二人三脚の種目の前になっても香帆の母親は学校に姿を見せない。

「えー、まじかよ。じゃあ、出れないじゃん」
智博《ともひろ》の声はあっけらかんとしている。
香帆がぐっとくちびるをかんだのが見えた。
「なんできてないの？」
祐希《ゆうき》が聞いてくる。香帆がなにも言わないので、ぼくが口を開いた。
「急に仕事になったんだって。でも、午後はなんとかして運動会にくるって話だったんだけど」
「それはむりだよ。午後からぬけ出せるわけないよ。だって、看護師はつねに人が足りないっていうちのお母さん言ってたぜ」
母親が同じ病院で働いている祐希が言うのだから、そうなのだろう。
でも、そんな言い方をしたら、まるで香帆のお母さんが、最初からできない約束をしたみたいじゃないか。
「もういい」
すっと顔をあげて、香帆が言った。さっきまで不安でゆれていた瞳《ひとみ》が、今は怒《いか》りでゆれている。お母さんのことを、怒《おこ》ってるんだ。
「あたし出ないから、もういい」
その場をはなれようとする香帆の腕《うで》を、菜摘《なつみ》がそっとつかんだ。
「でも、せっかく楽しみにしてたのに」
「そうだよ。ギリギリまで待ってみよう」
ぼくも言った。
だって、今日は香帆とお母さんの大事な日だ。二人で新しいスタートをきる日なんだろ？
無言で香帆にうったえる。香帆の瞳には、まだ①怒りの色がゆれていたが、
「わかった、待ってみる……」
うなずいてくれた。
こっちに向かってくる女の人がいないだろうか。みんなであたりに［ａ］た。
「生徒と保護者のみなさーん。整列してくださーい」
あぁ、三木先生が呼んでる。もう、これまでだ。香帆を囲んでいたぼくたちのあいだに、あきらめの空気がただよう。
「おい、輝。大丈夫《だいじょうぶ》か？　どうしたんだ？」
樹おじさんとおじいちゃんが近づいてくる。
香帆が顔をあげて言った。

2024年度
公文国際学園中等部 ▶解説と解答

算　数 ＜Ｂ入試＞（50分）＜満点：100点＞

解　答

[1] (1)　4　(2)　30　(3)　0　(4)　2　(5)　$\frac{1}{2}$　[2] (1)　92点　(2)　5000円　(3)　32才　(4)　58人　(5)　9　(6)　50度　[3] (1)　①　200cm^2　②　57cm^2　(2)　①　9個　②　87通り　(3)　①　4 L　②　6分　(4)　①　50秒　②　180m　[4] (1)　頂点D　(2)　ア…1，イ…6，ウ…6　(3)　36通り　(4)　96通り　[5] (1)　15cm　(2)　$3\frac{1}{3}$cm　(3)　2400cm^2　(4)　$444\frac{4}{9}\text{cm}^2$

解　説

[1] 四則計算，計算のくふう，逆算

(1)　$3+8\div(8-4)\div2=3+8\div4\div2=3+2\div2=3+1=4$

(2)　$20\div\{24-(6\times2-1)\times2\}\times3=20\div\{24-(12-1)\times2\}\times3=20\div(24-11\times2)\times3=20\div(24-22)\times3=20\div2\times3=10\times3=30$

(3)　$4\times39\times1012+5\times6\times2024-3\times24\times3036=4\times39\times1012+5\times6\times2\times1012-3\times24\times3\times1012=156\times1012+60\times1012-216\times1012=(156+60-216)\times1012=0\times1012=0$

(4)　$\left\{\left(1.625+\frac{9}{16}\right)\div0.75-1\frac{5}{6}\right\}\times1\frac{11}{13}=\left\{\left(1\frac{5}{8}+\frac{9}{16}\right)\div\frac{3}{4}-\frac{11}{6}\right\}\times\frac{24}{13}=\left\{\left(\frac{13}{8}+\frac{9}{16}\right)\div\frac{3}{4}-\frac{11}{6}\right\}\times\frac{24}{13}=\left\{\left(\frac{26}{16}+\frac{9}{16}\right)\div\frac{3}{4}-\frac{11}{6}\right\}\times\frac{24}{13}=\left(\frac{35}{16}\times\frac{4}{3}-\frac{11}{6}\right)\times\frac{24}{13}=\left(\frac{35}{12}-\frac{22}{12}\right)\times\frac{24}{13}=\frac{13}{12}\times\frac{24}{13}=2$

(5)　$0.2+\frac{1}{4}\div\left(\frac{4}{3}-\square\right)=0.5$より，$\frac{1}{4}\div\left(\frac{4}{3}-\square\right)=0.5-0.2=0.3$，$\frac{4}{3}-\square=\frac{1}{4}\div0.3=\frac{1}{4}\div\frac{3}{10}=\frac{1}{4}\times\frac{10}{3}=\frac{5}{6}$　よって，$\square=\frac{4}{3}-\frac{5}{6}=\frac{8}{6}-\frac{5}{6}=\frac{3}{6}=\frac{1}{2}$

[2] 平均，売買損益，年令算，集まり，周期算，角度

(1)　(合計点)＝(平均点)×(回数)より，5回の合計点は，86×5＝430(点)となる。よって，残りの1回の得点は，430－(89＋76＋91＋82)＝430－338＝92(点)である。

(2)　原価を1とすると，定価は，1＋0.3＝1.3である。また，売った値段は定価の，1－0.2＝0.8(倍)だから，1.3×0.8＝1.04となる。よって，利益は，1.04－1＝0.04で，これが200円だから，原価は，200÷0.04＝5000(円)と求められる。

(3)　現在の子の年令を①とすると，現在の父の年令は④なので，2人の年令の差は，④－①＝③となる。したがって，16年後の2人の年令の差も③で，16年後は父と子の年令の比が2：1になるから，16年後の子の年令は，③÷(2－1)＝③，父の年令は，③×2＝⑥となる。さらに，現在と16年後の子の年令の差は16才だから，③－①＝②が16才にあたる。よって，現在の子の年令は，①＝16÷2＝8(才)なので，現在の父の年令は，8×4＝32(才)とわかる。

(4)　運動部に所属しない生徒は，160－102＝58(人)いる。また，男子生徒の人数(82人)は，運動部に所属している人数(102人)より少ないので，男子全員が運動部に所属している場合も考えられる。つまり，運動部に所属しない生徒の中に男子が１人もいない場合も考えられるから，運動部に所属しない女子生徒は最も多い場合で58人いる。

(5) $\frac{8}{27}$を小数で表すと，８÷27＝0.296296…のように，小数第１位から２，９，６の３つの数がくり返される。よって，20÷３＝６余り２より，小数第20位までには２，９，６が６回くり返された後，２，９の２つが並ぶから，小数第20位の数は９とわかる。

(6) 右の図で，○＋○＋イ＝180(度)，●＋●＋ウ＝180(度)で，イ＋ウ＝180−80＝100(度)だから，○＋○＋●＋●＝(○＋○＋イ)＋(●＋●＋ウ)−(イ＋ウ)＝180＋180−100＝260(度)となる。したがって，○＋●＝260÷２＝130(度)なので，角アの大きさは，180−(○＋●)＝180−130＝50(度)とわかる。

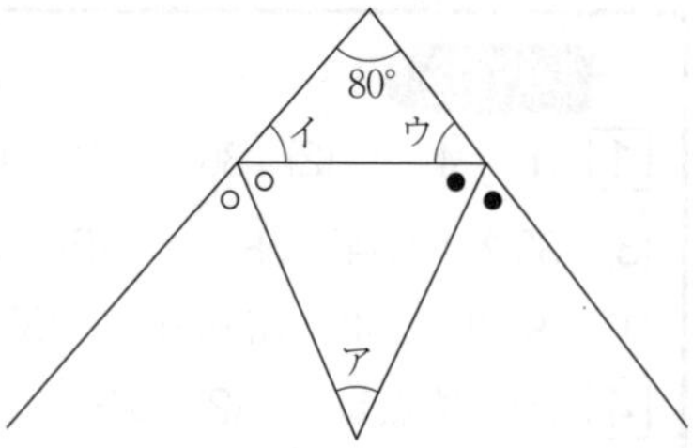

3 面積，つるかめ算，場合の数，ニュートン算，通過算

(1) 右の図で，小さい正方形の面積は，10×10＝100(cm²)である。ここで，円の半径を□cmとすると，小さい正方形の対角線の長さは（□×２)cmなので，小さい正方形の面積は，(□×２)×(□×２)÷２＝□×□×２(cm²)と表せる。また，大きい正方形の１辺の長さは円の直径と等しく，(□×２)cmなので，大きい正方形の面積は，(□×２)×(□×２)＝□×□×４(cm²)と表せる。したがって，大きい正方形の面積は，小さい正方形の面積の，(□×□×４)÷(□×□×２)＝２(倍)だから，100×２＝200(cm²)(…①)と求められる。さらに，小さい正方形の面積より，□×□×２＝100(cm²)なので，□×□＝100÷２＝50となる。よって，円の面積は，□×□×3.14＝50×3.14＝157(cm²)だから，斜線《しゃせん》部分の面積は，157−100＝57(cm²)(…②)と求められる。

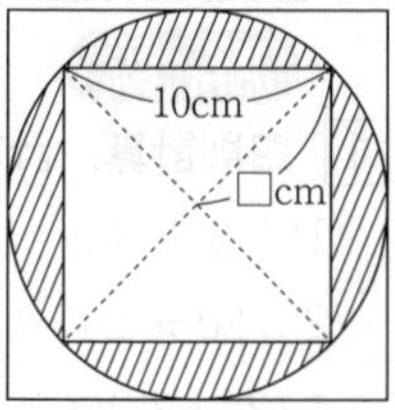

(2) 108を５で割ったときの余りは３だから，１ｇのおもりは３個，８個，13個のいずれかとなる。１ｇのおもりが13個だとすると，５ｇと10ｇのおもりは合わせて，15−13＝２(個)となり，合計の重さは108ｇより軽くなってしまう。１ｇのおもりが８個だとすると，５ｇと10ｇのおもりは合わせて，15−８＝７(個)となるが，７個とも10ｇのおもりだとしても，合計の重さは，10×７＋１×８＝78(ｇ)となり，108ｇより軽くなってしまう。よって，１ｇのおもりは３個で，５ｇと10ｇのおもりは合わせて，15−３＝12(個)とわかる。このとき，５ｇと10ｇのおもりの重さの合計は，108−１×３＝105(ｇ)である。10ｇのおもりが12個だとすると，その重さの合計は，10×12＝120(ｇ)となり，105ｇよりも，120−105＝15(ｇ)重くなる。10ｇのおもり１個を５ｇのおもり１個とかえるたびに，重さの合計は，10−５＝５(ｇ)ずつ減るから，５ｇのおもりの個数は，15÷５＝３(個)で，10ｇのおもりの個数は，12−３＝９(個)(…①)と求められる。次に，10ｇと５ｇのおもりだけで，５ｇから，10×９＋５×３＝105(ｇ)までの５の倍数の重さがすべて量れる。したがって，10ｇと５ｇのおもりだけで，105÷５＝21(通り)の重さが量れる。さらに，１ｇのおもりが３個あるので，５の倍数の重さにそれぞれ１ｇ，２ｇ，３ｇを加えた重さが，21×３＝63(通り)，１ｇのおもりだけで量れる重さが，１ｇ，２ｇ，３ｇの３通りある。よって，量れる重さは全部で，21＋63＋３＝87(通り)(…②)ある。

(3) ポンプＡを使って毎分８Ｌで排水《はいすい》すると24分で水がなくなるとき，ポンプＡが排水した水の量は，8×24＝192(L)で，これは，(最初に入っていた水の量)＋(24分で流れ込《こ》んだ水の量)に等しい。また，ポンプBを使って毎分12Lで排水すると12分で水がなくなるとき，ポンプBが排水した水の量は，12×12＝144(L)で，これは，(最初に入っていた水の量)＋(12分で流れ込んだ水の量)に等しい。どちらの場合も最初に入っていた水の量は同じだから，192－144＝48(L)は，24－12＝12(分)で流れ込んだ水の量と等しくなる。したがって，流れ込む水の量は毎分，48÷12＝4(L)(…①)とわかる。すると，ポンプBで排水したとき，12分で流れ込んだ水の量は，4×12＝48(L)だから，最初に入っていた水の量は，144－48＝96(L)となる。さらに，両方のポンプを使うと，毎分，8＋12＝20(L)排水するので，水そうの水は毎分，20－4＝16(L)の割合で減っていく。よって，両方のポンプを使うと，96÷16＝6(分)(…②)で水がなくなる。

(4) どちらの列車もある地点を通過するのに10秒かかるので，列車の長さと同じ距離《きょり》を進むのに10秒かかる。これより，普通《ふつう》列車は1秒で，10÷10＝1(両分)，急行列車は1秒で，15÷10＝1.5(両分)の距離を進む。次に，急行列車が普通列車に追いついたとき，普通列車の先頭は急行列車の最《さい》後尾《こうび》(一番後ろ)よりも，10＋15＝25(両分)前方を走っているので，このときから急行列車が普通列車よりも25両分長い距離を走ると，普通列車を追い越《こ》す。1秒間で急行列車が進む距離は普通列車が進む距離よりも，1.5－1＝0.5(両分)長いので，追いついてから追い越すまでにかかる時間は，25÷0.5＝50(秒)(…①)と求められる。また，普通列車がトンネルに入り始めてから出終わるまでに進む距離は，トンネルと列車の長さの和に等しく，列車の長さだけ進むのに10秒かかるから，トンネルの長さ(1080m)を進むのに，1分40秒－10秒＝1分30秒＝90秒かかる。したがって，普通列車の速さは秒速，1080÷90＝12(m)となり，普通列車は1秒で1両分進むから，1両の長さは12mとわかる。よって，急行列車の長さは，12×15＝180(m)(…②)である。

4 場合の数

(1) 4，5，6の目が出ると，全部で正六角形の辺を，4＋5＋6＝15(本)分移動する。1周の長さは正六角形の辺6本分だから，15÷6＝2余り3より，点Pは頂点Aから3つ移動した頂点Dにある。

(2) 点Pが移動①の後に頂点Bにある場合，移動②の後に点Pが頂点Aにあるような2回目の目の出方は5の1通り(…ア)ある。同様に，移動①の後に頂点A，C，D，E，Fにある場合も，移動②の後に点Pが頂点Aにあるような2回目の目の出方はそれぞれ1通りある。つまり，1回目の目の出方は，1，2，3，4，5，6の6通り(…イ)あるが，これらのどの目が出た場合でも，移動②の後に点Pが頂点Aにあるような2回目の目の出方は1通りなので，サイコロを2回投げて，点Pが頂点Aにあるような目の出方は6通り(…ウ)となる。

(3) 2回投げたときのサイコロの目の出方は全部で，6×6＝36(通り)ある。(2)より，この36通りのそれぞれについて，移動③で点Pが頂点Aに移動するような3回目の目の出方は1通りずつあるから，3回投げて点Pが頂点Aにあるような目の出方は36通りある。

(4) 点Pが頂点Aにあるとき，1回の移動で頂点Aに移動するような目の出方は3，6の2通りあり，頂点Aに移動しない目の出方は1，2，4，5の4通りある。同様に，点Pが頂点B，Cにあるときも，1回の移動で頂点Aに移動するような目の出方は2通りあり，頂点Aに移動しない目の出方は4通りある。したがって，3回投げて点Pが移動①の後にだけ頂点Aに止まる場合，1回目が2通り，2回目が4通り，3回目が4通りあるから，3回の目の出方は，2×4×4＝32(通り)

ある。同様に，３回投げて点Ｐが移動②の後にだけ頂点Ａに止まるような目の出方は，４×２×４＝32(通り)あり，移動③の後にだけ頂点Ａに止まるような目の出方は，４×４×２＝32(通り)ある。よって，３回のうちいずれか１回だけ頂点Ａに止まるような目の出方は全部で，32×３＝96(通り)ある。

5 立体図形―相似，長さ，面積

(1) 真横から見たようすは右の図①のようになる。図①で，三角形AEGと三角形BFGは相似なので，AG：BG＝AE：BF＝30：10＝３：１より，AB：BG＝(３－１)：１＝２：１となる。よって，BGの長さ，つまり，影《かげ》の長さは，$30\times\frac{1}{2}=15$(cm)とわかる。

図①

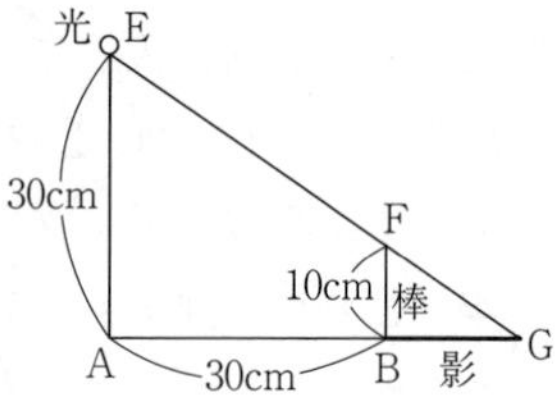

(2) 真横から見たようすは右下の図②のようになる。図②で，BJの長さは図①のBGの長さと同じで，15cmだから，IJの長さは，15－10＝５(cm)となる。また，三角形FBJと三角形HIJは相似だから，FB：HI＝BJ：IJ＝15：５＝３：１とわかる。よって，HIの長さ，つまり，壁《かべ》に映った影の長さは，$10\times\frac{1}{3}=\frac{10}{3}=3\frac{1}{3}$(cm)と求められる。

図②

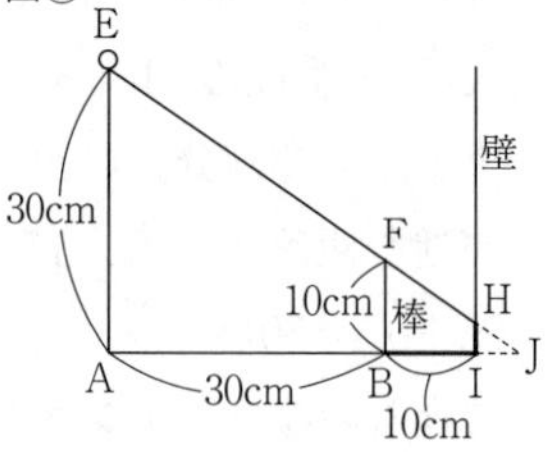

(3) 真横から見たようすは下の図③のようになる。図③で，三角形AELと三角形BKLは相似なので，AL：BL＝AE：BK＝30：20＝３：２より，AB：BL＝(３－２)：２＝１：２となる。したがって，BLの長さは，30×２＝60(cm)である。すると，真上から見たようすは下の図④のようになる。図④で，三角形ACDと三角形AMNは相似で，その相似比は，30：(30＋60)＝１：３だから，MNの長さは，20×３＝60(cm)となる。よって，できた影は上底20cm，下底60cm，高さ60cmの台形だから，面積は，(20＋60)×60÷２＝2400(cm²)と求められる。

図③

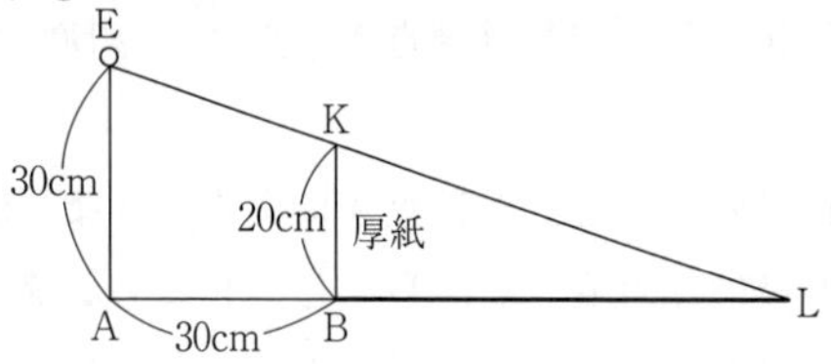

図④

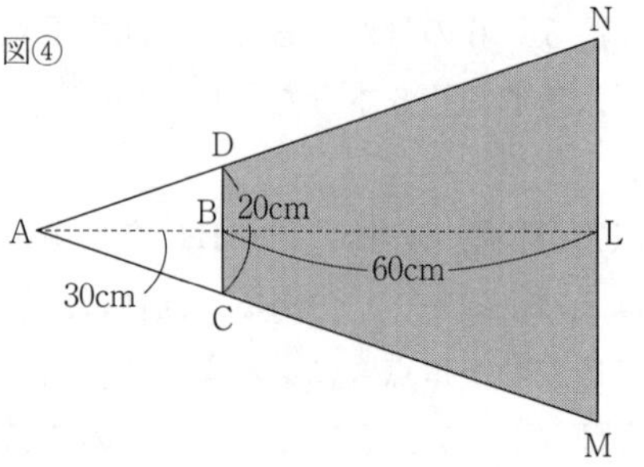

(4) 真横から見たようすは右の図⑤のようになる。図⑤で，BQの長さは図③のBLの長さと同じで，60cmだから，PQの長さは，60－10＝50(cm)である。したがって，三角形KBQと三角形OPQは相似なので，KB：OP＝BQ：PQ＝60：50＝６：５より，OPの長さは，$20\times\frac{5}{6}=\frac{50}{3}$(cm)となる。また，真上から見たようすは右の図⑥のようになる。図⑥で，三角形ACDと三角形ARSは相似で，その相似比は，30：(30＋10)＝３：４だから，RSの長さは，$20\times\frac{4}{3}=\frac{80}{3}$(cm)となる。よって，壁に映っている影は，縦が，$OP=\frac{50}{3}$cm，横

図⑤

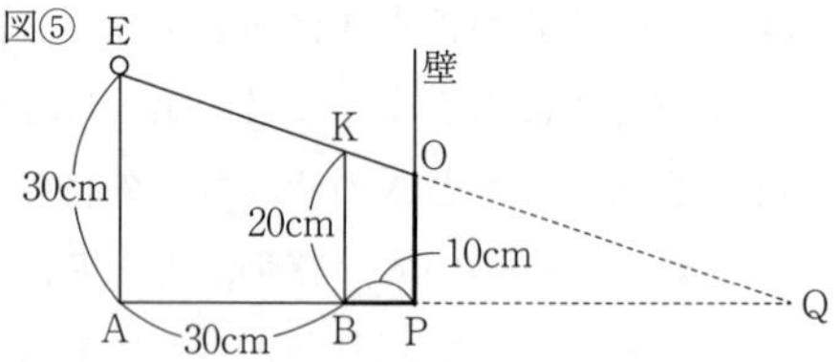

図⑥

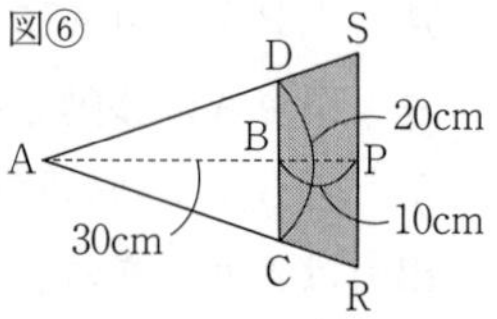

が，RS＝$\frac{80}{3}$cmの長方形だから，面積は，$\frac{50}{3}\times\frac{80}{3}=\frac{4000}{9}=444\frac{4}{9}$(cm^2)と求められる。

社　会 ＜Ｂ入試＞（40分）＜満点：75点＞

解　答

1 **1** **問1** **A** 山口　**B** 秋田　**問2** 利根　**問3** (1) 茶　(2) 輸送機械　**2** **問1** 水田(田)(稲)　**問2** 秋　**問3** **X** 台風　**Y** 標高(土地)が低い場所(川が合流する場所)　**問4** (c)　**問5** (例) 火力発電は化石燃料を燃やすため，多くの二酸化炭素を排出するが，薪やマツの葉は燃やして二酸化炭素を排出しても，再びマツなどの植物が二酸化炭素を吸いこむから，大気中の二酸化炭素の排出量をおさえることができる点。(電気は火力発電によって石油や石炭を消費するが，薪やマツの葉を利用することで，石油や石炭の消費をおさえることができる点。)　**問6** (例) 湧き水の水源が開発され，水田に利用する川の水量が減る。(上流の開発によって，土砂が下流の水田に流れこむようになる。)　**問7** ウ　**問8** ア　**2** **問1** (1) ポツダム　(2) マッカーサー　(3) 推古　(4) 冠位十二階　(5) 板垣退助　(6) 伊藤博文　**問2** イ　**問3** エ　**問4** ウ　**問5** イ，ウ　**問6** 自由民権運動　**問7** エ　**問8** ウ　**問9** イ　**問10** (例) 主権が国民にある点や全ての人間が平等である点。　**問11** (例) 制限　**3** **問1** 衆議院議員，参議院議員　**問2** 法律　**問3** ウ　**問4** エ　**問5** 25　**問6** 20　**問7** 普通　**問8** 知事　**問9** エ　**問10** 国会　**問11** **ア** ○　**イ** ×　**ウ** ×　**エ** ○　**オ** ○　**カ** ×　**キ** ×　**問12** 1　**問13** 秘密　**問14** (例) 国民の意思が政治に反映されない。(一部の人の意見で政治が動いてしまう。)

解　説

1 日本の地理と地形図を題材とした問題

1 **問1** **A** 山口県は，中国地方の西端《たん》に位置し，九州地方の福岡県との間には関門海峡《かいきょう》があるが，橋とトンネルで結ばれている。　**B** 秋田県は東北地方の日本海側に位置し，北は青森県，南は山形県と境を接している。米づくりがさかんで，米の収穫《しゅうかく》量は新潟県，北海道に次いで全国第3位である(2023年)。

問2 利根《とね》川(全長約322km)は新潟・群馬県境にある大水上《おおみなかみ》山を水源として，関東平野をおおむね北西から南東へ向かって流れ，千葉県銚子《ちょうし》市と茨城県神栖《かみす》市の境で太平洋に注ぐ。長さは信濃《しなの》川に次いで全国第2位で，流域面積は日本最大である。

問3 (1) 静岡県と鹿児島県の生産量が第3位以下の府県と比べて特に多いことから，茶とわかる。茶(荒茶)の生産量は，静岡県と鹿児島県で全国の7割以上を占《し》める(2022年)。なお，みかんは和歌山県や愛媛県，キャベツは群馬県や愛知県，りんごは青森県や長野県で生産がさかんである(2022年)。　(2) 自動車やその関連部品の生産がさかんな愛知県の出荷額が特に多いことから，輸送機械とわかる。なお，食料品は北海道，石油製品は千葉県，パルプ・紙は静岡県の出荷額が多い(2021年)。

2 **問1** 図1の左上に示された方位記号より，上が東の方角となる。また，右下の縮尺記号よ

り，実際の50mの地図上の距離《きょり》はＡの地点のすぐそばなので，Ａの地点から東側50m先に見えるのは水田(||)である。

問２　図１のＢ地点は「公文川」のそばの低地で，南には「こすずめ川」と「えんじゅ川」が合流した川が注いでいるため，大雨が降って川の水位が上がると，洪水《こうずい》のおそれがある。したがって，図２より，降水量の多い９・10月，つまり秋に洪水が起こりやすいと考えられる。

問３　**Ｘ**　秋には，日本列島に台風がやってきて，大雨による洪水や土砂災害が発生しやすい。

Ｙ　Ｂ地点は周囲よりも標高の低い土地であること，また川が合流する地点に近いことなどの理由で浸水《しんすい》しやすい。

問４　マツは針葉樹なので，針葉樹林の地図記号(Λ)のある(c)が当てはまる。なお，(a)は荒地(ı|ı)，(b)は交番(X)，(d)は畑(∨)である。

問５　電気は主に火力発電でつくられるが，その燃料の石油や石炭，LNG(液化天然ガス)などの化石燃料について，日本は外国からの輸入に頼《たよ》っているため，そのぶん輸送のためのエネルギーを多く消費し，地球温暖化の原因となる二酸化炭素を多く排出《はいしゅつ》することになる。資料１の話にあるように，近い場所で調達できる薪《まき》やマツの葉を使えば，輸送のさいに生じるエネルギーの消費や二酸化炭素の排出をおさえることができる。また，化石燃料を燃やすさいには二酸化炭素が排出される。薪やマツの葉も，燃やすと二酸化炭素を排出するが，植物は成長する過程で二酸化炭素を吸収しているので，二酸化炭素の排出量は実質ゼロになるという考え方がある(カーボン・ニュートラル)。

問６　図１のＤの範囲《はんい》が開発されると，Ｃ地点の湧《わ》き水の水源がなくなるなどの影響《えいきょう》を受け，Ｅの範囲の水田で利用する川の水の量が減るおそれがある。また，開発による土砂が，下流に位置する水田に流れこむ可能性もある。

問７　図３において，Ｄ地点の開発計画が①から②に変更されると，一すじの森林が残るので，野生動物が南北に移動しやすくなる(ウ…○)。なお，開発される場所は変わらない(ア…×)。開発面積は減少している(イ…×)。野生動物の住む場所ではなく，開発される場所が２つに分かれている(エ…×)。

問８　図１のF地点の周囲には水田と畑が広がっており，多くの人が住んでいるとはいえない(ア…×)。

2　新旧憲法などの史料を題材とした問題

問１　(1)　ポツダム宣言は，第二次世界大戦(1939～45年)において，日本に対し連合国が発した降《こう》伏勧告《ふくかんこく》で，1945年８月14日に日本はこれを受け入れることを決め，翌15日に国民に伝えた。　(2)　敗戦後の日本は連合国軍の占領《せんりょう》下に置かれ，マッカーサーを最高司令官とするGHQ(連合国軍最高司令官総司令部)の指令で民主化政策が行われた。　(3)　飛鳥時代の６世紀末，聖徳太子(厩《うまや》戸《と》王)は，日本初の女性天皇でもある推古天皇の摂政となったとされる。　(4)　聖徳太子は，603年，家柄《いえがら》にとらわれずに有能な個人を役人に登用するため，冠位十二階の制を制定(翌604年に施《し》行《こう》)した。　(5)　板垣退助は土佐藩《はん》(高知県)出身の政治家で，征韓論(武力で朝鮮を開国させようとする考え方)を退けられて政府の役人をやめると，1874年に民撰《みんせん》議院設立の建白書を提出して自由民権運動を指導した。1881年に国会開設の詔《みことのり》が出されると，板垣は自由党を結成した。

(6)　伊藤博文は長州藩(山口県)出身の政治家で，1885年に内閣制度を創設して初代内閣総理大臣となり，1889年の大日本帝国憲法の発布にも貢献《こうけん》した。

問２　奈良時代，聖武天皇は仏教を厚く信仰《しんこう》し，仏教の力で国を安らかに治めようと願い，国ごとに国分寺・国分尼《に》寺を建立させ，都の平城京には東大寺大仏を造立させた(イ…○)。なお，平安京に都を移したのは桓武天皇(ア…×)，建武の新政を行ったのは後醍醐《ごだいご》天皇(ウ…×)である。大海人《おおあまの》皇子は即位して天武天皇になった(エ…×)。

問３　アは1940年(日独伊三国同盟の成立)，イは1945年(沖縄戦)，ウは1932年(五・一五事件)，エは1941年(真珠《しんじゅ》湾攻撃《こうげき》)のことなので，年代の古い順に，ウ→ア→エ→イとなる。

問４　平安時代初め，唐《とう》(中国)から帰国した空海は，高野山(和歌山県)に金剛峯《こんごうぶ》寺を建てて真言宗を広めた。比叡《ひえい》山に延暦《えんりゃく》寺を建てて天台宗を広めたのは最澄《さいちょう》である(ウ…×)。

問５　日本国憲法は第20条において信教の自由を保障しているが，十七条の憲法は第２条で仏教を信じるよう定めている(イ…○)。また，日本国憲法では第１条などにおいて国民主権を原則としているが，十七条の憲法では第３条から天皇中心の政治を目指していると読み取れる(ウ…○)。なお，同じ「憲法」といっても，日本国憲法は国の基本法であるのに対して，十七条の憲法は役人(豪族《ごうぞく》)が政治を行う上での心構えを示したものである。

問６　明治時代の1870～80年代，板垣退助による民撰議院設立の建白書の提出をきっかけに起こった，政府に対して国民の政治参加などを求める運動を自由民権運動という。

問７　シーボルトは江戸時代の終わりごろ，長崎のオランダ商館で医師を務めた人物で，ドイツ人である(エ…○)。なお，日本とドイツは枢軸《すうじく》国側として，アメリカ・イギリスなどの連合国と戦った(ア…×)。江戸時代に根室《ねむろ》に来航したラクスマンは，ロシア人である(イ…×)。日本もドイツも，国際連合の常任理事国ではない(ウ…×)。

問８　大日本帝国憲法は，君主権の強いドイツ(プロイセン)憲法を参考としたため，天皇の権力の強い憲法であり，第55条では国務大臣は天皇の政治を補佐し，その責任を負うものとされていた(ア…×，ウ…○)。なお，国民(臣民)の権利は法律の範囲内という制限があった(イ…×)。政治の最終的な決定権である主権は天皇が持っていた(エ…×)。

問９　白村江《はくすきのえ》の戦い(663年)では，日本は百済《くだら》を助けるために唐・新羅《しらぎ》の連合軍と戦ったが，敗北した(イ…×)。

問10　フランス人権宣言(1789年)の第１条に「人間は自由かつ権利において平等なもの」とあり，日本国憲法第14条で定められている平等権の考え方と共通している。また，フランス人権宣言の第３条に「あらゆる主権の原理(起源・根源)は，本質的に国民のうちに存する」とあり，日本国憲法第１条などに示されている国民主権の原則の考え方と共通している。

問11　憲法は，国民を縛《しば》る規則ではなく，国民の権利を守るため，国家権力を制限することで，国家権力の暴走や法律の濫用《らんよう》を防ぐ法規であるとされている。

3　国民の政治参加についての問題

問１　国政選挙では，国民は国会議員(衆議院議員と参議院議員)を選ぶ。

問２　国会議員で構成される国会は，法律を制定することのできる「国の唯一《ゆいいつ》の立法機関」である。

問３　地方議会は，憲法と法律の範囲内で，その地域だけに通用するルールとして条例を制定できる(ウ…○)。なお，政令は，法律を実施するために内閣が定めるルールである(ア…×)。条約は，国家や国際機関の間で結ばれる文書による合意である(イ…×)。憲章は，重要な文書に付けられる言葉の１つで，条約のような法規(国際連合憲章など)や宣言文(大西洋憲章や児童憲章など)で見られる(エ…×)。

問４　国政選挙の投票率は，無党派層・無関心層が増加する中で減少傾向《けいこう》にあり，2024年２月現在，衆議院は2012年以降の４回の総選挙で50％台，参議院は1992年以降の11回の選挙で40〜50％台を推移している(エ…○)。

問５　1890年の帝国議会開設にともない行われた衆議院議員総選挙では，直接国税15円以上を納める満25歳《さい》以上の男子にのみ選挙権が与《あた》えられたため，有権者は全国民のわずか１％ほどにすぎなかった。

問６　第二次世界大戦後の1945年12月の選挙法改正で，選挙権の資格が満20歳以上の男女となり，日本で初めて女性参政権が実現した。そして，翌46年に行われた衆議院議員総選挙では，39人の女性議員が誕生している。

問７　一定の年齢に達すると選挙権が認められるという選挙の原則を，普通選挙という。なお，選挙の原則はこのほかに，有権者が直接代表者を選ぶ直接選挙，社会的地位や身分にかかわらず一人１票を持つ平等選挙，投票の秘密を守る秘密選挙がある。

問８　地方自治体の首長のうち，都道府県の首長を知事といい，任期は４年である。

問９　地方自治体の首長である都道府県知事・市町村長や，都道府県議会議員，市町村議会議員はいずれも住民による直接選挙で選ばれる。こうした地方選挙を「統一地方選」として同時に行うのは，有権者の関心を高めることや，選挙に関わる事務を効率化し，経費を節約する狙《ねら》いがある(エ…○)。

問10　選挙方法，選挙区や選挙運動などについて定めた法律として公職選挙法があり，選挙権年齢の引き下げの決定も，国会による法律の改正という形で行われる。

問11　**ア**　国政選挙も地方選挙も，選挙権を持つのは満18歳以上の日本国民である(○)。　**イ**　立候補できる年齢は衆議院議員と市町村長・地方議会議員が満25歳以上，参議院議員と都道府県知事が満30歳以上である(×)。　**ウ**　永住権のある外国人であろうと，日本国籍《こくせき》がないかぎり選挙権は認められない(×)。　**エ**　国政選挙も地方選挙も，投票日より前に投票する期日前投票の制度が設けられている(○)。　**オ**　外国で暮らす日本人でも，国政選挙で投票できる(○)。**カ**　国政選挙も地方選挙も，当選者に占める女性の割合は男性よりも低い(×)。　**キ**　政党に入っていない人でも，選挙で立候補できる(×)。

問12　国政選挙の比例代表制で採用されているドント式は，各政党の総得票数に応じて議席を配分する方法である。設問文の条件の場合は，計算結果は右の図のようになる。数値の大きい順に議席を割り振ると，総議席数が５なので，Ｃ党の獲得《かくとく》議席は１議席となる。

	政党A	政党B	政党C
得票数	1000	900	700
÷１	①1000	②900	③700
÷２	④500	⑤450	350
÷３	333.3…	300	233.3…

問13　日本国憲法第15条第４項は「すべて選挙における投票の秘密は，これを侵《おか》してはならない」と，秘密投票について定めている。

問14　選挙で投票率が低いと，国民の意思が正確に政治に反映されにくくなる。中でも，若い年齢層の人ほど投票率が低いので，若い人の意見が反映されにくいといえる。また，一部の人の意見で，政治が動いてしまうというおそれもある。選挙は国民が政治に参加できる大切な機会であり，国民全体が等しく公平・公正な行政サービスを受けられるようにするためにも，選挙で意思表示をすることが求められる。

理　科 ＜B入試＞（40分）＜満点：75点＞

解　答

1 **問1** ウ　**問2** ③，光合成　**問3** ア　**問4** エ　**問5** エ　**問6** イ　**問7** （例）水草や石に卵がついており，それが孵化して巻貝中となった。巻貝中と巻貝大が交尾して，巻貝小が生まれた。　**問8** 解説の図を参照のこと。　**問9** （例）**疑問**…4か月以降巻貝の個体数が増えなくなったのはなぜだろう。　**答え**…エサや生活空間の不足から，この環境で生活できる個体数の上限をむかえたから。　**2** **問1** イ　**問2** ウ　**問3** ア　**問4** ウ　**問5** 30　**問6** 焦点　**問7** エ　**問8** （例）水の入ったペットボトル　**問9** （例）白い服は光の反射が多く，夏でもあたたまりにくい。黒い服は光の吸収が多く，吸収した光が熱になるからあたたまりやすい。　**問10** （例）北の地域は南中高度が低いため　**問11** ア　**問12** （例）**問題点**…土地が必要なため，森林を伐採してメガソーラーを作ると，自然が破壊される。　**解決策**…海上にメガソーラーを作る。　**3** **問1** イ　**問2** イ　**問3** ア　**問4** エ　**問5** 30g　**問6** 50g　**問7** エ　**問8** （例）アルカリ性洗剤を手洗いで使うと手が傷ついてしまうから。　**問9** ア　**問10** （例）お湯で汚れを洗う。

解　説

1 熱帯魚と巻貝の飼育についての問題

問1，問2 ボトル内に水草を入れておくと，水草が光を受けて光合成を行い，酸素を放出するので，水に含《ふく》まれている二酸化炭素を減らし，酸素を増やすことができる。

問3 小さな巻貝は，水中のエサの食べ残しや熱帯魚の排泄物《はいせつぶつ》，ボトルの内壁《ないへき》についた藻《も》などを食べるので，ボトル内の水をきれいに保つことができる。

問4 ボトルに入れる熱帯魚を1匹《ぴき》にしても，水に含まれる栄養素が増えることはない。なお，ボトルに入れる熱帯魚を1匹にすると，エサや生活空間の取り合いがなくなるので，育ちやすい。また，熱帯魚が繁殖《はんしょく》することもないので，熱帯魚が増えすぎることを防げる。

問5 ボトルの内壁が汚《よご》れてしまうと，ボトル内の水草にライトの光が十分に当たらなくなり，水草が十分に光合成をすることができなくなる。

問6 ふつう，熱帯魚にはエサの食べ残しが出ないくらいの量をあたえる。エサを決まった量より多くあたえてしまうと，エサの食べ残しが増えていき，水が汚れてしまう。

問7 小さな巻貝は数個から数十個の卵を水草や石などに産み付けるので，はじめにボトル内に入れた水草や石に巻貝の卵がついていたと考えられる。はじめに入れた巻貝は巻貝大であり，はじめに入れた水草や石についていた巻貝の卵が孵化《ふか》して成熟したものが，巻貝中と考えられる。巻貝大と巻貝中が交尾《こうび》して，新たに産まれた卵が孵化して成長したものが巻貝小である。

問８，問９　期間を横軸《じく》，個体数を縦軸として表１の値を●で描《か》き，それらを滑《なめ》らかな曲線でつなぐと右の図のようになる。グラフより，４か月後以降，巻貝の個体数がほとんど増えていないことがわかる。これは，巻貝が約30匹に近づくとエサや生活空間が不足し始めるからで，このボトル内の環境《かんきょう》で生活できる巻貝の個体数は約30匹までだと考えられる。

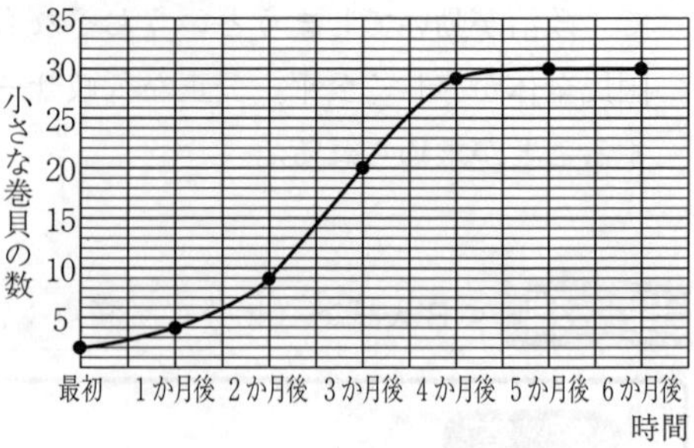

2　光の性質についての問題

問１　光が鏡で反射するとき，光が鏡に当たる点に立てた垂直な線(法線)と入射光がつくる角を入射角，法線と反射光がつくる角を反射角といい，入射角と反射角は等しくなるので，光はイの方向に反射する。

問２　人間の体には，目に見えないほど細かいデコボコがたくさんあるため，体に当たった光は，反射の法則に従っていろいろな方向に反射する。その光がまわりの人の目に入るので，まわりの人はその姿を見ることができる。なお，このような光の反射のしかたを乱反射という。

問３　光の三原色である赤色，緑色，青色の光を重ねると，白色の光に見える。

問４　赤色の光と青色の光を重ねると赤紫《むらさき》色(マゼンタ)に見えるので，これに緑色の光を重ねると白色の光になる。よって，緑色とマゼンタは補色になる。同様に，緑色の光と青色の光を重ねると緑がかった水色(シアン)に見えるので，これに赤色の光を重ねると白色の光になる。また，赤色の光と緑色の光を重ねると黄色に見えるので，これに青色の光を重ねると白色の光になる。

問５　赤道から北極までの長さを10000分の１にした長さが１kmとあることから，赤道から北極までの長さは，１×10000＝１万(km)となるので，地球１周の長さは，１万×４＝４万(km)とわかる。よって，光の速さは毎秒約，４万×7.5＝30万(km)と求められる。

問６　凸《とつ》レンズの軸(光軸)に平行な光を当てると，光が１点に集まる。この点を焦点《しょうてん》という。

問７　凸レンズとしてはたらく水晶《すいしょう》体を通った光によって網膜《もうまく》上につくられる像(実像)は，エのように上下左右が反対向きになる。

問８　水の入ったペットボトルやガラスでできた容器などが，凸レンズのはたらきをして日光を１点に集め，高温になり火事になることがある。

問９　太陽の光が当たったり，太陽の光を吸収したりしたものは温度が上がる。太陽の光が当たったとき，黒い服はすべての色の光を吸収しているから黒く見え，白い服はすべての色の光を反射しているから白く見える。そのため，黒いものはより多くの光を吸収するので，黒い服を着ると暖かくなり，反対に，白いものは吸収する光が少ないので，白い服を着ると涼《すず》しくなるといえる。

問10　太陽光パネルに最も強い光が当たるのは，太陽光が太陽光パネルの面に対して垂直に当たっているとき，つまり，太陽高度と設置角度の和が90度のときである。日本が位置する北半球では，北の地域ほど太陽の南中高度が低くなるので，太陽光パネルの最適な設置角度は大きくなる。

問11　問10で述べたように，太陽高度と設置角度の和が90度のとき，太陽光パネルに最も太陽光が強く当たる。東京都八王子市における太陽の南中高度は，夏至の日(６月22日ごろ)に最も高くなり，冬至の日(12月22日ごろ)に最も低くなる。よって，太陽光パネルの設置角度を，夏至の日には低くし，冬至の日には高くすればよい。

問12　太陽光パネルの設置場所が山間部の場合，森林を伐採《ばっさい》する必要がある。森林が伐採されることによって生態系がくずれたり，土砂くずれが起きやすくなったりするおそれがある。その解決法として，太陽光パネルを海や湖の上に浮《う》かべた発電設備が建設されている。ほかにも，費用面や使い終わったあとの太陽光パネルの処理の問題なども挙げられる。

3　汚れの落とし方についての問題

問１　蒸発は液体が気体になる変化である。汚れに含まれる水分が蒸発すると，汚れが乾《かわ》き，とれにくくなる。

問２　食塩は水に溶《と》けるが，小麦粉は水に溶けにくく，油，泥《どろ》は水に溶けない。

問３　BTB溶液《ようえき》は酸性のときに黄色，中性のときに緑色，アルカリ性のときに青色になる。

問４　水道水に含まれるカルシウムなどの金属による汚れ(水アカ)は，酸性の水溶液に溶けやすい。そのため，クエン酸水溶液はこれらの汚れに対して効果的である。

問５　濃度《のうど》20%のクエン酸水溶液150ｇには，150×0.2＝30(ｇ)のクエン酸が溶けている。

問６　60%クエン酸水溶液を水でうすめて20%クエン酸水溶液にしたいので，水溶液の量が，60÷20＝３(倍)になるようにうすめればよい。よって，必要な60%クエン酸水溶液は，150÷３＝50(ｇ)とわかる。

問７　洗剤《せんざい》が水に溶ける量には限度があるので，洗剤をたくさん入れても，落とすことのできる汚れの量は増えない。また，溶け残った洗剤が，衣服に残ってしまう場合もある。

問８　アルカリ性の水溶液にはタンパク質を溶かすはたらきがあり，手につくと手を傷つけてしまう。よって，このアルカリ性洗剤は，食器洗い機専用とされていると考えられる。

問９　界面活性剤の油にくっつく部分が油汚れにくっつき，界面活性剤の水にくっつく部分は，油汚れの反対側(外側)を向いて水にくっついているはずである。つまり，アのようになって油汚れを浮かせて，水中に分散させている。

問10　水ではなく40℃程度のお湯で洗うと，洗濯物の繊維《せんい》がゆるみ，繊維のすき間に洗剤が溶けた液体が入りやすくなるので，汚れが落ちやすくなる。また，油汚れは温度が高くなるとねばりけが小さくなるので，取り除かれやすくなる。ほかにも，汚れが乾く前にすぐ洗う方法なども考えられる。

国　語　＜Ｂ入試＞（50分）＜満点：100点＞

解　答

一　**問１**　**a**　オ　**b**　イ　**c**　ア　**d**　ウ　**e**　エ　**問２**　ウ　**問３**　(例)　自分とおじいちゃんが，かっこよく走るよりも，香帆に樹おじさんと最後まで走りきってほしかったから。　**問４**　エ　**問５**　Ｄ　**問６**　ア　**問７**　(例)　輝は香帆と香帆のお母さんが二人三脚に出場し，一緒にスタートラインに立ってがんばっている姿を亡くなった香帆のお父さんに見せたかったが，輝のお母さんは，香帆と香帆のお母さん二人だけでがんばらず周りの友達に助けてもらってもいいのだと考えていた。　**問８**　イ　二　**問１**　**a**　ウ　**b**　オ　**c**　イ　**問２**　つまり人び　**問３**　エ　**問４**　ア　**問５**　オ　**問６**　労働　**問７**

（例）　時間に遅れたり仕事の途中で怠けたりすることが許されず，時間を惜しんで仕事に励むことが良いことであるというもの。　**問8**　A　×　B　○　C　×　D　×　E　○
問9　ア　　三　**問1**　下記を参照のこと。　**問2**　⑤　オ　⑥　イ　**問3**　⑦　断言
⑧　一転　**問4**　⑨　エ　⑩　オ

●漢字の書き取り

三　**問1**　①　神社　②　快適　③　意図　④　類(い)

解説

一　**出典：葉山《はやま》エミ『ベランダに手をふって』**。運動会当日，二人三脚《ににんさんきゃく》をいっしょに走るはずのお母さんが現れずに気落ちする香帆《かほ》を，輝《ひかる》（ぼく）は自分のおじさんと走らせる。

問1　a　香帆のお母さんが来ないかと，みんなで周囲を見回してその姿を探す場面なので，“注意してあちらこちらを見る”という意味の「目を配る」が合う。　b　驚《おどろ》くようすを表す言葉が入るので，“驚いて目を大きく見開く”という意味の「目を丸くする」がよい。　c　二人三脚でいっしょに走るはずだった樹《いつき》おじさんを，輝が香帆にゆずったのを見ていた輝のおじいちゃんは，自分の出番だと感じ取ったと思われる。「きらん」は，この場合，目が光っているようすを表す。よって，“注意深くものごとを見る”という意味を表す「目を光らせる」がふさわしい。
d　赤いコーンの目印を見て，残り五十メートルの地点まで来たことを輝は知ったのだから，“視野に入る”という意味の「目に入る」が最も近い。「目に飛び込《こ》む」も似た意味だが，「目に飛び込んだ」となり，「た」には続かない。　e　水色のシャツを着た人を見て，お母さんだと輝がわかった場面なので，“視界に入って思わずそちらを見てしまう”という意味を表す「目に飛び込む」がよい。

問2　香帆は，お母さんと二人三脚に参加することに「強い想《おも》い」を持っていた。そんな中，なかなかお母さんが来ないので不安だった香帆は，「母親が同じ病院で働いている祐希《ゆうき》」から「午後からぬけ出せるわけない」と言われて，お母さんに対する怒《いか》りを目に表していた。よって，ウが選べる。

問3　「昨年おじいちゃんと二人三脚に出場し，散々な結果だった」輝は当初，樹おじさんと出場する予定だった。だが，香帆が，お母さんが来ないので出場しないと言うのを聞いて，輝は，香帆に樹おじさんをゆずる。自分たちがかっこよく走ることよりも，輝にとっては，香帆が樹おじさんと最後までちゃんと走り切ってくれることのほうがだいじだったのである。

問4　この後，香帆は，「うれしくて涙が出るの。みんなが……心配してくれて，やさしいから」と言っている。香帆は，二人三脚の直前になってもお母さんが来ないので不安だったが，輝が本来自分といっしょに走るはずだったおじさんをゆずってくれて，競技に参加できた。出場できないかもしれない自分を心配してくれる友人たちの優《やさ》しさにふれ，香帆は，うれしさで胸がいっぱいになったのだから，エがあてはまる。

問5　【D】の直前には，輝がお母さんと並んで歩きながら，二人の影《かげ》を目で追う場面がある。長いほうの影がお母さんで，「お母さんを追いこすのは，まだ当分，先かもしれない」と輝は思っている。よって，自分は「まだ子供なんだ」と実感するというもどす文が続くのに，【D】がふさわしい。

問６　これより前で，輝はお母さんに，「お父さんに見せたいって，言ってたんだ。お母さんといっしょに走ってるとこ」と香帆のことを話している。香帆がお母さんといっしょにがんばって二人三脚を走っているところを亡《な》くなったお父さんに見せたいと考え，それを実現する日を「再出発の日」としていると，輝は理解していた。よって，アがよい。

問７　輝の考えは，ぼう線部⑴から⑵までの間に書かれている。香帆と香帆のお母さんがいっしょに二人三脚に出場し，二人でスタートラインに立ってがんばる姿を亡くなった香帆のお父さんに見せたかったと，輝は言っている。それに対して輝のお母さんは，香帆と香帆のお母さんの「二人だけでがんばらなくてもいい～まわりの人に助けてもらっていい」と考えている。

問８　本文は登場人物である輝の視点から書かれているので，「客観的に見る視点から書かれている」とあるイが選べる。

二　**出典：角山《つのやま》 栄《さかえ》『シンデレラの時計』（一部改変）。**機械時計が出現すると，自然の時間とリズムにそった人々の生活は人工の時間にしたがった生活となり，仕事も賃労働へと変化したと述べられている。

問１　**a**　広くいきわたること。　**b**　社会の規則や慣習にそむいた者に罰《ばつ》やこらしめをあたえること。　**c**　お金や物をむだづかいしないようにし，出費をできるだけ切りつめること。

問２　五段落後に，「機械時計の出現と普及《ふきゅう》」によって「人びとの暮らし」がかわったことについて，「人びとの暮らしが，自然の時間とリズムにそった暮らしから，機械時計のつくる人工の時間にしたがった暮らしにかわってゆく」と具体的に書かれている。

問３　「職人気質《かたぎ》」とは，直前の文にあるように，「時間のことは気にせずに，自分でまんぞくできるまで良い作品づくりに精魂《せいこん》をかたむける」働き方のことを指す。よって，納得《なっとく》のいくプレゼンテーションをつくりあげるため，時間を忘れて準備に熱中したというエが選べる。

問４　「時が金」という現実がつくられていったのは，「機械時計の出現と普及」により，仕事の目的が「良い作品をつくること」から「時間労働によってえられる～賃金をかせぐこと」にかわったからである。「人びとの暮らしが，自然の時間とリズムにそった暮らしから，機械時計のつくる人工の時間にしたがった暮らしにかわってゆく」ことにともない，仕事をする時間がお金に換算《かんさん》されるようになったのである。よって，アが合う。

問５　二段落後に「神の時間というのは自然的時間のこと」だとある。ぼう線部④の直前の文にも，神は「太陽と月と星をつくった」とあるが，そうした天体の動きによって区切られる昼や夜，四季などの自然のサイクルにしたがった生活が「神の時間」にしたがった生活といえるので，オがふさわしい。

問６　人工の時間の成立以降，仕事は一時間に対していくらという賃金をかせぐ「賃労働」となった。このような「賃労働」で生活し，「毎日かせぐ賃金に生活がかかっていた」人たちは「労働」者とよばれる。

問７　ぼう線部⑤は，約束の時間におくれたら厳しい罰を課されるという「シンデレラと魔法《まほう》つかいとの時間の約束」の社会的背景のことなので，人工の時間の成立以降の，時間がお金に換算される考え方を説明すればよい。すなわち，それは，時間におくれたり仕事の途中《とちゅう》で怠《なま》けたりすることは許されず，時間を惜《お》しんで仕事にはげむことが良いこととされる「社会的背景」である。

問８　**A**　機械時計が発明されて資本主義がうまれたあと，仕事に対して不真面目な人は減ったとは述べられていない。　**B**　「人工の時間」が成立し，仕事が「賃労働」へかわっていったころから，時間をむだづかいせずに仕事にはげむようにと説くリチャード・バクスターの考え方が現れたと書かれているので，合う。　**C**　現代では，時代を超《こ》える芸術作品がうまれる可能性はなくなったとまでは書かれていない。　**D**　日本では不定時法を長く使用していたという内容は書かれていない。　**E**　キリスト教では「太陽と月と星」は神がつくったとされているため，天文学を利用してつくった暦《こよみ》は「神の時間」を表し，作物の育成，収穫《しゅうかく》に関する情報も「暦からえた」と書かれているので，合う。

問９　本文では，「自然の時間とリズムにそった暮らし」が，「機械時計の出現と普及」により「人工の時間にしたがった暮らし」にかわり，仕事も「時間にしばられた賃労働」にかわったと書かれている。時間にしばられず，「あくまでも良い作品をつくること」が仕事の目的で，「自然の時間」にそった豊かな暮らしが実現していた時代の良さを筆者は評価していると考えられるので，アが選べる。

三　漢字の書き取り，ことわざの意味と用法，漢字のパズル，言葉の性質

問１　①　神道《しんとう》の神をまつり，参拝のための施設《しせつ》があるところのこと。　②　不快な感じがなく，気持ちがいいようす。　③　ねらい。もくろみ。　④　音読みは「ルイ」で，「類型」などの熟語がある。

問２　⑤　いい方法を思いついたタイミングをのがさず，さっそくその方法を生かそうと言っているのだから，“よいことはすぐに実行すべきだ”という意味の「善は急げ」が入る。　⑥　たくさんの本があるという恵《めぐ》まれた環境《かんきょう》を利用しないことをたとえるのにふさわしいのは，すぐれたものや役立つものがありながら，それを使わずにいることをいう「宝の持ち腐《ぐさ》れ」になる。

問３　⑦　上のパズルは，「言」を入れると，上から時計まわりに「宣言」「言動」「言論」「助言」という熟語ができる。「宣言」は，考えや意見をはっきりと人々に向かって知らせること。「言動」は，言葉と行い。「言論」は，意見を述べたり文章にしたりして発表すること。「助言」は，助けになるような意見や言葉のこと。下のパズルは，「断」を入れると，上から時計まわりに「判断」「断《だん》髪《ぱつ》」「断然」「油断」という熟語ができる。「判断」は，良いか悪いかなどを考えて決めること。「断髪」は，かみの毛を短く切ること。「断然」は，きっぱりと何かを行うようす。「油断」は，気をゆるめること。空らん部の漢字から，はっきりと言い切ることをいう「断言」という熟語がつくれる。　⑧　上のパズルは，「転」を入れると，上から時計まわりに「横転」「転落」「転倒《てんとう》」「回転」という熟語ができる。「横転」は，横にたおれて転がること。「転落」は，転がり落ちること。「転倒」は，ひっくり返ること。「回転」は，くるりと回ること。下のパズルは，「一」を入れると，上から時計まわりに「第一」「一覧」「一面」「統一」という熟語ができる。「第一」は，一番はじめのこと。「一覧」は，一とおり目を通すこと。「一面」は，そのあたり全部のこと。「統一」は，多くのものを一つにまとめ上げること。空らん部の漢字から，すっかり変わることをいう「一転」という熟語がつくれる。

問４　⑨　アの「おっしゃる」は「言う」の，イの「ご存じ」は「知っている」の，ウの「いらっしゃる」は「来る」の，オの「召《め》し上がる」は「食べる」の，それぞれ尊敬語である。エの「うかがう」は“そっとようすを見る”という意味の動詞で，敬語ではない。　⑩　ア～エは，それぞれ「明るい」「優しい」「幼い」「冷たい」という形容詞の連体形だが，オは「ゆかいだ」という形

容動詞の語幹である。

2024年度 公文国際学園中等部

【適性検査】〈帰国生入試〉（50分）〈満点：100点〉

《注意》句読点や記号も一字に数えなさい。

1 次の文章と図や表から考えて、あとの問いに答えなさい。

いま世界は、脱《だつ》炭素社会の実現を目指しています。その流れのなかで、「電気」は理想的なエネルギーであると言われています。しかし、私たちの生活は電気に頼《たよ》りすぎていないでしょうか。たとえば、停電などのように何かの理由で電気を使用できなくなった場合、私たちの生活はどうなるでしょうか。次の会話を見てください。

先　生：電気は私たちの生活になくてはならないエネルギーです。もしも電気がなかったら、どうなるでしょうか。想像してみましょう。

アオイ：はい、先生。夏に電気が使えないと、［　A　］と思います。

先　生：そうですね。ただちに命の危険が生じるかもしれません。

アカリ：先生、私の母は以前、一年で一番電気を使う月を調べたことがあるのですが、夏よりはむしろ冬の方がだんぜん電気使用量が増えて電気代も高くなると言っていました。

先　生：たしかに図1を見ると、一番電気代が高くなるのは【 X 】月になるね。しかも、夏はどちらかというとそんなに電気代は高くないね。

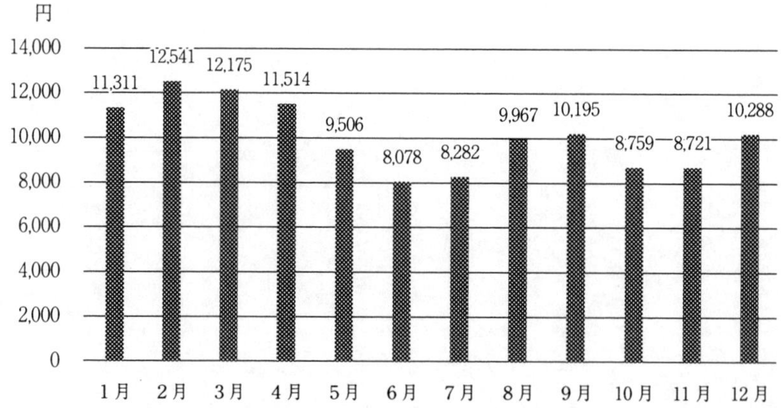

図1　1世帯あたりの電気代（2017年）

出典：総務省統計より作成

ハクト：その理由については［　B　］ということらしいです。

先　生：そうか、そういうことなんだね。他には、電気が使えなくなるとどんなことが起こると考えられるかな。

ミドリ：オール電化の家で暮らしている人たちは、まったく生活が成り立たなくなると思います。

先　生：なるほど。たしかにそれは、どの季節でも起こりそうな問題だね。ところで、電気はどのようにつくられているか、知っているかな。ちょっと図２を見てごらん。

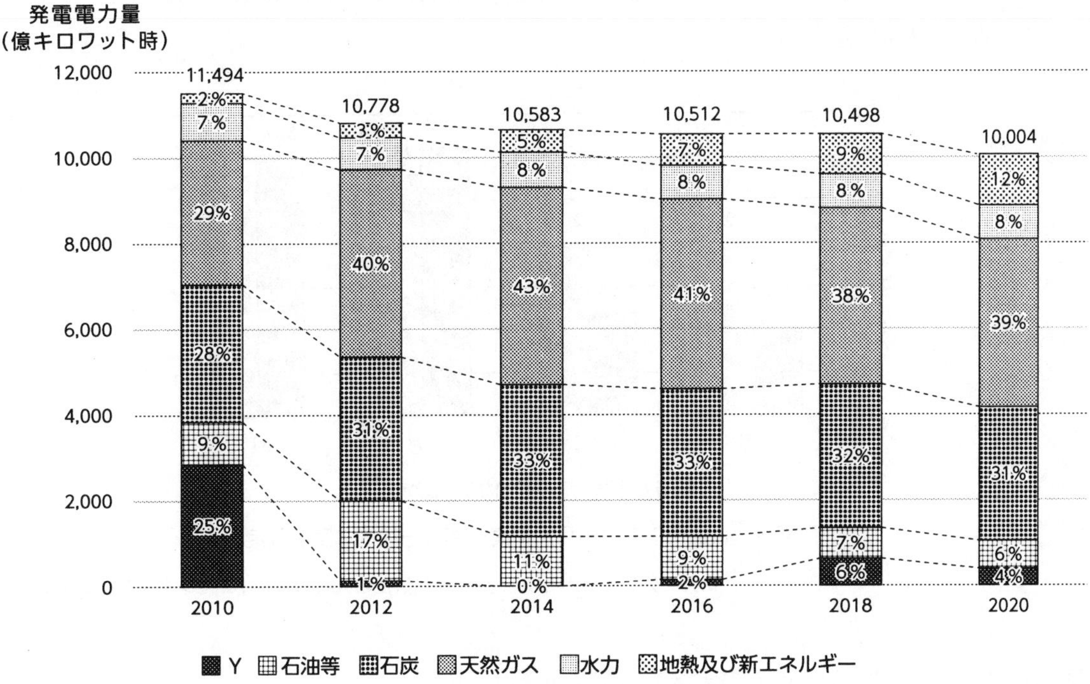

図２　電源別発電電力量の推移

出典：資源エネルギー庁『エネルギー白書 2023』より作成

アオイ：先生、図２中の【 Y 】発電は 2012 年以降、極端《きょくたん》に減っているけど、どうしてですか？

先　生：それは 2011 年に［　C　］大震災《しんさい》が起こったからだよ。

ミドリ：それに対して、図２中の地熱および新エネルギーは、2012 年以降だんだんと割合を増やしていますね。

先　生：いいところに気が付いたね！二酸化炭素を出さない発電方法は水力発電のように昔からあったんだけど、最近特に再生可能エネルギーと呼ばれる地熱、太陽光、太陽熱、［　D　］などの発電方法が注目されているんだよ。これらは自然の力を利用したエネルギーであるという特徴《とくちょう》があるんだ。

アカリ：聞いたことがあります。いま、二酸化炭素などが原因で地球温暖化が問題になっています。

先　生：そうだね。電気以外にもクリーンなエネルギーとして、水素が注目されているよ。

問1　空欄《らん》 A に入れるのに最も適切な内容を、前後の会話を参考にして答えなさい。

問2　【　X　】について、以下の問いに答えなさい。

(1)　【　X　】に入る数字を答えなさい。

(2)　最も電気代が高い月と、最も電気代が低い月の差額を求めなさい。

問3　 B に入る理由を、図3を参考にしながら答えなさい。ただし、「最高気温」「室温」「差」のすべての語を必ず用いること。

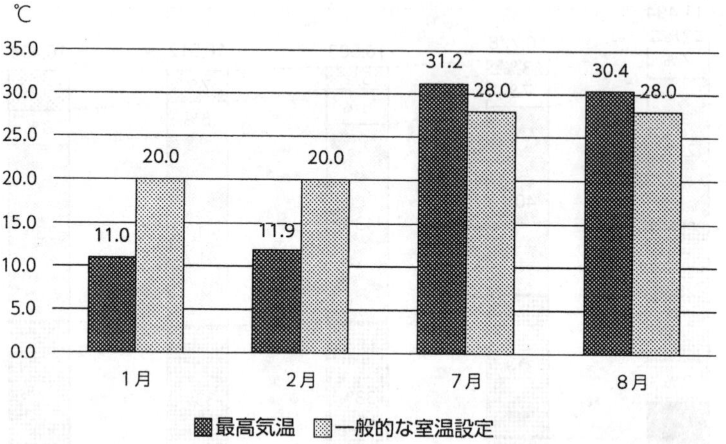

図3　横浜市における月別最高気温と一般《ぱん》的な室温設定

出典：気象庁HP（2017年）、一般財団法人省エネルギーセンターHPより作成

問4　図2について、以下の問いに答えなさい。

(1)　図2中の【 Y 】にあてはまる語を解答欄にあてはまる形で、漢字で答えなさい。

(2)　2014年の天然ガスによる発電の割合を答えなさい。

(3)　2016年の石炭による年間発電電力量は何億キロワット時ですか。小数第一位を四捨五入して整数で答えなさい。

問5　空欄 C に入る語を漢字で答えなさい。

問6　空欄 D に入るものを一つ答えなさい。ただし、あてはまるものはいくつかある。その中から自分の知っているものを挙げること。

以下は、会話文最後の下線部「水素」についての問題である。水素は燃やしても二酸化炭素や大気汚染《おせん》物質などを出さないクリーンなエネルギーとして知られている。

問7　化石燃料を燃やすと二酸化炭素（CO_2）が出るが、水素を燃やしても二酸化炭素が出ない理由を化学反応から考えてみよう。化学反応とは、物質の種類が変化して別の物質ができる変化のことだが、別の言い方をすると「原子の組み合わせが変わること」である。次の図は、あらゆる物質のもとになっている原子のうち、炭素（C）、酸素（O）、水素（H）を表したモデルである。物質ができるとき、それぞれの原子は、つき出ている棒と棒を過不足なく使ってつながるものとする。

(1)　化石燃料の一つであるメタンが燃えるときと、水素が燃えるときの様子を、このモデルを使って表したとき、わく内にあてはまる図を、原子のモデルを使って描《か》きなさい。

①　メタンが燃えるとき

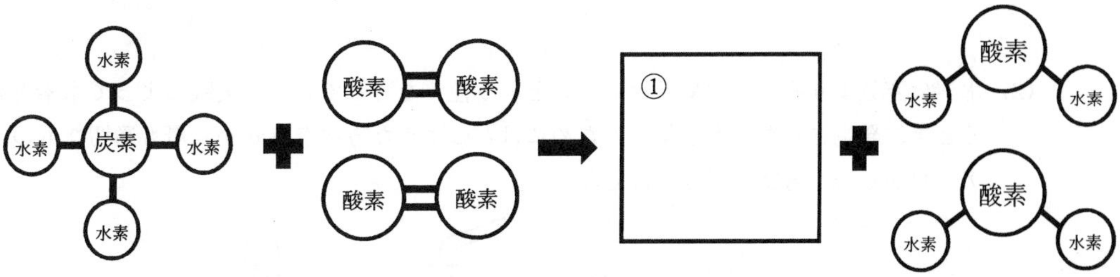

②　水素が燃えるとき

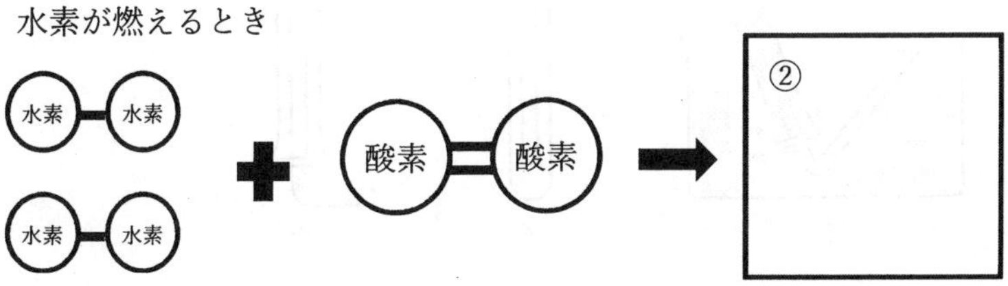

(2)　次の表は、水素が燃えて空気中の酸素と結びついて別の物質ができるときの、それぞれの物質の重さを表している。規則性（関係性）を見出して、空欄【 E 】～【 G 】にあてはまる数値を答えなさい。

燃やす水素の重さ（g）	1	2	3	4	・・・	【 G 】
結びつく酸素の重さ（g）	【 E 】	16	24	32	・・・	80
できるものの重さ（g）	9	18	27	【 F 】	・・・	90

問8　水素は(i)非常に軽い気体のため、空気中にはほとんど存在しない。そのため、水素をふくむ物質から製造しなければならない。現在、実際に行われている主な製造方法は次の表1の通りである。

表1　水素の製造方法

	原料・製造方法・特徴など
a	石炭や天然ガスを高温・高圧下で水蒸気と反応させる。すでに広く実用化されている。安定的に大規模な製造が可能。
b	石油化学工場や製鉄所で、化学製品や鉄を製造する過程で生じる水素を回収する。純度の高い水素が得られる。
c	水に電気を流して水素と酸素に分解する。
d	あまった木材や家畜《かちく》のふん、食品廃棄《はいき》物など、生物に由来する原料から製造する。製造過程で二酸化炭素が出るが、元々植物が光合成によって吸収したものなので、出る量はゼロとみなすことができる。

出典：今村雅人『最新 水素エネルギーの仕組みと動向がよ〜くわかる本』より作成

(1)　問題文の下線部(i)について、空気1Lの重さは約1.3gなのに対して水素1Lの重さは約0.09gである。空気の重さは水素の重さの何倍か。小数第一位を四捨五入して整数で答えなさい。

(2)　水素は空気より軽く、水にとけにくいという性質をもっている。実験によって水素を発生させるとき、発生させた水素を集めるためにはどのような方法が有効か。最も適切なものを図4のア〜ウから一つ選び、記号で答えなさい。

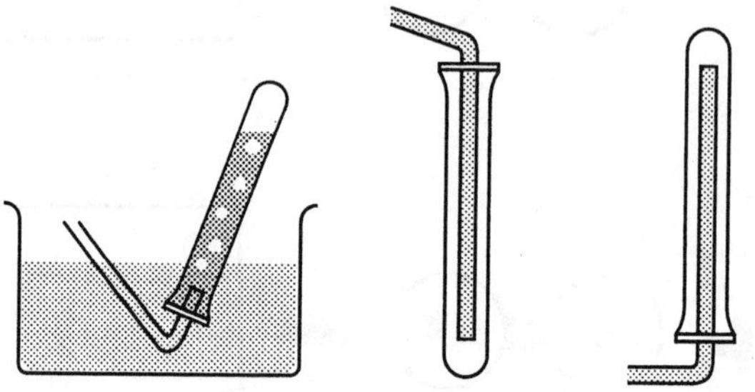

ア　　イ　　ウ

図4　気体の集め方

(3)　水素を製造するには、どの方法にも欠点がある。表1のa〜dの製造方法における欠点として適切なものを次のア〜エからそれぞれ選び、記号で答えなさい。

ア　製造時に電気が必要なので、発電方法によっては二酸化炭素が発生することもある。

イ　化石燃料を燃やすので、製造時に二酸化炭素が発生する。

ウ　水素は本来の目的物ではないので、製造される量が限られている。

エ　原料を工場に運ぶためにコストがかかる。原料の種類が多いので、効率的に製造できない。

問9　日本のようにエネルギー資源が乏《とぼ》しい国では、自国で生産できるエネルギーが求められている。そのため、いくつかの土地ではその土地でつくった水素を街全体にパイプラインでめぐらせて、家庭や工場、自動車などのエネルギー源として利用しようとする取り組みが始まっている。ある地域でつくったものをその地域内で使うことを、「□産□消」という。□に共通してあてはまる漢字一文字を補って四字熟語を完成させなさい。

問10　環境《かんきょう》にやさしいクリーンな乗り物として開発が進んでいる燃料電池自動車は、走行中に空気を取りこみながら水素を燃やし、燃料電池でつくられた電気でモーターを回しながら走る。図５はその仕組みを示した模式図である。図５中の①～③の矢印は、次のア～エのどれを表したものか。それぞれ適切なものを選び記号で答えなさい。

ア　水　　　イ　二酸化炭素　　　ウ　電気　　　エ　酸素

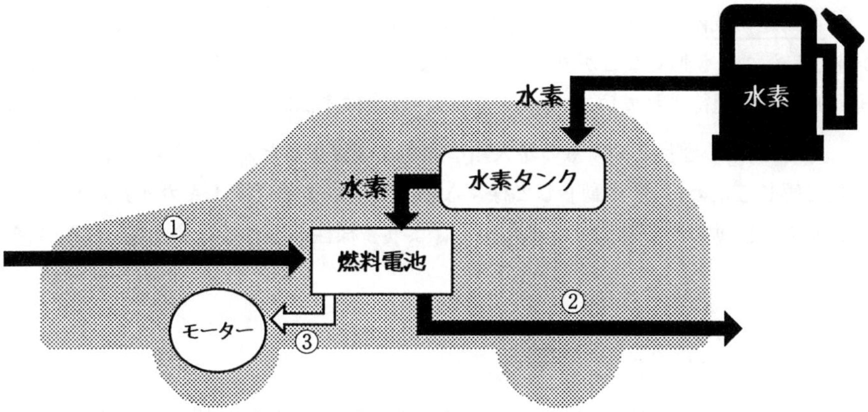

図５　燃料電池自動車の仕組み

2　次の文章を読み、あとの問いに答えなさい。

人類の歴史は、①移動の歴史とも言える一面があります。②自動車の発明は、20 世紀の初めに交通手段を［　A　］的に変えました。自動車は遠距離《きょり》の移動を容易にし、人々の生活を便利にしたのです。他方、日常的に使う自動車は、③利用者の増加による問題が次第に深刻化していることも事実です。

同じく 20 世紀初頭には、アメリカのライト兄弟によって④飛行機が発明され、人類は初めて空を飛ぶことができるようになりました。1950 年代に入るとジェット旅客機が導入され、より遠距離《えんきょり》への移動が実現するようになりました。2000 年代に入ると、LCC（ローコストキャリア）が登場し、航空券がより手頃《てごろ》な【x：カカク】になったことで、（　a　）、観光やビジネスなどで飛行機の利用が増えました。

（　b　）、⑤ドローンの登場によって移動の概《がい》念は新たな段階に突《とつ》入しました。ドローンは無人飛行機のようなもので、リモコンやプログラムによって【y：ソウサ】できます。はじめは軍事用に開発されましたが、現在では様々な用途《と》が考えられています。これによって、新たな可能性が広がりました。

さらに、⑥自動運転技術も大きな進化を遂《と》げています。車はセンサーやカメラ、人工知能を［　B　］して、人間が運転しなくても動くことができるようになりました。この技術によって、交通事故の減少や運転手の負担軽減などが期待されています。（　c　）、安全性や法的な問題も解決する必要があります。

（　d　）、移動技術の進歩というものが人類に大きな影響をあたえてきたのです。公文国際学園でもホンモノを見て感じるために、「移動」して様々な場所で体験する【z：キカイ】がたくさんあります。私たちはこれからも移動の歴史を切り開きながら、より多様性あふれる社会を創っていくことが求められているのです。

問1 空欄［　A　］に入る語として適切なものを次のア～オから一つ選び、記号で答えなさい。

ア　一方　　イ　根本　　ウ　初歩　　エ　自動　　オ　表面

問2 空欄［　B　］に入る語として適切なものを次のア～エから一つ選び、記号で答えなさい。

ア　変化　　イ　発揮《き》　　ウ　増加　　エ　駆《く》使

問3 本文中の【x】【y】【z】の語を漢字にしたときに、下線部と同じものを次のア～エからそれぞれ一つ選び、記号で答えなさい。

x：カカク　　ア　企画　　イ　合格　　ウ　確実　　エ　三角

y：ソウサ　　ア　早い　　イ　左手　　ウ　作る　　エ　砂場

z：キカイ　　ア　食器　　イ　学期　　ウ　奇数　　エ　重機

問4 (a)～(d)に入る語の組み合わせとして最も適切なものを次のア～エから一つ選び、記号で答えなさい。

ア a たしかに － b そして － c ただし － d また

イ a たしかに － b また － c そして － d つまり

ウ a たとえば － b また － c ただし － d つまり

エ a たとえば － b そして － c また － d ただし

問5 移動手段の進歩によって、どれだけ移動時間は短くなっただろうか。以下の問いに答えなさい。

(1) 時速4km で36分歩く距離を、秒速10mの自転車で走った場合、かかる時間は何分か答えなさい。

(2) 東京から大阪まで徒歩で移動すると約5日間かかる。徒歩以外の移動手段を用いて、東京から大阪まで移動するのに約6時間かかったとき、使用した移動手段として最も適切なものを次のア～エの中から一つ選び、記号で答えなさい。また、そのように考えた理由を説明しなさい。ただし、移動時間のみで考え、休憩《けい》時間や待ち時間などは含《ふく》まないことにする。

ア 自転車　　イ 自動車　　ウ 新幹線　　エ 飛行機

問6 下線部①について、移動の歴史について述べた次のア～エを時代の古い順に並べかえて、記号で答えなさい。

ア 蒸気が交通手段に革命をもたらした。蒸気機関車が鉄道の発展を進めて、長距離の旅行や物資の輸送を大幅《おおはば》に効率化した。蒸気船も海上交通を変革し、より遠くまでの航海を可能にした。

イ 電気自動車や再生可能エネルギーの利用が促進《そくしん》され、持続可能な移動手段が生み出された。デジタル技術の発展により、そもそも移動が必要ない人も増加した。

ウ 馬やらくだなどを用いて、重い負荷を運んだり長距離を移動したりした。馬車や戦車などもこの時期に発明され、人々の移動手段を大きく向上させた。

エ ガソリンなどを利用するエンジンが発明され、交通手段に新たな進化をもたらした。自動車の普及《ふきゅう》が急速に進み、個人の移動がより自由で簡単になった。

問7 下線部②について、以下の表2のA～Dはアメリカ、インド、中国、日本いずれかの自動車保有台数と、乗用車1台当たりの人口、2022年・2030年（推計）の人口を示したものである。

表2　自動車保有台数と人口

	自動車保有台数（万台）	乗用車1台当たり人口（人／台）	2022年人口（万人）	2030年推計人口（万人）
A	28,904	2.8	33,700	35,600
B	27,339	6.3	142,600	141,600
C	7,846	2.0	【X】	11,700
D	6,853	36.4	141,200	152,800

出典：人口に関する統計は国際連合資料・自動車に関する統計は日本自動車工業会資料（2020）より作成

（1） Cの国では保有している自動車の75%が乗用車であるとする。Cの国の人口を概算《がいさん》し、【X】にあてはまる最も適切な数を次のア～エから一つ選び、記号で答えなさい。

ア　6,000（万人）　　イ　12,000（万人）　　ウ　24,000（万人）　　エ　48,000（万人）

（2） 2023年、DはBを抜いて人口が世界一となった。将来的に多くの自動車販売が期待されるDの国名を答えなさい。

問8 自動車の普及によって変わったこととして、**誤っているもの**を次のア～エから一つ選び、記号で答えなさい。

ア　自動車社会が発展した影響で、東京都心部を中心に鉄道の利用客数は減少し続けている。

イ　物流が発展しオンラインショッピングが容易になったが、運送業者の長時間労働の問題がある。

ウ　郊外《こうがい》に大型ショッピングセンターが建ち、駐車場《ちゅうしゃじょう》の少ない駅前の商店街が衰《すい》退した。

エ　時間や場所に制限されず移動が自由になったが、交通渋滞《じゅうたい》や排気《はいき》ガスによる大気汚染の問題が生じている。

問9 下線部③について、都心部に入ってくる自動車の数を減らすために適切な方法として**誤っているもの**を次のア～エから一つ選び、記号で答えなさい。

ア　公共交通機関の運賃を値下げする。

イ　郊外の駅前に無料の駐車場を設置する。

ウ　オンライン会議やリモートワークを推進する。

エ　都心部の駐車場の料金を値下げする。

問10 下線部④について、以下の表 3 のア～エはそれぞれ自動車、飛行機、鉄道、船のいずれかである。飛行機にあてはまるものをア～エから一つ選び、記号で答えなさい。

表３　各移動手段の特徴

	時間の正確さ	輸送は速いか	目的地に直接行ける	大量に運べるか
ア	○	◎	×	△
イ	◎	○	△	◎
ウ	×	△	◎	△
エ	△	×	×	◎

◎：非常に優れている　○：優れている　△：もう一歩　×：劣《おと》っている

出典：天野光三「運輸と経済」などにより作成

問11 下線部⑤について、次の地図を見て以下の問いに答えなさい。

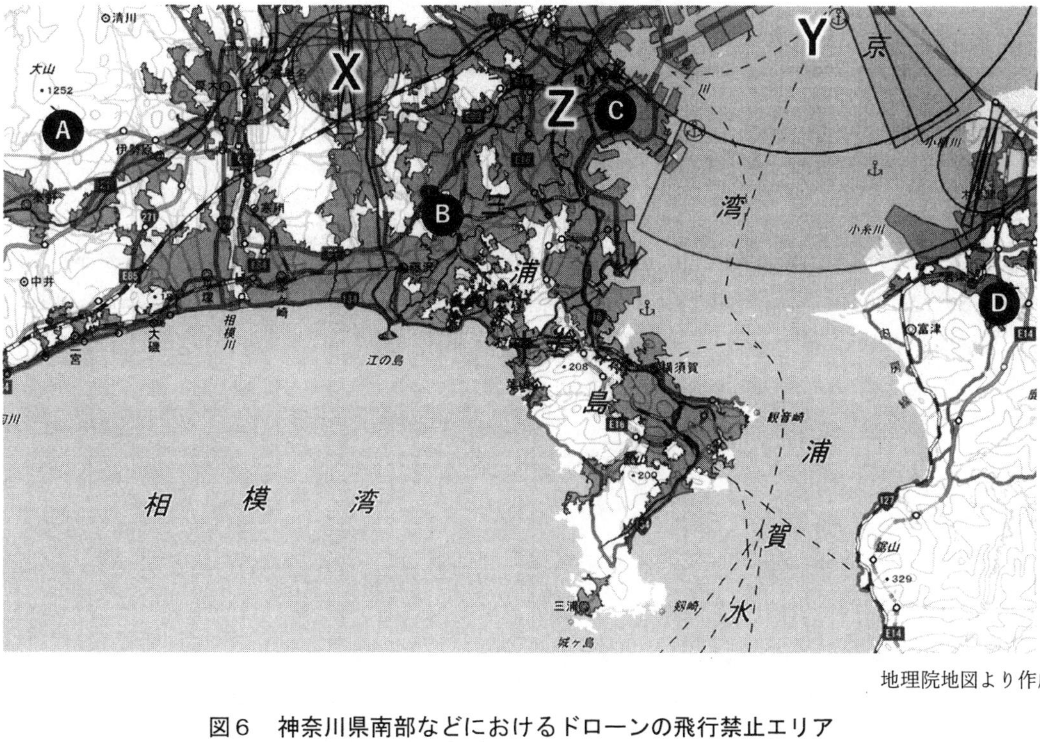

地理院地図より作成

図６　神奈川県南部などにおけるドローンの飛行禁止エリア

(1) 公文国際学園の位置として適切なものを図６中の A～D の中から一つ選び、記号で答えなさい。

(2) 地図中のXの円、Yの円（一部）、Zの濃い灰色の部分すべてはドローンの飛行禁止エリアを示している。X・Y・Zの適切な組み合わせを次のア〜エから一つ選び、記号で答えなさい。

	Xの円	Yの円（一部）	Zの濃い灰色の部分すべて
ア	厚木飛行場	羽田空港	人口集中地区
イ	羽田空港	厚木飛行場	人口集中地区
ウ	厚木飛行場	羽田空港	人口分散地区
エ	羽田空港	厚木飛行場	人口分散地区

問12 東アフリカのルワンダ共和国では、輸血パックをドローンで運ぶサービスが開始している。その背景には、十分に舗装《ほそう》された道路ばかりではないことや、政府がＩＴによる経済成長を目指していることが挙げられる。結果として、約120分かかっていた血液の輸送が約15分で可能になった。日本においてドローンを活用するとしたらどんな方法が考えられるか。40〜60字で答えなさい。ただし、以下の条件３つを満たすものとする。

【条件1】一度に運べる重さは約5kgまでとする。

【条件2】一度に最大約160km・90分間飛行可能とする。

【条件3】飛行禁止エリアは飛ぶことができない。

問13 下線部⑥について、将来的に自動運転技術が一般化される未来が実現すると、人件費がかからなくなる分だけ移動コスト（費用）が安くなる可能性がある。移動コストが下がったとしたら、社会や生活はどのように変わるだろうか。具体例を最低２つ挙げながら60字以上80字以下で答えなさい。

【英　語】〈帰国生入試〉(50分)〈満点：100点〉

1 次の(1)～(15)の英文の(　　)に入れるのにもっとも適切なものを1～4の中から1つずつ選び、その番号を書きなさい。

(1) The old cat spends most of his time (　　) on the sofa.

1 being lain　　2 laying　　3 lying　　4 lied

(2) I've known him for years, so I am sure that he would be the (　　) person to do such terrible things.

1 mostly　　2 lasting　　3 most　　4 last

(3) She asked me how long they (　　) engaged before they decided not to get married.

1 had been　　2 have　　3 have been　　4 are

(4) Bob was (　　) to join the event at first, but he soon found that it was really fun.

1 pleasant　　2 reluctant　　3 possible　　4 wished

(5) Education and learning opportunities (　　) individuals to acquire new skills and knowledge.

1 prevent　　2 let　　3 enable　　4 make

(6) The family has no house (　　).

1 where they live in
2 which they live
3 to live in
4 to live

(7) A: Where do you want to eat out tonight, Mike?
B: Anywhere is fine. But please (　　) quickly. I haven't eaten since breakfast.

1 hurry　　2 decide　　3 pay　　4 cook

(8) Mari goes to her local library after school on Mondays, Wednesdays, and Fridays. It is very quiet there, so she can concentrate (　　) her homework.

1 on doing　　2 at doing　　3 in doing　　4 to doing

(9) Every year, Ben and Jack pick blueberries and oranges with their grandfather, and then they make delicious jam together. They have been continuing this (　　) since Ben and Jack were young boys.

1 tradition　　2 job　　3 farming　　4 volunteer work

(10) A: Wow! I like your new hat, Sarah. It suits you.
B: Thanks. I might buy (　　) one and give it to my sister for her birthday.

1 either　　2 neither　　3 other　　4 another

(11) On the (　　) the beach, Chris and Leah stopped by at the bakery to buy some pies and cakes for lunch. They sat on the warm sand and ate them.

1 front of　　2 place at　　3 behind　　4 way to

(12) Experts typically recommend (　　) your bedroom thermostat to around 65°F (a little over 18°C) for optimal sleeping conditions.

1 set　　2 setting　　3 being set　　4 to setting

(13) Last year, Olympian Kara Goucher was diagnosed with dystonia, a neurological movement disorder, so she (　　) trains competitively for races.

1 still often　　2 changes　　3 no longer　　4 steals

(14) A: I hear Yoshio works as an engineer for Orange Computers. Do you think he could fix my laptop computer? I can't get it work right.
B: I'm sure he can help you out. He knows all kinds of computers (　　).

1 vice versa　　2 to peaces　　3 upside down　　4 inside out

(15) Grammar consists of structural rules and the arrangement of words and phrases (　　) sentence structure and formation.

1 governing　　2 separating　　3 imagining　　4 concepting

2 次の日本語の意味を表すように英文(16)～(20)において、それぞれ下の 1～5 の語句を並べかえて空所を補(おぎな)い、もっとも適切な文を完成させなさい。解答はそれぞれの文の(a)と(b)に入れるものの番号のみを解答用紙の決められた欄(らん)に書きなさい。

(16) 彼はどんどん歩き続けたが、奥に進めば進むほど森は深くなっていった。
He walked on and on, but the farther he went, ______ __(a)__ ______ __(b)__ ______ .

1 woods　　2 denser　　3 became　　4 the　　5 the

(17) エマは裕福な家柄(いえがら)の出身だ。彼女は、貧しいということがどのようなものか想像できない。
Emma comes from a wealthy family. She can't imagine ______ __(a)__ ______ __(b)__ ______ poor.

1 it is　　2 to　　3 what　　4 be　　5 like

(18) ジェインはその帽子が気にいらなかった。その帽子をかぶると実際よりも年老いて見えると彼女は信じていた。
Jane didn't like the hat. She believed it ______ __(a)__ ______ __(b)__ ______ .

1 really was　　2 older　　3 made　　4 than she　　5 her look

(19) 綿の生地は着た時にしわになりにくく、絹ほど傷つきやすくありません。
Cotton fabric neither wrinkles easily when worn, __(a)__ ______ __(b)__ ______ ______ as silk.

1 delicate　　2 it　　3 nor　　4 as　　5 is

(20) コンピュータは、電話と電球に劣(おと)らず重要な発明となることは疑いありません。
The computer is unquestionably going to be ______ __(a)__ ______ __(b)__ ______ than the telephone and the light bulb.

1 invention　　2 no　　3 an　　4 important　　5 less

3 次の英文を読み、後の問題に答えなさい。(21)～(24)は質問に対する解答としてもっとも適切なものを1～4の中から1つずつ選び、その番号を書きなさい。(25)は英語で書きなさい。

Blue Whales

Blue whales are the largest animals to have ever existed on Earth. They have a distinct feeding habit of consuming krill by filtering large volumes of water through their baleen plates. Some individuals can consume up to 6 tons of krill daily. Currently, there are five recognized subspecies of blue whales, and they inhabit all oceans except the Arctic.

Blue whales have a distinctive appearance with a long and slender body. Their blue-gray coloration appears lighter underwater, giving them their name. The mottling patterns on their skin can be used to identify individual whales. Antarctic blue whales are generally larger than other subspecies, reaching lengths of up to 110 feet and weighing over 330,000 pounds. Female blue whales tend to be larger than males, which is a common trait among baleen whales.

Blue whales are often solitary or found in pairs, although they may occasionally swim in small groups. During summers, they feed in polar waters and migrate towards equatorial regions as winter approaches. Their average swimming speed while feeding and traveling is about 5 miles per hour, but they can reach speeds of over 20 miles per hour for short bursts. Blue whales are known for their vocalizations, emitting a variety of sounds that can travel long distances and potentially serve communication and navigation purposes.

Krill forms the primary diet of blue whales, but they may also consume fish and copepods. To feed, blue whales filter large schools of krill by opening their mouths and using their baleen plates to trap the krill while expelling water. The distribution of blue whales is influenced by food availability, and they can be found in various locations worldwide.

In the North Atlantic Ocean, blue whales range from subtropical regions to the Greenland Sea. Sightings have been reported off eastern Canada and the eastern United States. Along the West Coast of the United States, eastern North Pacific blue whales are believed to spend winters near Mexico and Central America, while feeding off the U.S. West Coast during summers. The Gulf of California is an important breeding and nursing area for blue whales.

In the northern Indian Ocean, a resident population of blue whales exists, with sightings and acoustic detections reported in various areas. In the Southern Hemisphere, Antarctic blue whales primarily inhabit high latitude waters near the ice edge during summer and migrate to middle and low latitudes during winter. Pygmy blue whales, a subspecies, are found north of the Antarctic Convergence and are abundant off Australia, Madagascar, and New Zealand. Another subspecies resides in the southeastern Pacific Ocean and migrates to lower latitude regions.

The average lifespan of blue whales is estimated to be around 80 to 90 years. Scientists determine the age of whales by counting layers of earplugs collected from deceased animals. Despite their massive size, little is known about the life history of blue whales. They have a gestation period of approximately 10 to 12 months, with weaning likely occurring around 6 to 7 months. Sexual maturity is reached between 5 to 15 years, and most reproductive activity takes place during the winter, with an average calving interval of 2 to 3 years.

In addition to being the largest animals in the sea, blue whales are the largest creatures to have ever inhabited the Earth, surpassing the size of any known dinosaurs. They can grow up to 110 feet in length, longer than a basketball court.

Adapted from: "National Oceanic and Atmospheric Administration" U.S. Department of Commerce
https://www.fisheries.noaa.gov/species/blue-whale

(21) Why is The Gulf of California important for blue whales?
1 Because it is a feeding area.
2 Because it is a breeding and nursing area.
3 Because it is a migration route.
4 Because it is a resting habitat.

(22) What is the main diet of blue whales?
1 Jellyfish
2 Krill
3 Plankton
4 Dinosaurs

(23) What is the average swimming speed of blue whales?
1 1 mile per hour
2 10 miles per hour
3 5 miles per hour
4 20 miles per hour

(24) How do scientists calculate the age of blue whales?
1 By counting layers of earplugs collected from deceased animals
2 By measuring the length of their baleen plates
3 By checking the growth rings in their bones
4 By studying their vocalizations

(25) According to the passage, in which ocean are blue whales not found? Write your answer in English.

4 次の英文を読み、後の問題に答えなさい。(26)～(29)は質問に対する解答としてもっとも適切なものを 1～4 の中から 1 つずつ選び、その番号を書きなさい。(30)は英語で答えなさい。

Plants "Talk" – Especially When They're Stressed

Scientists in Israel, led by Professor Lilach Hadany, have discovered that plants can make sounds. They found that tomato and tobacco plants emit ultrasonic noises, similar to sharp clicking sounds. These findings suggest that plants might have their own way of "talking."

To investigate this phenomenon, the team placed microphones near the plants and recorded their sounds under different conditions. When they played back the recordings at a frequency audible to humans, they heard distinct clicking noises, like the sound of popping bubble wrap. The researchers noticed that the plants clicked less when they had enough water, but the clicking increased when the soil became drier. Additionally, cutting off a stem from the plants caused them to click more, although the sound was different from when they needed water.

The exact mechanism behind these sounds remains unclear. One possibility is that air bubbles form inside the plant's stem, creating the clicking noise when they burst. However, it is uncertain whether the plants make these sounds intentionally, as sometimes humans' joints make noise without conscious effort.

Despite these uncertainties, it is evident that plants do generate noise, especially when they are stressed. In fact, the researchers trained an artificial intelligence (AI) system to distinguish between different types of clicking sounds. The AI system achieved an accuracy rate of approximately seventy percent in identifying plants that needed water versus those with stem cuts. This breakthrough could be valuable for farmers, as it could help them identify when their plants are experiencing problems and take appropriate action.

The discovery also raises intriguing questions about plant communication. Previous research has shown that plants release chemicals into the air when they are attacked by insects. These chemicals signal nearby plants to produce substances that insects find unappealing. It is possible that the ultrasonic sounds produced by plants serve a **similar** purpose, facilitating communication between them.

Moreover, animals like mice and moths, which rely on plants, can detect ultrasonic frequencies. These sounds could serve as signals to these animals, informing them about the health of the plants. This suggests that plant sounds may play a role in interactions between organisms in the natural world.

Professor Hadany and her team plan to conduct further research to explore the effects of plant sounds on various organisms, both animals and other plants. They also aim to investigate the factors that trigger plants to produce these sounds. Additionally, they will explore whether AI technology can help identify specific conditions associated with the different types of sounds.

This discovery challenges our existing understanding of plants and highlights the hidden aspects of their lives. Even in seemingly quiet fields, plants produce sounds that carry valuable information, which, until now, has remained unheard by human ears. By decoding and comprehending these sounds, scientists may improve agricultural practices and enhance the well-being of crops.

In conclusion, the recent discovery that plants produce ultrasonic sounds provides fascinating insights into the world of plants. These findings suggest that plants may possess a unique form of communication and can emit distinct clicking noises in response to different conditions. Although the exact purpose and mechanisms behind these sounds are not yet fully understood, this discovery has the potential to revolutionize agriculture and deepen our understanding of the intricate connections between plants and the natural world.

(26) What did the scientists in Israel record from tomato and tobacco plants under different conditions?
1 Visual data of the plants' growth
2 Ultrasonic sounds
3 Chemical reactions in the soil
4 Humming sounds from bees

(27) What did the researchers notice about the clicking sounds made by plants?
1 Plants click constantly, regardless of their condition.
2 Clicking sounds only occur when plants have enough water.
3 Clicking sounds increase when plants are stressed or have a stem cut.
4 Clicking sounds are similar to human knee creaks.

(28) What does future research into plant sounds hope to achieve?
1 Improve agriculture.
2 Explore AI technology.
3 Find out more about animals including mice.
4 Help plants to attract insects.

(29) Read the sentence below from the text.

*It is possible that the ultrasonic sounds produced by plants serve a **similar** purpose, facilitating communication between them.*

In this sentence, "similar" means

1 different
2 simple
3 incredible
4 almost identical

(30) How accurate was the Artificial Intelligence (AI) system in identifying different types of clicking sounds from plants? Write the number.

5 次の2つのテーマのうち1つを選び、150〜200 語程度の英語で書きなさい。選んだ質問の番号も必ず書きなさい。

① What would be the worst Christmas present you could receive? Give three reasons why.

② If you were a super hero for one day, what three things would you do to make the world a better place?

2024年度
公文国際学園中等部 ▶解　答

※　編集上の都合により，帰国生入試の解説は省略させていただきました。

適性検査 ＜帰国生入試＞（50分）＜満点：100点＞

解　答

[1] **問1**　(例)　クーラーが使えなくなり，熱中症になる人が出てくる　**問2**　(1)　2月　(2)　4463円　**問3**　(例)　夏と冬の最高気温と一般的な室温設定との差を比べると，冬の方が大きい。外の気温と室温の差が大きいほど冷暖房費がかかるため，冬の方が電気代がかかるから　**問4**　(1)　原子力　(2)　43％　(3)　3469億キロワット時　**問5**　東日本　**問6**　(例)　風力(潮汐力)(バイオマス)(海流)(波力)　**問7**　(1)　①　右の図1　②　右の図2　(2)　**E**　8　**F**　36　**G**　10　**問8**　(1)　14倍　(2)　ア　(3)　**a**　イ　**b**　ウ　**c**　ア　**d**　エ　**問9**　地　**問10**　①　エ　②　ア　③　ウ　[2] **問1**　イ　**問2**　エ　**問3**　**x**　イ　**y**　ウ　**z**　エ　**問4**　ウ　**問5**　(1)　4分　(2)　**記号**…イ　**理由**…(例)　5日間を時間に直すと120時間である。ある移動する手段は，歩いた場合と比べて，120÷6＝20より，20倍の速さである。歩く速さを時速4kmと仮定すると，ある移動手段の速さは，4×20＝80より，時速80kmである。この速さに最も適した移動手段は自動車であるから。　**問6**　ウ→ア→エ→イ　**問7**　(1)　イ　(2)　インド　**問8**　ア　**問9**　エ　**問10**　ア　**問11**　(1)　B　(2)　ア　**問12**　(例)　山奥や離島などの不便なところに住んでいる高齢者のために，手紙や薬などを定期的に輸送するサービスを始める。　**問13**　(例)　高齢者や障がい者など運転が難しい人にとっても移動の自由度が増す。また，移動中に仕事や勉強に取り組むことができるので，職場や学校の近くに住まなくてもよい。

図1

図2

英　語 ＜帰国生入試＞（50分）＜満点：100点＞

解　答

[1] (1)　3　(2)　4　(3)　1　(4)　2　(5)　3　(6)　3　(7)　2　(8)　1　(9)　1　(10)　4　(11)　4　(12)　2　(13)　3　(14)　4　(15)　1　[2] ((a)，(b)の順に)　(16)　2，1　(17)　1，2　(18)　5，4　(19)　3，2　(20)　5，3　[3] (21)　2　(22)　2　(23)　3　(24)　1　(25)　the Arctic　[4] (26)　2　(27)　3　(28)　1　(29)　4　(30)　seventy(70)　[5] 省略

2023年度 公文国際学園中等部

【算　数】〈A入試〉(50分)〈満点：100点〉

《注意》解答用紙に図をかくときは，定規やコンパスを使う必要はありません。

1 次の □ にあてはまる数を求めなさい。

(1) $11-2\times(8-6)\div 2=\square$

(2) $\{15+(3\times 8-1)\times 3\}\div 12=\square$

(3) $12\times\left(\dfrac{1}{7}+\dfrac{1}{8}+\dfrac{1}{9}\right)\div\dfrac{1}{42}=\square$

(4) $21-\{(4.625-2.5)\times 16-13.75\}=\square$

(5) $\dfrac{23}{20}\div\left\{2\dfrac{3}{20}-\left(\square+20\dfrac{2}{3}\right)\div 20\right\}=2.3$

2 次の □ にあてはまる数または言葉を答えなさい。

(1) 2.4 Lの □ % は 600 mL です。

(2) 消しゴム 1 個の値段はえんぴつ 1 本の値段の 1.5 倍です。消しゴム 3 個とえんぴつ 6 本を買うと840 円でした。このとき、消しゴム 1 個の値段は □ 円です。

(3) 5 % の食塩水 300g に水と食塩を加えて 8 % の食塩水 450g を作りました。加えた水の量は □ g です。

(4) あるプールを満水にするのに A 管だけ使うと 6 時間、B 管だけ使うと 4 時間かかります。はじめ A 管だけで 1 時間、次に両方で 1 時間、最後に B 管だけで満水になるまで入れると、B 管だけで入れた時間は □ 分です。

(5)　2 けたの整数のうち、3 の倍数であり 4 の倍数でもある数は ① 個あります。また、3 の倍数または 4 の倍数である数は ② 個あります。

(6)　1 辺の長さが 4cm の立方体 ABCD-EFGH があります。点 A、G、H を含《ふく》む平面で立方体を切ったとき、切り口の形は ① です。また、2 つの立体のうち、点 C を含む立体の体積は ② cm^3 です。

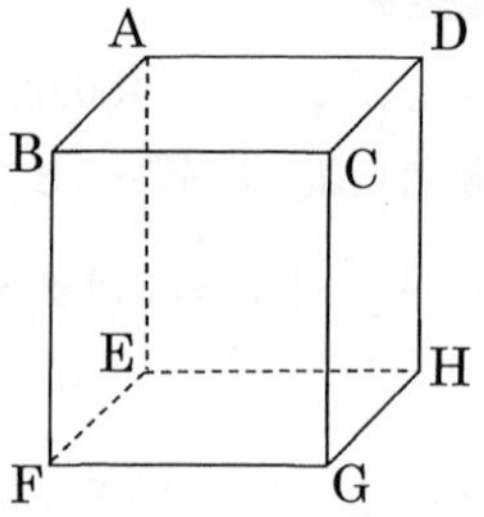

3　次の各問いに答えなさい。

(1)　ある個数の卵をパックに入れます。パックは A と B の 2 種類があり、A はパック 1 つに卵を 10 個、B はパック 1 つに卵を 12 個入れることができます。A のパックは B のパックより 2 つ多く用意してあります。このとき、卵をすべて A のパックだけに入れると卵は 5 個あまり、すべて B のパックだけに入れると卵は 7 個あまります。卵は全部で何個ありますか。

(2)　A さん、B さん、C さんが同じ金額を支払《はら》い、プレゼントを買いました。それぞれの残ったお金はそれぞれ最初に持っていたお金の $\frac{9}{11}$ 倍、$\frac{5}{8}$ 倍、$\frac{7}{12}$ 倍 になりました。 3 人が最初に持っていたお金の合計は 12680 円です。A さんが最初に持っていたお金はいくらですか。

(3)　［X］は X の小数第 1 位を四捨五入した値を表すものとします。

(例)　［2］= 2　,　［3.5］= 4　,　［1÷4］= 0

このとき、［A÷6−3.1］= 5 となる整数 A をすべて答えなさい。

(4)　下の図のように 1 辺の長さが 1cm の立方体を積み上げて立体を作ります。10 番目にできる立体の表面積は何 cm^2 ですか。途《と》中の式や考え方も書きなさい。

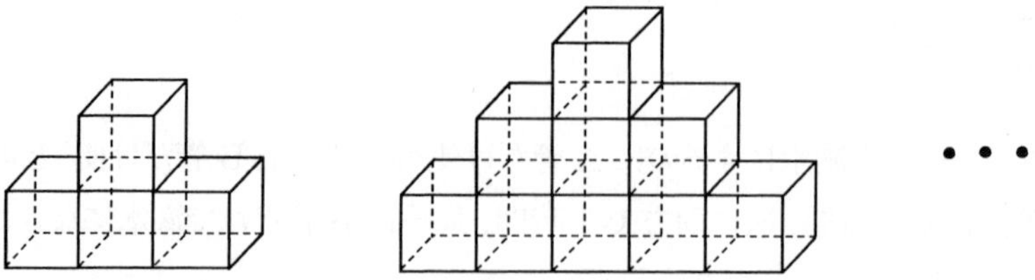

1 番目　　2 番目　　3 番目

(5)　ある池の周りをAさん、Bさん、Cさんが1周します。同じ地点からAさん、Bさんはそれぞれ毎分85m、毎分65mで時計回りに歩き、Cさんは毎分75mで反時計回りに歩きます。Cさんは Aさんとすれ違《ちが》ってから3分後にBさんとすれ違いました。この池の周りの長さは何mですか。途《と》中の式や考え方も書きなさい。

4

Aさんと Bさんが次のルールでじゃんけんをします。

【ルール】

① 最初の2人の持ち点はそれぞれ50点。

② じゃんけんに勝った人は持ち点に3点加え、負けた人は持ち点から2点引く。

③ あいこのときは2人の持ち点に1点ずつ加える。

このとき、次の問いに答えなさい。

(1)　10回じゃんけんをしたところ、Aさんは3回勝ち、5回負け、2回はあいこになりました。Aさんの持ち点は何点になりましたか。

(2)　10回じゃんけんをしたところ、Aさんは4回勝ち、持ち点が62点になりました。Bさんの持ち点は何点になりましたか。

(3)　15回じゃんけんをしたところ、2人の持ち点の合計が20点増えました。あいこになった回数は何回でしたか。

(4)　20回じゃんけんをしたところ、2人の持ち点の合計は127点になりました。このとき、AさんはBさんより3回多く勝ちました。Aさんの持ち点は何点になりましたか。途《と》中の式や考え方も書きなさい。

5　1辺の長さが3cmの正三角形ABCをいくつかの条件で回転させます。このとき、次の問いに答えなさい。円周率は3.14とします。

(1)　右の図1のように、正三角形ABCを、直線の上をすべることなく1回転させます。このとき、点Aの動いた長さは何cmですか。

図1

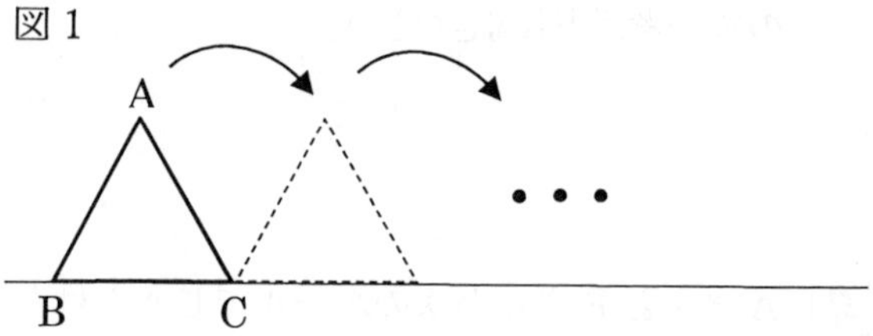

(2)　右の図2のように、正三角形ABCを、1辺の長さが3cmの正三角形PQRの外側を矢印の方向にすべることなく回転させます。正三角形が1周して元の位置に戻《もど》ったとき、点Aの動いた長さは何cmですか。

図2

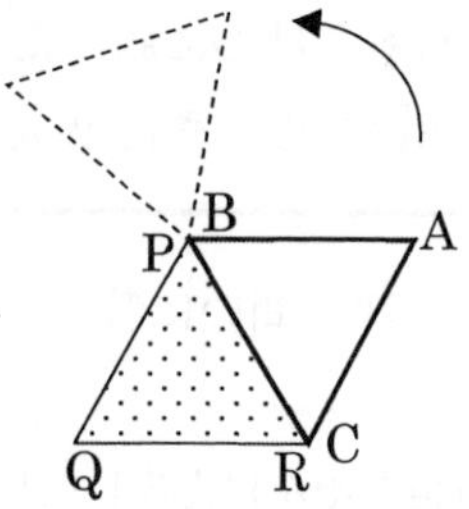

次に、1辺の長さが6cmの正五角形を用意します。

(3)　下の図3の位置から、正三角形ABCを、正五角形の外側を矢印の方向にすべることなく回転させます。正三角形が1周して元の位置に戻ったとき、点Aの動いた長さは何cmですか。

(4)　下の図4の位置から、正三角形ABCを、正五角形の内側を矢印の方向にすべることなく回転させます。正三角形が1周して元の位置に戻ったとき、点Aの動いた長さは何cmですか。途《と》中の式や考え方も書きなさい。

図3

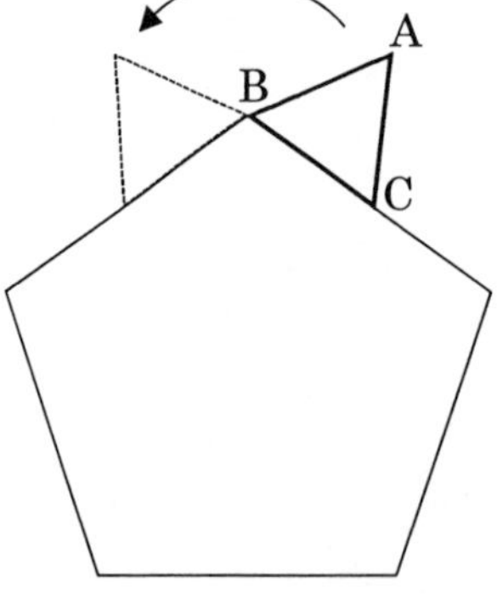

図4

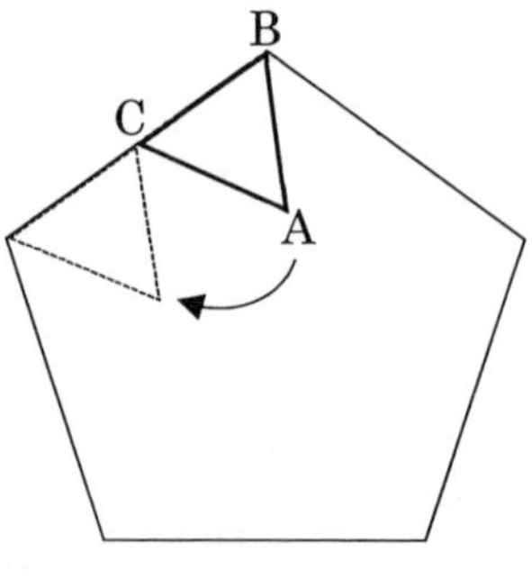

【数　学】〈A入試〉（50分）〈満点：100点〉

1　次の計算をしなさい。

(1)　$\frac{5}{8}+2\frac{7}{12}=$

(2)　$1\frac{3}{14}\times\frac{21}{34}=$

(3)　$7\frac{1}{8}-6\frac{2}{3}+1\frac{1}{4}=$

(4)　$7\times3-12\div(9-5)\times5=$

(5)　$\left(\frac{1}{6}+\frac{1}{4}\right)\div\left\{\frac{3}{4}-3\times\left(\frac{1}{6}-\frac{1}{8}\right)\right\}=$

(6)　$1.35\times7.6=$

(7)　$20.23\div7\times\frac{1}{17}+2.3\times\frac{11}{10}=$

(8)　$-8^2\times6^3\div\left(-\frac{4}{3}\right)^3\times\left(\frac{1}{9}\right)^2=$

2 次の問いに答えなさい。

(1) $3\frac{4}{7}$，$\frac{11}{3}$，3.6 の3つのうち、一番大きな数を答えなさい。

(2) 次の □ に当てはまる数を答えなさい。 $\frac{3}{7} \div \square = 1\frac{1}{7}$

(3) カードが何枚かありました。姉が全体のカードの$\frac{1}{4}$を取り、妹が残りのカードの$\frac{2}{3}$を取ったら15枚残りました。最初にカードは何枚ありましたか。

(4) □にそれぞれ+,−,×,÷のいずれかを入れて、式 $a\square a\square a\square a\square a = 2a^2 + a$ を完成させなさい。

(5) 次の式を計算しなさい。

① $\frac{1}{6}(x-3y)-\frac{1}{9}(5x-6y)=$

② $\frac{3\sqrt{6}+6\sqrt{5}}{\sqrt{3}}-\sqrt{3}\left(\sqrt{5}+\sqrt{6}\right)=$

(6) 式$(2x+\mathrm{A})(x^2-3x+4)$を展開したところ、$2x^3-10x+\mathrm{B}$になりました。A,Bに入る数をそれぞれ答えなさい。

(7) 次の式を因数分解しなさい。

① $30x^2-33x-18=$

② $x^2(2x-y)-y(2x-y)^2=$

(8) 方程式 $a=\frac{1}{2}b(c-d)$ をcについて解きなさい。

(9) 次の方程式または不等式を解きなさい。

① $\frac{2}{5}x-\frac{3x+1}{7}=-1$

② $\begin{cases} 3x+2<5x+6 \\ 0.5x+2.3>0.9x+3 \end{cases}$

3 次の問いに答えなさい。

ある中学校の昨年の生徒数は 490 人でした。今年は昨年に比べて、男子は 5% 増加し、女子は 4%減少して、全体では 2 人増加しました。

(1) 昨年の男子の人数を x 人、昨年の女子の人数を y 人として連立方程式を作りなさい。

(2) 今年の男子、女子の生徒数はそれぞれ何人か求めなさい。

4 次の問いに答えなさい。答えだけでなく、途《と》中式や説明も書きなさい。

(1) 2 次方程式 $ax^2+bx+c=0$ を完全平方式[$\left(x+\mathrm{A}\right)^2=\mathrm{B}$ の形]を作って解きなさい。

(2) 図のような長方形 ABCD を、直線 AP を折り目として折り返したら、頂点 B が辺 CD 上の点 Q と重なりました。次の問いに答えなさい。

① DQ の長さを求めなさい。

② PQ の長さを求めなさい。

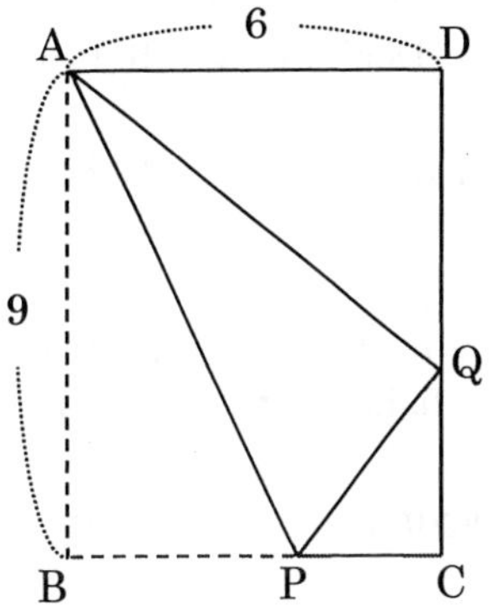

5 放物線 $y=-2x^2+4x+6$ について、次の問いに答えなさい。(3)、(4)については答えだけでなく、途《と》中式や説明も書きなさい。

(1) 放物線の頂点の座標を求めなさい。

(2) 傾きが 6 で点 $\left(-1, \frac{1}{2}\right)$ を通る直線…①と放物線の交点 A の座標を求めなさい。

(3) 放物線と x 軸との交点のうち、x 座標が小さい方を B とする。B を通り、①の直線と交わらない直線の式を求めなさい。

(4) 放物線と(3)で求めた直線との交点のうち、B でない方を C とし、原点を O とする。このとき、四角形 ABOC の面積を求めなさい。

【英　語】〈A入試〉(50分)〈満点：100点〉

1 次の(1)～(15)の英文の（　　）に入れるのにもっとも適切なものを1～4の中から1つずつ選び、その番号を書きなさい。

(1) I was (　　　) my score in the math exam last month. I studied for 5 hours every day before the exam but I only got a 60.

1 satisfied by　　2 horrible about　　3 energetic in　　4 disappointed with

(2) In order to get to Shin-Kawasaki Station from here, you should take the Yokosuka Line. If you get on the Tokaido Line by mistake, you will (　　　) get off the train at Yokohama Station.

1 must　　2 have to　　3 should　　4 necessary

(3) Ted : It's so nice to see you after so many years! When did you come back to Japan?
Bill : I arrived at Narita a few hours ago. I've been abroad so long (　　　) I forgot how to say some words in Japanese.
Ted : Don't worry, Bill. It will come back to you after a little while.

1 which　　2 but　　3 that　　4 as

(4) Fishing is an (　　　) sport. You might have to wait for a long time until you finally catch a fish, but it is the preparation that is truly fun.

1 enjoying　　2 interesting　　3 excited　　4 entertained

(5) Tom works part-time as a waiter at a restaurant, and he (　　　) 300 dollars a week.

1 earns　　2 eats　　3 catches　　4 profits

(6) I like visiting my grandmother's house, but there (　　　) old furniture in it.

1 are too many　　2 is a lot　　3 is too much　　4 are a few

(7) It can be dangerous to (　　　) your skin to strong sunshine.

1 impress　　2 compose　　3 express　　4 expose

(8) The woman was caught ( ) a cell phone from the store.

1 stealing 2 to steal 3 stolen 4 stole

(9) Ray : Hey, Poe. Is it all right if I borrow these cards?
Poe : ( ). I'm going to use them now.

1 Sure 2 I think so 3 No problem 4 I'm afraid not

(10) Hideo : How long are you going to study tonight, Shoko?
Shoko : Probably from 8 o'clock ( ) midnight.

1 until 2 since 3 from 4 for

(11) Anna : You live in such a beautiful castle!
Elsa : Thank you. I ( ) my mother teach me how to build it with ice.
Anna : That is really cool. Perhaps I should ask my mother to teach me how to build one, too.

1 forced 2 had 3 promised 4 got

(12) Charles : How old is your ( )?
Raymond : He is 19.

1 niece 2 aunt 3 uncle 4 sister

(13) I bumped ( ) an old friend in Tokyo the other day.

1 over 2 across 3 into 4 against

(14) The firefighter put ( ) the fire at the Nakatomi Plaza in downtown Los Angeles last night.

1 off 2 on 3 out 4 water

(15) It is ( ) great importance that you learn various foreign languages.

1 for 2 of 3 within 4 among

2 次の日本語の意味を表すように英文(16)～(20)において、それぞれ下の 1～5 の語句を並べかえて空所を補（おぎな）い、もっとも適切な文を完成させなさい。解答はそれぞれの文の(a)と(b)に入れるものの番号のみを解答用紙の決められた欄（らん）に書きなさい。
（文頭に来る語も小文字になっています。）

(16) そんなに早く旅行から戻らなくてもよかったのに。

You ______ __(a)__ ______ ______ __(b)__ your trip so early.

1 from　　2 need　　3 come back　　4 have　　5 not

(17) 兄が留学するなんて夢にも思わなかった。

______ __(a)__ ______ __(b)__ ______ my brother would study abroad.

1 dream　　2 little　　3 I　　4 did　　5 that

(18) 友達だと思っていた人が私にうそをついた。

The man who ______ __(a)__ ______ __(b)__ ______ a lie.

1 a friend　　2 I thought　　3 me　　4 told　　5 was

(19) 許可を得ていない人が研究室に入って来られないように、彼らはドアにカギがかかっていることを確認した。

They made sure that the door ______ __(a)__ ______ __(b)__ ______ the laboratory without permission.

1 come into　　2 could　　3 no one　　4 so that　　5 was locked

(20) 今週、私は仕事でやるべきことが多かったので、とても疲れている。週末は、両親と札幌に行くよりはむしろ家で過ごしたい。

I've had a lot to do at work this week and I'm really exhausted. I'd prefer to __(a)__ ______ ______ __(b)__ ______ to Sapporo with my parents.

1 at home　　2 travel　　3 my weekend　　4 rather than　　5 spend

3 次の英文を読み、後の問題(21)～(24)に答えなさい。

Using the Wind

Have you heard of this saying – (1)"Every cloud has a silver lining?" This means there is always something good in every bad situation. A hungry boy in Africa believed that something good would happen. He worked hard and changed his life and the lives of the people in his village.

William Kamkwamba lived on his family's farm in Malawi, Africa. He enjoyed school and liked studying science. He especially liked to learn about radios. He sometimes fixed broken radios for his friends.

When he was 14 years old, there was a big problem in Malawi. There was very little rain that year, so many farms could not grow enough food. William's family also wasn't able to grow the food they needed. So they had to buy some food. But the food was very expensive.

William had to stop going to school because his family could not pay for classes. So he went to a small library near his house and studied alone.

One day, he was looking at a science book, and he found pictures of windmills. One picture showed a windmill bringing water up from the ground. William wanted to make this windmill. Then, his family would always have enough water to grow food. But it was very (2) to make a water windmill.

The science book also had a picture of a windmill that made electricity. "This looks easier than fixing a radio. I think I can make this!" But he didn't have money to buy parts to make the windmill. So first he had to make the parts. He walked around the village and picked up old things he could use. Next, he put them together to make the windmill. He tested it with his radio. "The radio works! My windmill works! I made electricity!"

After that, he decided to make a much bigger windmill so he could have lights in his house. He was making it out of an old bicycle and other things he found in the garbage. Many people laughed at him. They all thought he couldn't do it. But William believed he could.

When the windmill was almost finished, everyone came to watch. William put on the last part, and the windmill started to move. Then, a light came on! (3)Everyone was so surprised!

Newspapers came to take pictures of it. "A 14-year-old boy is making electricity with a windmill he made from garbage!"

William became famous. He made speeches and helped other people make windmills. He even wrote a book about his life, and many, many people bought it all around the world. He used the money from the book to help his village in many ways. He finally built a windmill that brings water up from the ground.

It was a terrible time in Malawi when William was 14 years old. Many people died of hunger. But because of William and his windmills, people in his village are living a better life now.

Adapted from: True Stories NHK出版 2015(平成27年)年6月20日 第一版発行

(21) 下線部(1)のことわざの意味はどのようなことですか。25字以内の日本語で答えなさい。

(22) 空所(2)に入るものとしてもっとも適切なものを1～4の中から1つ選び、番号で答えなさい。

1 cheap
2 difficult
3 easy
4 terrible

(23) 下線部(3)のようになった理由として、もっとも適切なものを1～4の中から1つ選び、番号で答えなさい。
1 William の家に電球があることを知らなかったから。
2 William が windmill を作っていることを知らなかったから。
3 ゴミから集めた部品で電気を作ることができたから。
4 windmill による発電が、村の皆の暮らしをより良くしたから。

(24) 本文の内容と一致するものを1～4の中から1つ選び、番号で答えなさい。
1 William has never studied at school because his parents couldn't pay the fees.
2 William read a science book to find how to make a windmill bring up water.
3 After William became famous, newspapers came to take pictures of him and his family.
4 William's effort to build a windmill has made the lives around him better.

4 次の英文を読み、後の問題(25)～(28)に答えなさい。(25)～(27)は本文の内容と合うように、英文の(　　)に合うもっとも適切な語句をそれぞれ1～4の中から1つ選び、番号で答えなさい。(28)は日本語で答えなさい。

The Birthday Present

Bert could hardly sleep. He tossed and turned so much on his bed that Frank, who slept beside him, was in danger of being pushed off from the bed more than once.

He thought morning would never come. At last, after a long hour staying awake, he fell asleep, and lay quietly upon his pillow till the sun shone through his open window right into his face.

Would you like to know why Bert was so excited?

Let's go down the ladder-like stairs, out through the little kitchen, and to the shed at back of the house. We shall find out the cause of all Bert's excitement. There, in the corner, in part of an old basket, sits Mrs. Hen, rather excited herself this morning.

But Mrs. Hen is not the main reason for Bert's excitement. Well, Bert has one little sister—golden-haired, blue-eyed Maggie, whom he loves very dearly. "What can I do for Maggie?" is his one thought. For weeks he has saved all his money, and has run errands for the neighbors, so that he could get enough money for Maggie's birthday present.

Maggie will be four tomorrow, and Mrs. Hen has been sitting there in that basket for three long weeks, and the chickens are scheduled to be sold tomorrow, and Maggie does not know anything about it yet.

When the sun shines full on Bert's face, he wakes up. One jump carries him almost across the room to his clothes. He wakes Frank, and they quickly put on their clothes and then go down to the shed. He is nervous, because he fears they will not find the things that he wanted. But when they open the shed door and look inside, he is glad to hear a tiny, "Chirp, chirp."

Down on his knees, and, in spite of Mrs. Hen pecking at his hands, he can feel under her two, three or even four little balls of feathers.

Running into the house, and waking them all with the happy shout, "Maggie, it is your birthday!" he carries Maggie off from her bed and hurries her down to the shed.

All of his hard work till this moment is fully repaid now by Maggie's smile. She at once takes one of the little soft chicks up in her hands and kisses it again and again.

Her delight had to be cut short, though, when her mother came to get Maggie to dress her, because Bert, in his excitement, carried her off in her night clothes.

Adapted from : A Fictional Short Story by Agnes Taylor Ketchum & Ida M. Jorgensen
http://www.free-short-stories.org.uk/fictional-short-stories/the-birthday-present.htm

(25) "What can I do for Maggie?" is Bert's one thought for his sister because (　　　　　　).
　1 Maggie is always doing work for Bert
　2 Maggie will have four baskets tomorrow
　3 Bert loves Maggie so much
　4 Bert has blonde hair and blue eyes but Maggie doesn't

(26) In the morning of Maggie's birthday, Bert finds (　　　　　　) in the shed.
　1 a couple of balls to play with
　2 some beautiful feathers
　3 a pack of eggs
　4 a few baby birds

(27) After Maggie got her birthday present, (　　　　　　).
　1 everyone in the family came and kissed Maggie again and again
　2 Maggie's mother came to change her clothes because she was in her night clothes
　3 Bert smiled at Maggie and started saying "Chirp, chirp" to her
　4 Frank pushed Maggie off from the bed more than once

(28) Mrs. Hen とは何ものか。ひらがな４字で答えなさい。

5 次の英文を読み、後の問題(29)～(33)に答えなさい。

Students Stand up, Rally against Cyberbullying

Students at a Vermont high school are winning praise for their efforts to fight back against online bullying. After a burst of negative posts on an anonymous school news app, students at Rutland High School organized a counterattack.

They requested the creators of the After School app to take their school's message board down. Then they launched a "Positive Post-it" campaign. Small notes offering praise and encouragement to fellow students were stuck to bulletin boards and windows around the school.

They also urged the tech giant Apple to remove After School from its App Store. An Apple spokesman said the company had (1). The app was removed.

The app's intended use is to help students to form groups tied to a specific school and post anonymous messages about local goings-on.

Instead, comments on Rutland High School's app were "negative, (2) obscene," said Principal Bill Olsen.

Senior Eric Gokee was one of five students who spoke during morning announcements. He introduced himself by saying, "Some of you may know me as the biggest Jew at Rutland High School." He explained in an interview a few days later he was voted as such in a survey on the app.

"I never downloaded the app. But I knew what was going on just from my friends. Everyone was talking about it," Gokee said.

Sophomore Molly Engels is president of a student group, Cyber You. It is devoted to responsible Internet use, "It was a big wakeup call to see so many people affected by it in a negative way," she said.

The Rutland students' anti-bullying efforts drew praise from Gov. Peter Shumlin.

After School co-founder Cory Levy defended the app. He called it a (3) "blank sheet of paper" that leaves students to decide what to write on it.

"We've only just gotten to know these ア) students," Levy wrote in an email. "Their イ) parents have had ウ) years to shape (4) their morals and build good decision making エ) skills."

John Halligan has been an anti-bullying activist since his son, Ryan, committed suicide in 2003. That was following online bullying by fellow middle school students. He said he had spoken to Rutland students two years ago.

"I'm really proud of these kids," he said. He added that they had gotten the message to "stand up for one another and push back against bullying."

Adapted from: Students stand up, rally against cyberbullying by Dave Gram, Associated Press October 18, 2021 https://www.tweentribune.com/article/tween56/students-stand-rally-against-cyberbullying/

(29) 空所(1)にもっともよくあてはまる語を1つ選び、番号で答えなさい。
1 forgotten
2 failed
3 agreed
4 refused

(30) 下線部(2)にもっとも近い意味の語を1つ選び、番号で答えなさい。
1 kind
2 attractive
3 offensive
4 polite

(31) Cory Levy 氏が自分たちの開発したアプリ「After School」について、下線部(3)のように表現した理由を日本語で説明しなさい。

(32) 下線部(4)は、本文中の波線部 ア),イ),ウ),エ)のどれを指しているか、もっとも適切なものを記号で答えなさい。

(33) 本文の内容と合わないものを1つ選び、番号で答えなさい。
1 3年生のEric Gokee はアプリ「After School」をダウンロードして、自分について書かれていることを知った。
2 2年生のMolly Engelsは、インターネットの正しい利用法を校内で広めるための活動をしている。
3 Peter Shumlin 知事は、生徒たちによるいじめ問題への取り組みを高く評価している。
4 John Halligan 氏は、息子の死をきっかけにいじめ問題の解決に取り組んでいる。

問2　次の本文を読み、それを要約した後の文の空欄部を、文中の言葉を用いて、①は11字以上20字以内で、②は41字以上50字以内で埋《う》めて完成させなさい。

〈本文〉

外側から「伝統文化は大切に守るべきだ」と言うのは簡単です。でも、文化というのは日常の暮らしと深く関わっているもので、ふたつの世間のあいだにいれば、どうしても、どちらかが立たないで苦しむ、ということも起こるのです。「※1アボリジニはアボリジニらしく」と言うのは簡単ですが、でも、その「らしさ」はいったい誰のための「らしさ」なのか。

もし日本人の私が「アボリジニのような生活をしたい」と言ったとしても、「物好きですね」と笑われながらも「自然に惹《ひ》かれたのですか」と言ってもらえるかもしれない。少なくとも、そうしたからといって「日本人であることを捨てたのですか」と非難されることはないでしょう。

でもアボリジニのような※2マイノリティの人たちは、伝統文化を守ることをやめて、いまの自分にあった生活に変わろうとすると、※3マジョリティからは「先住民、先住民と偉《えら》そうに言うが、じつは、彼らはもう白人と同じなんだよ」と言われたりする。そして、同じアボリジニの人たちから「おまえはアボリジニらしさを捨てるのか」と言われてしまうこともある。

伝統文化を守ることの大切さを否定はしないけれど、その人自身がそうありたいと望む方向に行かせてもらえないとしたら、それは、苦しいものです。なぜ、そうなってしまうのか、考えなければならない問題が、そこにあるように思います。

その先を生きていくために何をどう選択していったらいいのだろう。

私は、「伝統文化」と「いまの生活」、ふたつの価値観《かちかん》の狭間《はざま》に立たされて生きていかなくてはならない人たちの※4ジレンマを、次第に肌《はだ》で感じるようになっていったのでした。

（上橋菜穂子、瀧晴巳『物語ること、生きること』より）

注

※1アボリジニ　オーストラリア大陸とその周辺の島々に住む先住民のこと。

※2マイノリティ　多民族国家における少数派の民族のこと。

※3マジョリティ　多民族国家における多数派の民族のこと。

※4ジレンマ　選ぶべき道が二つあって、そのどちらを選んでも、何らかの問題が生じる状態。

〈要約文〉

外側から「伝統文化は大切に守るべきだ」と言うのは簡単だが、［　①　］ため、「伝統文化」と「いまの生活」という二つの［　②　］ために何をどう選択していけばよいかを考えなければならない。

問8　傍線部⑤「生き残って、大人になれ」とありますが、「生き残って、大人になる」とはどういうことだと思いますか。本文の内容をふまえながら、あなた自身の考えを81字以上100字以内で述べなさい。

下書き

100　80

三

次の問いに答えなさい。

問1　次の本文を読み、それを要約した後の文の空欄《くうらん》にあてはまる言葉をそれぞれ指定された字数で本文中から抜き出しなさい。なお、句読点も字数に含みます。

〈本文〉

※1推敲《すいこう》という作業は不思議なもので、同じ箇所《かしょ》を一日のうち何度も読み返して何度も推敲することがなかなかできない。一晩寝かせておいて（この場合、寝るのが原稿《げんこう》なのか自分なのかよく分からないが）翌朝、昨日書いたことは何もかも忘れた頭で読み返してみると、どこを直したらいいのかが明確に見えてくる。翌朝また同じ作業を繰り返すと、また別のところを直すことになる。そしていつの日か、「これでいい」が「これ以上いじると悪くなる」に変わる瞬間が訪れる。

（多和田葉子『言葉と歩く日記』より）

注　※1推敲　詩や文章をよくしようと何度も考え、作り直して、苦心すること。

〈要約文〉

同じ箇所を［①（8字）］読み返して推敲することはできず、一晩寝かせておいて、［②（16字）］で読み返すと、直す部分が明確に見え、何日か同じ作業を繰り返すうちに、［③（12字）］状態に変わる瞬間が訪れる。

ウ　怜と仲の良い隼人を怒らせたことで、自分たちのやっていたことが隼人を通して怜にも伝わってしまうのではないかと不安になったから。

エ　怜と仲の良い隼人が言ったからこそ、その言葉には重みがあり、他の男子たちが決して持ち得ない正しさをまっすぐに伝える力があったから。

オ　隼人の乱暴な言い方は普段の彼の暴力的なふるまいを連想させるものであり、言い返したりすればただではすまないと思われたから。

問6　傍線部④「ますます心がしぼむのを感じた」とありますが、このときの「みのり」の心情を説明したものとして最も適するものを次の中から一つ選び、記号で答えなさい。

ア　クラスの女子たちの悪意に傷つけられた上に、自分を変えたいという思いで口にした前向きな言葉を隼人に強く否定されたことに衝撃を受けて自己嫌悪《けんお》におちいっている。

イ　クラスの女子たちとの人間関係で悩んでいた上に、好意を寄せていた隼人を怒らせてしまったことで、彼との関係も気まずくなってしまうのではないかと不安に思っている。

ウ　怜と夏希との三角関係のもつれで苦しんでいた上に、他のクラスにいて無関係だった隼人まで巻き込んでしまうことになり、さらに複雑になった互いの関係にとまどっている。

エ　クラスの女子たちからの嫌《いや》がらせで傷ついていた上に、周囲の悪意に負けて口にした迷いを隼人にきっぱりと否定され、自分自身の弱さを自覚して情けなく感じている。

オ　怜に好意を抱いていたはずなのに、隼人の凛《りん》とした力強さにもひかれている自らの思いを自覚し、クラスの友人関係に加えて新たに生じた微妙な関係を持てあましている。

問7　本文の特徴について説明したものとして、ふさわしくないものを次の中から一つ選び、記号で答えなさい。

ア　主人公のみのりの視点からの描写《びょうしゃ》で全体を統一することで読者が主人公と視線を共有し、感情移入をしながら物語の世界に入っていけるようになっている。

イ　ところどころに回想場面をはさみこむことで物語の展開に奥行《おくゆ》きを持たせ、主人公のみのりの心情だけでなく、他の登場人物の心情の変化も具体的に説明している。

ウ　隼人や恭子の心の動きについては直接的な説明はほとんど見られないが、彼らの言動や態度によって人柄《ひとがら》や心情が自然に浮かび上がってくるよう工夫されている。

エ　クラスの女子たちの言葉の中にある「ビョーキ」や「やっらしー」などの表記は、彼女たちの口調や会話の雰囲気を反映した表現であると考えられる。

オ　過去形と現在形を混ぜて用いることで文章に歯切れの良いリズムを持たせるとともに、主人公のみのりを中心とした事件の推移や心の動きを生き生きと描いている。

問２　空欄部（　Ａ　）～（　Ｅ　）にあてはまる言葉として最も適するものを次の中からそれぞれ一つずつ選び、記号で答えなさい。（同じものを二度選ばないこと）

ア　もやもやと　　イ　遠巻《とおま》きに　　ウ　曖昧《あいまい》に
エ　まじまじと　　オ　あからさまに

問３　傍線部①「微《かす》かに目をうるませ、同情をたっぷりと含《ふく》んだ声で呟《つぶや》く」とありますが、これは「夏希」のどのような様子を表していると考えられますか。その説明として最も適するものを次の中から一つ選び、記号で答えなさい。

ア　怜への同情を通じて、思いやりにあふれた自分を主人公とした「物語」から自分を解放しようとしている様子。
イ　怜に同情しているように見せて、実は彼よりも恵まれている自分自身の「物語」の中で優越感に浸《ひた》っている様子。
ウ　怜への同情を示しながらも、彼への恋愛を盛り上げるための「物語」を演じる自分自身の姿を自覚している様子。
エ　怜への同情を含んだ「物語」を示すことによって、クラスの中での自分の優位を確認している様子。
オ　怜に同情を示すことで、自己中心的な恋愛を彩《いろど》る「物語」の主人公としての自分自身に酔《よ》っている様子。

問４　傍線部②「怜は、かわいそうじゃ、ないと思う」とありますが、「みのり」はなぜこのように言ったと考えられますか。その理由として最も適するものを次の中から一つ選び、記号で答えなさい。

ア　自分がひそかに好意を抱いていた怜に対して夏希も好意を持っていることが「かわいそう」という言葉で明らかになり、怜を夏希に取られるのではないかと恐れたから。
イ　自分が大切にしている怜や春美の、さまざまな面を持った人生のありようを、彼らが聞いたら悲しむであろう「かわいそう」という言葉でくくってほしくなかったから。
ウ　自分たちは正当な主張をしているのだというクラスの女子たちに反発し、彼女たちのリーダー格である夏希の「かわいそう」という言葉は本心ではないと見抜《みぬ》いたから。
エ　怜や春美のことをよく知らないはずの夏希が「かわいそう」という言葉を軽々しく口にしたことに反感を覚え、それに同調するクラスの女子たちも許せないと感じたから。
オ　怜や春美のことをよく知っている自分でさえ言ったことのない「かわいそう」という言葉を夏希が口にしたことに驚き、彼らに聞かれたらどうしようと動揺《どうよう》したから。

問５　傍線部③「みのりに当てこすりを云っていた女子数人が、気まずそうに顔を見合わせてうつむいた」とありますが、それはなぜだと考えられますか。その理由として最も適するものを次の中から一つ選び、記号で答えなさい。

ア　隼人の言葉には堂々としたおごそかな響《ひび》きがあり、自分が正しいと信じることを曲げることなく伝えようとする力がこめられていたから。
イ　隼人の言い方には相手を威圧《いあつ》するような恐ろしさがあり、彼が正しくて自分たちがまちがっているのだと認めざるをえないような迫力があったから。

「高橋が引っかかったのは、きっと、それをないがしろにされた気がしたからだろう。かわいそう、という単語で藤崎の全《すべ》てを括《くく》ってほしくなかったんだ」

そっけなくさえ見える恭子の顔に、ちらりと笑《え》みがのぞいた。重なった葉陰《はかげ》の隙間《すきま》から差し込む陽射《ひざ》しみたいな笑みだった。

「……高橋は、藤崎のことを大切に思ってるんだな」

ごく自然な口調でそう云われ、すとん、と何かが（c）腑《ふ》に落ちた。……そうか、そうだったんだ、と初めて自分の心の動きを理解する。

同時に、「藤崎君、かわいそう」という夏希の言葉を思い出し、あらためて切なくなった。

あれは怜が聞いたら悲しむ言葉だ。怜を、春美を悲しませる言葉を、口にして欲《ほ》しくなかった。彼女が怜に共感するための、恋愛《れんあい》に酔《よ》うための、「物語」にして欲しくなかったのだ。

自分の感情をうまく処理できなくて、黙って下を向いていると、恭子がふっと息を吐《は》く気配がした。低い、けれど妙に力強い声で云う。

「生き残れ、高橋」

それはふざけた様子の一切《いっさい》ない、真面目《まじめ》な声だった。恭子がまっすぐ口にする。

「⑤生き残って、大人になれ」

驚いてはっと顔を上げると、恭子はいつもの不愛想な表情のままで立っていた。一瞬だけ別の人がそこに居たのではないかと思ってしまうくらい、力のこもった響《ひび》きだった。

（彩坂美月『向日葵《ひまわり》を手折《たお》る』より）

注
※1神妙な　しおらしい　※2険のある　とげとげしい
※3愕然とする　ひどく驚く　※4揶揄する　からかう
※5一瞥する　ちらっと見る　※6凜とした　りりしい

問1　波線部（a）～（c）の語句の意味として最も適するものを次の中からそれぞれ一つずつ選び、記号で答えなさい。

（a）「怪訝《けげん》そうな」
ア　不審《ふしん》そうな
イ　苦しそうな
ウ　不安そうな
エ　悲しそうな
オ　不満そうな

（b）「聞こえよがしに」
ア　たまたま聞こえたかのように
イ　本人以外には聞こえないように
ウ　わざと本人に聞こえるように
エ　聞こえないぐらい小さな声で
オ　聞こえすぎるほどの大声で

（c）「腑《ふ》に落ちた」
ア　ひらめいた
イ　共感できた
ウ　想像できた
エ　納得できた
オ　励まされた

（　Ｃ　）冷やかす調子の声に、思わず頬《ほお》が熱くなった。大切なものを貶《おとし》められるような物言いに動揺《どうよう》し、傷つくのを自覚する。とっさにどう反応すればいいのかわからなかった。

――直後、教室内に低い声がした。

「くだらねーこと云ってんじゃねえよ」

みのりは驚いて視線を向けた。他の子たちも、ぎょっとしたように一斉《いっせい》に声のした方を見る。

戸口に隼人が立っていて、不機嫌《ふきげん》そうにこちらを見ていた。③みのりに当てこすりを云っていた女子数人が、気まずそうに顔を見合わせてうつむいた。

……いま発言したのが隼人ではなく、別の誰かだったなら、彼女たちは反発して云い返したかもしれない。あるいは他の男子らが、みのりを庇《かば》った、などといってからかいの言葉を投げたかもしれない。

しかし、隼人の言葉には、正しいと信じることをまっすぐ伝えようとする力みたいなものがあった。それは、威厳《いげん》と呼べるものですらあったかもしれない。

しん、と教室が緊張したように静まり返る。

怜を捜《さが》していたのか、あるいは単に通りかかっただけだったのか、隼人はみのりたちをそっけなく※５一瞥《いちべつ》すると、乱暴な足取りで歩いていってしまった。

一瞬遅《いっしゅんおく》れ、鞄《かばん》を掴《つか》んでみのりもそのまま教室を出る。廊下《ろうか》を歩く隼人に追いつき、慌《あわ》てて何か云おうとしたけれど、言葉が出てこなかった。並んで歩きながら、少し考えて、自嘲的《じちょうてき》に呟く。

「……れい、って呼ばない方がいいのかな」

「は？」

みのりがそう口にした瞬間、隼人が怪訝そうな目つきになった。眉をひそめて（　Ｄ　）みのりを見やり、さっきよりも強い口調で云い放つ。

「くだらねえ」

心なしか呆《あき》れたような、怒《おこ》ったような声で云い切られ、④ますます心がしぼむのを感じた。隼人が再び前を向き、歩き出す。その※６凛《りん》とした眼差《まなざ》しを眩《まぶ》しく思った。（中略）

部活の時間が終わり、しょんぼりと筆を洗っていると、他の部員たちがいなくなったのを見計らったようなタイミングで「元気ないな」と恭子に話しかけられた。何かのついでみたいなさりげない恭子の口調につられ、ためらった後、重い口を開く。

「……クラスの子と、ケンカ、みたいになっちゃって」

先日の夏希とのやりとりを話しながら、（　Ｅ　）説明しがたい感情が胸に広がっていく。みのりはうつむき、ぽつりと呟いた。

「どうしてあんなことを云ったのか、自分でもよくわからないんです。でも、なんだかすごく、嫌で」

恭子は微かに片眉を上げて、みのりの話を聞いていた。みのりが黙ってしまうと、ややあって、「ふうむ」とため息とも呟きともつかない吐息《といき》まじりの声を漏らす。

慰《なぐさ》めるでもなく、突き放すでもなく、恭子は静かに口を開いた。

「――人を構成するものは、これまで見聞きしたことや感じたこと、好きなものや嫌《きら》いなもの、出会った人や食べ物だったり、言葉だったり、要するに、そういったもの全部だ。一つ一つが積み重なって、その人自身を構築しているんだ」

淡々《たんたん》としたその口ぶりは、部活中に絵の構図や色合いについて説明しているときと何ら変わらないように聞こえた。戸惑うみのりに、恭子が続ける。

他の女の子たちも、なんだかあっけに取られた様子で固まっている。

彼女たちはすぐさま我に返ると、「ひどい」「なんでそんなこと云《い》うの?」と非難めいた口調で云い出した。それは怜のためというよりも、自分たちの正当な主張を否定されたことに対する憤《いきどお》り、という感じがした。女の子の一人が眉《まゆ》をひそめて、※2険のある声で云う。

「高橋さんて、結構冷たい人なんだねー」

夏希は黙《だま》ったまま、こわい顔をしていた。そこへ、女子トイレの掃除を終えた小百合が戻《もど》ってきた。女子の間に漂《ただよ》う緊張《きんちょう》した空気に(a)怪訝《けげん》そうな顔をし、「どうかしたの?」と尋《たず》ねてくる。

「――別に、なんでも」と夏希が硬《かた》い声で答えた。そのままみのりたちに背を向け、作業に戻る。彼女たちは時折睨《にら》むようにこちらを見ながら、小声でひそひそと喋《しゃべ》っていた。

「……絶対……好きなんだよ」

「夏希に取られると思って……」

「怜、なんて、これみよがしに呼び捨てにしてさ……」

漏《も》れ聞こえてくる会話の一部に、心臓がぎゅうっと痛くなる。

掃除が終わると、みのりは逃《に》げるように教室を出た。緊張に掌《てのひら》が汗《あせ》ばんでいた。

……どうして、あんなことを云っちゃったんだろう。

目立つ存在で、女子の間でもリーダー格の夏希に反発するような物言いをしたことに、今さらながら怖気《おじけ》づく。自分でもよくわからないけれど、さっきの彼女たちの言葉を、なぜか嫌《いや》だと思った。

翌日。もしかしたら夏希たちは昨日の一件などすっかり忘れているかもしれない、と希望を抱いて登校したみのりだったが、教室に入るなり、強い視線を感じて戸惑《とまど》った。窺《うかが》うと、一部の女子が不穏《ふおん》な空気を漂《ただよ》わせながら(　A　)こちらを見つめている。彼女たちは(b)聞こえよがしに、いい気になってる、夏希がかわいそう、などと囁《ささや》き合った。自分とはまるで関係ないと思っていた遠い嵐《あらし》にいつのまにか巻《ま》き込《こ》まれていることに気づき、※3愕然《がくぜん》とする。

ドアの所で突《つ》っ立っていると、後ろからやってきた怜が「どうしたの?」と不思議そうに声をかけてきた。

「怜……ううん、別に」

(　B　)笑ってごまかし、そそくさと自分の席に着く。すると、少し離《はな》れた場所から「れい、だって」と※4揶揄《やゆ》するような女子の小さな声が聞こえた。無意識に、肩《かた》に力が入る。

やがて朝礼が始まり、日直が「起立、礼」と声を発すると、数人の女子がくすくすと含《ふく》み笑《わら》いをしてわざとらしくみのりの方を見た。れい、と誰《だれ》かが大袈裟《おおげさ》に媚《こ》びをにじませた声音《こわね》で呟く。悪意のある声だった。

怜のことを好きな夏希の存在を差し置いて、みのりがなれなれしい態度を取るのが許せない。彼女たちは暗《あん》にそう告げているのだ。

怜本人には気づかれないよう、遠回しなやり方で攻撃《こうげき》してくる女子にうろたえる。教室で怜がみのりに何気なく話しかけてくるとき、周りの視線を感じて落ち着かない気分になった。

そんなふうに妙《みょう》な雰囲気《ふんいき》がしばらく続いた、ある日。授業が終わり、席で帰り支度《じたく》をしていると、一人の女子がみのりに聞こえるように云った。

「高橋さんて、藤崎君の絵とか描《か》いてるんだって。やっらしー」

問9　以下の選択肢は、本文を読んだ6人の生徒が、互いに意見を述べているものです。A～Fさんのうち、本文の趣旨《しゅし》にそぐわない発言をしている生徒を二人選び、記号で答えなさい。

A　大人になるまでに、どういった方向に「人間の根っこ」を伸ばしていくかが大切だよね。だから様々な出会いや経験の中で何を学び取れるかを考えながら、主体的に活動していくことが大切だと思うな。

B　この前医療がテーマの小説を読んだけど、作者はもともと医者だったと知ってびっくりしたよ。小説家は「文系」、医者は「理系」と思っていたけど、理系の方が文系よりも能力が高いってことだね。

C　地球温暖化に代表される環境問題は、まさに私たちの「選択」によって引き起こされた課題だね。人間の経済活動と自然保護を両立させるには、様々な視点からこの問題を検討することが求められているね。

D　私はこの学校を「選択」して受験しているけど、公立の中学に通う人は通う学校を「所与」されてるってことだよね。だから自分で学校を選択した私たちの方が深い教養を学べるってことだね。

E　立場が違うと問題のとらえ方が変わることってあるよね。お互いの立場を尊重しながら、どちらも納得する「最善の選択」を導き出すためには、問題の本質をしっかりととらえて考える力が必要だね。

F　これから中学生活を送る上で、様々な困難な状況に「遭遇」するかもしれないよね。そのときに後悔しない「選択」ができるように、日頃からしっかりとした教養を身につける必要があるよね。

二　次の文章を読んで、後の問いに答えなさい。

小学六年生で東京から山形の小さな分校に転校してきた高橋みのりは、優《やさ》しく聡明《そうめい》な藤崎怜《ふじさきれい》とぶっきらぼうで粗暴《そぼう》な西野隼人《はやと》という対照的な二人の男子と親しくなる。怜の母親の春美は持病を抱《かか》えながらも、何かとみのりを気づかってくれた。町の中学校に進学したみのりは美術部に入部した。美術部顧問《こもん》の恭子《きょうこ》先生は不愛想で怖《こわ》いと生徒たちから敬遠されがちだが、みのりは彼女《かのじょ》の飾《かざ》らない率直《そっちょく》な人柄《ひとがら》に好感を持っている。二年生になって、みのりや怜と同じクラスになった大島夏希《なつき》が怜に好意を抱《いだ》き、周囲にもそれを公言するようになった。

床掃除《ゆかそうじ》のためにどかした机をみのりが元の位置に戻《もど》していると、「ねぇ知ってる?」とさえずるような話し声が聞こえてきた。

「藤崎君のお母さんて、ビョーキなんだって。生まれつき身体が弱いらしいよ」

その言葉に、みのりは手を止めた。ええー、大変だね、とわざとらしいほど甲高《かんだか》い声が複数上がる。

夏希が※1神妙《しんみょう》な顔つきになり、うつむいた。①微《かす》かに目をうるませ、同情をたっぷりと含《ふく》んだ声で呟《つぶや》く。

「……藤崎君、かわいそう」

それを耳にした瞬間《しゅんかん》、考えるより先に、口を開いていた。

「怜は」

発した声が思った以上に大きく響《ひび》いて、夏希たちが驚《おどろ》いたようにこちらを見る。みのりはこわばった声で、けれど一言一言、はっきりと告げた。

「②怜は、かわいそうじゃ、ないと思う」

夏希が大きな目を瞠《みは》り、驚いたような表情でみのりを見つめた。

オ　数学における正しさは新たな解法の発見によって変わることがあるが、人間が生きていく上での幸福は時代が移っても変わることのないものだから。

問４　空欄部《くうらんぶ》 Ｘ に当てはまる言葉を本文の（中略）の前から漢字２字で抜き出して答えなさい。

問５　傍線部②「遭遇《そうぐう》という領域である」とありますが、本文で述べられている「遭遇」とはどのようなものですか。その説明として最も適するものを次の中から一つ選び、記号で答えなさい。

ア　わたしたちの人生にさまざまな可能性をもたらすもので、楽観的な人を幸運な結果へ、悲観的な人は不運な結果へと導く情け容赦《ようしゃ》のないもの。

イ　所与《しょよ》と選択の両方の側面を持ち、自分の人生を幸福なものにも、あるいは不幸なものにも変えてしまう力を持つ、人にとって恐るべきもの。

ウ　平和な時代には我々に幸福な所与をもたらすものであるが、不安定な社会では人びとから選択の余地を奪《うば》い、人びとを不幸に陥《おとしい》れるもの。

エ　我々が人生の中で出会うさまざまなもののことであり、主観的にとらえると選択となるが、客観的にみると所与ともとらえることができるもの。

オ　所与でも選択でもないが、与えられた人生において私たちの前に現れ、選択肢《せんたくし》を与えることによって私たちの人生を変化させるもの。

問６　傍線部③「理工系学生のもつべき教養」とありますが、これと同じ意味となる表現を本文中から16字で抜き出して答えなさい。

問７　傍線部④「『人間の根』としての教養」とありますが、その説明として最も適するものを次の中から一つ選び、記号で答えなさい。

ア　人間も木も地球上に生きる生命として、同等の価値を持つ存在であることに気づくための深い教養。

イ　その人の人生を豊かにするために必要な、その人の人間としての考え方、価値観《かちかん》の根底を支える教養。

ウ　高度な専門性を持つ研究を行う人にとって特に必要な、最先端《さいせんたん》の科学や技術を生み出すための教養。

エ　海外の知識人や研究者に自国の文化や歴史を正しく伝えるための、日本人として持つべき深い教養。

オ　大人になったときに恥ずかしい思いをしないための、子どものころから知っておくべき常識的な教養。

問８　本文における「教養」を学ぶことによって身に着けることができる能力を説明したものとして、ふさわしくないものを次の中から一つ選び記号で答えなさい。

ア　あることがらを多面的・多角的に考える能力。

イ　ある課題に対する複数の解決案を比較する能力。

ウ　よりよい選択肢を見つけ出し、選択する能力。

エ　正しい知識をひたすら大量に覚えこむ能力。

オ　物事を思慮《しりょ》深く検討し、困難を解決する能力。

ない。日照りが続くときには、地中に深く伸びた根でなければ、水を吸い上げることはできない。

木が倒《たお》れてしまわないのは、根を大地に深く、また広く伸ばしているからである。根がしっかり大地を踏《ふ》みしめているからこそ、木は大きくなることができるし、嵐《あらし》にも※3旱魃《かんばつ》にも耐《た》えることができる。

「教養は人間の根である」というのは、順風のなかにあるとき、その教養は、その人の幹と枝を育て、花を咲かせ、また、実をつけさせる。その人を美しく飾る。他方、人がさまざまな困難に遭遇するとき、その困難に打ち克《か》つ力となって、その人を守る。

教養ある人は、よりよい選択をすることによって身を守ることができ、よりよい人生を実現することができる。よい選択をするためには、わたしたちは、まず目の前に現れてくる選択肢を選択肢として認識できなければならない。これができなければ、わたしたちは大切な選択肢を見逃《みのが》してしまう。選択肢を選択肢として認識できる能力、複数の選択肢のなかから、よりよい選択肢、さらには最善の選択肢を選択するための能力、言い換《か》えれば、最善の選択を支えるのが教養である。

(桑子敏雄『何のための「教養」か』より)

注 ※1懇親会　参加した人々が互いに知り合い、また、親しみを深めるための会。

※2造詣　学問や芸術のある分野について、知識が広く理解が深く、すぐれていること。

※3旱魃　長い間雨が降らず、田畑などが乾いてしまうこと。ひでり。

問1　波線部(a)「ガンボウ」、(b)「トク」、(c)「カンシン」を漢字に直しなさい。送り仮名が必要な場合は、送り仮名も含《ふく》めて書くこと。

問2　本文には以下の文が抜《ぬ》けています。元に戻《もど》す場所として最も適するものを本文中の【A】~【E】の中から一つ選び、記号で答えなさい。

わたしたちは自らの誕生を選択《せんたく》することはできないからである。

問3　傍線部《ぼうせんぶ》①「この場合の『誤る』は、数学の解答を誤るという意味ではない」とありますが、それはなぜですか。その理由として最も適するものを次の中から一つ選び、記号で答えなさい。

ア　数学は答える際に論理的思考力が求められるが、人生の様々な場面での選択など、大きな意味での選択では己の直感を信じて選択しなければならないこともあるから。

イ　数学の解答は正しく解答すれば必ず一つの答えにたどり着くものだが、国語や社会などそれ以外の教科の選択問題は解答が複数あることも考えられるから。

ウ　数学は正解が一つに決まっているものだが、人生における選択は選ぶ時点で結果がわかるわけではなく、状況によって良い悪いが変化することもあるから。

エ　数学で間違《まちが》いを犯してもテストの点数が下がるだけで、長い目で見れば大した影響《えいきょう》はないが、人生の重要な選択を誤ると取り返しがつかないことになるから。

る。ただし、人生は、所与と選択だけによって成り立っているわけではない。人生には、所与でもなく、選択でもない広大な領域が広がっている。②遭遇《そうぐう》という領域である。

わたしたちは、人生のなかで、さまざまな人びとや出来事に出会う。遭遇する。この遭遇もまた「所与としての生きていること」と切っても切れない関係にある。所与をスタートとしてわたしたちの人生は進んでいくのであるが、そのなかでわたしたちはそれぞれにさまざまな人や出来事と出会うからである。しかし遭遇は所与ではない。選択でもない。

遭遇は選択ではないが、さまざまな遭遇は、他方でわたしたちにさまざまな選択肢を用意してくれる。人生の豊かさは、この所与と遭遇によって用意される選択のなかにある。いろいろな人と出会い、いろいろな出来事に出会う。人との遭遇、出来事との遭遇によってさらにさまざまな選択肢が現れてくる。そのなかの選択によって人生は変化してゆく。選択によって出会うさまざまな人や出来事や風景が人生の彩《いろど》りとなる。

ただ、遭遇もまた、時として、さまざまな困難な状況をもたらす。自然災害との遭遇もあり、危害を及ぼす人間との遭遇もある。そうした遭遇で迫《せま》られる選択に失敗すれば、その結果は不幸な結果になることもある。

（中略）

わたしが理工系大学で哲学《てつがく》を教えていたとき、③理工系学生のもつべき教養の大切さを（ｂ）トク教授たちもたくさんいたが、その多くは、教養を科学技術者が身に備えるべき「飾り」と考えていた。日本の科学技術者は、海外の学会に出席すると、※1懇親会《こんしんかい》のような交流の場で日本文化について質問を受ける。ところが、理工系の研究に専念してきた科学技術者、研究者は、日本文化の価値や意味についての問いに答えることも、あるいは自ら進んで紹《しょう》介《かい》することも、自分の意見を述べることもできない。とくに最近は、日本の文化について※2造詣《ぞうけい》のある海外の研究者も増えているので、質問も相当深い（ｃ）カンシンのもとに発せられる。

だから、「教養の大切さ」を感じた教授たちは、「学生には、教養を身につけさせなければならない。ただ、それは専門でとんがった能力をもつことが前提であるが」という。つまり研究者として成功するためには高度な専門性を、そして、恥《はじ》をかかないためには教養を、という考えである。このような意味での教養とは、理工系教育に加えるべき文系の知識である。科学技術の専門家であることに加えて、文化的教養人になることも大切だという思想である。

わたしは、教養の本質はもっと別のところにあると考えている。「飾りとしての教養」に対して、わたしは、現代の若者が身につけるべき教養は、枝葉や花としての教養ではないと思っている。それは、④「人間の根」としての教養である。これは「命綱《いのちづな》」に通じる思想である。

人間を一本の木にたとえるならば、その根っこにあたるのが教養である。一本の木が生長してゆくとき、その生長を支えるのが太い根である。根が丈夫《じょうぶ》でしっかりしていれば、木は大きく育つことができる。幹を太くし、枝を広げ、葉を茂《しげ》らせ、花を咲《さ》かせ、実をつける。地上に伸《の》びた木を地中で支えるのが根である。

木が生長しようとすると、ときには風が吹《ふ》く。強風で枝が折れることもある。雷《かみなり》が落ちれば、幹までが割れてしまうかもしれ

2023年度

公文国際学園中等部

【国語】〈A入試〉（五〇分）〈満点：一〇〇点〉

《注意》一、句読点や記号も一字に数えなさい。
二、記述問題の下書き欄《らん》は、下書き用に利用してかまいません。
三、作問の都合で、作品を一部改変したところがあります。

一　次の文章は桑子敏雄『何のための「教養」か』の一部です。本文を読んで、後の問いに答えなさい。（設問の都合により章ごとの見出しは省略しました。）

わたしたち人間が生きるということは、この地球上に命を与《あた》えられ、その命を維持《いじ》していくということを意味している。生まれるということは、命を与えられるということである。与えられるということは受け身である。【A】

他方、わたしたちは命をつなぐために、たくさんのことを選択する。「選択する」ということは、「選択肢《せんたくし》をもつ」ということ、さらに、「選択することができる」ということも意味している。

複数の選択肢のなかから選択することができるということは、選択の自由をもつということである。選択の自由があればこそ、わたしたちは、複数の選択肢から自らの意思でどれか一つを選ぶことができる。選択の存在こそ人間が自由であることの根幹に位置しているのである。【B】

ただ、選択が望みの結果をもたらすかどうかは、選択の時点で分かっているわけではない。わたしたちは選択を誤ることもある。①この場合の「誤る」は、数学の解答を誤るという意味ではない。正しい答えを出せなかったということではない。わたしたちは「正しい選択」というが、これは、数学の答えのような「正しさ」ではない。選択には、「よりよい選択」と「より悪い選択」、「どちらともつかない選択」がある。よりよい選択とは、わたしたちの（a）ガンボウの実現をもたらす選択、いわば幸福な状況をもたらす選択であり、そうでない選択が誤った選択、不幸をもたらす選択が悪い選択である。【C】

さらに、よい選択をしたと思っても、選択の状況が変化するなかで不運が生じることもある。順調に進んでいた仕事が突然《とつぜん》の地震《じしん》で行き詰《づ》まってしまうこともある。わたしたちは、こういう状況《じょうきょう》を運が悪いとか、不運だとかいう。【D】

選択を誤ることで、あるいは、不運に見舞《みま》われることで、わたしたちは困難な状況に陥《おちい》る。困難な状況に陥ってしまうことの分岐点《ぶんきてん》となった選択のことを「選択を間違った」とか、「選択が正しくなかった」、あるいは「選択はよかったが、運が悪かった」というのである。たしかに、「誤った選択」「正しくなかった選択」は回避《かいひ》したい。不運な出来事に出会うことも喜ばしいことではない。が、そういう選択をすること、そのような状況を生きることができることもまた、人間が［X］であるということに含《ふく》まれている。【E】

ここで命のように、「与えられているもの」を「所与《しょよ》」と呼ぶことにしよう。わたしたちは、与えられた命のもとで、すなわち、所与としての人生のうちにあって、選択する自由を与えられている。

所与と選択とが人間が存在するということの根本的な条件であ

2023年度

公文国際学園中等部　▶解説と解答

算　数　＜Ａ入試＞（50分）＜満点：100点＞

解　答

$\boxed{1}$ (1)　9　(2)　7　(3)　191　(4)　0.75　(5)　$12\frac{1}{3}$　$\boxed{2}$ (1)　25％　(2)　120円　(3)　129ｇ　(4)　100分　(5)　①　8個　②　44個　(6)　①　長方形　②　$32cm^3$

$\boxed{3}$ (1)　115個　(2)　6600円　(3)　46，47，48，49，50，51　(4)　$258cm^2$　(5)　3360m

$\boxed{4}$ (1)　51点　(2)　52点　(3)　5回　(4)　71点　$\boxed{5}$ (1)　12.56cm　(2)　25.12cm　(3)　59.032cm　(4)　32.656cm

解　説

$\boxed{1}$ **四則計算，逆算**

(1)　$11-2\times(8-6)\div2=11-2\times2\div2=11-2=9$

(2)　$\{15+(3\times8-1)\times3\}\div12=\{15+(24-1)\times3\}\div12=(15+23\times3)\div12=(15+69)\div12=84\div12=7$

(3)　$12\times\left(\frac{1}{7}+\frac{1}{8}+\frac{1}{9}\right)\div\frac{1}{42}=12\times\left(\frac{72}{504}+\frac{63}{504}+\frac{56}{504}\right)\times42=12\times\frac{191}{504}\times42=191$

〔ほかの解き方〕　$12\times\left(\frac{1}{7}+\frac{1}{8}+\frac{1}{9}\right)\div\frac{1}{42}=12\times\left(\frac{1}{7}+\frac{1}{8}+\frac{1}{9}\right)\times42=12\times42\times\left(\frac{1}{7}+\frac{1}{8}+\frac{1}{9}\right)=12\times42\times\frac{1}{7}+12\times42\times\frac{1}{8}+12\times42\times\frac{1}{9}=72+63+56=191$

(4)　$21-\{(4.625-2.5)\times16-13.75\}=21-(2.125\times16-13.75)=21-(34-13.75)=21-20.25=0.75$

(5)　$\frac{23}{20}\div\left\{2\frac{3}{20}-\left(\square+20\frac{2}{3}\right)\div20\right\}=2.3$より，$2\frac{3}{20}-\left(\square+20\frac{2}{3}\right)\div20=\frac{23}{20}\div2.3=\frac{23}{20}\div\frac{23}{10}=\frac{23}{20}\times\frac{10}{23}=\frac{1}{2}$，$\left(\square+20\frac{2}{3}\right)\div20=2\frac{3}{20}-\frac{1}{2}=\frac{43}{20}-\frac{10}{20}=\frac{33}{20}$，$\square+20\frac{2}{3}=\frac{33}{20}\times20=33$　よって，$\square=33-20\frac{2}{3}=32\frac{3}{3}-20\frac{2}{3}=12\frac{1}{3}$

$\boxed{2}$ **割合，相当算，濃《のう》度《ど》，仕事算，倍数，分割，体積**

(1)　1Ｌ＝1000mLより，2.4Ｌ＝2400mLである。したがって，600mLの2.4Lに対する割合は，$600\div2400=0.25$より，25％となる。

(2)　えんぴつ1本の値段を$\boxed{1}$とすると，消しゴム1個の値段は$\boxed{1.5}$と表せる。したがって，消しゴム3個とえんぴつ6本を買ったときの代金は，$\boxed{1.5}\times3+\boxed{1}\times6=\boxed{4.5}+\boxed{6}=\boxed{10.5}$となり，これが840円だから，$\boxed{1}=840\div10.5=80$(円)とわかる。よって，消しゴム1個の値段は，$\boxed{1.5}=80\times1.5=120$(円)と求められる。

(3)　加えた水と食塩の量の和は，$450-300=150$(ｇ)である。また，5％の食塩水300ｇには食塩が，$300\times0.05=15$(ｇ)含《ふく》まれ，8％の食塩水450ｇには食塩が，$450\times0.08=36$(ｇ)含まれるから，加えた食塩の量は，36－15＝21(ｇ)とわかる。よって，加えた水の量は，150－21＝129(ｇ)である。

⑷　プールの満水の水の量を，６と４の最小公倍数より，12とすると，１時間にＡ管だけで，12÷６＝２，Ｂ管だけで，12÷４＝３の水を入れることができる。したがって，はじめにＡ管だけで１時間入れると２の水が入り，次に両方で１時間入れると，２＋３＝５の水が入るから，最後にＢ管だけで，12－(２＋５)＝５の水を入れると満水になる。よって，Ｂ管だけで入れた時間は，５÷３＝$\frac{5}{3}$(時間)なので，60×$\frac{5}{3}$＝100(分)である。

⑸　３と４の最小公倍数は12なので，３の倍数でも４の倍数でもある数は12の倍数である。１～99までで12の倍数は，99÷12＝８あまり３より，８個あり，１～９までで12の倍数はないから，２けたの整数(10～99)のうち，12の倍数は８個(…①)ある。また，３の倍数は，１～99までの中に，99÷３＝33(個)あり，１～９までの中に，９÷３＝３(個)あるから，２けたの整数のうち，３の倍数は，33－３＝30(個)ある。同様に，99÷４＝24あまり３，９÷４＝２あまり１より，２けたの整数のうち，４の倍数は，24－２＝22(個)ある。よって，３の倍数と４の倍数の個数を合わせると，30＋22＝52(個)となるが，これは３の倍数でも４の倍数でもある８個の数を２回ずつ数えた個数だから，３の倍数または４の倍数である数は，52－８＝44(個)(…②)ある。

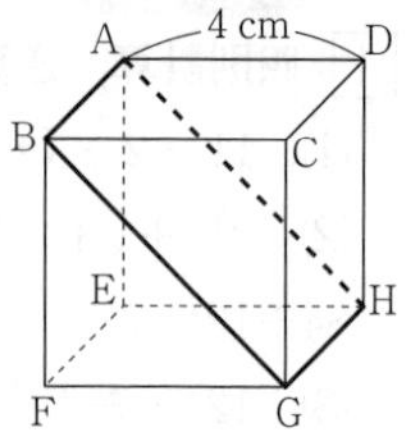

⑹　右の図のように，点Ａ，Ｇ，Ｈを含む平面は点Ｂを通るので，切り口の形は四角形ABGHとなり，これは長方形(…①)である。また，２つの立体のうち，点Ｃを含む立体の体積は，立方体の体積の半分になるから，４×４×４÷２＝32(cm^3)(…②)と求められる。

3　差集め算，比の性質，約束記号，図形と規則，表面積，旅人算

⑴　ＡはＢより２パック多いので，ＡとＢにそれぞれ卵を入れたときのようすは，右の図１のように表せる。Ａに入れたとき，最後の２パックに卵を入れなかったとすると，あまる個数は，10×２＝20(個)増えて，５＋20＝25(個)になるので，Ｂに入れたときよりも，25－７＝18(個)多くあまる。したがって，Ｂが□パックあるとすると，１パックあたり，12－10＝２(個)の差が□パック分集まったものが18個だから，□＝18÷２＝９(パック)とわかる。よって，卵は全部で，12×９＋７＝115(個)ある。

図１

					２パック		
Ａ	10個	10個	…	10個	10個	10個	５個あまる
Ｂ	12個	12個	…	12個			７個あまる

⑵　Ａさん，Ｂさん，Ｃさんが支《し》払《はら》った金額は，それぞれ最初の所持金の，１－$\frac{9}{11}$＝$\frac{2}{11}$(倍)，１－$\frac{5}{8}$＝$\frac{3}{8}$(倍)，１－$\frac{7}{12}$＝$\frac{5}{12}$(倍)であり，これらの金額は同じだから，Ａさん，Ｂさん，Ｃさんの最初の所持金の比は，$\left(1\div\frac{2}{11}\right):\left(1\div\frac{3}{8}\right):\left(1\div\frac{5}{12}\right)=\frac{11}{2}:\frac{8}{3}:\frac{12}{5}=\frac{165}{30}:\frac{80}{30}:\frac{72}{30}$＝165：80：72となる。これらの合計が12680円だから，比の，165＋80＋72＝317にあたる金額が12680円となり，比の１にあたる金額は，12680÷317＝40(円)と求められる。よって，Ａさんの最初の所持金は，40×165＝6600(円)とわかる。

⑶　$A\div 6-3.1$の小数第１位を四捨五入すると５になるから，$A\div 6-3.1$は4.5以上5.5未満である。したがって，4.5＋3.1＝7.6，5.5＋3.1＝8.6より，$A\div 6$は7.6以上8.6未満となる。よって，7.6×６＝45.6，8.6×６＝51.6より，Aは45.6以上51.6未満だから，あてはまる整数Aは，46，47，48，

49，50，51とわかる。

(4)　これらの立体で，右の図２の太線で囲んだような部分を底面とする角柱とみると，各立体の底面積は，１番目では，$1=1\times1$(cm^2)，２番目では，$1+3=4=2\times2$(cm^2)，３番目では，$1+3+5=9=3\times3$(cm^2)，…のようになるので，10番目では，$10\times10=100$(cm^2)となる。また，側面積は，縦の長さが１cmで，横の長さが底面の周(太線)の長さである長方形の面積と等しい。各立体の底面の周の長さを，縦の辺と横の辺に分けて考えると，１番目では，$1\times2+1\times2=4$(cm)，２番目では，$2\times2+3\times2=10$(cm)，３番目では，$3\times2+5\times2=16$(cm)，…のようになる。したがって，側面積は，１番目では４cm^2，２番目では10cm^2，３番目では16cm^2，…のように６cm^{2}ずつ増えていくから，10番目では，$4+6\times(10-1)=58$(cm^2)となる。よって，10番目の立体の表面積は，$100\times2+58=258$(cm^2)と求められる。

図２

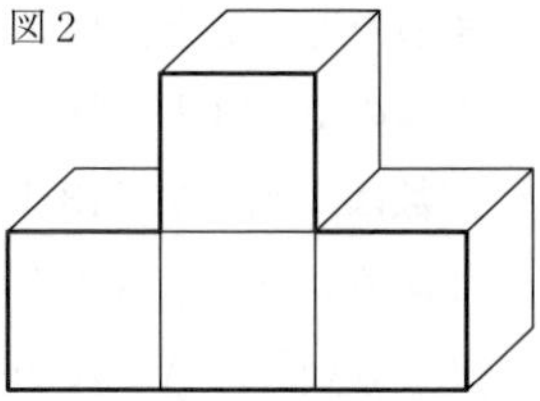

(5)　ＣさんとＡさんがすれ違《ちが》うまでに３人が歩いたようすは右の図３のようになる。このときから３分後にＣさんとＢさんがすれ違うので，図３のときのＣさんとＢさんの間の道のりは，$(75+65)\times3=420$(m)とわかる。したがって，図３のときまでにＡさんとＢさんが歩いた道のりの差も420mとなり，ＡさんはＢさんよりも１分あたり，$85-65=20$(m)多く歩くから，ＡさんとＣさんがすれ違ったのは出発してから，$420\div20=21$(分後)とわかる。よって，池の周りの長さは，$(75+85)\times21=3360$(m)と求められる。

図３

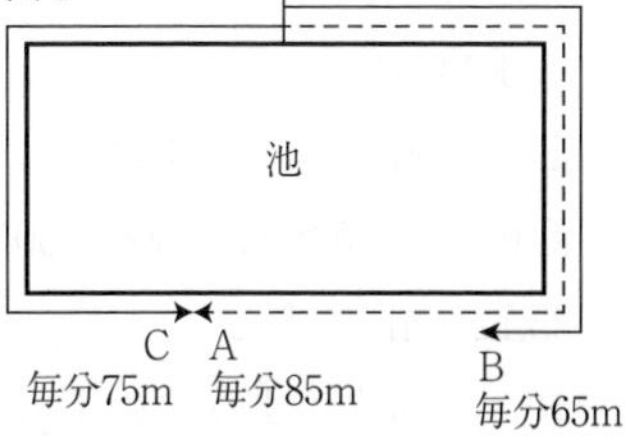

4　差集め算，つるかめ算，和差算

(1)　Ａさんの持ち点は，３回勝ったことによって，$3\times3=9$(点)加わり，５回負けたことによって，$2\times5=10$(点)引かれ，２回のあいこによって，$1\times2=2$(点)加わったから，$50+9-10+2=51$(点)になったとわかる。

(2)　Ａさんのあいこと負けの回数の和は，$10-4=6$(回)である。また，Ａさんの持ち点は，４回勝ったことによって，$3\times4=12$(点)加わり，10回で加わった点数の合計は，$62-50=12$(点)だから，あいこによって加わった点数と負けによって引かれた点数は同じである。そこで，あいこが○回，負けが□回だったとすると，$1\times$○$=2\times$□と表せる。したがって，○：□$=\frac{1}{1}:\frac{1}{2}=2:1$だから，○$=6\times\frac{2}{2+1}=4$(回)，□$=6-4=2$(回)とわかる。よって，Ｂさんは４回負けて，４回あいこで，２回勝ったことになるから，(1)と同じように考えると，Ｂさんの持ち点は，$50-2\times4+1\times4+3\times2=50-8+4+6=52$(点)になったとわかる。

(3)　あいこのとき，２人の持ち点の合計は，$1+1=2$(点)増える。また，勝ち負けが決まったとき，勝った方に３点加わり，負けた方から２点引かれるので，２人の持ち点の合計は，$3-2=1$(点)増える。もし，15回とも勝ち負けが決まったとすると，増える持ち点の合計は，$1\times15=15$(点)となり，実際に増えた持ち点の合計よりも，$20-15=5$(点)少ない。勝ち負けの決まった回数が１回減り，あいこの回数が１回増えるごとに，増える持ち点の合計は，$2-1=1$(点)ずつ多くなるから，あいこになった回数は，$5\div1=5$(回)と求められる。

(4)　20回で増えた持ち点の合計は，127－50×２＝27(点)である。もし，20回とも勝ち負けが決まったとすると，増える持ち点の合計は，１×20＝20(点)となり，実際よりも，27－20＝７(点)少ないので，(3)と同様に考えると，あいこになった回数は，７÷１＝７(回)で，勝ち負けが決まった回数は，20－７＝13(回)とわかる。つまり，Ａさんが勝った回数とＢさんが勝った回数の和は13回である。また，Ａさんの方がＢさんより３回多く勝ったから，Ｂさんが勝った回数は，(13－３)÷２＝５(回)，Ａさんが勝った回数は，５＋３＝８(回)と求められる。よって，Ａさんは８回勝ち，５回負け，７回あいこだったから，Ａさんの持ち点は，50＋３×８－２×５＋１×７＝50＋24－10＋７＝71(点)になったとわかる。

5　平面図形―図形の移動，長さ

(1)　１回転がるとき，180－60＝120(度)回転するので，１回転するまでに，右の図①のように転がる。このとき，点Ａが動いた部分は図１の太線部分となるから，その長さは，$3\times2\times3.14\times\frac{120}{360}\times2=12.56$(cm)と求められる。

図①
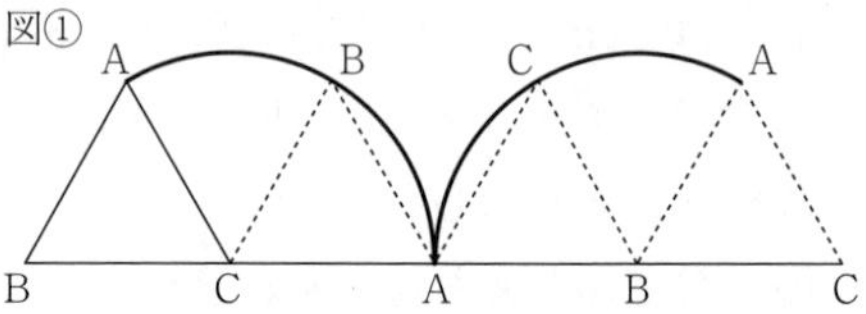

(2)　１周するようすは下の図②のようになり，点Ａが動いた部分は図②の太線部分となる。１回で回転する角度は，360－60×２＝240(度)だから，太線部分の長さは，$3\times2\times3.14\times\frac{240}{360}\times2=25.12$(cm)である。

(3)　１周するようすは下の図③のようになり，点Ａが動いた部分は図③の太線部分となる。正五角形の１つの内角の大きさは，180×(５－２)÷５＝540÷５＝108(度)なので，正五角形の頂点のまわりを回転するときは，360－108－60＝192(度)回転する。また，正五角形の辺上を転がるときは120度回転するので，太線部分の長さは，半径３cm，中心角192度のおうぎ形の弧《こ》４つ分と，半径３cm，中心角120度のおうぎ形の弧３つ分の和に等しくなる。よって，$3\times2\times3.14\times\frac{192}{360}\times4+3\times2\times3.14\times\frac{120}{360}\times3=12.8\times3.14+6\times3.14=18.8\times3.14=59.032$(cm)と求められる。

(4)　１周するようすは下の図④のようになり，点Ａが動いた部分は図④の太線部分となる。正五角形の頂点のまわりを回転するときは，108－60＝48(度)回転し，正五角形の辺上を転がるときは120度回転するので，太線部分の長さは，半径３cm，中心角48度のおうぎ形の弧３つ分と，半径３cm，中心角120度のおうぎ形の弧４つ分の和に等しくなる。よって，$3\times2\times3.14\times\frac{48}{360}\times3+3\times2\times3.14\times\frac{120}{360}\times4=2.4\times3.14+8\times3.14=10.4\times3.14=32.656$(cm)と求められる。

図②
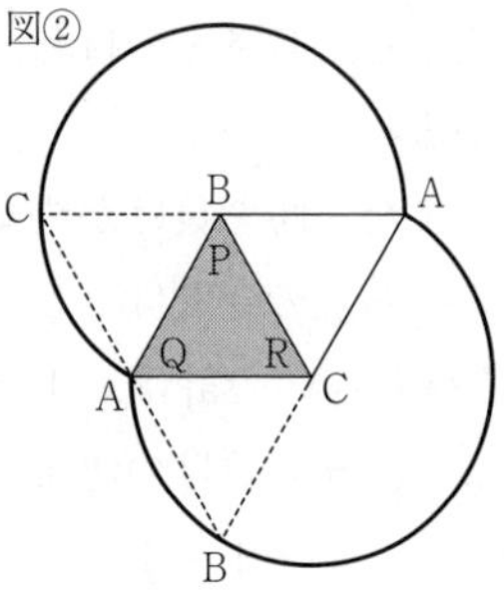

図③
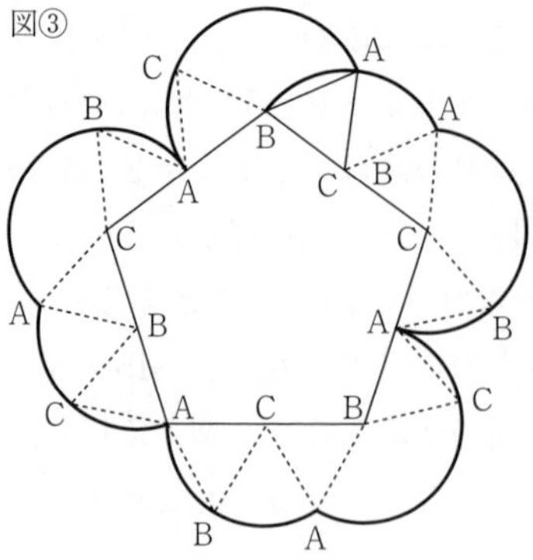

図④
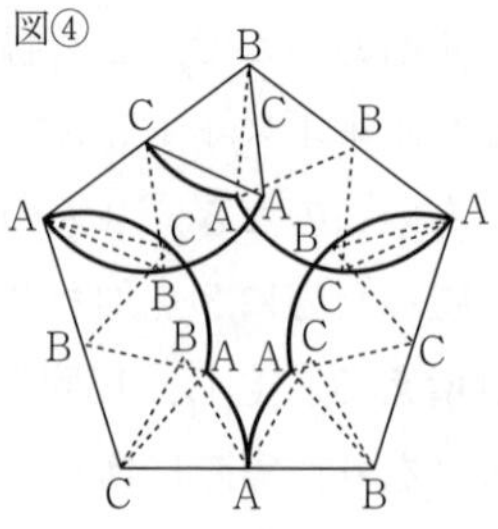

数　学 ＜Ａ入試＞（50分）＜満点：100点＞

解　答

1 (1) $3\frac{5}{24}$　(2) $\frac{3}{4}$　(3) $1\frac{17}{24}$　(4) 6　(5) $\frac{2}{3}$　(6) 10.26　(7) 2.7　(8) 72

2 (1) $\frac{11}{3}$　(2) $\frac{3}{8}$　(3) 60(枚)　(4) (例) $a\times a+a\times a+a=2a^2+a$　(5) ① $\frac{-7x+3y}{18}$　② $\sqrt{15}$　(6) $A=6$, $B=24$　(7) ① $3(2x-3)(5x+2)$　② $(2x-y)(x-y)^2$　(8) $c=\frac{2a}{b}+d$　(9) ① $x=30$　② $-2<x<-\frac{7}{4}$

3 (1) (例) $x+y=490$, $0.05x-0.04y=2$　(2) **男子**…252人，**女子**…240人

4 (1) $x=\frac{-b\pm\sqrt{b^2-4ac}}{2a}$　(2) ① $3\sqrt{5}$　② $\frac{27-9\sqrt{5}}{2}$

5 (1) (1, 8)　(2) $\left(-\frac{1}{2},\ \frac{7}{2}\right)$　(3) $y=6x+6$　(4) $\frac{13}{4}$

解　説

1 四則計算

(1) $\frac{5}{8}+2\frac{7}{12}=\frac{15}{24}+2\frac{14}{24}=2\frac{29}{24}=3\frac{5}{24}$

(2) $1\frac{3}{14}\times\frac{21}{34}=\frac{17}{14}\times\frac{21}{34}=\frac{3}{4}$

(3) $7\frac{1}{8}-6\frac{2}{3}+1\frac{1}{4}=7\frac{3}{24}-6\frac{16}{24}+1\frac{6}{24}=6\frac{27}{24}-6\frac{16}{24}+1\frac{6}{24}=\frac{11}{24}+1\frac{6}{24}=1\frac{17}{24}$

(4) $7\times3-12\div(9-5)\times5=21-12\div4\times5=21-3\times5=21-15=6$

(5) $\left(\frac{1}{6}+\frac{1}{4}\right)\div\left\{\frac{3}{4}-3\times\left(\frac{1}{6}-\frac{1}{8}\right)\right\}=\left(\frac{2}{12}+\frac{3}{12}\right)\div\left\{\frac{3}{4}-3\times\left(\frac{4}{24}-\frac{3}{24}\right)\right\}=\frac{5}{12}\div\left(\frac{3}{4}-3\times\frac{1}{24}\right)=\frac{5}{12}\div\left(\frac{3}{4}-\frac{1}{8}\right)=\frac{5}{12}\div\left(\frac{6}{8}-\frac{1}{8}\right)=\frac{5}{12}\div\frac{5}{8}=\frac{5}{12}\times\frac{8}{5}=\frac{2}{3}$

(6) $1.35\times7.6=10.26$

(7) $20.23\div7\times\frac{1}{17}+2.3\times\frac{11}{10}=\frac{2023}{100}\times\frac{1}{7}\times\frac{1}{17}+\frac{23}{10}\times\frac{11}{10}=\frac{17}{100}+\frac{253}{100}=\frac{270}{100}=2.7$

(8) $-8^2\times6^3\div\left(-\frac{4}{3}\right)^3\times\left(\frac{1}{9}\right)^2=-64\times216\div\left(-\frac{64}{27}\right)\times\frac{1}{81}=64\times216\times\frac{27}{64}\times\frac{1}{81}=72$

2 数の大小，逆算，一次方程式の応用，式の完成，式の計算，平方根の計算，式の展開，因数分解，等式の変形，一次方程式，連立不等式

(1) $\frac{4}{7}=4\div7=0.57\cdots$より，$3\frac{4}{7}=3.57\cdots$である。また，$\frac{11}{3}=11\div3=3.66\cdots$だから，$3\frac{4}{7}$，$\frac{11}{3}$，3.6のうち，一番大きな数は$\frac{11}{3}$とわかる。

(2) $\frac{3}{7}\div\square=1\frac{1}{7}$より，$\square=\frac{3}{7}\div1\frac{1}{7}=\frac{3}{7}\div\frac{8}{7}=\frac{3}{7}\times\frac{7}{8}=\frac{3}{8}$

(3) 最初のカードの枚数をx枚とすると，姉が取った枚数は$\frac{1}{4}x$枚なので，姉が取った残りは，$x-\frac{1}{4}x=\frac{3}{4}x$(枚)である。この$\frac{2}{3}$を妹が取ったから，妹が取った枚数は，$\frac{3}{4}x\times\frac{2}{3}=\frac{1}{2}x$(枚)で，最後に残った枚数は，$\frac{3}{4}x-\frac{1}{2}x=\frac{1}{4}x$(枚)となる。これが15枚だから，$\frac{1}{4}x=15$が成り立ち，両辺に4をかけると，$x=60$(枚)となる。

(4) $2a^2+a=a^2\times2+a=(a\times a)\times2+a$だから，$a\times a$を2個と$a$をたす計算にすればよい。よって，答えは，$a\times a+a\times a+a=2a^2+a$などとなる。

(5) ① $\frac{1}{6}(x-3y)-\frac{1}{9}(5x-6y)=\frac{3(x-3y)}{18}-\frac{2(5x-6y)}{18}=\frac{3x-9y}{18}-$

$\frac{10x-12y}{18}=\frac{3x-9y-10x+12y}{18}=\frac{-7x+3y}{18}$　② $\frac{3\sqrt{6}+6\sqrt{5}}{\sqrt{3}}=\frac{3\sqrt{6}}{\sqrt{3}}+\frac{6\sqrt{5}}{\sqrt{3}}=3\sqrt{\frac{6}{3}}+\frac{6\sqrt{5}\times\sqrt{3}}{\sqrt{3}\times\sqrt{3}}=3\sqrt{2}+\frac{6\sqrt{15}}{3}=3\sqrt{2}+2\sqrt{15}$，$\sqrt{3}(\sqrt{5}+\sqrt{6})=\sqrt{15}+\sqrt{18}=\sqrt{15}+3\sqrt{2}$ より，$\frac{3\sqrt{6}+6\sqrt{5}}{\sqrt{3}}-\sqrt{3}(\sqrt{5}+\sqrt{6})=(3\sqrt{2}+2\sqrt{15})-(\sqrt{15}+3\sqrt{2})=3\sqrt{2}+2\sqrt{15}-\sqrt{15}-3\sqrt{2}=\sqrt{15}$

(6)　$(2x+A)(x^2-3x+4)$を展開すると，$2x^3-6x^2+8x+Ax^2-3Ax+4A=2x^3+Ax^2-6x^2+8x-3Ax+4A=2x^3+(A-6)x^2+(8-3A)x+4A$となる。これと，$2x^3-10x+B$が同じ式だから，2つの式で次数が同じ項《こう》の係数を比《ひ》較《かく》すると，$A-6=0$…㋐，$8-3A=-10$…㋑，$4A=B$…㋒が成り立つ。㋐より，$A=6$となり，㋑より，$-3A=-18$，$A=6$となる。よって，$A=6$を㋒に代入すると，$B=4\times6=24$となる。

(7)　①　まず，共通因数の3でくくると，$30x^2-33x-18=3(10x^2-11x-6)$となる。ここで，$10x^2=2x\times5x$，$-6=(-3)\times2$，$2x\times2+5x\times(-3)=4x-15x=-11x$より，$10x^2-11x-6=(2x-3)(5x+2)$となる。よって，$30x^2-33x-18=3(2x-3)(5x+2)$である。　②　$2x-y=A$とおくと，$x^2(2x-y)-y(2x-y)^2=x^2A-yA^2=A(x^2-yA)$となり，$A$をもとにもどすと，$(2x-y)\{x^2-y(2x-y)\}=(2x-y)(x^2-2xy+y^2)=(2x-y)(x-y)^2$となる。

(8)　ここでは，$b\neq0$として考える。$a=\frac{1}{2}b(c-d)$の両辺を2倍してbでわると，$\frac{2a}{b}=c-d$となる。よって，$-d$を移項して両辺を入れかえると，$c=\frac{2a}{b}+d$となる。

(9)　①　$\frac{2}{5}x-\frac{3x+1}{7}=-1$の両辺を35倍して解くと，$14x-5(3x+1)=-35$，$14x-15x-5=-35$，$14x-15x=-35+5$，$-x=-30$，$x=30$となる。　②　$3x+2<5x+6$…㋐，$0.5x+2.3>0.9x+3$…㋑とする。㋐より，$3x-5x<6-2$，$-2x<4$，$x>-2$…㋒　㋑×10より，$5x+23>9x+30$，$5x-9x>30-23$，$-4x>7$，$x<-\frac{7}{4}$…㋓　㋒，㋓より，$-2<x<-\frac{7}{4}$

3　連立方程式の応用

(1)　昨年の男子の人数をx人，女子の人数をy人とすると，昨年の生徒数の合計は490人なので，$x+y=490$…①が成り立つ。また，男子は5％増加し，女子は4％減少したので，男子の増加した人数は，$x\times0.05=0.05x$(人)，女子の減少した人数は，$y\times0.04=0.04y$(人)となり，全体で2人増加したから，$0.05x-0.04y=2$…②が成り立つ。

(2)　②×100より，$5x-4y=200$…②′　①×4より，$4x+4y=1960$…①′　②′＋①′より，$9x=2160$，$x=240$　これを①に代入して，$240+y=490$，$y=250$　したがって，昨年の男子の人数は240人，女子の人数は250人だから，男子の増加した人数は，$240\times0.05=12$(人)，女子の減少した人数は，$250\times0.04=10$(人)となる。よって，今年の男子の人数は，$240+12=252$(人)，女子の人数は，$250-10=240$(人)とわかる。

4　二次方程式，三平方の定理，相似

(1)　$ax^2+bx+c=0$の両辺をaでわると，$x^2+\frac{b}{a}x+\frac{c}{a}=0$となり，移項すると，$x^2+\frac{b}{a}x=-\frac{c}{a}$

となる。さらに，xの係数の半分の２乗を両辺に加えると，$x^2+\frac{b}{a}x+\left(\frac{b}{2a}\right)^2=-\frac{c}{a}+\left(\frac{b}{2a}\right)^2$，$\left(x+\frac{b}{2a}\right)^2=-\frac{c}{a}+\frac{b^2}{4a^2}$，$\left(x+\frac{b}{2a}\right)^2=\frac{-4ac}{4a^2}+\frac{b^2}{4a^2}$，$\left(x+\frac{b}{2a}\right)^2=\frac{b^2-4ac}{4a^2}$となる。よって，$x+\frac{b}{2a}=\pm\frac{\sqrt{b^2-4ac}}{2a}$より，$x=-\frac{b}{2a}\pm\frac{\sqrt{b^2-4ac}}{2a}$，つまり，$x=\frac{-b\pm\sqrt{b^2-4ac}}{2a}$となる。

(2)　①　右の図で，折り返しているので，AQ＝AB＝９である。よって，△ADQで三平方の定理より，$DQ=\sqrt{AQ^2-AD^2}=\sqrt{9^2-6^2}=\sqrt{45}=3\sqrt{5}$となる。　②　△QCPと△ADQにおいて，∠AQP＝∠ABP＝90°より，∠CQP＝180°－90°－∠AQD＝90°－∠AQDで，△ADQの内角の和より，∠DAQ＝180°－∠ADQ－∠AQD＝180°－90°－∠AQD＝90°－∠AQDだから，∠CQP＝∠DAQとなる。これと，∠QCP＝∠ADQ＝90°より，２組の角がそれぞれ等しいので，△QCP∽△ADQとわかる。よって，PQ：QA＝QC：ADとなり，QA＝９，$QC=CD-DQ=9-3\sqrt{5}$，AD＝６だから，$PQ:9=(9-3\sqrt{5}):6$，$6PQ=81-27\sqrt{5}$，$PQ=\frac{27-9\sqrt{5}}{2}$と求められる。

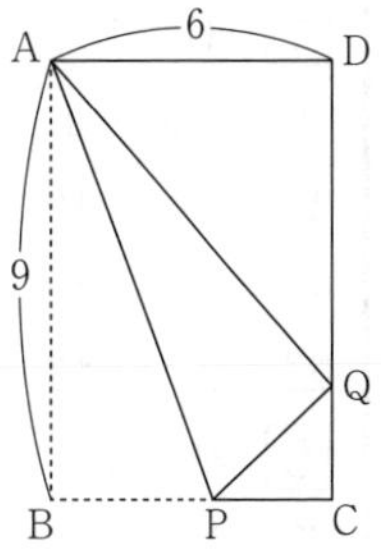

5　放物線と直線

(1)　$-2x^2+4x+6$を$a(x-m)^2+n$の形に変形すると，$-2x^2+4x+6=-2(x^2-2x)+6=-2(x^2-2x+1)+2+6=-2(x-1)^2+8$となるので，放物線の式は，$y=-2(x-1)^2+8$と表せる。よって，頂点の座標は(１，８)である。

(2)　①の直線の傾《かたむ》きは６なので，その式を$y=6x+b$とおくと，点$\left(-1,\ \frac{1}{2}\right)$を通るので，$\frac{1}{2}=6\times(-1)+b$，$\frac{1}{2}=-6+b$，$b=\frac{13}{2}$より，①の直線の式は，$y=6x+\frac{13}{2}$となる。この式と放物線の式$y=-2x^2+4x+6$から$y$を消去して解くと，$6x+\frac{13}{2}=-2x^2+4x+6$，$12x+13=-4x^2+8x+12$，$4x^2+4x+1=0$，$(2x+1)^2=0$，$2x+1=0$より，$x=-\frac{1}{2}$となる。これを$y=6x+\frac{13}{2}$に代入して，$y=-3+\frac{13}{2}=\frac{7}{2}$より，$A\left(-\frac{1}{2},\ \frac{7}{2}\right)$である。

(3)　点Ｂは放物線$y=-2x^2+4x+6$上にあり，y座標が０なので，$-2x^2+4x+6=0$を解くと，$x^2-2x-3=0$，$(x+1)(x-3)=0$より，$x=-1$，３となり，Ｂ(－１，０)とわかる。また，①の直線と交わらない直線は，①の直線と平行な直線なので，Ｂを通り，傾きが６の直線の式を求めればよい。よって，その式を，$y=6x+c$とおき，$x=-1$，$y=0$を代入すると，$0=-6+c$，$c=6$となるから，$y=6x+6$である。

(4)　(3)の直線の式と放物線の式からyを消去して解くと，$6x+6=-2x^2+4x+6$，$2x^2+2x=0$，$2x(x+1)=0$より，$x=0$，－１となり，－１は点Ｂのx座標だから，点Ｃのx座標は０である。これを$y=6x+6$に代入すると，$y=0+6=6$となるから，Ｃ(０，６)である。すると，点Ａ，Ｂ，Ｃは右の図のようになる。ここで，直線$y=6x+\frac{13}{2}$とy軸《じく》の交点$\left(0,\ \frac{13}{2}\right)$をＤとすると，AD∥BCより，△ABCと△DBCは底辺をBCとみたときの高さが等しいので，△ABC＝△DBCである。したがって，四角形ABOC＝△ABC＋△BOC＝△DBC＋△BOC＝△BODとなる。△BODは直角三角形で，BO＝０－(－１)＝１，$OD=\frac{13}{2}$だから，求める面積は，$\frac{1}{2}\times1\times\frac{13}{2}=\frac{13}{4}$とわかる。

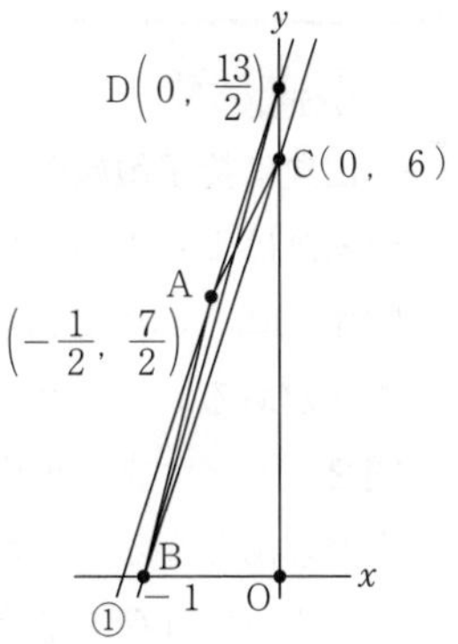

英　語　＜Ａ入試＞（50分）＜満点：100点＞

※解説は編集上の都合により省略させていただきました。

解　答

1 (1) 4　(2) 2　(3) 3　(4) 2　(5) 1　(6) 3　(7) 4　(8) 1　(9) 4　(10) 1　(11) 2　(12) 3　(13) 3　(14) 3　(15) 2　2 (16) (a) 5 (b) 1　(17) (a) 4 (b) 1　(18) (a) 5 (b) 4　(19) (a) 4 (b) 2　(20) (a) 5 (b) 4　3 (21) （例） 全ての悪い状況下にもよい側面があるということ。　(22) 2　(23) 3　(24) 4　4 (25) 3　(26) 4　(27) 2　(28) めんどり　5 (29) 3　(30) 3　(31) （例） アプリに何を書きこむかは生徒次第だから。　(32) ア)　(33) 1

国　語　＜Ａ入試＞（50分）＜満点：100点＞

解　答

一 **問1** 下記を参照のこと。　**問2** A　**問3** ウ　**問4** 自由　**問5** オ　**問6** 理工系教育に加えるべき文系の知識　**問7** イ　**問8** エ　**問9** B，D　二 **問1** (a) ア (b) ウ (c) エ　**問2** **A** イ **B** ウ **C** オ **D** エ **E** ア　**問3** オ　**問4** イ　**問5** ア　**問6** エ　**問7** イ　**問8** （例） 周囲の無理解や心ない悪意に負けない精神的な強さを持ち，自分自身を構築している全てのものに対する大切な思いをしっかりと守りながら，自らの心に照らして恥じることのない行動をとれるようになること。　三 **問1** ① 一日のうち何度も　② 昨日書いたことは何もかも忘れた頭　③ これ以上いじると悪くなる　**問2** ① （例） 文化というのは日常と深く関わっている　② （例） 価値観の狭間に立たされて生きていかなくてはならない人たちが，そうありたいと望む方向に生きていく

●漢字の書き取り

一 **問1** (a) 願望　(b) 説く　(c) 関心

解　説

一 **出典は桑子《くわこ》敏雄《としお》の『何のための「教養」か』による。**人生には所与《しょよ》と選択《せんたく》と遭遇《そうぐう》があるが，教養があればよりよい選択をし，よりよい人生が実現できると述べられている。

問1 (a) こうであってほしいと願い，望むこと。　(b) 音読みは「セツ」で，「説明」などの熟語がある。　(c) 興味を持つこと。

問2 もどす文は理由を示す「からである」で終わっているので，生まれることに関して，もどす文が理由となることが前に書かれている場所に入れればよい。よって，生まれるとは，自分以外の人によって「命を与《あた》えられるということ」だと前に書かれている【A】にもどすのがよい。

問3 続く部分に注意する。数学の正答は一つに決まっているが，人生での選択は「よりよい選

択」「より悪い選択」「どちらともつかない選択」があり，さらには状況《じょうきょう》が変化することで不運が生じ，よかったはずの選択が悪い選択になってしまうこともあるのだから，ウがあてはまる。

問４　誤った選択や正しくない選択をしたり，不運なできごとに出会ったりすることも「自らの意思」で選んだ結果である。二段落目の最後の文に，「選択の存在こそ人間が自由であることの根幹に位置している」とあるので，Ｘには「自由」が入る。

問５　続く部分に，遭遇は所与でも選択でもなく，遭遇によって選択肢《し》が現れ，その選択によって人生はよく変化する場合も悪く変化する場合もあるということが述べられている。よって，オがふさわしい。

問６　ぼう線部③の「教養」とは，理工系大学の教授が理工系学生にとって必要だと考える教養のことなので，次の段落にある「理工系教育に加えるべき文系の知識」がぬき出せる。

問７　続く部分から考える。ぼう線部④は，人間の成長を支え，豊かな人生を実現し，困難に遭遇したら打ち克《か》つ力となってその人を守るものであり，人生の選択肢を選択肢として認識《にんしき》し，最善の選択を支える教養をいうのだから，イが適当といえる。

問８　筆者が言う「教養」とは，人生でよりよい選択をすることで身を守り，よりよい人生を実現するためのものである。よって，最善の選択をするための思考力や問題解決能力にはあたらないエがふさわしくない。

問９　「理系の方が文系よりも能力が高」く，「所与」されるより「選択」したほうが「深い教養」を学べるとは書かれていないので，ＢとＤが選べる。

二　**出典は彩坂美月《あやさかみつき》の『向日葵《ひまわり》を手折《たお》る』による。**友人の怜《れい》をめぐってクラスの女子から嫌《いや》がらせを受けているみのりに，恭子《きょうこ》先生は「生き残って，大人になれ」と言葉をかける。

問１　(a)　いぶかしそうな。不審《ふしん》そうな。　(b)　わざと本人に聞こえるように，悪口などを言うようす。　(c)　「腑《ふ》に落ちる」は，“納得できる，合点《がてん》がいく”という意味。

問２　Ａ　不穏《ふおん》な空気を漂《ただよ》わせながらみのりのほうを見ては悪口を言っていたのだから，「遠巻きに」見つめていたと思われる。「遠巻きに」は，近くに寄らずに，遠くのほうから取り囲むようす。　Ｂ　「ごまかし」たのだから，はっきりしないようすをいう「曖昧《あいまい》に」が合う。　Ｃ　みのりに聞こえるようにあてこすりを言ったのだから，「あからさまに」冷やかしたことになる。「あからさまに」は，かくすことなく，明らかなようす。　Ｄ　みのりが怜になれなれしくすることが許せないと，みのりにあてこすりを言う女子たちもくだらないと思っているが，女子たちの敵意のある言動に気おされているみのりの弱さにも，隼人《はやと》は驚《おどろ》いている。そのため，みのりを「まじまじと」見たのである。「まじまじと」は，じっと見つめるようす。　Ｅ　「説明しがたい感情が胸に広がって」にかかる言葉が入るので，感情が広がっていくようすを表す「もやもやと」が合う。

問３　後のみのりと恭子との会話の部分に注目する。みのりにとって「藤崎《ふじさき》君，かわいそう」という夏希《なつき》の言葉は，怜に同情することで恋愛《れんあい》という「物語」の主人公に自分をなぞらえ，酔《よ》っているように感じられたのだから，オがあてはまる。

問４　クラスの女子とのやり取りを聞いた恭子とみのりとのやり取りに注意する。怜やその母親の春美と親しいみのりは，さまざまな側面を持つ怜や春美の全てを，彼らが聞いたら悲しむであろう「かわいそう」という言葉でくくられてしまうことに違和《いわ》感を持ったのだから，イが合う。

問５　ぼう線部③の二つ後と三つ後の段落に注目する。隼人の言葉は威厳《いげん》とすらいえるような，「正しいと信じることをまっすぐ伝えようとする力」をともない，これに対して女子たちは気まずく感じたのだから，アがよい。

問６　「ますます」心がしぼんだとは，みのりがすでに女子たちからの嫌がらせで傷ついていたことを表している。怜との関係を悪意をもって取りざたされ，「怜」と呼ぶことへの迷いをつい口にしたが隼人に否定され，ものおじしない隼人に比べて弱い自分を自覚したみのりは，情けなくなっている。

問７　回想場面はなく，時系列で物語が展開しているので，イが選べる。

問８　「生き残る」とは，クラス内で嫌がらせを受けても，その無理解や心ない悪意に負けない精神的な強さを持つことを意味すると考えられる。また，恭子先生は，人はいろいろなものが積み重なって構築されていると話し，怜の全てを「かわいそう」という言葉でくくられたことに対して，怜を大切に思うからこそみのりは反発を感じたのだろうと言っている。嫌がらせを受けて心がゆらいだ弱い自分をみのりは恥《は》じているが，自分を構築し，自身が大切にしているものを守りぬく強さを持ち，自分の心に照らして恥じない行動をとれることが「大人になる」ことと考えられる。

三　出典は多和田葉子《たわだようこ》の『言葉と歩く日記』，上橋菜穂子《うえはしなほこ》，瀧晴巳《たきはるみ》の『物語ること，生きること』による。前者は推敲《すいこう》について述べた内容，後者は，アボリジニのような少数派の民族の文化における生き方の選択の難《むずか》しさを取り上げた内容。

問１　①　「同じ箇所《かしょ》を」と「読み返して」とにはさまれた部分なので，〈本文〉でも同じ言葉にはさまれた「一日のうち何度も」が入る。　②　前後に注目する。〈本文〉の「一晩寝かせておいて」と「で読み返してみると」との間に，「昨日書いたことは何もかも忘れた頭」という言葉がある。　③　前後と似た内容が〈本文〉にもないかを探すとよい。「同じ作業を繰《く》り返すと」と「に変わる瞬間《しゅんかん》が訪《おとず》れる」との間に，「これ以上いじると悪くなる」という表現が見つかる。

問２　①　〈本文〉の最初の一文の内容は〈要約文〉の最初の部分で取り上げられ，「だが」という前のことがらに対し，後のことがらが対立する関係にあることを表す言葉で①に接続している。よって，同じ逆接の「でも」で始まる〈本文〉の二文目の「文化というのは日常の暮らしと深く関わっている」という内容が入る。　②　〈本文〉の後半では，アボリジニのようなマイノリティの人たちが「伝統文化」を守ることをやめ，「いまの生活」を望もうとすると非難を浴びる場合があることが問題にされている。アボリジニのような人たちを「伝統文化」と「いまの生活」という二つの「価値観の狭間《はざま》に立たされて生きていかなくてはならない人たち」とし，彼《かれ》らが「そうありたいと望む方向」に生きていくためには何をどう選択すればよいかを考えねばならない，とまとめる。

2023年度 公文国際学園中等部

【算　数】〈Ｂ入試〉(50分)〈満点：100点〉

《注意》解答用紙に図をかくときは，定規やコンパスを使う必要はありません。

1 次の $\square$ にあてはまる数を求めなさい。

(1) $15-(21-3\times4+3)=\square$

(2) $35\div(7-4\div2)+(5+2)\times5=\square$

(3) $95\times85+95\times5+95\times10+100\times5=\square$

(4) $\left\{\dfrac{5}{9}\times2.07\div\left(2-\dfrac{7}{15}\right)+1\dfrac{1}{3}\right\}\div\dfrac{5}{6}=\square$

(5) $2\dfrac{11}{12}-\left\{\dfrac{7}{4}+\left(1\dfrac{1}{3}-\square\right)\times\dfrac{5}{13}\right\}=\dfrac{3}{4}$

2 次の $\square$ にあてはまる数を求めなさい。

(1) 母と父の１か月の収入の比が７：５で合計が60万円のとき、父の１か月の収入は $\square$ 万円です。

(2) 40人のクラスで、国語が好きな人と算数が好きな人の人数を調査したところ、国語が好きな人は23人、算数が好きな人は27人、どちらも好きではない人は５人いました。国語と算数の両方が好きな人は $\square$ 人です。

(3) 片道2.4kmの道を行きは時速6km、帰りは時速3kmで往復しました。このとき往復の平均の速さは時速 $\square$ kmです。

(4)　右の図の三角形ABCはAB＝ACの二等辺三角形です。
AD＝DE＝EF＝FC＝CBのとき、アの角の大きさは［　　］度です。

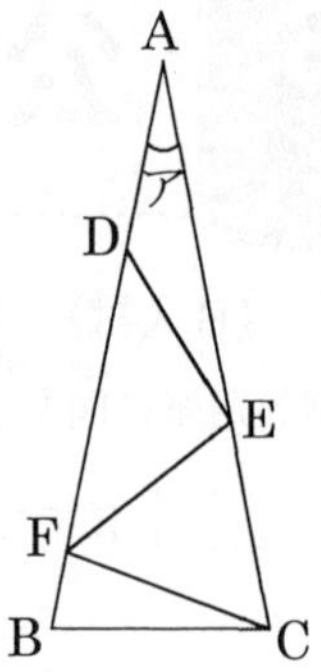

(5)　右の図のように点Oを中心とする2つの円があり、円周上の点A, Bは一直線に並んでいます。点P, Qはそれぞれ点A, Bを同時に出発して同じ向きに円周上を動き、Pは36秒で、Qは24秒で1周します。点P, O, Qがこの順で初めて一直線上に並ぶのは出発してから［①］秒後です。また、OPとOQの作る角が2度目に90度になるのは出発してから［②］秒後です。

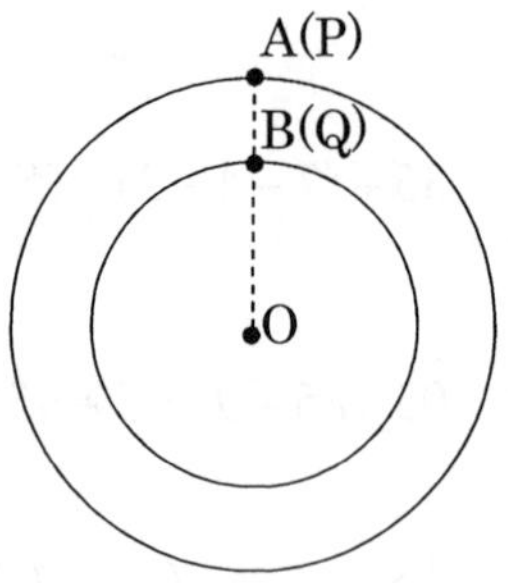

(6)　aをb回かけることをa▲bと表すものとします。例えば、2▲3＝2×2×2　、5▲2＝5×5です。
このとき、8▲2＝2▲［①］です。また、8▲10＝4▲［②］です。

3　次の各問いに答えなさい。

(1)　図1のような直方体を組み合わせた水そうに毎分500cm³で水を注ぎます。図2は満水になるまでの時間(分)と水面の高さ(cm)の関係を表したグラフです。このとき、図1のABの長さは何cmですか。

図1

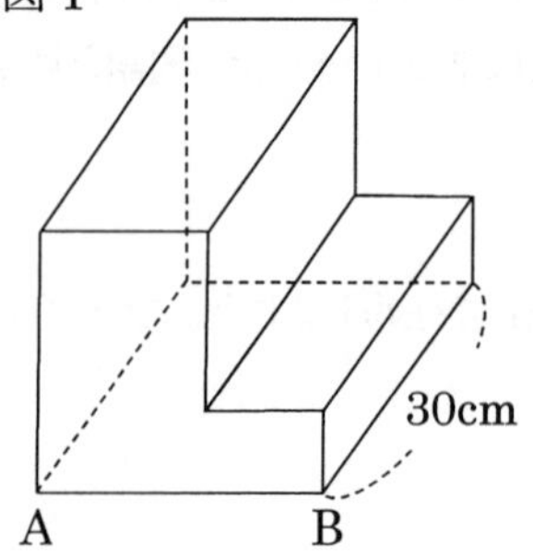

図2

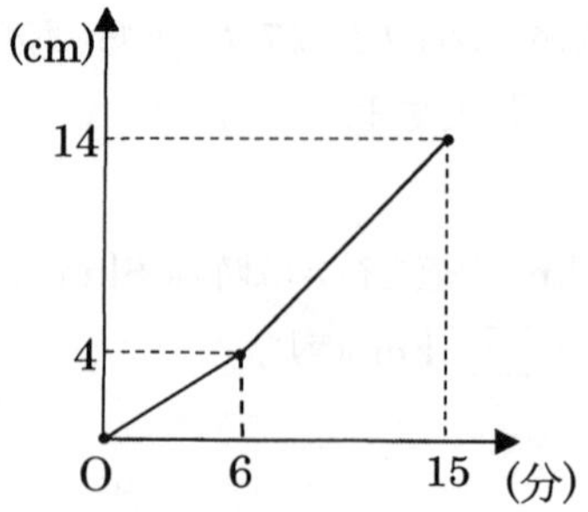

(2)　兄は1本130円のペンを、弟は1本110円のペンを、それぞれ何本か買いました。兄は弟より20円多く支払《はら》いましたが、買った本数は弟の方が2本多くなりました。弟が買ったペンの本数は何本ですか。

(3)　5つの正方形が横に並んでいます。この5つの正方形を赤・青・緑・黄・黒の5色で塗《ぬ》ります。以下の条件で色を塗るとき、一番右の正方形は何色ですか。

- ・青は、赤と黄よりも左側にある。
- ・赤と黄はとなり合わない。
- ・真ん中は緑ではない。
- ・黒は、緑とはとなり合うが、赤とはとなり合わない。

(4)　右の図は1辺の長さが12cmの正方形ABCDと半径6cmの半円を合わせたものです。点Oを辺CDの真ん中の点としたとき、斜《しゃ》線部分の面積の合計は何 cm^2 ですか。途《と》中の式も書きなさい。また、解答用紙の図を利用してもかまいません。円周率は3.14とします。

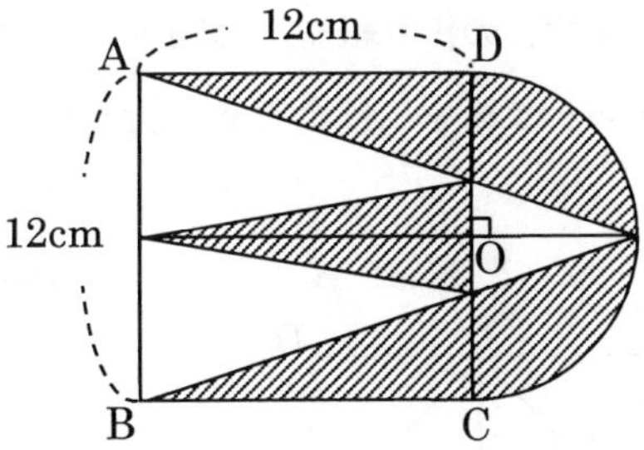

(5)　7をたすと5の倍数になり、5をたすと7の倍数になるような整数を考えます。このような整数のうち1000より小さい整数は何個ありますか。途《と》中の式や考え方も書きなさい。

4　右の図のような1辺の長さが16cmの正方形の折り紙が2枚あります。点Oは対角線ACとBDの交わった点です。次の問いに答えなさい。ただし、解答用紙の図にかかれている点線は、折り紙をたてと横にそれぞれ8等分した線です。

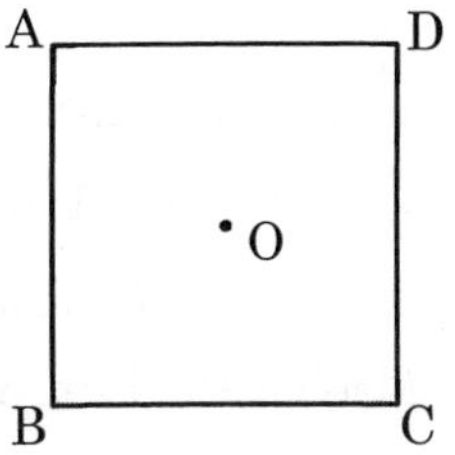

(1)　1枚目の折り紙を次のページの図1から図3のように折ります。図3の状態から折り紙を広げたとき、折り目の跡《あと》を解答用紙の正方形に記入しなさい。

(2)　(1)の折り目でできる一番小さな三角形の面積は何 cm^2 ですか。

図1

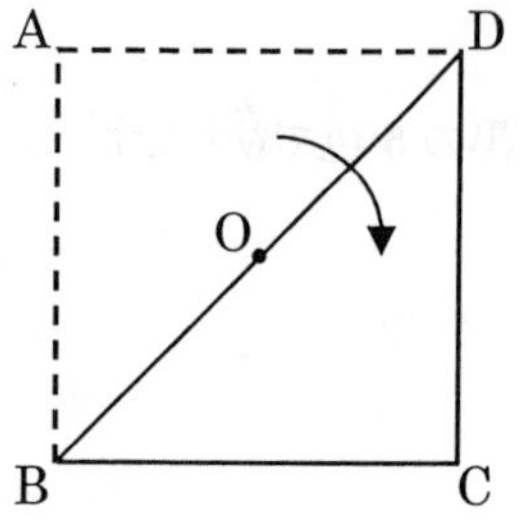

対角線BDを折り目として折る

図2

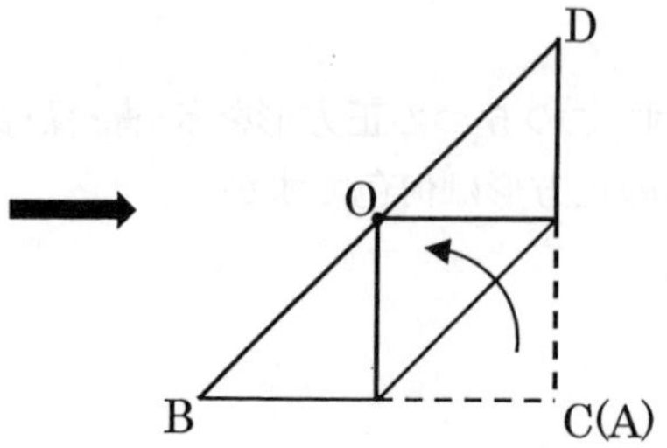

CがOに重なるように折る

図3

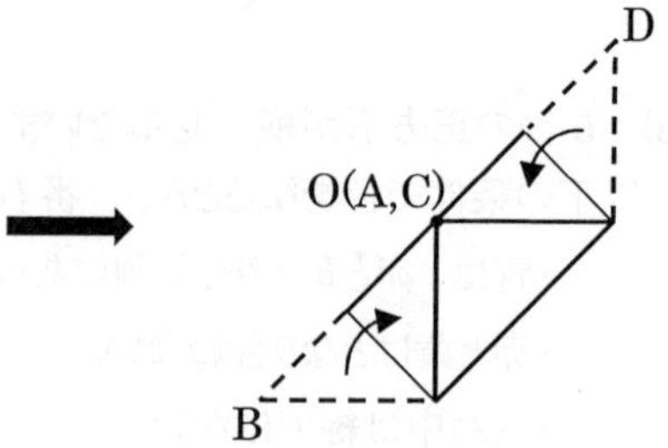

B,DがOに重なるように折る

(3)　2枚目の折り紙を下の図4から図5のように折ると図6の状態になります。図6の状態から折り紙を広げたとき、折り目の跡《あと》を解答用紙の正方形に記入しなさい。

図4

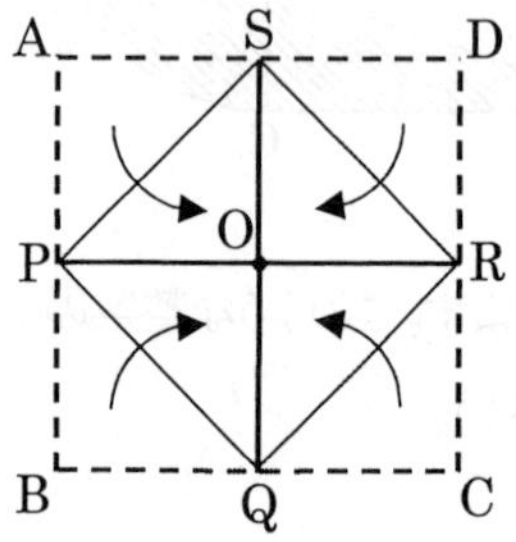

A,B,C,DがOに重なるように折る
(P,Q,R,Sは各辺の真ん中の点)

図5

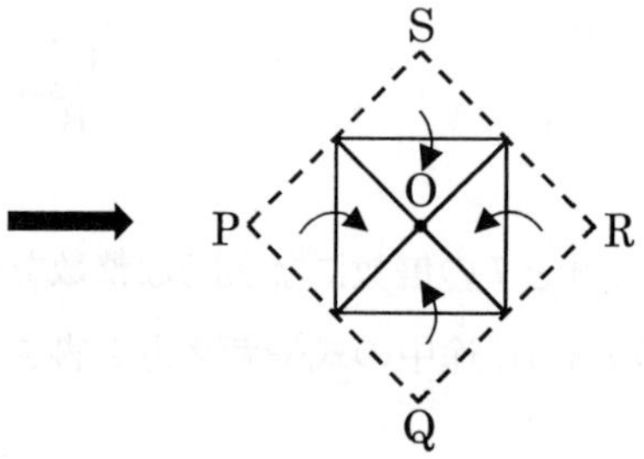

P,Q,R,SがOに重なるように折る

図6

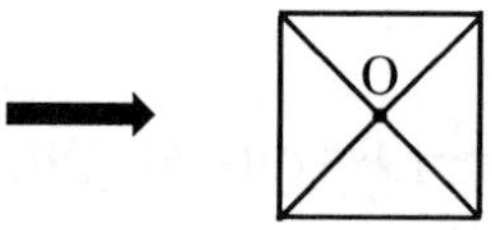

(4)　下の図7は図6を拡大したものです。図6の各辺の真ん中の点を中心として、それぞれの辺の4分の1の長さを半径とする半円を4つ書き、はさみで切り取ります。折り紙を広げたとき、残った部分を解答用紙の正方形に斜《しゃ》線で表しなさい。また、その斜線部分の面積は何 cm^2 ですか。途《と》中の式や考え方も書きなさい。円周率は3.14とします。

図7

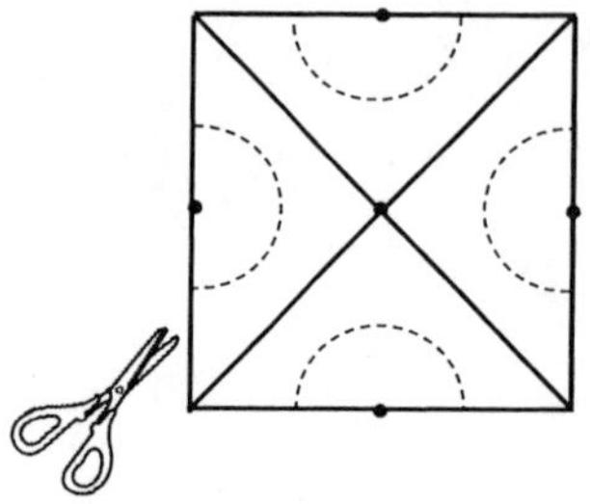

5 ハートの1から5のトランプとスペードの1から6のトランプ(合計11枚)があります。
これらのトランプについて以下の操作を行います。

[操作1] カードをよく混ぜてから公太さんと文子さんの2人に配る。カードは公太さんから1枚ずつ配り、公太さんに6枚、文子さんに5枚配る。

[操作2] 配られたあと、手札に同じ数のカードがあった場合、それらのカードは手札から取りのぞく。

○公太さんの手札の様子の例

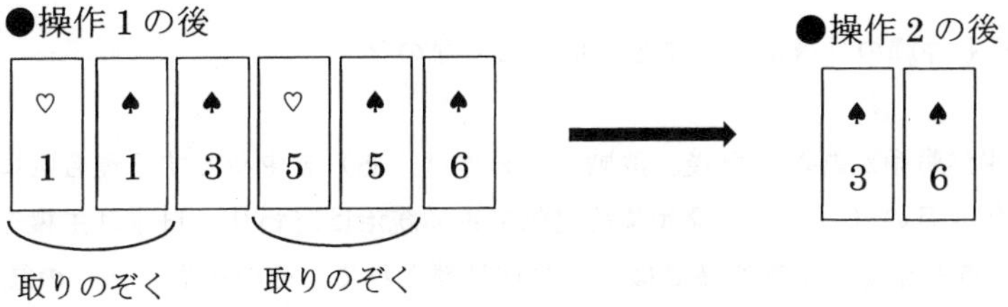

このとき、次の問いに答えなさい。

(1) 操作2の後、公太さんと文子さんのカードの枚数が2人合わせて7枚になったとき、文子さんの手札に残ったカードの枚数を答えなさい。

(2) 操作2の後、公太さんと文子さんのカードの枚数が2人合わせて3枚になったときのカードの残り方を以下のように考えました。□に当てはまる数を答えなさい。

> 公太さんのカードの残り方を考えれば、文子さんのカードの残り方も決まるので、公太さんのカードの残り方を考える。公太さんの手札の枚数は2枚、文子さんの手札の枚数は1枚となり、スペードの6を持つのは公太さんである。公太さんのもう1枚のカードの残り方を考えればよいが、数の選び方とハートかスペードかを考えると、残り方は□通りとなる。

(3) 操作2の後、公太さんと文子さんのカードの枚数が2人合わせて9枚になるカードの残り方は何通りありますか。

(4) 操作2の後、公太さんも文子さんも1枚以上カードが残ったとします。カードの残り方は何通りありますか。途《と》中の式や考え方も書きなさい。

【社　会】〈B入試〉（40分）〈満点：75点〉

1 次の文は、国際物流都市を目指す沖縄について書かれた新聞記事である。文章を読み、あとの問いに答えなさい。

沖縄が日本本土に復帰して今年で50年を迎《むか》えます。太平洋戦争末期の沖縄戦後、27年間にわたって（　あ　）の統治下に置かれた沖縄は1972年5月15日に日本への復帰を果たしました。本土復帰後はインフラが整備されて発展し、独特の文化や芸能も人気を集めていますが、今も多くの（あ）軍基地が集中している状況《じょうきょう》は変わっていません。沖縄の復帰前・復帰後の歩みを振《ふ》り返ります。

◆（あ）統治の時代はどんな状況？

なるほドリ：そもそも沖縄の「復帰」ってどういうことなの？

記者：1945年に太平洋戦争が終わった後、敗戦した日本は（あ）を中心とする連合国に占領《せんりょう》されました。1952年4月の（　い　）講和条約発効で占領統治は終わり、日本は主権を回復しましたが、沖縄、奄美《あまみ》諸島、小笠原《おがさわら》諸島は本土と切り離《はな》されて、その後も（あ）の統治下に置かれました。最後に沖縄が1972年5月にようやく日本の体制下に戻《もど》ったことを「復帰」と言っています。

Q：（あ）統治下の沖縄はどんな状況だったの？

A：①日本国憲法が適用されず、基本的人権が著《いちじる》しく制限されました。住民側の自治機構として琉球《りゅうきゅう》政府が設立されましたが、実際は（あ）軍幹部がトップを務める統治機関が出す「布告」や「布令」という命令が優先されました。日本本土への渡航《とこう》にはパスポートが必要で、発給を停止することもありました。（あ）軍関係者による犯罪や事故も頻発《ひんぱつ》しましたが、容疑者《ようぎしゃ》を琉球政府の裁判所で裁くことができませんでした。1955年には6歳《さい》の少女が（あ）兵に惨殺《ざんさつ》される事件が起き、1959年には現在のうるま市の宮森小学校に（あ）軍ジェット機が墜落《ついらく》し、小学生ら17人が亡くなりました。

Q：なぜ（あ）は沖縄を日本に返さなかったの？

A：アジアで（　う　）主義が拡大するのを阻止《そし》するため、沖縄を重要な軍事拠点《きょてん》と位置付けたからです。1953年4月には所有者の同意を得ずに土地を接収できる「土地収用令」が出され、（あ）軍が「銃剣《じゅうけん》と（　え　）」と言われる強制的なやり方で住民の土地を基地に変えていきました。この頃《ころ》、本土では反基地運動が高まって基地が削減《さくげん》されましたが、沖縄は海兵隊の移転先となり基地が拡張されました。1950年代半ばには（　お　）兵器まで配備されました。

Q：本土復帰はどのような経過で決まったの？

A：（あ）の圧政に日本への復帰を求める声が高まり、1960年4月に沖縄県祖国復帰協議会が結成されました。1960年代、（あ）が介入《かいにゅう》した（　か　）戦争は泥沼《どろぬま》化し、日本国内でも（あ）軍基地への反発が強まります。（あ）は関係悪化を懸念《けねん》し、両政府は1969年11月に沖縄返還《へんかん》で合意しました。

Q：沖縄の人たちはさぞ喜んだだろうね。

A：実は復帰が近づくにつれ、失望も広がっていました。両国の政府の交渉《こうしょう》の結果、（あ）軍基地の大幅《おおはば》な縮小は実現せず、復帰後も多くが残ることになったからです。

Q：日本に復帰して沖縄はどう変わったの？

A：27年間にわたって（あ）統治下にあった沖縄は②産業や生活の基盤《きばん》整備が遅《おく》れていたため、政府は③特別措置《そち》法に基づく沖縄振興《しんこう》開発計画をつくり、インフラの整備や本土との格差の是正《ぜせい》に取り組みました。その結果、道路や公共施設《しせつ》の整備が急速に進み、生活環境も大幅に改善しました。復帰後の経済を引っ張ったのが（　き　）です。1975年に沖縄海洋博《かいようはく》という国際博覧会が開かれ、同じ頃に本格化した航空会社のキャンペーンで「青い海、白い砂浜」のイメージが定着しリゾートホテルが次々と開業しました。安室奈美恵さんら出身歌手の活躍《かつやく》やNHK連続テレビ小説「ちゅらさん」（2001年）のヒットが「沖縄ブーム」を呼び、文化や芸能にも注目が集まりました。

Q：でも課題は残っているんだよね。

A：1人当たりの県民所得は1972年度の44万円から2018年度は239万円に増えましたが、日本全体の1人当たりの国民所得の75%にとどまり、全国の都道府県で（　く　）位の状況が続いています。平均的な手取り収入の半分を下回る世帯で暮らす子供の割合が全国平均の約2倍あるという深刻な状況も近年は明らかになっています。

Q：沖縄の（あ）軍基地は減ったの？

A：現在の沖縄県内の（あ）軍専用施設の面積は1万8483ヘクタールで、復帰時（2万7892ヘクタール）から34%減少しましたが、全国の（　け　）割が今も集中しています。（あ）軍機の墜落や部品落下などの事故は復帰から2020年末までで826件に上り、2004年には（あ）軍（　こ　）飛行場（宜野湾《ぎのわん》市）に隣接《りんせつ》する沖縄国際大学に（あ）軍ヘリコプターが墜落しました。（あ）軍関係者による犯罪も多く、1995年には（あ）兵3人が小学女児を暴行する事件が起き、県民の怒《いか》りは頂点に達しました。この事件を契機《けいき》に、両政府は1996年に（こ）飛行場の返還に合意し、名護市（　さ　）への県内移設を決めましたが、「基地負担の県内でのたらい回しだ」として沖縄の人たちの反対が強く、25年以上たった今も返還は実現していません。

『毎日新聞』　2022年1月9日

問1　文中の空欄《くうらん》（　あ　）、（　い　）に当てはまる語句を答えなさい。ただし、（　あ　）は国名、（　い　）には都市名が入る。

問2　下線部①について、次の日本国憲法に関する条文を読み、空欄（　A　）～（　C　）に当てはまる語句を下の語群から選び、漢字で答えなさい。

語群：　制裁　軍事力　戦力　戦争　軍事的措置　武力　自衛隊　軍隊

第9条　日本国民は、正義と秩序《ちつじょ》を基調とする国際平和を誠実に希求し、国権の発動たる（　A　）と、（　B　）による威嚇《いかく》又《また》は（　B　）の行使は、国際紛争《ふんそう》を解決する手段としては、永久にこれを放棄《ほうき》する。
②　前項《ぜんこう》の目的を達するため、陸海空軍その他の（　C　）は、これを保持しない。国の交戦権は、これを認めない。

問3　文中の空欄（　う　）に当てはまる語句を次のア～オから１つ選び記号で答えなさい。

ア　共産　　イ　君主　　ウ　資本　　エ　民主　　オ　民本

問4　文中の空欄（　え　）に当てはまる語句を次のア～エから１つ選び記号で答えなさい。

ア　六法全書　　イ　ブルドーザー　　ウ　法の支配　　エ　救急車

問5　文中の空欄（　お　）に当てはまる語句を漢字１字で答えなさい。

問6　文中の空欄（　か　）に当てはまる国名を答えなさい。

問7　文中の空欄（　き　）に当てはまる語句を次のア～エから１つ選び記号で答えなさい。

ア　農業　　イ　漁業　　ウ　製造業　　エ　観光業

問8　文中の空欄（　く　）に当てはまる数字を次のア～エから１つ選び記号で答えなさい。

ア　17　　　イ　27　　　ウ　37　　　エ　47

問9　文中の空欄（　け　）に当てはまる数字を次のア～エから１つ選び記号で答えなさい。

ア　3　　　イ　5　　　ウ　7　　　エ　9

問10　文中の空欄（　こ　）、（　さ　）に当てはまる語句の組み合わせで正しいものを次のア～エから１つ選び記号で答えなさい。

ア　こ：那覇《なは》　さ：普天間《ふてんま》　　イ　こ：那覇　さ：辺野古《へのこ》
ウ　こ：普天間　さ：辺野古　　エ　こ：辺野古　さ：普天間

問11　下線部②について、**産業や生活の基盤**と同じ意味の語句を本文中より探してカタカナで答えなさい。

問12　下線部③について、特別措置法を定めた国の機関を漢字２字で答えなさい。

問13　現在、沖縄は国際物流の拠点になるために、以下のような政策がとられている。文中の空欄（X）、（Y）に入る組み合わせで正しいものを次のア～エから１つ選び記号で答えなさい。

国際物流拠点の地域内では税の優遇《ゆうぐう》措置や特別の金融機関から（　X　）い金利でお金を借りることができるようにしている。また税の優遇措置とは、沖縄以外の地域より、税金を（　Y　）くすることで、経済活動を行いやすくしている。

ア　X：高　Y：高　　イ　X：低　Y：高
ウ　X：高　Y：低　　エ　X：低　Y：低

2 次の文章を読み、あとの問いに答えなさい。

物流とは文字通り「物の流れ」や「物的な流通」、すなわち小さな物から大きな物まで、それらを送り主から送りたい相手まで届ける作業のすべてをまとめて表した言葉です。たとえば、みなさんも利用したことがあるかもしれない宅配便の会社などは物流会社などと呼ばれています。①現在ではさまざまなものが物流会社によっていろいろな場所からいろいろな場所へ届けられています。次の２種類の文章も物流に関係するものです。これらを読んで物流について考えてみたいと思います。

資料A

【塩の】専売制が施行《しこう》されることによって、隅々《すみずみ》にまで塩がじゅうぶんにいきわたるようになり、同時に、それによって政府は塩から上がる税金を、そのまま直接取り立てることができるという点では、たいへん国策的だったと思います。

これは民衆のほうの側からいうと、それまで自然発生的におこっていた塩の流通が、これで公のものになっていったということで、安心して塩を得られるようになった。とくに今日われわれは塩というものに対して、ほとんど無感覚といっていいほど、その必要性も感じなくなり、また、過去のそういうことについてすら、反省する機会をもたないまでになってきたのですが、長い歴史のなかで人がどのようにして道を開き、そしてそれが、すべてにわたってじつは（　X　）につながる道であったということを反省して、私は深い感銘《かんめい》を覚えるのです。

これは、どんな山の中にあっても日本人というのは、（X）とのかかわり合いをもっていたことの証明をするものとして、大事な１つの歴史的な遺跡《いせき》だと考えます。そしてそれはいま始まったことではなくて、きわめて古い、やはり縄文時代にまでさかのぼる歴史であり、そして今日もなお、それの延長線上にあるのだといってよいと思います。

宮本常一『塩の道』講談社学術文庫　【　】内は作問者の補足による

資料B

物流は、国民生活や経済活動を支える不可欠な社会インフラであり、従来から、生産性向上や物流の持続可能性の確保等を目的に、物流効率化の取組が進められてきた　～中略～

しかしながら、物流現場においては、②担い手不足が深刻化しており、　～中略～　非効率が発生している。また、新型（　あ　）ウイルス感染症《かんせんしょう》の流行を受けたライフスタイルの変化等を背景とした③EC市場※の急拡大に伴《ともな》う宅配需要《じゅよう》の急増により、再配達による負担も増大している。

こうした現状に加え、物流業界においては、2024年度からのトラックドライバーへの時間外労働の上限規制等の適用や、④カーボンニュートラルへの対応も求められており、国民生活や経済活動に不可欠な物資が運べなくなる事態が起きかねない危機的な状況にある。加えて、最近ではさらに、社会全体として、ロシアによるウクライナへの侵攻《しんこう》を受けた⑤物価高の影響《えいきょう》も生じている。

こうした背景のもと、物流が直面している諸課題を解決し、更《さら》なる物流効率化を進めていく必要性が一層高まっているが、物流事業者や一部の荷主《にぬし》のみでの取組には限界がある。

そこで、物流の大きな変革を迫《せま》られている今こそ、着荷主を含《ふく》む荷主や一般《いっぱん》消費者も一緒《いっしょ》になって、それぞれの立場で担うべき役割を再考し、物流が直面している諸課題の解決に向けた取組を進め、持続可能な物流の実現につなげることが必要不可欠である　～以下略

※電子商取引市場のことで、主にインターネット上の通信販売《はんばい》などのこと

経済産業省　国土交通省　農林水産省

『持続可能な物流の実現に向けた検討会の設置について（案）』より

問１　下線部①について、（１）、（２）の問いに答えなさい。

（１）表１は、出発県各地から到着《とうちゃく》県各地への実際の物流量を各都道府県単位にまとめて示したものの一部である。表のア～ウには「金属・機械工業品」、「林産品」、「農林水産品」のいずれかが入るが、「農林水産品」に当てはまるものを１つ選び記号で答えなさい。また、表の空欄（　α　）に入る県名を漢字で答えなさい。なお、（　α　）は2019年の都道府県別の製造品出荷額が日本一多い県である。

表１

単位　トン	ア	イ	ウ
北海道発 神奈川着	175,073	28	326,850
（　α　）発 神奈川着	45,482	0	3,755,478

国土交通省「貨物地域流動調査2020年度」より作成

（2）図1は日本の物流を担う輸送機関別国内輸送量の割合（2009年）を示したものである。鉄道、自動車（トラック含む）、船舶《せんぱく》、航空のうち、自動車（トラック含む）を表すものを次のア～エから1つ選び記号で答えなさい。

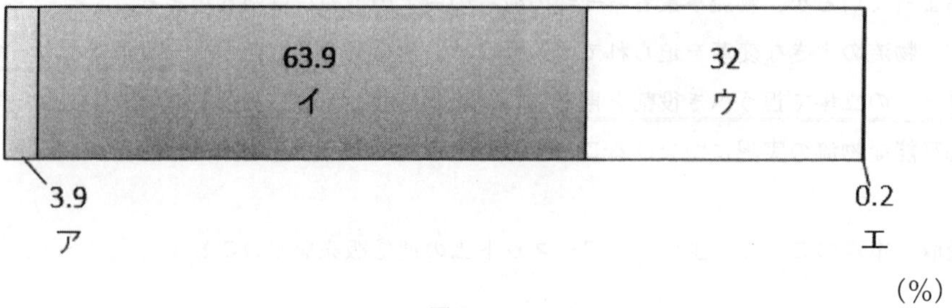

図1

二宮書店『データブックオブ・ザ・ワールド2022』より作成

問2　資料Aは物流の原点を思わせるような文章だが、文中の空欄（　X　）に当てはまる語句を考えて漢字1字で答えなさい。

問3　資料Aの文中で盛んに塩が取り上げられているが、都道府県別の塩の生産量（2017年）の1位から5位までを表した地図を次のア～エから1つ選び記号で答えなさい。

ア

イ

ウ

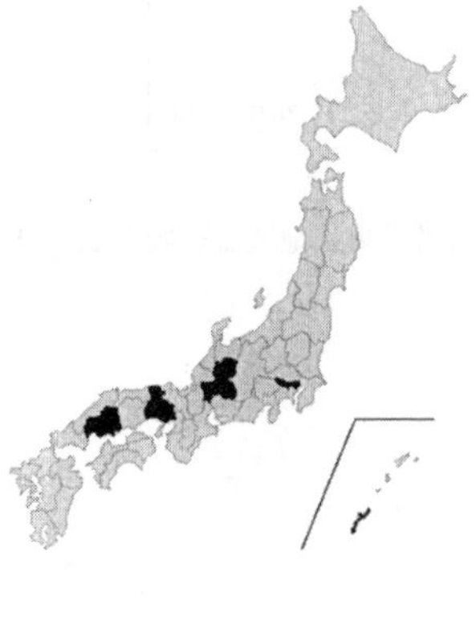

エ

問4　資料Aの文章の作者は同じ作品の中で、北上山中でとれる鉄を南部藩《はん》の牛が関東まで運んだ荷物についても触《ふ》れている。北上高地（山地）を表す記号を図2のア～オから1つ選び記号で答えなさい。

図2

問5　資料Bの文中の空欄（　あ　）に当てはまる語句を答えなさい。

問6　下線部②について、担い手不足が深刻化する理由を示すとしたら、どのようなグラフがふさわしいか。次のア～エからもっともふさわしくないものを1つ選び記号で答えなさい。

ア　1990年代以降の年ごとの宅配便の取り扱《あつか》い量の推移を示すグラフ
イ　ある年の情報通信技術関連産業の売上高の内訳を示すグラフ
ウ　1990年代以降の年ごとの消費者向け電子商取引市場の金額規模の推移を示すグラフ
エ　2010年代以降の年ごとのトラックドライバーの平均年齢《ねんれい》の推移を示すグラフ

問７　下線部③について、EC 市場とは電子商取引市場と訳されるが、主にインターネット上の通信販売などを指す言葉である。2000 年代以降の通信販売の売上高を表すと考えられるグラフとして正しいものを、次のア～エから１つ選び記号で答えなさい。

ア

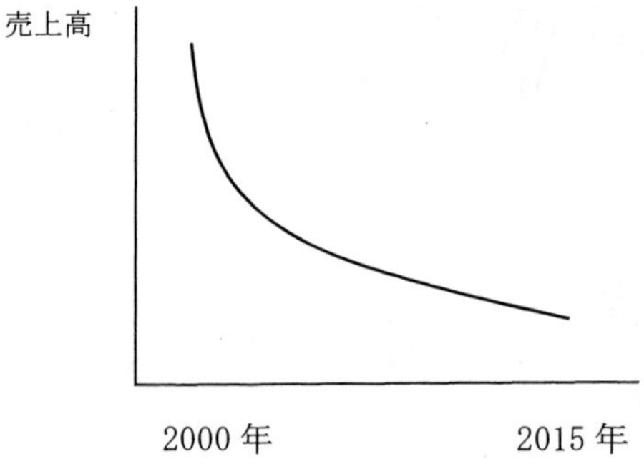

イ

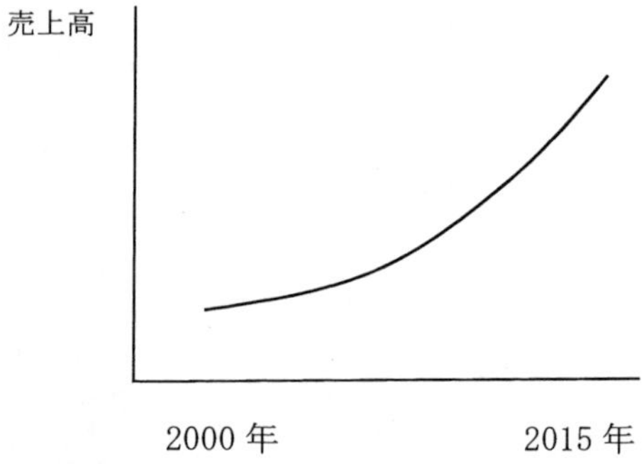

ウ

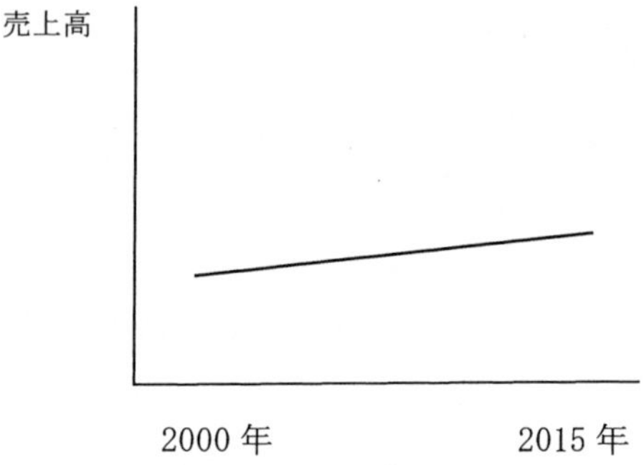

エ

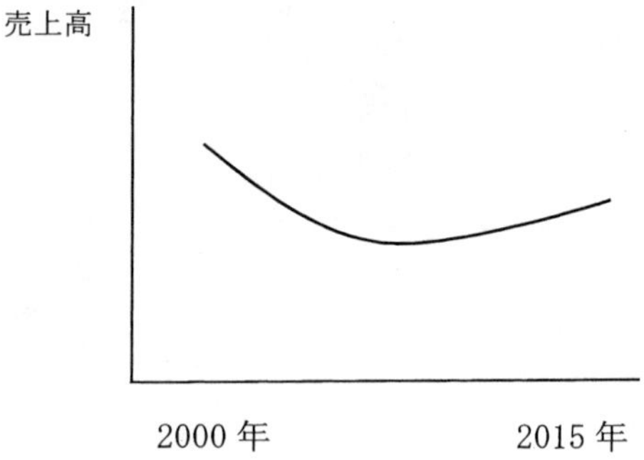

問８　下線部④について、カーボンニュートラルへの対応とはどのようなことか。その内容の例として正しいものを次のア～エから１つ選び記号で答えなさい。

ア　物流会社が所有するトラックは安全運転に努めなければならないということ。
イ　物流会社はもっと人を雇《やと》って経済の発展に貢献《こうけん》しなければならないということ。
ウ　物流会社が所有するトラックの走行による二酸化炭素排出量《はいしゅつりょう》を減らそうということ。
エ　物流会社はサービスを充実《じゅうじつ》させるためにより早く品物を届けなければならないということ。

問9　下線部⑤について、以下の①～④の文章をどのような順番に並べると、物価高になる過程を正しくあらわすことができるか。次のア～カから１つ選び記号で答えなさい。

①　ロシアが対抗《たいこう》手段として自国製品の輸出を制限した影響を受けて穀物などの流通が滞《とどこお》った。
②　小麦などを利用する商品などが値上げされた。
③　ウクライナに侵攻したロシアに対して欧米などが経済制裁を行った。
④　エネルギーや穀物の不足が懸念《けねん》され、それらの価格が上昇《じょうしょう》した。

ア　②→①→③→④　　イ　②→①→④→③　　ウ　③→①→②→④
エ　③→①→④→②　　オ　④→①→②→③　　カ　④→①→③→②

問10　資料Ａ・Ｂの二重線部に関連して、資料Ａを読むと、本来人のために物を運ぶという行為《こうい》は、人間が生きるために絶対必要だった塩を運ぶために始まったことがわかる。そして現代では、宅配便の会社は消費者の利便性を考えて多くのサービスを提供してくれている。配達時間を指定できたりするのもこれらサービスの１つと言ってよいだろう。ところが、それらが行き過ぎるとさまざまな問題が発生する。わたしたち一般消費者が、宅配便の会社と協力して現在の物流に関する問題点を解決する方法について、あなたの考えを書きなさい。

3 次の文章を読み、あとの問いに答えなさい。

＜問題文＞

2022年現在、東京は人口1000万人を超《こ》える世界屈指《くっし》のメガシティ（巨大都市）として知られ、数々の問題を抱《かか》えている。今から300年前、東京の前身である江戸《えど》も世界有数の大規模都市であったことがわかっている。18世紀半ばの人口は、江戸122万人、大坂41万人、京都37万人で、江戸が圧倒的《あっとうてき》に多いことがわかる。また、同時期の世界の都市と比べてもロンドンが86万人、パリが54万人と言われているので、江戸の人口の多さは目を見張るものがあるだろう。

公文国際学園の歴史の授業で、生徒たちがA～Dの資料をもとに大都市江戸がどのようにして成立したのかについて考えた。資料を見て、あとの各問いに答えなさい。

資料A

現在、物資を運ぶ際には飛行機や鉄道、船、車など用途《ようと》に合わせて多様な運び方ができる。一方で、①明治維新《いしん》以前の日本では、大量の物資を運ぶには水上交通が適していた。また、人やモノも②海を渡《わた》って日本にもたらされた。聖徳太子が607年（　1　）らを遣隋使《けんずいし》として派遣《はけん》し、③遣唐使《けんとうし》などは、危険を冒《おか》してまで中国を目指し、最新の文化を求めた。中世には、平清盛の主導で瀬戸内海《せとないかい》の航路が整備され、室町時代には、将軍だった（　2　）が明と勘合《かんごう》貿易を始めた。こうした水上交通を背景に、江戸時代には海運が整備された。④江戸時代の海運は西廻《まわ》り海運と東廻り海運、南海路が主流であった。こうして、江戸には大量の物資が運ばれることとなった。

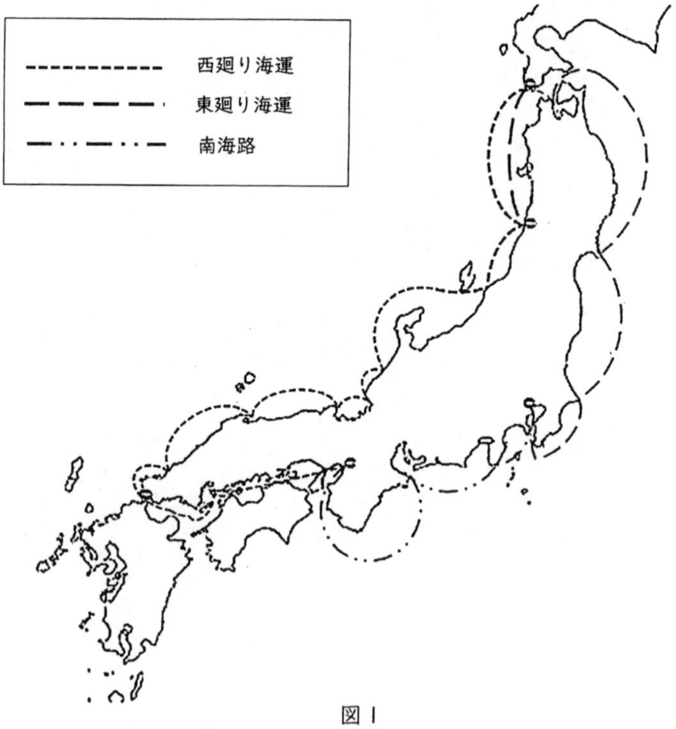

図1

資料B

江戸時代の統治の仕組みは各地の大名と徳川将軍が主従関係を結び、土地や人民を統治する支配体制であり、これを（　3　）体制と呼ぶ。当時、政治の中心であった江戸は、幕府がおかれた場所でもあり、将軍の家臣たちも集住する。また、江戸幕府の将軍だった（　4　）が義務づけた参勤交代は大名が江戸と国元1年交代を原則として、妻と子どもは江戸に残すこととなっていた。この統治システムを円滑《えんかつ》に進めるためにも、江戸を中心として、東海道や中山道などの全国を結ぶ（　5　）と呼ばれる幹線道路が整備されていった。こうして、陸の交通網《こうつうもう》が整備されると、人の移動も活発となり、情報も早く回るようになった。

資料C

1600年に起きた（　6　）の戦いで勝利を収めた徳川家康は、1603年に⑤征夷大将軍《せいいたいしょうぐん》となり、江戸に幕府を開いた。将軍の主導で、全国の大名を動員し、江戸城の築造と、市街地の開発が行われた。以下は、外国人から見た当時の日本に関する史料である。

イエズス会年報作者ジョアン＝ロドリゲス＝ジラン(1605年)

「江戸の人口はたいそう多いように思われ、眺望《ちょうぼう》は非常に良好である。全体はまだ完成していない。しかし、この工事のために人々が参集して日本全体がそこで働いている。」

フランシスコ会アロンソ＝ムニョス(1607年)

「江戸城の工事に諸領主が参集し、その場にいた一修道士がこれを私に報告したことによれば、各領主はその工事に奉仕《ほうし》するために、自分の国からできる限りの人員を連れてきたので、六十万人が集まりました。」

資料D

江戸時代では、大火とされる回数は江戸で49回、京都で9回、大坂で6回とされ、江戸が圧倒的に多いということがわかる。以下の日記は、⑥ワーヘナールという外国人が残した日記である。

ワーヘナールの日記

「各地で町民たち大勢が、その多くは小売商人だが、自分の家の屋根に登っているのを見た。風で炎《ほのお》がどの方向に吹《ふ》き込《こ》むか、火がこちらに来ないかを確かめていた。しかし、距離《きょり》があるため、危険がないとわかると、彼《かれ》らはふたたび屋根から下りて、近隣《きんりん》の被害《ひがい》をまったく気にしていないようだった。江戸の町に入るにつれて、去年の十一月に焼失した五千軒《けん》の家が、その後こんなにも短期間で整然と再建されたのを見て驚《おどろ》いた。」

問１　文中の空欄（　１　）～（　６　）に当てはまる語句を漢字で答えなさい。

問２　下線部①に関連して、明治政府が打ち出した近代産業の育成政策のことを何と言うか。漢字４字で答えなさい。

問３　下線部②に関連して、日本と海外との関わりについての説明として、誤っている文を次のア～エから１つ選び記号で答えなさい。

ア　百済から仏教が伝来すると、蘇我《そが》氏と物部《もののべ》氏が仏教をめぐり争い、蘇我氏が勝利を収めた。
イ　フビライ＝ハンが日本へ大軍を送り、日本は「てつはう」という火薬と集団戦法に苦戦した。
ウ　フランシスコ＝ザビエルは出島に来港して、キリスト教を日本に初めて伝えた。
エ　ドイツ人医師のシーボルトは、長崎郊外《こうがい》に鳴滝塾《なるたきじゅく》を開き、高野長英などを育てた。

問４　下線部③について、894年に遣唐使の廃止《はいし》を提言した人物の名前を漢字４字で答えなさい。

問５　下線部④に関連して、図１を参考にそれぞれの海運の説明として、誤っている文を次のア～ウから１つ選び記号で答えなさい。なお、誤っているものがない場合には「なし」と答えなさい。

ア　西廻り海運は、北陸から津軽海峡《つがるかいきょう》、瀬戸内海を通り大坂に至る道である。
イ　東廻り海運は、東北地方から日本海沿岸を伝い、江戸に至る道である。
ウ　南海路は、大坂と江戸を結び、物資を運ぶ主要な道であった。

問６　下線部⑤について、征夷大将軍の説明として正しい文を次のア～エから１つ選び記号で答えなさい。

ア　坂上田村麻呂は、東北地方に遠征《えんせい》し、阿弖流為《あてるい》を降伏させた。
イ　北条泰時は、初めての武家法である御成敗式目を制定した。
ウ　徳川吉宗は、動物愛護を目的とした生類憐《あわれ》みの令を発布した。
エ　徳川慶喜は、三大改革の１つである天保の改革を行った。

問７　下線部⑥について、資料Ｄの日記を書いたワーヘナールという人物は、江戸幕府が鎖国《さこく》中に交易を認めていた国の商館長であった。その国名を答えなさい。

問８　資料A～Dに書かれていることから読み取れる内容として正しい文を、次のア～エから１つ選び記号で答えなさい。

ア　資料Aを読むと、江戸時代以前は、川や海などは外国との交流に用いられている。江戸時代以降は物資が海運で運ばれたことはない。

イ　資料Bを読むと、江戸時代の参勤交代では、各地方の大名たちを弱らせるために、道路の整備は行われなかった。

ウ　資料Cを読むと、江戸幕府成立直後は、将軍の力はあまり強いとはいえず、江戸城の完成に多くの労力と時間がかかったことがわかる。

エ　資料Dを読むと、江戸での火災は日常茶《さ》飯《はん》事《じ》のようで、町民たちはあまり気にしておらず、復興の速さも短期間であったことが読み取れる。

問９　江戸は、世界有数の大都市となったことがわかる。その結果、資料Dにあるように火災が頻発するという問題が発生するようになり、解決策として火消組という仕事がつくられた。

（１）問題文を参考に、江戸に発生したと考えられる問題を理由とともに答えなさい。ただし、火事以外の問題について答えること。

（２）（１）の解決策について具体的に説明しなさい。

【理　科】〈Ｂ入試〉(40分)〈満点：75点〉

1　次の〔A〕・〔B〕の文章を読み、あとの問いに答えなさい。

〔A〕 図１は緊《きん》急《きゅう》地《じ》震《しん》速《そく》報《ほう》について説明したものです。また、図２は地震計のしくみ、図３は地震計の記録です。

地震が発生すると、震源からゆれが地震波となって伝わっていきます。地震波にはＰ波(図３のⅠのゆれを引き起こす波)とＳ波(図３のⅡのゆれを引き起こす波)があり、Ｐ波の方がＳ波より速く伝わる性質があります。一方、強いゆれによる被害《ひがい》をもたらすのは主に後から伝わってくるＳ波です。このため、先に伝わるＰ波を地震計が観測した段階で緊急地震速報を出すことで、強いゆれのＳ波がせまってくることを知らせることが可能になります。

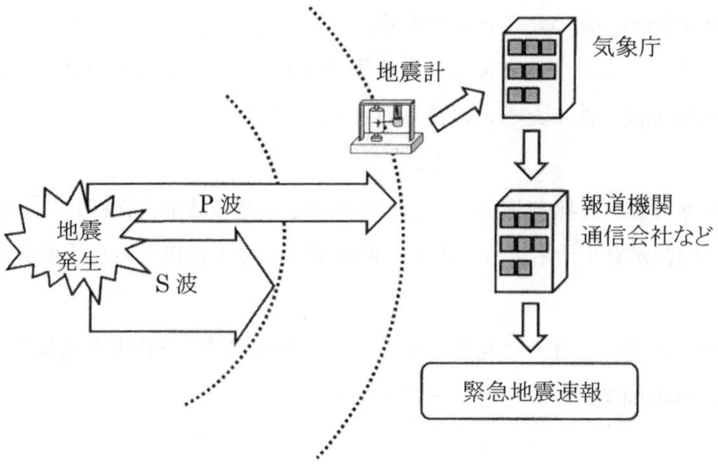

図１ 緊急地震速報のしくみ

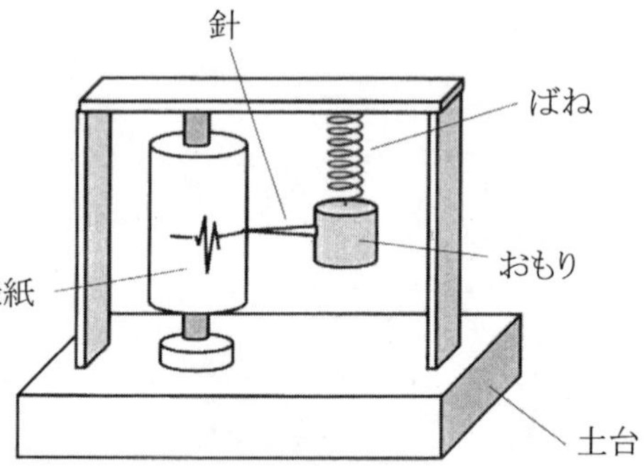

図２ 地震計(上下方向)

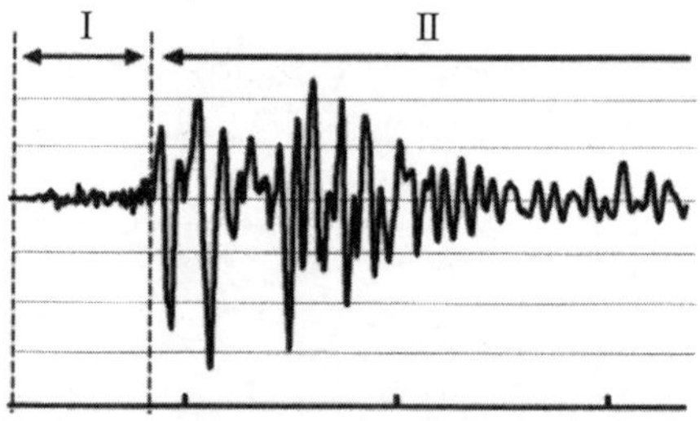

図３ 地震計の記録

問１ 図２の地震計で、上下方向のゆれに対して動かない部分はどこですか。次のア～エから１つ選び、記号で答えなさい。ただし、地震計は地面に置いてあるものとして考えなさい。

ア．地震計全体　　イ．記録紙　　ウ．おもり・針　　エ．地震計の土台問2　図4は地震が発生した震源とその真上の地点(震央)を示しています。
地震が発生したときに気象庁から発表される次の①～③の地震情報にあてはまる説明を、下のア～オから1つずつ選び、記号で答えなさい。

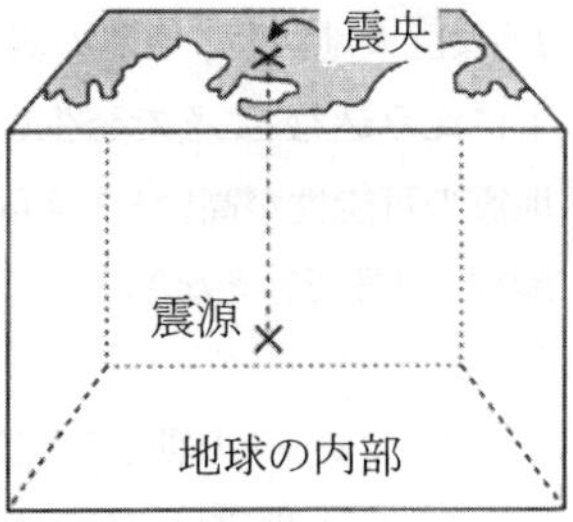

図4　震源と震央

① 震源の深さ
② マグニチュード
③ 各地の震度

ア．地震の規模を表し、1つの地震に1つだけ発表される数値
イ．ゆれが地下に伝わる距離《きょり》
ウ．各地に設置された地震計により観測されたゆれの大きさ
エ．震央から震源までの距離
オ．0～7の8段階で示された地震のゆれの大きさ

問3　図3のⅠのゆれが短く、いきなりⅡによるゆれを感じるのはどのような地震や場所ですか。次のア～エから1つ選び、記号で答えなさい。

ア．震源の深さが深い地震で、震央からの距離が近い場所
イ．震源の深さが深い地震で、震央からの距離が遠い場所
ウ．震源の深さが浅い地震で、震央からの距離が近い場所
エ．震源の深さが浅い地震で、震央からの距離が遠い場所

問4　P波の速さを毎秒6 km、S波の速さを毎秒4 kmとして、次の問いに答えなさい。

(1)　震源から36 kmの地点にある地震計で、P波を観測してすぐに緊急地震速報が発表されたとします。震源から120 kmの地点では、緊急地震速報が出てから大きなゆれ(S波)が来るまでに何秒ありますか。

(2)　震源から60 km離れたA地点にある地震計が、小さなゆれ(P波)を観測し始めた時刻は9時30分00秒でした。震源から120 km地点の地震計が大きなゆれ(S波)を観測するのは何時何分何秒になりますか。

問 5　2011 年 3 月 11 日に発生した東日本大震災（東北地方太平洋沖地震）では大きな被害《ひがい》がありました。このような巨大《きょだい》地震は、地球の表面をおおっているプレートという岩盤《がんばん》のうち、海側のプレートが陸側のプレートの下に沈《しず》み込《こ》むところで発生します。西日本の太平洋沖にも、南海トラフと呼ばれるこのような場所があり、巨大地震の可能性が高いと考えられています。なぜ、そのように考えられているのでしょうか。次のア～エから 1 つ選び、記号で答えなさい。

ア．プレートの動く速さが他のプレートの動きより速いから。
イ．巨大地震は、東日本と西日本で交互《こうご》に起こるから。
ウ．南海トラフ周辺の海水温が上昇しているから。
エ．過去に南海トラフで発生した巨大地震から 70 年以上がたっているから。

〔B〕 次の表は気象庁が温室効果ガス等の大気濃度《のうど》を観測している、岩手県大船渡《おおふなと》市三陸町綾里《りょうり》の 1990 年と 2019 年の二酸化炭素濃度の観測値です。これについてあとの問いに答えなさい。

表　二酸化炭素濃度の月・年平均値（綾里、1990 年・2019 年）

	1 月	2 月	3 月	4 月	5 月	6 月
1990 年	360.0	360.6	361.9	361.7	360.0	354.2
2019 年	416.4	417.9	419.4	418.9	417.5	410.5

	7 月	8 月	9 月	10 月	11 月	12 月	年平均値
1990 年	350.6	350.5	351.8	355.0	358.1	358.9	356.9
2019 年	406.2	406.2	407.2	412.5	416.4	419.0	414.0

（単位　ppm：100 万分の 1 の濃度を示す）

問 6　私達のまわりではいろいろな形で二酸化炭素が出ています。次のア～エから二酸化炭素を出していないものを 1 つ選び、記号で答えなさい。

ア．炭酸飲料をよくふって、栓《せん》を開けたとき
イ．植物が光合成をするとき
ウ．動物が呼吸をするとき
エ．木を燃やしたとき

問 7　表の 1990 年と 2019 年の二酸化炭素濃度の観測結果を比較《ひかく》するとどのようなことが分かりますか。

問 8　表の 2019 年の観測結果から、二酸化炭素濃度は冬と夏ではどちらが多くなっていますか。

問 9　問 8 で答えた結果はどのような原因によるものだと考えられますか。次のア～エから 1 つ選び、記号で答えなさい。

ア．夏は冬に比べて海水温が高いから。
イ．夏は冬に比べて紫外線《しがいせん》が強いから。
ウ．夏は冬に比べて動物が活動的であるから。
エ．夏は冬に比べて植物が多くの葉をつけているから。

問 10　地球表面の陸と海の割合は 3:7 です。多くの大陸がある北半球では 4:6 ですが、南半球では 2:8 になります。このため、北半球と南半球では季節による二酸化炭素濃度の変化に違いがあります。どのような違いがあると考えられますか。理由が分かるように説明しなさい。

2　公文国際学園では入学後すぐに『オリエンテーション』、中 2 では『野外教育活動』といった宿泊《しゅくはく》行事があります。ここでは、そんな宿泊行事をイメージしてみましょう。

アオイさんは熱いお風呂《ふろ》を水で薄《うす》めたとき、氷だったらどれくらい温度が下がるのだろうと考えました。そこで、様々な温度のお湯 80 g と、20 g か 10g の 0℃の水を混ぜて均一になった温度を測りました。

お湯	水	混ぜた後の温度
70℃のお湯 80 g	0℃の水 20 g	56℃
60℃のお湯 80 g	0℃の水 20 g	48℃
50℃のお湯 80 g	0℃の水 20 g	(A)
40℃のお湯 80 g	0℃の水 20 g	32℃
63℃のお湯 80 g	0℃の水 10 g	56℃
54℃のお湯 80 g	0℃の水 10 g	48℃
45℃のお湯 80 g	0℃の水 10 g	40℃

問 1　表の（A）にあてはまる温度を答えなさい。

次に、50℃のお湯 80 g に、0℃の氷 20 g を入れて均一になった温度を測ると、24℃になっていました。そこでアオイさんは次のように考えました。

お湯と氷は、
（50℃のお湯 と 0℃の氷）⇒（(B)のお湯 と 0℃の水）⇒ 24℃の水
と変化したはず。

問 2　アオイさんの考えのように、お湯の温度も 2 段階で変化したものとして、（B）にあてはまる温度を答えなさい。

これらのことから、アオイさんは次のように結論づけました。

0℃の氷が溶《と》けて0℃の水になるとき、4倍の量(重さ)の水の温度を(C)下げる。

問3 (C)にあてはまる温度を答えなさい。

問4　46℃のお湯80 gに、0℃の氷10 gを入れて、均一な温度にすると何度になりますか。

アオイさんの話を聞いて温度の違《ちが》いに興味を持ったクロダさんは、水の温度とミョウバン(カリウムミョウバン)が溶ける量の関係を調べました。下のグラフは、100 gの水に溶けるミョウバンの量を表した「溶解度《ようかいど》」を示しています。

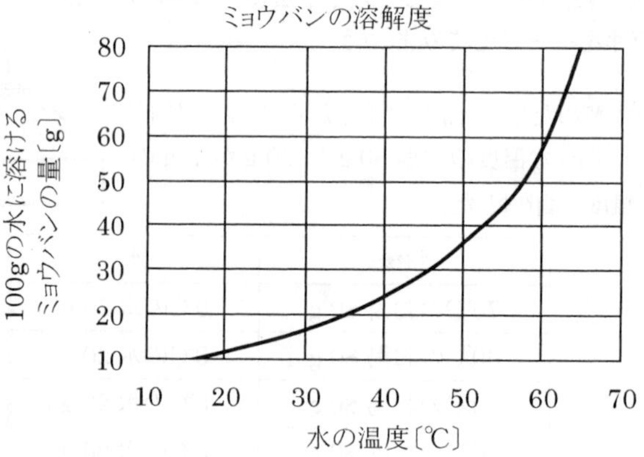

問5 ミョウバン15 gを50 gの水に溶かすとき、水の温度を何度以上にすればすべてのミョウバンが溶けますか。次のア～エから1つ選び、記号で答えなさい。

ア．15℃以上　　イ．25℃以上　　ウ．35℃以上　　エ．45℃以上

ミョウバンを溶かした水溶液を容器ごと冷蔵庫で冷やしておくと、ミョウバンの結晶《けっしょう》が現れました。

問6 ミョウバンの結晶《けっしょう》はどれですか。次のア～エから1つ選び、記号で答えなさい。

ア．
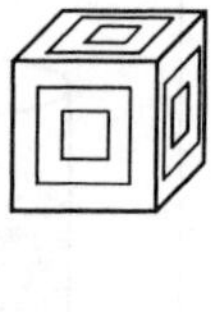
イ．

ウ．

エ．
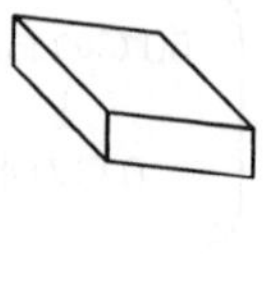

問7 ミョウバンの結晶が現れた理由を、「溶解度」という言葉を使って説明しなさい。

中2の野外教育活動では、みんなで協力しながら勇気をふりしぼるという体験をします。ここでは空中ブランコのように、ロープにぶら下がって高い台から飛び出すことを考えましょう。ロープはピンと張った状態とし、摩擦《まさつ》や空気抵抗《ていこう》は考えないものとします。

問8 ミドリさんは、飛ぶ人の体重やロープの長さが変わると、戻《もど》ってくるまでの時間がどう変わるだろうと考えました。次のア～エのうち、そっと飛び出したときに戻《もど》ってくるまでの時間が最も長くなるものを1つ選び、記号で答えなさい。

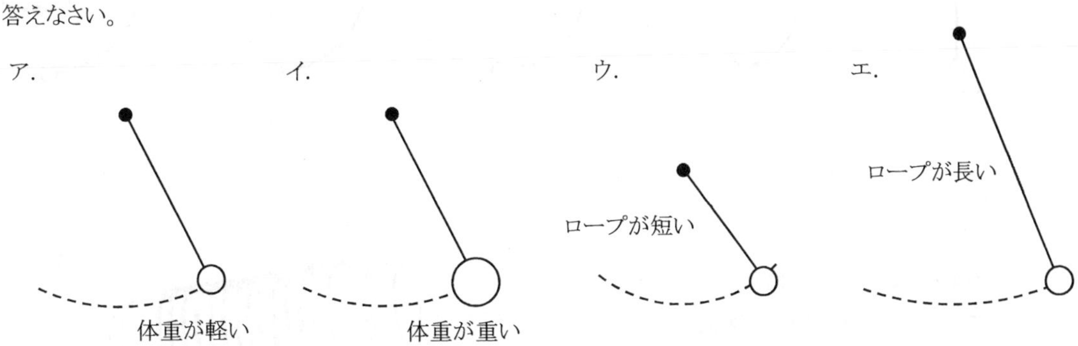

また、勢いをつけて飛び出せば、もっと高い位置まで上がることができるだろうと考えました。

問9 同じ速さで飛び出すとき、最も高い位置まで上がるためには飛び出す方向は、どの方向が良いですか。ア～ウから1つ選び、記号で答えなさい。

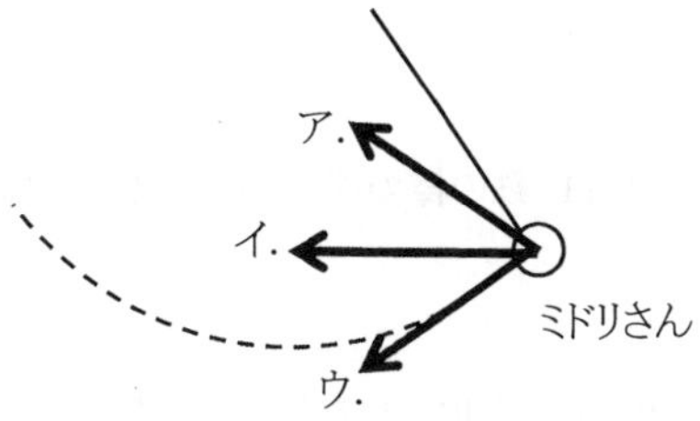

勢いをつける方向を間違《まちが》えると、回転してしまうこともあります。ミドリさんは勢いよく飛び出したものの、下図のように円形に回転してしまい、回転しながら「くつ」を飛ばしました。

このとき、下にいたアカギさんは、ミドリさんが「くつ」を飛ばしてからちょうど一周したときに、回転している円の中心に「くつ」が落下したのを見ました。

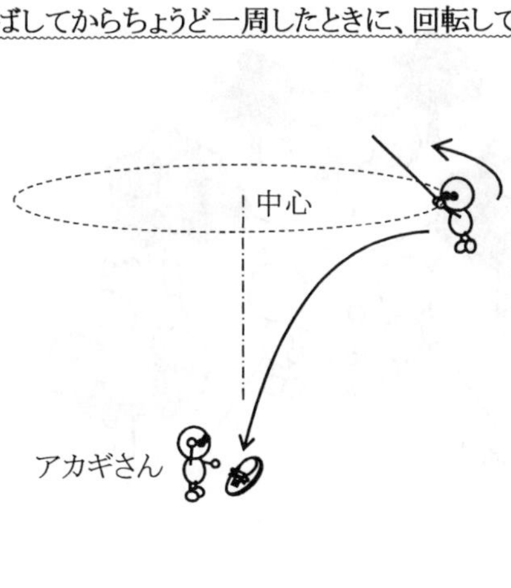

問 10　ミドリさんが一周する間、ミドリさんからは「くつ」がどう飛んでいくように見えるでしょうか。ミドリさんは常に円の中心を向いて回っているものとします。次のア～オから正しい図を１つ選び、記号で答えなさい。

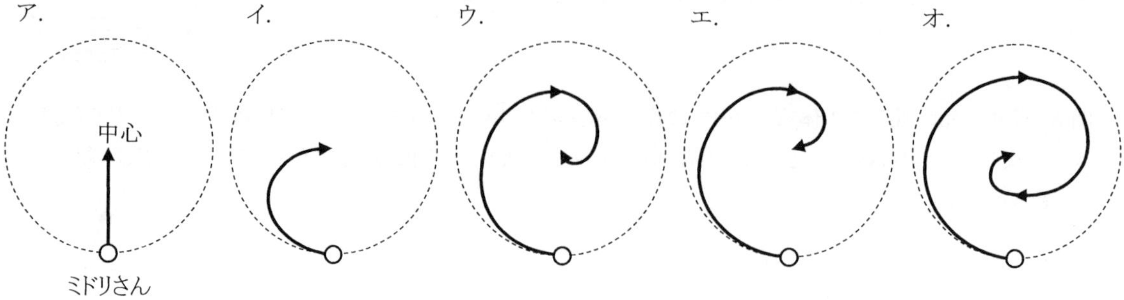

登山をするときも、公文国際学園では先生たちの後をついていくのではなく、地図を見ながら自分たちでルートを考えて進んでいきます。ここでは道に迷ったアカギさんの行動を考えてみましょう。

アカギさんは方角を知るために、鉄の棒に紙を巻き、さらに針金をコイル状に巻き付けて右図の電磁石を作りました。

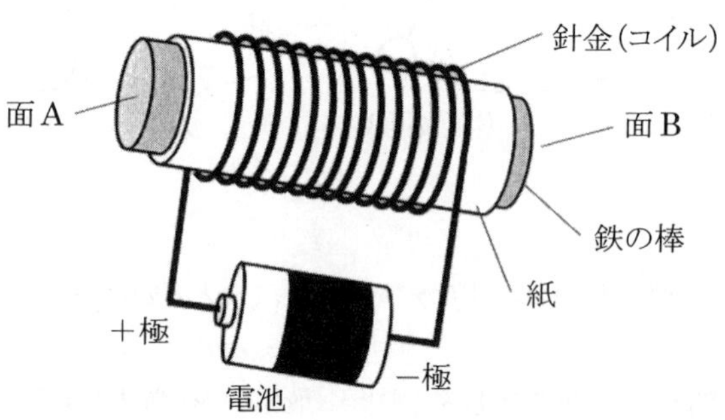

問 11　鉄の棒の面Ａは、Ｎ極とＳ極のどちらになるか答えなさい。

問 12　山頂を目指して宿舎を出発し、分かれ道にやってきたアカギさん達は、位置を確認するために電磁石を糸で垂らしました。すると、下図のように電磁石は面 Ａ が左を向いています。アカギさん達は地図中のどこにいますか。地図中のア～エから１つ選び、記号で答えなさい。

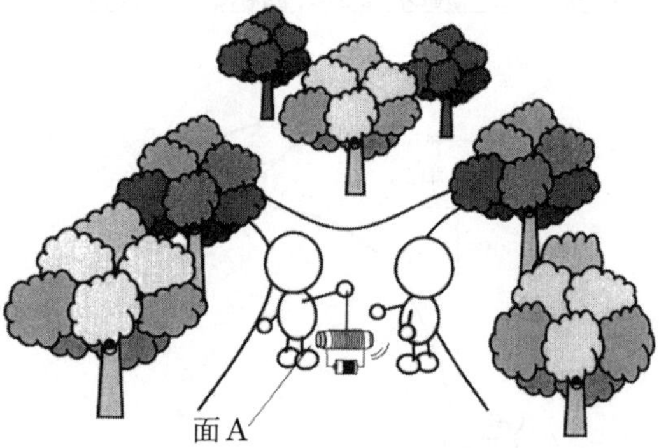

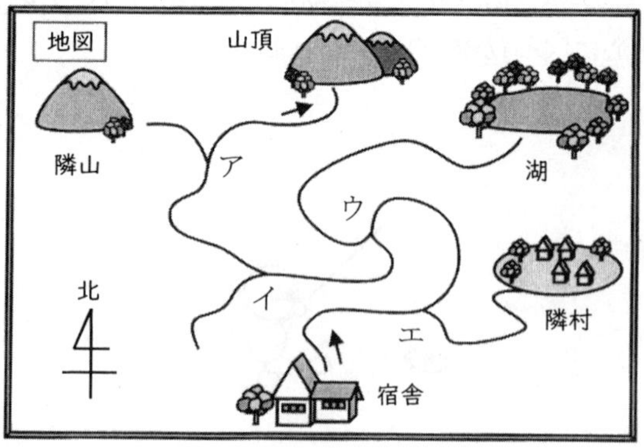

3　鳥のように空を飛んでみたいという願いから飛行機が作られたように、人類は新たなものを生み出すときに他の生物が持つ優れた性質の真似《まね》をすることがあります。例えば、新幹線の先頭車両は空気抵抗を少なくしてより速く走るために、カワセミのくちばしの形をモデルにしています。

問１　次の①～③の製品は、実際にある生物の性質の真似をして作られました。下のア～オのどの生物の性質の真似をしたものか、1つずつ選び、記号で答えなさい。

①　ヨーグルトが付着しにくい容器のふた
②　くり返し使える接着テープ
③　雨で汚《よご》れを取り除ける建物の外壁《がいへき》

ア．ヤモリが垂直の壁《かべ》を歩く性質
イ．カタツムリの殻《から》の表面が汚れにくい性質
ウ．マグロが尾《お》びれをくねらせて泳ぐ性質
エ．あるチョウの羽が色あせることなく光沢《こうたく》が続く性質
オ．ハスの葉が水をはじく性質

ヒトと同じように集団生活をする生物について考えてみましょう。生物集団の中でも特に個体どうしが何らかの関係性を持ちながら行動する単位を群れといいます。

群れで生活することには利点も欠点もあります。例えば、ある個体がエサを食べている間に他の個体が周囲を警戒《けいかい》するなどの役割分担ができ、個体が周囲の警戒に要する時間を短くできるのは群れの利点です。一方で、同じエサをめぐる個体どうしの競争が増えるのは群れの欠点です。

問２　次のグラフは、ある生物の群れにおいて個体どうしの競争に要する時間や個体が周囲の警戒に要する時間と、群れの大きさとの関係を示したものです。

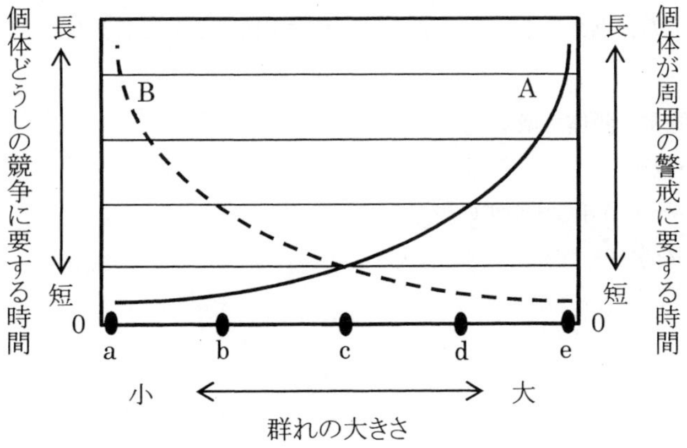

(1) 個体が周囲の警戒に要する時間と群れの大きさとの関係を示しているのは、AとBのどちらか、記号で答えなさい。

(2) A＋Bを表すグラフを書き込みなさい。

(3) この生物にとって最も良いと考えられる群れの大きさを、図のa〜eから1つ選び、記号で答えなさい。

(4) 群れで生活することの利点と考えられることを、次のア〜オからすべて選び、記号で答えなさい。

ア．伝染病が流行しやすくなる。
イ．多くの個体がいるので、繁殖《はんしょく》の相手を見つけやすくなる。
ウ．単独で暮らすよりも目立つため、外敵に見つかりやすくなる。
エ．協力して狩《か》りを行うことによって、エサを確保しやすくなる。
オ．外敵の目をかく乱させることで、身を守りやすくなる個体が増える。

生物によっては、集団で生活することの利点を増やし欠点を減らすための社会制度が見られることがあります。次の表は、集団内での社会制度の例です。

社会制度の名称《めいしょう》	生物例	社会制度の内容
順位制	ゴリラ ニワトリ	個体間に上下関係があり、エサを食べる順番や交尾《こうび》をする順番が決まっている。
ヘルパー	ミーアキャット アフリカゾウ	先に生まれた兄弟や血縁《けつえん》関係にある親以外の個体が子育てを手伝う。

問3 それぞれの社会制度の利点を、次のア〜エから2つずつ選び、記号で答えなさい。

ア．子どもの面倒《めんどう》を見る個体が増える。
イ．無《む》駄《だ》な争いが減る。
ウ．集団の中でルールが守られやすい。
エ．子育ての方法を学びやすい。

ハダカデバネズミは真社会性と呼ばれる社会形態で暮らしています。真社会性とは、女王が王と交尾をして子を産みますが、他の個体は子を産まずにそれぞれの役割にしたがって働くものです。役割の例としては、産まれたばかりの子どもの保温を行う「ふとん係」があります。

＜ハダカデバネズミの生活の特徴《とくちょう》＞

・地下でトンネル状の巣穴を掘《ほ》って暮らす
・地下は温度や湿度《しつど》の変化は少ないが、酸素やエサは豊富ではない
・天敵は、外から侵《しん》入してくるヘビなど
・おもなエサは植物の根（イモ類）など
・体毛がほとんど生えておらず、体温を保つ機能を持たない

問４　このような特徴を持つハダカデバネズミの社会を維持《いじ》するために、必要だと思われる係とその仕事内容を「ふとん係」以外に１つ考え、解答例にならって答えなさい。なお、その係によってハダカデバネズミの社会にどんな利点がもたらされるかを仕事内容に含《ふく》めることとします。

解答例

係の名称	ふとん係
仕事内容	産まれたばかりの子どもの保温を行うことで、子どもの生存率を上げる。

問５　生物はみな、他の生物にはない優れた性質を持っていたり、ちょうどよい大きさの群れを作ったり、社会制度にしたがうなどの様々な工夫をして生きています。それはなぜでしょうか。すべての生物に共通する理由を答えなさい。

三　次の問いに答えなさい。

問1　次の傍線部のカタカナを漢字に直しなさい。送り仮名が必要な場合は、送り仮名も含《ふく》めて書くこと。

① 中学になったらエンゲキ部に入りたい。

② これからはゼイセイ改革が必要だ。

③ 彼は朝起きると犬の散歩に行くシュウカンがある。

④ 説明が不足しているところをオギナウ。

問2　次の意味にふさわしい四字熟語を後の中からそれぞれ選び、記号で答えなさい。

① 大勢の人が同じ意見を言うこと。

② 自分の都合ばかりを考えて行動すること。

③ 仲の悪い者同士が何かの都合で同席すること。

ア　呉越同舟《ごえつどうしゅう》　イ　五里霧中《ごりむちゅう》　ウ　我田引水

エ　鶏口牛後《けいこうぎゅうご》　オ　他山之石《たざんのいし》　カ　同工異曲

キ　異口同音

問3　次の文章のうち敬語の用法が正しいものを一つ選び、記号で答えなさい。

ア　これからおたくにいらっしゃってもよろしいですか。

イ　このようなお茶を私は召し上がったことがありません。

ウ　お召しになっているお着物はとてもすてきですね。

エ　先生へいただいた果物はおいしかったですか。

オ　先生が生徒に申し上げた話はためになりました。

問4　次のア～オを、意味の通る文になるように、記号を用いて正しい順番に並べ替えなさい。

①

ア　長野県は　イ　兄の　ウ　自然が

エ　住む　オ　豊かです

②

ア　教わった　イ　専門だった　ウ　先生は

エ　彼女が　オ　日本史が

問8　本文の内容と合っているものを次の中から二つ選び、記号で答えなさい。

ア　多くのこども食堂が対象を限定せず、どのような子が行ってもよいことになっている。

イ　こども食堂で一緒にごはんを食べるだけでは問題は解決できないと言える。

ウ　おばあちゃんよりもおじいちゃんの方が子どもと積極的に関わろうという姿勢がある。

エ　こども食堂での調理ボランティアはポイントが還元されるシステムになっている。

オ　こども食堂は行政システムの限界を感じた人たちが始めることが多い。

カ　こども食堂は誰もが利用できることで、他の世代とかかわるきっかけを生み出している。

問9　本文の「◈　中略　◈」以降には「高齢者の健康づくり」という見出しがつけられていますが、「こども食堂」には他にどのような役割があると考えられますか。以下の言葉の中から二つ以上を選び、その語を用いて51字以上60字以内で記しなさい。

貧困　地域　孤立　コロナ　多様性

下書き

60　50

問5　傍線部③「『こども食堂』と名乗っているのは、そっちのほうがみんなの力の総量が増すからです」とありますが、どういうことですか。その説明として最も適するものを次の中から一つ選び、記号で答えなさい。

ア　あえて子どもを強調した名前にすることで、子どもたちが他人ではなく自分のことだけを考えられるようになるということ。

イ　あえて子ども限定ではない名前にすることで、「誰かのためになりたい」と思っている人たちの気持ちを引き出すことができるということ。

ウ　あえて子どもを強調した名前にすることで、「自分の子どものことばかり考えずに他人の子どものことも考えましょう」というメッセージが人々に広まる、ということ。

エ　あえて子どもを強調した名前にすることで、他人のためにがんばりたい、という人の持つエネルギーが引き出されるということ。

オ　あえて子ども限定ではない名前にすることで、子どもの親たちの世代が「子どもたちを励まそう」という意識を持つようになるということ。

問6　傍線部④「人をタテとヨコに割らない」とありますが、これはどういうことですか。その説明として最も適するものを次の中から一つ選び、記号で答えなさい。

ア　対象者を収入で分けたりはせず、年代で分けて利用できる仕組みにしているということ。

イ　人を決められた枠組《わくぐ》みで区分けしたりはせず、誰でも気軽に食堂を始められるシステムにしているということ。

ウ　人を年齢や収入・属性で分けるようなことはせず、誰でも利用できるシステムにするということ。

エ　人を年齢や収入、属性で分けたりせず、国籍や民族で分けるようにしているということ。

オ　いったん人を年齢や性別で分けて考え、その上で誰でも利用してよいシステムを作り出しているということ。

問7　傍線部⑤「奇妙《きみょう》といえば、奇妙だ」とありますが、それはどうしてですか。その理由として最も適するものを次の中から一つ選び、記号で答えなさい。

ア　行政サービスが抱える問題を解決する人が、行政システムの限界を痛感するところからこども食堂を始めた人たちだから。

イ　国や自治体の財政状況を改善すると考えられるのは、そのことを全く心配していない、こども食堂を利用する人たちであるから。

ウ　さまざまな行政サービスの抱える問題点を指摘《してき》する人たちが、日頃からこども食堂で多世代交流を行っている人たちであるから。

エ　行政システムの限界は誰もが知っていることであるが、こども食堂を営む人たちに限ってそれらに関心がないことが多いから。

オ　行政システムの抱える問題点を解決するのが、それを意識していない、ただ「人に元気になってもらいたい」と考えている、こども食堂を営む人たちであるから。

問2　傍線部①「世間は、その少数派が『こども食堂の全体』だと思ってしまっている」とありますが、このことによって筆者はどのような問題が起こると考えていますか。その説明として最も適するものを次の中から一つ選び、記号で答えなさい。

ア　本当は子どもだけでなく、自分も利用したいと考えている親世代が「こども食堂」で食事できない状態になり、健康を害してしまう。

イ　実は「こども食堂」が高齢者たちだけの、生きがいを見つけるための場所になっていることを世間に伝えることができなくなってしまう。

ウ　「こども食堂」を利用したいと思っている、子どもの中でも年齢が上の、中学生や高校生が利用しにくい状況が作られてしまう。

エ　本来ならみんなが利用可能であるはずの場所を、子どもだけに開放することになり、不平等な世の中を生み出すことになってしまう。

オ　親や高齢者など、他の世代の人たちも利用可能で、多くの世代が活動できる場としての「こども食堂」の多様な価値が世の中で見落とされてしまう。

問3　傍線部②「こういう光景を見ていると、『遠くの孫より、近所の子』だなあと思う」とはどういうことですか。その説明として最も適するものを次の中から一つ選び、記号で答えなさい。

ア　どんなにかわいい孫でも遠くにいてはおじいちゃんたちを動かすことは難しく、近所にいる子どもの方がおじいちゃんたちを仕方なしにでも動かすことができるということ。

イ　遠くにいて関わることができない孫より、近くにいて直接関わることのできる子どもの方が、おじいちゃんたちを生き生きとさせるものであるということ。

ウ　遠く離れているよりも、孫が近くにいた方が、日頃から会話の少ないおじいちゃんたちの気持ちを明るくすることができるということ。

エ　よくしゃべりよく笑うおばあちゃんたちも、会話の続かないおじいちゃんたちも、遠くにいる孫より近くにいてくれる子どもに対し感謝の念を抱くものだということ。

オ　会話の続かないおじいちゃんたちに対し、遠くにいる孫が話しかけてもうまくいかないが、近くにいる子どもが話しかけると続くようになるということ。

問4　空欄部［　X　］に入る表現として最も適するものを次の中から一つ選び、記号で答えなさい。

ア　他人と競争して勝ちたい人向けのメニューばかりだな

イ　他人を大事にする人に対して作られたメニューだな

ウ　他人とコミュニケーションできるメニューだな

エ　自分をアピールしたい人向けのメニューが多いな

オ　自分のためにがんばる人向けのメニューばかりだな

交流拠点としてのこども食堂が、民間ベースのボランタリーな活動として、広がっている。

⑤奇妙《きみょう》といえば、奇妙だ。

行政サービスの限界を痛感してこども食堂を始めましたという人を、私は知らない。国や自治体の財政状況を心配してこども食堂を始めましたという人にも、私は会ったことがない。みんな、子どもたちにお腹いっぱい食べて元気になってもらいたい、笑顔になってもらいたい、たいしたことはできないけど、ごはんをつくって一緒《いっしょ》に食べることならできる、と始めているにすぎない。しかしそれが、今の日本社会の課題に対する一つのソリューション（課題解決策）を提示している。

奇妙だが、それが必然、とも思う。

民間の人たち、（c）市井《しせい》の人々が、行政や制度・政策を意識せずにつくったからこそ、これまでの制度の限界を超《こ》えることができている。そして「必要なのに、なかった」からこそ、行政はほとんど後押《あとお》ししていないのに、人々の共感を得て、勝手に、爆発的《ばくはつてき》に、広がっている。※5イノベーションとは、そのようにして起こるものなのだろう。

多世代交流拠点としてのこども食堂が、私たちの暮らしの風景を変えていくかもしれない。

（湯浅誠『つながり続けるこども食堂』より）

注※1　ミスリーディング　解釈《かいしゃく》を誤った方向へ導くこと。
※2　弊害　害となる悪いこと。
※3　サロン　社交的集まりのこと。
※4　ボランタリー　自発的なこと。
※5　イノベーション　新たな考え方や技術を取り入れて、社会に変革をもたらすこと。

問1　波線部（a）～（c）の意味を次の中からそれぞれ一つずつ選び、記号で答えなさい。

（a）「拠点《きょてん》」
ア　人が交流するために用意された場所。
イ　大勢の人が集まる有名な場所。
ウ　誰もが知っている活動場所。
エ　活動の足場となる重要な場所。
オ　限られた人だけが入ることのできる場所。

（b）「したり顔」
ア　満面の笑み。
イ　得意そうな様。
ウ　不満そうな顔。
エ　怒った表情。
オ　知ったふり。

（c）「市井《しせい》の人々」
ア　世間一般の人々。
イ　政治を行う人々。
ウ　ボランティアを行う人々。
エ　世の中に貢献《こうけん》する人々。
オ　高齢者《こうれいしゃ》や子どもたち。

どもとお年寄りが関われる場を、もっと積極的に増やしていく必要がある。

各種の「健康推進施策《けんこうすいしんしさく》」を見ていて、思うことがある。「　X　」ということだ。一日何歩あるいたら何ポイント還元《かんげん》とか。それでがんばろうと思う人はそれでいい。でも世の中そういう人ばかりではないだろうと思う。子どもにせがまれて卓球をやっているおじいちゃんは、自分の健康づくりのために卓球をやるとはかぎらない。こども食堂で腕《うで》をふるって調理している高齢女性が、自分のために料理をがんばるとはかぎらない。「しょせん、みんな自分のことしか考えない」と（b）したり顔で言う人がいるが、「誰かが待ってるからがんばれる」という人は、ごくふつうに、たくさんいるだろうと思う。少なくとも私は、そういう人にたくさん出会ってきた。

目的は、すべての国民の健康の向上だろう。だとしたら、自分のためにがんばる人向けメニューばかりでなく、他人のためにがんばる人向けメニューもあっていい。鳥取のこども食堂関係者が言っていた。「誰でも来られるという意味では『だれでも食堂』なんですが、③『こども食堂』と名乗っているのは、そっちのほうがみんなの力の総量が増すからです。『子どものため』ってなると、よっしゃがんばろうという感じになるんですよね」と。

こども食堂で調理ボランティアしたら何ポイント還元といった健康推進施策がもっと増えることを望む。

（中略）他にも、防災や地域への愛着形成など、多世代交流拠点の価値は、さらに広がる可能性がある。こうした多様な価値を持てる最大の理由は、こども食堂が「④人をタテとヨコに割らない」からだ。

行政サービスは違う。高齢者のデイサービスにしろ、学校・保育園・放課後児童クラブにしろ、行政サービスは、対象を年齢や属性で割る。その上で所得で割る。年収いくら以下の世帯は何割負担、とか。「人をタテとヨコに割る」ことで初めて成立するのが、行政サービスだ。タテとヨコに線を引き、碁盤目《ごばんめ》のこのマスの人たちにはこのサービス、とやってきた。その線引きは、明確にターゲットを定め、効率的にサービスを供給する上では欠かせない。

しかしそれゆえに、多様で複合的な価値は期待できなかった。あたりまえだが、高齢者のデイサービスには高齢者しかいない。保育園には園児しかいない。子どもとお年寄りが「ともにある」ことのシナジー（相乗効果）はそこでは生まれようがなかった。

他方、こども食堂は民間人が運営する※4ボランタリーな場だ。大事なのは、「サービスとしての効率性」よりも「集いやすさ」だ。そして集いやすさは、人をタテとヨコに割らないことで生まれる。

入口で「あなた、介護要支援《かいごようしえん》のチェックシートを受けていますか」と問われる場には、行きにくい。入口で「あなた、学校で就学援助を受けていますか」と問われる場には、行きにくい。だから問わない。「どなたでもどうぞ」と言う。その結果として、多様な価値を生み出す場になる。限定しないから、広がりを持てる。

そして今、私たちの社会は、人をタテとヨコに割ることで成り立っているさまざまな行政サービスの限界にぶちあたっている。「碁盤目のこのマスにいる人たちにこのサービスが必要なことはわかってます、でもお金がありません」。増え続ける高齢者、どんどん複合化する課題。その一つ一つにサービスをあてがっていくことの限界が、すべての分野で語られている。そこに、多世代

二　次の文章を読んで、後の問いに答えなさい。

こども食堂は、子どもからお年寄りまで多くの世代が交流する（ａ）拠点《きょてん》になっている。（中略）しかし、この現実、まだまだ知られていない。

こども食堂は、しばしば「食べられない子が行くところ」と言われるが、そのイメージは誤解を招きやすい、※1ミスリーディングなものだ。埼玉《さいたま》県の「子ども食堂」実態調査によれば、8割のこども食堂が対象となる子どもを限定していない。どんな子が行ってもいいのだ。

逆に言えば、2割は対象を限定している。つまり「食べられない子が行く」こども食堂はゼロではない。ただし少数派だ。しかし①世間は、その少数派が「こども食堂の全体」だと思ってしまっている。それは「多世代交流拠点としてのこども食堂」を見えなくする。実際にはそのように運営されているこども食堂のほうが多いのに。

その※2弊害《へいがい》は、単に「実態が正しく伝わらない」というだけではない。「多世代交流拠点としてのこども食堂」が見えなくなることで、世の中から失われてしまう「価値」がある、と私は考えている。

◈　中略　◈

こども食堂は地域の高齢者《こうれいしゃ》の活躍の場でもある。私が出会った調理ボランティアの最高年齢は91歳の女性だった。彼女は「私のほうが元気をもらっている」と話していた。スタッフやボランティアだけではない。参加者としての高齢者にとっても、こども食堂はプラスに働く。

以前、子どもを受け入れるようになった高齢者※3サロンに行ったことがある。まだお昼で、子どもたちは来ていなかった。会場は、おおまかにおじいちゃんグループとおばあちゃんグループに分かれていた。おばあちゃんグループは、よくしゃべり、笑っていた。この人たちは、子どもがいてもいなくても、関係なく楽しそうだと思った。

しかし、おじいちゃんグループは違《ちが》う。会話が続かない。誰かがポツンとしゃべっても、誰も拾わない。スルーされたのか、と思ったころに、また誰かがポツンと。間合いも、話の中身も、関連しているのかしていないのか、よくわからない。そんな感じだった。

その雰囲気が、14時ごろに低学年の子たちが来だすと、変わる。まず、子どもたちが「ネタ」になって、おじいちゃんたちの会話が続くようになる。走り回っているのを見て、「ああ、あぶねぇな」とか。あるおじいちゃんは、子どもたちから「あの人は、一緒に卓球をやってくれる」と認定されているようで、子どもに「また卓球やって！」とせがまれていた。「しょうがねえな」と言いつつ、顔はうれしそうだ。

②こういう光景を見ていると、「遠くの孫より、近所の子」だなあと思う。このおじいちゃんは、子どもたちの卓球相手に気持ちの張りを感じているはずだ。

「人生１００年」と言われるようになった。

高齢者の健康づくりは、世界最高・最速の高齢化率に達する日本の最重要課題だ。高齢者だけを対象に、介護予防体操《かいごよぼうたいそう》をするのもいいだろう。同時に、子どもと関わる中で元気になる高齢者もいる。すべての国民の健康づくりを支えるためには、こうした子

問7　空欄部 I 、 II には、反対の言葉が入ります。あてはまる言葉を、本文の（中略）の前の部分から、それぞれ2字で抜き出して答えなさい。なお、同じ記号には同じ言葉が入ります。

問8　傍線部⑤「いのちがやどる、とはそんな感じなのかなぁと、光は思った」とありますが、ここで光が思っていることを説明したものとして最も適するものを次の中から一つ選び、記号で答えなさい。

ア　人がこの世から去るということは自然なことであり、いたしかたないことでもあるので、生きている間に精いっぱい自分のやりたいことをやるべきだ。

イ　借りたものを返すというのは誰もが守るべきルールであり、人の命も図書館のルールと同じように、絶対に守られなければならない。

ウ　自分の人生は自分しか経験できないものではあるが、人の命は独立したものではなく、同じ時代を生きる人や過去や未来の人ともつながっているものである。

エ　たとえ小さな虫であっても、人間と同じように命を持っているので、部屋の中に入ってきてしまったとしてもそっと逃がしてやった方がよい。

オ　両親やばぁちゃんがいなければ自分は生まれなかったはずなので、家族への感謝を常に忘れず、全員で仲良く幸せに暮らすことが大切である。

問9　本文に登場する人物についての説明としてふさわしくないものを次の中から一つ選び、記号で答えなさい。

ア　日出男はダイヤモンドがなくなったことに気づいていたことを自慢げに語るなど子供っぽいところもあるが、家族がしんみりしたときに気持ちを切り替えられるよう冗談《じょうだん》を言うなど、家族思いの人物である。

イ　笑子は家族が大切にしていたダイヤモンドをなくしてしまうなどどこか抜けていて家族に迷惑ばかりかけているが、孫のためにオハギをつくってあげるなど基本的には優しい人物として描かれている。

ウ　愛子は亡くなったナスミの代わりに自分が幸せな生活を送っていることに対して少し後ろめたい気持ちを持っていたが、自分の本音を明かしたことで家族の絆《きずな》をより一層深めるきっかけをつくった。

エ　鷹子は実の妹であるナスミと同じくらい愛子の気持ちに寄り添《そ》っており、彼女の子である光を家族の宝として力強く抱きしめるなど、血のつながりはなくとも二人を家族として分け隔《へだ》てなく大切に思っている。

オ　光はナスミと自分との関係について考える中で、もし自分が生まれていなかったらどうなっていたのか、命とは何なのか思いをめぐらせるようになり、はっきりと答えは出せないまでも自分なりの考えを導きだしている。

問3 空欄部 A ～ E に最も適する表現を、次の中からそれぞれ一つずつ選び、記号で答えなさい。ただし、同じ記号を2回以上使ってはいけません。

ア 愛ちゃん、そうじゃないよ
イ え、いやだ。そんな前からなの？
ウ じゃあ、ダイヤモンドが光になったってことか
エ ナスミがさ、死んだら、そこからここをのぞくっていうからさ
オ 見たくないって、何を？

問4 傍線部②「光には全く同じ蛾に見えるのに、一方は生きていて、一方は死んでいる。何が違《ちが》うんだろう、と光は思う」とありますが、その違いを、本文中の言葉を使って、21字以上30字以内で答えなさい。

問5 傍線部③「それは、光が今日倉庫で思ったことと同じように思えた」とありますが、これについて次の問いに答えなさい。

（1）「光が今日倉庫で思ったこと」が書かれた連続した二段落の、始めの5字を抜き出して答えなさい。ただし、句読点を含む場合は、句読点も字数に含みます。

（2）光と愛子が思ったことを説明したものとして、最も適するものを次の中から一つ選び、記号で答えなさい。

ア 何気ない日常も、誰《だれ》かの後悔《こうかい》の上に成り立っているということを感じ、自分たちが精いっぱい生きることで亡くなった人を弔《とむら》いたいと思っている。
イ ナスミの死によって、元々は他人だった人たちが複雑な関係を築き、家族にもなってしまった運命に対して、人生何が起こるかわからないとわくわくしている。
ウ 鷹子《たかこ》や笑子《えみこ》ばぁちゃんのような、ナスミとの辛《つら》い別れを経験した人たちが自分たちと生活している理由がわからず、彼女《かのじょ》らの人間性を疑い始めている。
エ やりたいこともできずに無念の死をとげたナスミが、自分たちの幸福をうらやんでいるのではないかと思い、これみよがしに楽しそうにふるまうことをためらっている。
オ 自分たちの幸せな生活も、ナスミの死の上に成り立っているように思え、亡くなったナスミや残された家族に対して申し訳ないような気持ちになっている。

問6 傍線部④「精一杯《せいいっぱい》の力をこめて鷹子は言った」とありますが、鷹子はなぜこのような行動をとったのですか。31字以上40字以内で答えなさい。

「やどったから、しゅくふくしてくれてるんだよ」
やどったって、何が？　と光は心の中で聞いてみる。
「いのちだよ」
　その夜、光は倉庫に行ってみた。床の蛾は昼間と同じかたちで死んでいた。いのちのやどっている方を探すと、それはまだこの部屋にいて、壁《かべ》にべったりとひっついていた。光が、蛾の羽を触《さわ》ってもすぐには動こうとはせず、それでも触っていると鈍《にぶ》い動きで上へ上へと這《は》ってゆく。それが何なのか、光にはわからないけれど、この小さな虫に何かがやどっていることに間違いないと思った。そして、それは、自分にもやどっているのだ。たぶん、自分にも、この蛾と同じものがやどっているのだろう。そしてやがて、この蛾も、自分も、やどっていたものが去ってゆく。それは、誰のせいでもないように思えた。ただやってきて、去ってゆく。ナスミちゃんがこの家から去って、自分がこの家にやってきたように。誰かが決めたわけではなく、図書館の本を借りて返すような、そんな感じなんじゃないだろうか。本は誰のものでもないはずなのに、読むと、その人だけのものになってしまう。⑤いのちがやどる、とはそんな感じなのかなぁと、光は思った。

（木皿泉『さざなみのよる』より）

問1　空欄部 X に当てはまる語を次の中から一つ選び、記号で答えなさい。

ア　立腹　　イ　動揺《どうよう》　　ウ　歓喜《かんき》
エ　混同　　オ　辛抱《しんぼう》

問2　傍線部①「ここの電灯だけはまだ白熱電球だった。たぶん光が生まれる前から貼《は》ってある、古いビールのポスターの上を蛾《が》が歩いている」とありますが、この表現から読み取れることを説明したものとして、最も適するものを次の中から一つ選び、記号で答えなさい。

ア　光は母からの言葉によって、自分が生まれる前から今までのことを考え始めたため、自然と古いものに目が向かうようになっている。

イ　光は、自分が生まれなかった可能性を平然と語る母に恐怖していたため、蛾のような不気味なものが気になってしまっている。

ウ　光は自分が生まれる前の家族の秘密を知ってしまったため、自分の生まれる前からあるものにも同じように秘密があるのではと疑っている。

エ　光は母の心ない言葉から絶望的な心情になってしまっていたため、白熱電球から発せられる温かい光にすがりつきたいような気持ちになっている。

オ　光は自分が生まれる前に死んでしまったナスミの無念を知ってしまったため、ナスミが貼ったであろうポスターを見て彼女の気持ちを想像しようとしている。

愛子は、ずっとためていたことを全部吐《は》き出したような気持ちになった。そして、誰かに取られるのを恐れるように光を抱《だ》き寄せた。

「そういうことが、ナスミさんの一番心残りだったのかなあって」

愛子は、そう言って光を見た。

ナスミのしたかったことは、もっと生きて子供を産んで、その子供がばたばた家中を走りまわって、それを「いいかげんにしなさいッ」と切れたりすることだと愛子は言った。

③それは、光が今日倉庫で思ったことと同じように思えた。母は何年も前から光と同じことを思っていたのだった。たぶん、光が生まれるずっと前から。

光が幼稚園《ようちえん》ぐらいのとき、愛子と二人、車に乗っていた。配達の帰りだった。突然、愛子は車を止めた。フロントガラスのむこうに富士山があった。愛子は何も言わずに、じっと山を見ていた。あまりにも長い時間だったので、雲の色や形が少しずつ変わってゆく。光が動かない愛子に怖《こわ》くなって、思わず愛子の手を握《にぎ》ると、その手はとても冷たかった。愛子は、ふと我に返ったような顔になって、「ごめんなさい」と言った。光は、それは自分に言っているのではないと思った。愛子の目は、自分より、うんと後ろに向かっていると、光は思った。

「　D　」

鷹子が愛子ににじり寄ってきてそう言った。

「ナスミができなかったことを、やってくれたんじゃない。感謝してるわよ、ナスミは」

④精一杯《せいいっぱい》の力をこめて鷹子は言った。

「ダイヤモンドはさ、ばぁちゃんの貼り方が甘《あま》かったんだよ。きっと、米粒《こめつぶ》か何かで貼っつけたんだろう？　なぁ」

日出男は、ここは笑子を怒らせて、それをみんなで笑いとばすといういつものパターンでやり過ごそうと思ったらしい。しかし、笑子ばぁちゃんは、しみじみとした声で、

「　E　」

と光の頭をなでながら、そうつぶやいた。

それを聞いた鷹子は、胸がいっぱいになったようすで、光を引き寄せ、抱きしめた。さっき桃《もも》をむいた手だったので、甘い香りがした。甘いのに、光の息がとまりそうなほど、強い力だった。

「そうよ。光ちゃんがダイヤモンドのかわりに家にきたんだよ。これからは、ナスミも死んだ父さんも母さんも、光ちゃんの目を通して、私たちを見てくれるんだね」

そう言って、ようやく両手を広げ、光を解放した。

笑子ばぁちゃんも、両腕《りょううで》を伸ばして光を抱きたがった。笑子の腕は不気味で、さっき見た煎餅《せんべい》みたいに表面はごつごつしていたのに、抱かれると、肌《はだ》は口の中に入れてとけたキャラメルみたいにすべすべしていた。

「生まれてきてくれて、ありがとうよ」

とばぁちゃんは光を揺《ゆ》すりながら、そう言った。

「私、生まれてきて、よかったの？」

と光が振《ふ》り返って問うと、そこにいるみんなから、何言ってるの当たり前じゃないのぉと笑われた。

光は、その後、父に抱かれ、母に抱かれ、もう一度、ばぁちゃんに抱かれた。みんな　Ⅰ　匂《にお》いだった。みんな　Ⅰ　柔《やわ》らかさだった。でも、みんな　Ⅱ　ように優しかった。光は、こういうの何っていうんだろうと思った。

「しゅくふくだよ」

喉の奥の方から、倉庫で聞いたような声がまたした。

光の手の先で、蛾が一匹死んでいた。見上げると、同じ柄《がら》の蛾がまだポスターの上を歩いていた。②光には全く同じ蛾に見えるのに、一方は生きていて、一方は死んでいる。何が違《ちが》うんだろう、と光は思う。そのとき、喉《のど》の奥の方から、声が聞こえたような気がした。

「やどってるんだよ」

とその声は言った。

　生きている方はやどっていて、死んだ方はやどっていない。ということだろうか。光は顔を上げて答えを待ったが、誰も何も答えてくれなかった。

（中略）

「うちにダイヤモンドなんてあったの？」

と光が驚いて聞くと、そのことは母も父も鷹子も知っていた。

　台所にある柱の上の方に目の絵が描いてあって、その瞳《ひとみ》にダイヤモンドが貼《は》りつけてあったのだそうだ。それは、ナスミにそうしろと言われた笑子ばぁちゃんが貼ったものだという。

「　A　」

と笑子ばぁちゃんはお茶を飲んでいたが、ダイヤモンドがなくなってしまったことを思い出して、わっとテーブルに突《つ》っ伏《ぶ》した。

「ばぁちゃんのせいじゃないよ。あれ、もうだいぶん前からなくなってたんだから」

と鷹子が言うと、ばぁちゃんは泣いていたくせに普通《ふつう》の声で、

「いつ？」

と聞いた。

「三年ぐらい前かなぁ」

と鷹子が言うと、父の日出男が負けじと、

「いや、オレは、五年前から気づいていたよ」

と、ちょっと得意そうに言う。

「　B　」

「うん、ほら、柱時計かえたとき、オレ見たもん。あれッ、なくなってるなあって」

「そうなの」

　鷹子と日出男の話を聞いていた母の愛子がおずおずと、

「いや、もっと前かも」

と口をひらいた。

　みんなに見られて、愛子は、すぐに言わなくてごめんなさいと前置きして、

「この子を産むために入院したじゃないですか。その日はたしかにあったんですよ。私、柱のダイヤモンドに向かって、じゃあ行ってきますってナスミさんに挨拶《あいさつ》したから。そのときは、たしかにありました。でも、帰ってきて、この子を見せようと思ったら、もうなくなっていて」

　みんなが、光を見た。見られた光は、えーっ、私のせいなのかと心臓がどきどきする。

「ごめんなさい。私のせいでなくなったのかも」

と愛子は泣きそうな顔でそう言った。

「なわけないじゃない」

と鷹子が言うと、

「だって、ナスミさん、もう見たくないんだろうなって」

「　C　」

　愛子は少し黙《だま》った後、観念したように言った。

「だから、私が子供育てるところ」

2023年度 公文国際学園中等部

【国　語】〈B入試〉（五〇分）〈満点：一〇〇点〉

《注意》一、句読点や記号も一字に数えなさい。
二、記述問題の下書き欄《らん》は、下書き用に利用してかまいません。
三、作問の都合で、作品を一部改変したところがあります。

一　次の文章を読んで、後の問いに答えなさい。

富士山の間近でマーケットストア「富士ファミリー」を営むナスミは、病気のため四十三歳で息を引き取った。ナスミの夫日出男《ひでお》は、ナスミの姉鷹子《たかこ》、ナスミの祖父の妹である笑子《えみこ》ばぁちゃんと「富士ファミリー」を引継ぎ、後にナスミの友人だった愛子《あいこ》と再婚し、娘の光《ひかり》が生まれた。光が小学生になったある日、「家族の秘密」を聞いてくるという宿題がでたため、愛子にナスミのことを聞いてみることにした。

「ナスミちゃんって、私からみると伯母《おば》さんなの？」

母は、編み物の方に熱中している。

「みたいなもんかな」

「じゃあさ、ナスミちゃんが生きてたら、私、ナスミ伯母さんって呼べばいいの？」

「そーなると、光は生まれてないんだよね」

と母は当然のように言った。

光は、驚《おどろ》いて凍《こお》りつく。どういうことなのだろうと［X］する。しかし、母の方は平然とした顔で糸をひっぱったりしている。

光はそれ以上聞くのがこわくなって、そろりそろりとその場を離《はな》れた。

倉庫に積み上げられたダンボールのすき間に、光は体をすべらせ、膝《ひざ》をかかえてすわり、天井を見上げる。①ここの電灯だけはまだ白熱電球だった。たぶん光が生まれる前から貼《は》ってある、古いビールのポスターの上を蛾《が》が歩いている。

「そーなると、光は生まれてないんだよね」

と母は言った。

光には、自分が生まれていない、という状況《じょうきょう》がどうしても想像できない。それはつまり、自分がいなくても、みんな平気だということなのか。平気でご飯を食べたり、仕事をしたり、本当にそんなことできたりするんだろうか。光は、そこまで考えてハッとなる。いや、できるんだ。だって、ナスミちゃんはみんなの前から突然《とつぜん》いなくなったわけで、それでもみんなは、平気でご飯食べたり仕事したり笑ったりしているじゃないか。

お父さんなんか、ナスミちゃんが死んだ後、お母さんと結婚までしている。そこまで考えて、光はぎくりとなる。ナスミちゃんが生きていたら、自分は生まれていないということの意味に気づいたからだ。もしかして鷹子伯母ちゃんは、私を見るたびにナスミちゃんが死んだことを思い出していたんじゃないだろうか。ばあちゃんに無理をいってつくってもらったチョコチップやポップコーン入りオハギを頬張《ほおば》って、サイコーと言えるのは、ナスミちゃんが死んだおかげなのだろうか。

光が店の方をそっとのぞくと、母は客と冗談《じょうだん》を言いながらゲラゲラ笑っていた。そこに日出男がやってきて何か言い、さらに大笑いしている。光は、何かとても恐《おそ》ろしいものを見たように思えて、あわてて自分の体をダンボールのすき間へ引っ込《こ》めた。

2023年度

公文国際学園中等部 ▶解説と解答

算　数　＜Ｂ入試＞（50分）＜満点：100点＞

解　答

1 (1)　3　(2)　42　(3)　10000　(4)　$2\frac{1}{2}$　(5)　$\frac{1}{4}$　2 (1)　25万円　(2)　15人　(3)　時速４km　(4)　20度　(5)　①　36秒後　②　54秒後　(6)　①　6　②　15　3 (1)　25cm　(2)　14本　(3)　赤色　(4)　116.52cm^2　(5)　28個　4 (1)　解説の図②を参照のこと。　(2)　16cm^2　(3)　解説の図④を参照のこと。　(4)　**図**…解説の図⑥を参照のこと。／**面積**…155.52cm^2　5 (1)　３枚　(2)　10通り　(3)　80通り　(4)　242通り

解　説

1　四則計算，計算のくふう，逆算

(1)　$15-(21-3\times4+3)=15-(21-12+3)=15-(9+3)=15-12=3$

(2)　$35\div(7-4\div2)+(5+2)\times5=35\div(7-2)+7\times5=35\div5+35=7+35=42$

(3)　$95\times85+95\times5+95\times10+100\times5=95\times(85+5+10)+100\times5=95\times100+5\times100=(95+5)\times100=100\times100=10000$

(4)　$\left\{\frac{5}{9}\times2.07\div\left(2-\frac{7}{15}\right)+1\frac{1}{3}\right\}\div\frac{5}{6}=\left\{\frac{5}{9}\times\frac{207}{100}\div\left(\frac{30}{15}-\frac{7}{15}\right)+\frac{4}{3}\right\}\times\frac{6}{5}=\left(\frac{5}{9}\times\frac{207}{100}\div\frac{23}{15}+\frac{4}{3}\right)\times\frac{6}{5}=\left(\frac{5}{9}\times\frac{207}{100}\times\frac{15}{23}+\frac{4}{3}\right)\times\frac{6}{5}=\left(\frac{3}{4}+\frac{4}{3}\right)\times\frac{6}{5}=\left(\frac{9}{12}+\frac{16}{12}\right)\times\frac{6}{5}=\frac{25}{12}\times\frac{6}{5}=\frac{5}{2}=2\frac{1}{2}$

(5)　$2\frac{11}{12}-\left\{\frac{7}{4}+\left(1\frac{1}{3}-\square\right)\times\frac{5}{13}\right\}=\frac{3}{4}$より，$\frac{7}{4}+\left(1\frac{1}{3}-\square\right)\times\frac{5}{13}=2\frac{11}{12}-\frac{3}{4}=2\frac{11}{12}-\frac{9}{12}=2\frac{2}{12}=2\frac{1}{6}=\frac{13}{6}$，$\left(1\frac{1}{3}-\square\right)\times\frac{5}{13}=\frac{13}{6}-\frac{7}{4}=\frac{26}{12}-\frac{21}{12}=\frac{5}{12}$，$1\frac{1}{3}-\square=\frac{5}{12}\div\frac{5}{13}=\frac{5}{12}\times\frac{13}{5}=\frac{13}{12}=1\frac{1}{12}$　よって，$\square=1\frac{1}{3}-1\frac{1}{12}=1\frac{4}{12}-1\frac{1}{12}=\frac{3}{12}=\frac{1}{4}$

2　比の性質，集まり，速さ，角度，図形上の点の移動，約束記号

(1)　７：５の比の，７＋５＝12にあたる金額が60万円だから，比の１にあたる金額は，60万÷12＝５万(円)となる。よって，父の１か月の収入は，５万×５＝25万(円)と求められる。

(2)　右の図１のように表して考えると，国語が好きで算数が好きでない人の人数(アの人数)は，40－27－５＝８(人)となる。よって，両方が好きな人(太線部分)の人数は，23－８＝15(人)とわかる。

図１

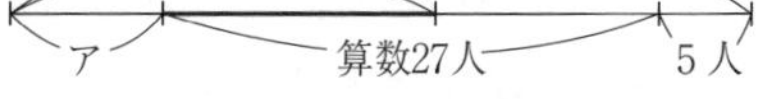

(3)　往復の平均の速さは，(往復の道のり)÷(往復にかかった時間)で求められる。往復の道のりは，2.4×２＝4.8(km)であり，行きにかかった時間は，2.4÷６＝0.4(時間)，帰りにかかった時間は，2.4÷３＝0.8(時間)だから，往復にかかった時間は，0.4＋0.8＝1.2(時間)となる。よって，往復の平均の速さは時速，4.8÷1.2＝４(km)と求められる。

⑷　右の図２で，アの角の大きさをx度とする。三角形ADEは二等辺三角形で，角ア＝角イ＝x度だから，内角と外角の関係より，角ウ＝$x+x=x\times 2$（度）になる。また，三角形DEFも二等辺三角形で，角エ＝角ウ＝$x\times 2$（度）だから，三角形AEFの内角と外角の関係より，角オ＝角ア＋角エ＝$x+x\times 2=x\times 3$（度）になる。同じように考えていくと，角カ＝角オ＝$x\times 3$（度），角キ＝角ア＋角カ＝$x+x\times 3=x\times 4$（度），角ク＝角キ＝$x\times 4$（度），角ケ＝角ク＝$x\times 4$（度）となる。さらに，角ア＋角ク＋角ケ＝180度だから，$x+x\times 4+x\times 4=x\times 9$（度）が180度とわかる。よって，$x=180\div 9=20$（度）と求められる。

図２
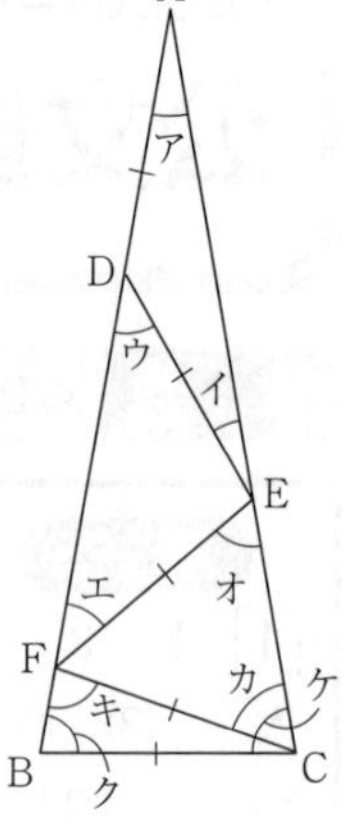

⑸　Ｐは36秒で，Ｑは24秒でそれぞれ360度進むので，Ｐは１秒で，360÷36＝10（度），Ｑは１秒で，360÷24＝15（度）進み，ＰとＱは同じ方向に進むから，OPとOQの作る角の大きさは１秒で，15－10＝５（度）ずつ大きくなる。点Ｐ，Ｏ，Ｑがこの順で初めて一直線上に並ぶのは，角POQの大きさが初めて180度になるときなので，出発してから，180÷５＝36（秒後）（…①）と求められる。また，OPとOQの作る角が１度目に90度になるのは，ＱがＰよりも90度多く進んだときであり，２度目に90度になるのは，ＱがＰよりも，90＋180＝270（度）多く進んだときである。よって，出発してから，270÷５＝54（秒後）（…②）と求められる。

⑹　８＝２×２×２より，８は２を３回かけた数だから，８▲２，つまり，８を２回かけた数は，２を，３×２＝６（回）かけた数となる。よって，８▲２＝２▲６（…①）である。次に，８は２を３回かけた数だから，８▲10，つまり，８を10回かけた数は，２を，３×10＝30（回）かけた数になる。また，４＝２×２より，４は２を２回かけた数だから，30÷２＝15より，４を15回かけると，２を30回かけた数になる。よって，８▲10＝４▲15（…②）となる。

3　グラフ，水の深さと体積，差集め算，条件の整理，面積，相似，倍数

⑴　問題文中のグラフより，右の図①の水そうのアの部分の高さは４cmで，アの部分に水が入るのに６分かかる。よって，アの部分の容積は，500×６＝3000（cm^3）で，アの部分の底面積は，3000÷４＝750（cm^2）だから，ABの長さは，750÷30＝25（cm）と求められる。

図①
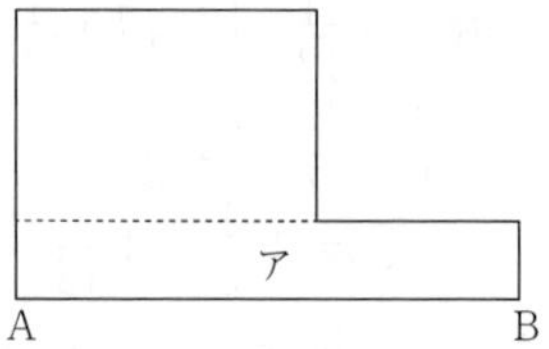

⑵　もし，兄が実際よりも２本多く買ったとすると，支払《しはら》う金額はさらに，130×２＝260（円）多くなるので，弟が支払った金額よりも，20＋260＝280（円）多くなる。このとき，買った本数は弟と同じになり，１本あたりの値段は兄の方が弟よりも，130－110＝20（円）高いから，弟が買ったペンの本数は，280÷20＝14（本）とわかる。

⑶　青は，赤と黄よりも左側にあり，赤と黄はとなり合わないので，青，赤，黄の場所は右の図②のア～エのいずれかとなる（かげをつけた部分は赤か黄が塗《ぬ》られる）。このとき，残りの２か所は緑と黒になるが，緑と黒はとなり合うので，ア，ウ，エは条件に合わず，イに決まる。また，真ん中は緑ではないから，真ん中は黒，右から２番目は緑となる。さらに，黒は赤ととなり合わないから，左から２番目は黄となる。よって，一番右は赤とわかる。

図②
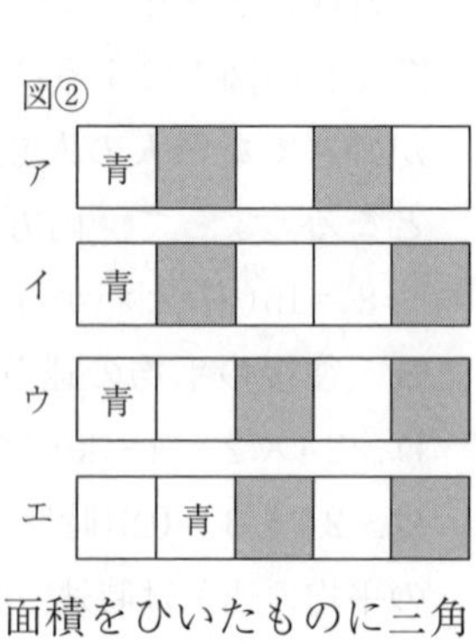

⑷　下の図③で，斜線《しゃせん》部分の面積は，図形全体の面積から三角形ABEの面積をひいたものに三角

形FGHの面積をたすと求められる。まず，図形全体の面積は，１辺12cmの正方形の面積と半径６cmの半円の面積をたして，12×12＋６×６×3.14÷２＝144＋56.52＝200.52(cm^2)となる。また，三角形ABEでABを底辺とすると，高さはFEであり，FEの長さは，12＋６＝18(cm)だから，三角形ABEの面積は，12×18÷２＝108(cm^2)となる。さらに，三角形ABEと三角形GHEは相似で，その相似比は，FE：OE＝18：６＝３：１だから，GHの長さは，12×$\frac{1}{3}$＝４(cm)である。したがって，三角形FGHの面積は，４×12÷２＝24(cm^2)とわかる。よって，斜線部分の面積は，200.52－108＋24＝116.52(cm^2)と求められる。

図③

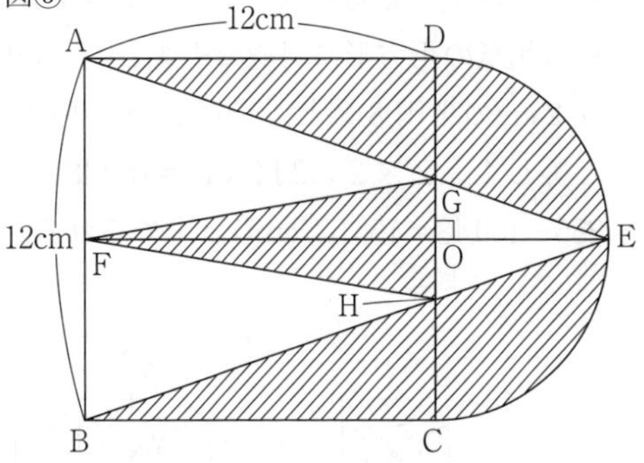

(5)　７をたすと５の倍数になり，５をたすと７の倍数になるような整数をAとする。Aに７をたして５の倍数になった後，さらに５をたしても５の倍数になるから，A＋７＋５＝A＋12は５の倍数になる。また，Aに５をたして７の倍数になった後，さらに７をたしても７の倍数になるから，A＋５＋７＝A＋12は７の倍数になる。したがって，A＋12は５と７の公倍数，つまり，35の倍数だから，Aにあてはまる数は35の倍数より12小さい数とわかる。1000÷35＝28あまり20より，このような整数のうち1000より小さい整数は，35×1－12＝23，35×2－12＝58，…，35×28－12＝968だから，下線部に注目すると，その個数は１から28までの整数の個数と同じで，28個となる。

4　平面図形—構成，面積

(1)　問題文中の図３の状態から１つずつ広げていくと，下の図①のようになる。よって，折り目の跡《あと》を解答用紙の正方形にかきこむと，下の図②のようになる。

(2)　(1)の折り目でできる一番小さな三角形は図②のかげをつけた三角形で，この三角形の底辺は，16÷２＝８(cm)，高さは，８÷２＝４(cm)だから，面積は，８×４÷２＝16(cm^2)とわかる。

(3)　問題文中の図６の状態から１つずつ広げていくと，下の図③のようになるので，折り目の跡を解答用紙の正方形にかきこむと，下の図④のようになる。

図①

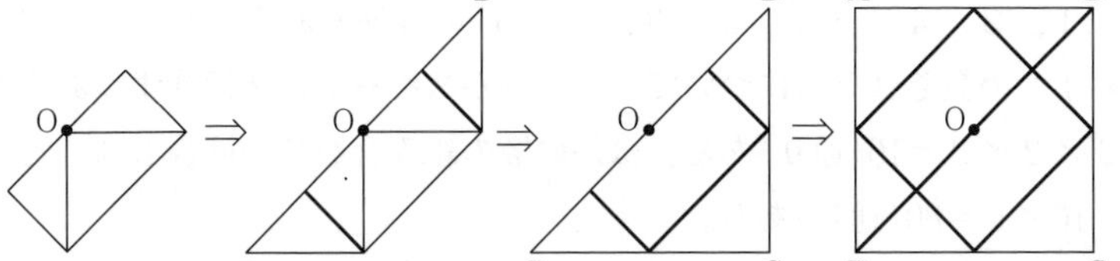

図②

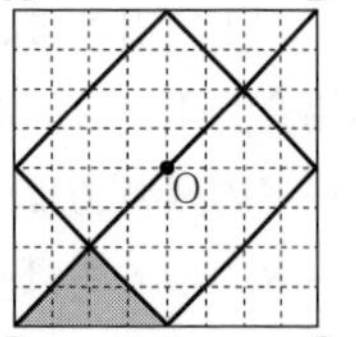

図③

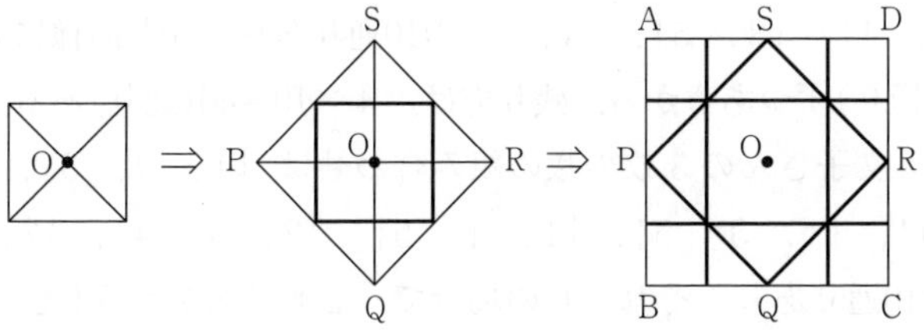

図④

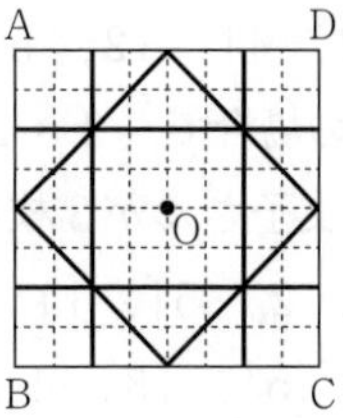

(4) 半円4つを切り取ってから1つずつ広げていくと，下の図⑤のようになるので，残った部分を解答用紙の正方形に斜線で表すと，下の図⑥のようになる。また，図⑥で切り取られた部分は，半径2cmの半円8個と，半径2cmの円4個だから，これらを合わせた面積は半径2cmの円8個分と等しく，$2\times2\times3.14\times8=100.48$(cm^2)となる。よって，斜線部分の面積は，$16\times16-100.48=256-100.48=155.52$(cm^2)と求められる。

図⑤

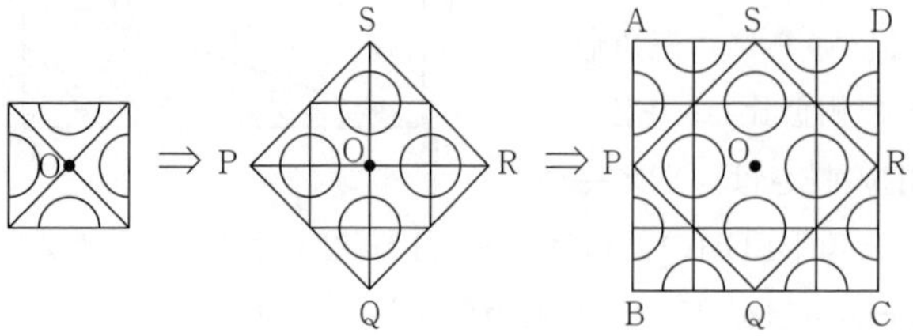

図⑥

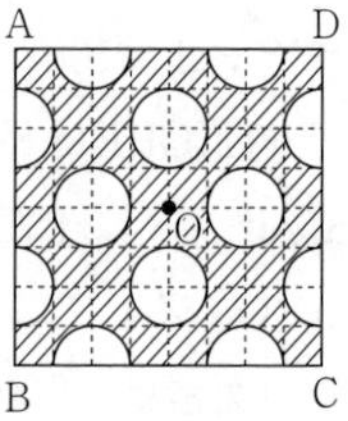

5 条件の整理，場合の数

(1) ハートの6がないので，スペードの6は操作2の後，必ず残る。また，6以外のカードで，操作2の後に残った同じ数のカードは，2人が1枚ずつ持っていることになる。例えば，公太さんのカードにハートの4が残っていれば，文子さんのカードにスペードの4が残っている。したがって，2人の残ったカードの枚数の差は必ず1枚となるから，残ったカードが2人合わせて7枚のとき，1人が3枚，もう1人が4枚持っている。また，初め公太さんは6枚，文子さんは5枚持っており，カードを取りのぞくときは2枚ずつ取りのぞくから，残りのカードの枚数は，公太さんが偶《ぐう》数《すう》，文子さんが奇数《きすう》となる。よって，文子さんの残ったカードの枚数は3枚とわかる。

(2) (1)より，2人の残りのカードの枚数の差は必ず1枚になり，残りのカードの枚数は，公太さんが偶数，文子さんが奇数だから，残りの枚数の合計が3枚のとき，公太さんの残りの枚数は2枚，文子さんの残りの枚数は1枚とわかり，残った枚数の多い公太さんがスペードの6を持っている。公太さんのもう1枚のカードの残り方を考えると，ハートの1～5とスペードの1～5があるから，$5\times2=10$(通り)となる。

(3) (1)や(2)と同様に考えると，残りのカードの枚数の合計が9枚のとき，公太さんは4枚，文子さんは5枚持っており，スペードの6は文子さんが持っている。(2)と同様に，公太さんのカードの残り方を考えると，公太さんの4枚のカードの数の組み合わせは {1，2，3，4}，{1，2，3，5}，{1，2，4，5}，{1，3，4，5}，{2，3，4，5}の5通りある。{1，2，3，4}の場合，1，2，3，4の4つの数それぞれについて，ハートかスペードの2通りずつあるから，カードの残り方は，$2\times2\times2\times2=16$(通り)ある。ほかの数の組み合わせの場合も同じだから，カードの残り方は全部で，$16\times5=80$(通り)ある。

(4) 公太さんが2枚，文子さんが1枚のとき，(2)より，10通りある。公太さんが2枚，文子さんが3枚のとき，公太さんの2枚の数の組み合わせは {1，2}，{1，3}，{1，4}，{1，5}，{2，3}，{2，4}，{2，5}，{3，4}，{3，5}，{4，5}の10通りあり，(3)と同様に考えると，それぞれの場合で，$2\times2=4$(通り)ずつあるから，残り方は，$4\times10=40$(通り)ある。公太さんが4枚，文子さんが3枚のとき，文子さんの3枚の数の組み合わせは {1，2，3}，{1，2，4}，{1，2，5}，{1，3，4}，{1，3，5}，{1，4，5}，{2，3，4}，{2，3，5}，{2，4，5}，{3，4，5}の10通りあり，それぞれの場合で，$2\times2\times2=8$(通り)ずつあるから，残り方は，８×10＝80(通り)ある。公太さんが４枚，文子さんが５枚のとき，(3)より，80通りある。公太さんが６枚，文子さんが５枚のとき，文子さんの５枚の数の組み合わせは｛1，2，3，4，5｝のみで，残り方は，２×２×２×２×２＝32(通り)ある。よって，全部で，10＋40＋80＋80＋32＝242(通り)ある。

社　会 ＜Ｂ入試＞（40分）＜満点：75点＞

解　答

[1] **問１** **あ** アメリカ　**い** サンフランシスコ　**問２** **Ａ** 戦争　**Ｂ** 武力　**Ｃ** 戦力　**問３** ア　**問４** イ　**問５** 核　**問６** ベトナム　**問７** エ　**問８** エ　**問９** ウ　**問10** ウ　**問11** インフラ　**問12** 国会　**問13** エ　[2] **問１** (1) ア，愛知(県)　(2) イ　**問２** 海　**問３** ア　**問４** イ　**問５** コロナ　**問６** イ　**問７** イ　**問８** ウ　**問９** エ　**問10** （例）宅配便の会社は地区ごとに配達ボックスなどを設置してそこまで届けることにし，消費者は家まで配達してもらうのをがまんしてその場所まで取りに行くことにすれば，少しでもトラックの走行距離を減らすことができる。

[3] **問１** (1) 小野妹子　(2) 足利義満　(3) 幕藩　(4) 徳川家光　(5) 五街道　(6) 関ケ原　**問２** 殖産興業　**問３** ウ　**問４** 菅原道真　**問５** ア　**問６** ア　**問７** オランダ　**問８** エ　**問９** (1) （例）人口が都市に集中したことによって，大量のゴミが出たことが予想される。　(2) （例）ゴミで肥料にできるものを農民に売りにいく。

解　説

[1] 沖縄県の歩みを題材にした問題

問１ **あ** 1945年８月，日本は連合国に無条件降伏《こうふく》して敗戦した。その後，日本はアメリカを中心とするGHQ(連合国軍最高司令官総司令部)の占領統治のもとで，さまざまな民主化政策を進めていった。沖縄は1952年に日本が主権を回復したあともアメリカの統治下に置かれ，多くの軍事施設が建設された。現在も沖縄県には多くのアメリカ軍基地があり，県民の負担となっている。　**い** 1951年，第二次世界大戦の講和会議がアメリカ西部の都市サンフランシスコで開かれた。日本からは吉田茂《しげる》首相が代表として出席し，連合国48か国との間でサンフランシスコ講和(平和)条約を結んだ。この条約が翌52年４月に発効したことで，日本は主権を回復した。

問２ 日本国憲法第９条は平和主義についての条文で，１項は「日本国民は，正義と秩序《ちつじょ》を基調とする国際平和を誠実に希求し，国権の発動たる戦争と，武力による威嚇《いかく》又《また》は武力の行使は，国際紛争を解決する手段としては，永久にこれを放棄《ほうき》する」と定めている。また，２項は，「陸海空軍その他の戦力は，これを保持しない。国の交戦権は，これを認めない」とし，戦力の不保持と国の交戦権の否認を明記している。

問３ 第二次世界大戦後，世界は大きく，アメリカなどの資本主義国と，ソ連(ソビエト連邦)などの共産主義(社会主義)国に分かれ，両者の間で緊張《きんちょう》状態が続いた。この緊張状態は，冷戦(冷たい戦争)とよばれた。こうした中，1949年に共産主義国家として中華人民共和国(中国)が誕生し，翌50年には朝鮮戦争が起こった。こうした動きにより，アメリカは中国や朝鮮半島に近い沖縄を，アジアで共産主義が拡大するのを阻止《そし》する役割を果たす，重要な軍事拠点《きょてん》と位置づけた。

問4　「強制的なやり方で住民の土地を基地に」変えていったのだから，その手段としてブルドーザーが使われたと判断できる。なお，六法全書とは，日本の重要な法律を集めて記した書物である。

問5　「兵器」に続く漢字1字の語で，アメリカが所持しているものであることから，「核」だと判断できる。本土復帰前の沖縄にはアメリカ軍によって多くの核兵器が配備され，発射の演習などが行われていた。

問6　第二次世界大戦後，東南アジアのベトナムでは内戦が起こり，これにアメリカが介入《かいにゅう》した。1965年にはアメリカが北ベトナムへの爆撃《ばくげき》を開始し，戦争が激化したが，なかなか収束せず，泥沼《どろぬま》化した。このときには，アメリカ国内をはじめ世界各地で反戦運動が行われた。アメリカ軍は1973年にベトナムから撤退《てったい》し，1976年には南北ベトナムが統一された。

問7　リゾートホテルが開業などとあるので，観光業だとわかる。沖縄県は，観光業をはじめとする第3次産業がさかんで，就業者数に占《し》める第3次産業就業者の割合が東京都についで全国で2番目に大きい。統計資料は『データでみる県勢』2023版などによる(以下同じ)。

問8　沖縄県は，1人当たりの県民所得が全国47都道府県の中で最も低い。これは，県民所得への影響《えいきょう》が比較《ひかく》的大きい製造業が，沖縄県ではあまりさかんではないことなどが原因となっている。

問9　本土復帰後も，沖縄県には日米安全保障条約にもとづいて多くのアメリカ軍基地が引き続き置かれ，国内にあるアメリカ軍専用施設の面積の約7割が，沖縄県に集中している。

問10　普天間《ふてんま》基地は，沖縄県宜野湾《ぎのわん》市にあるアメリカ軍海兵隊の基地で，市街地の中にあることから，騒音《そうおん》や危険が大きいことが問題となってきた。そのため，日本政府とアメリカ政府は，沖縄県名護市の東海岸にある辺野古《へのこ》地区に基地を移転することで合意した。その後，沿岸を埋《う》め立てる工事が始まったが，県内移設であることなどに県民は強く反発している。

問11　産業や生活の基盤となる施設・機関・制度・サービスなどのことをインフラ(インフラストラクチャー)といい，上下水道，道路，空港，鉄道やバスなどの公共交通機関，通信網《もう》，電気やガスなどの供給がこれにあたる。

問12　特別措置《そち》法は法律の1つで，国の政治は法律に従って行われる。法律を定めることを立法といい，日本国憲法は第41条で，国会を国の唯一《ゆいいつ》の立法機関と位置づけている。

問13　X　お金を借りたときにつく利子やその割合のことを金利といい，金利が下がると，お金が借りやすくなる。　　Y　ある地域の税金をほかの地域より低く設定すれば，支払う税が少なくてすみ，利益が増やせると考えた企業がその地域に進出してくるようになる。これによって，地域の経済を活性化することができる。

2　物流を題材とした問題

問1　(1)　都道府県別の製造品出荷額が全国で一番多いというaには，自動車をはじめとする機械工業がさかんな愛知県があてはまる。ここから，最も物流量の大きいウに，金属・機械工業品があてはまるとわかる。残るアとイのうち，農業がさかんな北海道からの物流量が大きいアに農林水産品があてはまると判断できる。　　(2)　図1は輸送量のうちの貨物輸送の割合を示したものである。現在の日本の輸送の主力は，トラックを中心とする自動車で，全体の約6割を占める。これについで貨物輸送の約3割を占めるのが，大きくて重たいものを大量に運べる船舶《せんぱく》で，以下，鉄道，航空と続く。

問２　「どんな山の中にあっても日本人というのは，（Ｘ）とのかかわり合いをもっていた」とあることから，「山」と対比されるような場所であることが読み取れる。また，資料Ａは塩を話題にした文で，日本人は古来，海水から塩をつくっていた。こうしたことから，「海」があてはまるとわかる。

問３　問２でみたように，日本では海水から塩がつくられてきた。特に，１年を通じて降水量が少なく，沿岸部に砂浜が広がる瀬戸内地域が，塩の産地として発展した。一方で，内陸の地域では塩づくりは難しかったと考えられる。イには群馬県，ウには岐阜県，エには奈良県と，いずれも内陸県がふくまれていることから，残ったアが塩の生産がさかんな県の分布だと判断できる。

問４　北上高地は岩手県を南北に連なる高地で，畜産がさかんに行われている。なお，アは日高山脈，ウは木曽山脈，エは紀伊山地，オは九州山地。

問５　2019年に中国で見つかり，全世界へと流行が広がった感染症《しょう》は，日本では新型コロナウイルス感染症とよばれている。新型コロナウイルス感染症の爆発的な流行は，社会や経済に大きな影響を与えた。

問６　ア　宅配便の取り扱《あつか》い量が増えているというデータは，人手が足りなくなる理由を示すものとなる。　イ　情報通信技術関連産業の売上高の内訳のグラフからは，物流現場の担《にな》い手不足の理由を直接読み取ることはできないと考えられる。　ウ　「消費者向け電子商取引」とは，インターネット通販などにあたる。その市場規模が拡大すれば，商品を運ぶための人員がより多く必要になるのだから，物流現場では人手不足が起こる。　エ　トラックドライバーの高齢化が進み，若手が少ないことがデータとして示されれば，担い手が少なくなっていくことが予想できる。

問７　スマートフォンの普《ふ》及《きゅう》や電子決済の発達などにともない，特にインターネットを利用した通信販売の売上高は増加傾向《けいこう》が続いている。

問８　温室効果ガスの排出量から，植林や森林管理，技術の導入などによる温室効果ガスの吸収量と除去量を差し引き，排出量の合計を実質的にゼロと見なす考え方を，カーボンニュートラルという。温室効果ガスの中でも特に，二酸化炭素の排出量が問題とされることが多い。

問９　物価高の原因となるのは，流通量の減少による原材料価格やエネルギー価格の上昇，賃金の上昇など，生産にかかる費用が上がることである。ここから，④を原因として②の結果が生じるとわかる。また，経済制裁が行われたために対抗《たいこう》手段をとるという順番になるのだから，③の次に①がくる。①は④の原因となることがらなので，その前にくる。よって，③→①→④→②となる。

問10　宅配物の増加にともない，運ぶ人の不足，再配達の手間の増加，輸送にともなう二酸化炭素排出量の増加などが問題となっている。そのため，不在による再配達をなくすための工夫として，宅配ボックスの設置やコンビニエンスストアでの受け取りなどのサービスが広まってきている。二酸化炭素の排出量を減らすという点では，トラックの走行距離を少しでも短くできるよう，軽いものであれば，消費者のほうから決められた場所に取りに行くといった方法も考えられる。

３　各時代の歴史的なことがらについての問題

問１　⑴　607年，推古天皇や聖徳太子らを中心とする朝廷は，中国の進んだ文化や政治制度を学ぶため，小野妹子を遣隋使として隋(中国)に派遣した。　⑵　足利義満は室町幕府の第３代将軍で，京都室町に花の御所とよばれる邸宅《ていたく》をかまえて政治を行った。義満は，南北朝を合一し，幕府のしくみの整備を進めるなどして，室町幕府の全盛期を築いた。将軍職を子の義持にゆずったあとも実権をにぎり続け，1404年には明(中国)と勘合《かんごう》貿易を始めた。　(3)　江戸時代の大名は，徳川将軍家の一族である親藩《しんぱん》，関ケ原の戦い前から家臣であった譜代《ふだい》大名，関ケ原の戦い後に家臣になった外様《とざま》大名に分けられ，支配された。これらの大名と徳川将軍が主従関係を結び，幕府が土地や人民を統治する支配体制を幕藩体制という。　(4)　徳川家光は，江戸幕府の初代将軍徳川家康の孫で，1635年に武家諸法度《しょはっと》を改定して大名の参勤交代を制度化したほか，鎖国体制を確立するなどして，江戸幕府の支配体制を強化した。　(5)　五街道は，江戸幕府が陸上交通の中心として江戸の日本橋を起点に整備したもので，東海道，中山道，日光街道，奥州街道，甲州街道の５つがこれにあたる。　(6)　1600年，現在の岐阜県南西部の関ケ原で，「天下分け目の戦い」とよばれる関ケ原の戦いが起こった。この戦いでは，徳川家康が率いる東軍が石田三成らの西軍をやぶり，この勝利によって政治の実権をにぎった徳川家康は，1603年に征夷《せいい》大将軍に任じられて江戸幕府を開いた。

問２　明治政府は，欧米を手本とした日本の近代化を実現するため，殖産興業とよばれる産業の育成政策を推進した。これにもとづいて各地に官営模範《もはん》工場がつくられ，鉄道が建設されるなどした。

問３　イエズス会のスペイン人宣教師フランシスコ＝ザビエルは1549年に鹿児島に来航し，日本に初めてキリスト教を伝えた。出島は長崎港内につくられた人工島で，江戸時代初めの1636年に完成した。

問４　菅原道真《みちざね》は，平安時代の学者・政治家で，宇多《うだ》天皇と醍醐《だいご》天皇に重く用いられた。894年，道真は，航海の危険や唐(中国)の衰えを理由に遣唐使の廃止を提言し，受け入れられた。道真は右大臣にまでなったが，左大臣の藤原時平のたくらみによって901年に大宰府《だざいふ》(福岡県)に左遷《させん》され，２年後にその地で亡くなった。

問５　図１において西廻《まわ》り海運は，蝦夷《えぞ》地(北海道)から日本海側を南下したのち，本州と九州の間にある関門海峡《かいきょう》をまわって瀬戸内海に入り，大坂(大阪)に至っている。津軽海峡は北海道と本州の間にある海峡で，東北地方から日本海沿岸を伝って北上した東廻り海運が，太平洋側に出るときにここを通る。

問６　ア　坂上田村麻呂は797年に桓武天皇から征夷大将軍に任じられると，東北地方に遠征《えんせい》して蝦夷《えみし》(朝廷の支配に従わない東北地方の人々)の族長阿弖流為《あてるい》を降伏させるなどし，朝廷による東北平定に大きく貢献《こうけん》した。よって，正しい。　イ　北条泰時《やすとき》は鎌倉幕府の第３代執権《しっけん》で，征夷大将軍にはなっていない。　ウ　江戸幕府の第８代将軍である「徳川吉宗」ではなく，第５代将軍の「徳川綱吉」が正しい。　エ　江戸幕府の第15代将軍である「徳川慶喜《よしのぶ》」ではなく，老中の「水野忠邦」が正しい。

問７　江戸幕府は，キリスト教禁止を徹底《てってい》し，貿易の利益を独占するため，外国との交流を厳しく制限する鎖国政策をとった。鎖国中は，キリスト教の布教を行わない清(中国)とオランダだけが幕府との貿易を認められ，オランダとの貿易は長崎の出島で行われた。

問８　ア　資料Ａによると，江戸時代には大量の物資が海運で運ばれている。　イ　資料Ｂには，江戸時代に五街道などの陸の交通網が整備されたとある。　ウ　資料Ｃから，江戸城の築造に全国の大名を動員できるほど，将軍の権力が強かったことが読み取れる。　エ　資料Ｄを正しく読み取っている。

問９　(1), (2)　江戸が，多くの人口を抱《かか》える「世界有数の大都市」だったことから，人口が集中することによる問題が起こったと考えられる。人口集中によって都市で起きる問題としては，ゴミの増加や土地の不足，治安の悪化などがあげられ，医《い》療《りょう》や水道の整備なども課題となる。このうち，ゴミ問題について，江戸の町から出た大量のゴミは，江戸湾(東京湾)の埋め立てに使われたほか，排泄物《はいせつぶつ》とともに船で近郊の農家に運ばれ，肥料として農業に活用された。また，まだ使えるものを修理する専門の業者もおり，ものを簡単にゴミにしない社会ができあがっていたといえる。水道については，玉川上水や神田上水などが整備された。このように，江戸の町で問題となったことと，その解決のために行われたことをあげればよい。

理　科　＜Ｂ入試＞（40分）＜満点：75点＞

解　答

1　**問１**　ウ　**問２**　①　エ　②　ア　③　ウ　**問３**　ウ　**問４**　(1)　24秒　(2)　９時30分20秒　**問５**　エ　**問６**　イ　**問７**　（例）　1990年に比べて，2019年の二酸化炭素濃度は，すべての月で増加していることが分かる。　**問８**　冬　**問９**　エ　**問10**　（例）　南半球は陸が少ないため植物による二酸化炭素の吸収が少なく，二酸化炭素濃度の季節による差は北半球よりも小さくなると考えられる。　**2**　**問１**　40℃　**問２**　30℃　**問３**　20℃　**問４**　32℃　**問５**　エ　**問６**　イ　**問７**　（例）　水温が下がったことで溶解度も下がり，温度が高いときには溶けていたミョウバンが溶けきれなくなったため。　**問８**　エ　**問９**　ウ　**問10**　ウ　**問11**　Ｓ極　**問12**　イ　**3**　**問１**　①　オ　②　ア　③　イ　**問２**　(1)　Ｂ　(2)　解説の図を参照のこと。　(3)　c　(4)　イ，エ，オ　**問３**　**順位制**…イ，ウ　**ヘルパー**…ア，エ　**問４**　（例）　**係の名称**…エサ係　**仕事内容**…食料を調達することで，多くの個体の栄養状態が良くなり寿命が延びる。　**問５**　（例）　より多くの子孫を残し，種を維持しようとするため。

解　説

1　**地震《じしん》と二酸化炭素濃度《のうど》についての問題**

問１　地震が発生して地面がゆれると，地震計の土台や記録紙は動くが，ばねがゆれを打ち消すように伸《の》び縮みするので，ばねにつるされたおもりと，おもりについた針は動かない。そのため，地震のゆれが針によって記録紙にえがかれる。

問２　①　震央から震源までの距離《きょり》を震源の深さという。　②　地震の規模(エネルギー)の大きさを表す単位をマグニチュードといい，１つの地震に１つだけ発表される。マグニチュードが１大きくなると，地震の規模(エネルギー)の大きさは約32倍になる。　③　実際に各地で観測されたゆれの大きさを震度という。なお，震度は０，１，２，３，４，５弱，５強，６弱，６強，７の10段階に分けられている。

問３　震源の浅い地震で，震央からの距離が近い場所では，Ｐ波が伝わってからＳ波が到着《とうちゃく》するまでの時間が短いので，Ｉのゆれが短くなる。

問４　⑴　震源から36kmの地点でＰ波を観測したのは，地震が発生してから，36÷６＝６(秒後)で，このときに緊急《きんきゅう》地震速報が発表された。また，震源から120kmの地点でＳ波を観測したのは，地震が発生してから，120÷４＝30(秒後)となる。よって，緊急地震速報が出てから大きなゆれ(Ｓ波)が来るまでの時間は，30－６＝24(秒)とわかる。　⑵　震源から60km離《はな》れたＡ地点でＰ波を観測したのは，地震が発生してから，60÷６＝10(秒後)なので，地震が発生した時刻は，９時30分00秒－10秒＝９時29分50秒とわかる。震源から120kmの地点でＳ波を観測したのは，地震が発生してから30秒後なので，このときの時刻は，９時29分50秒＋30秒＝９時30分20秒となる。

問５　南海トラフでは，過去におよそ100年から150年の周期で，大きな海溝《かいこう》型地震が発生していることがわかっている。これまでで最後に起こった巨大《きょだい》地震は1944年および1946年であり，それから70年以上たっているので，再び巨大地震が起こる可能性が高いと考えられている。

問６　植物が光合成をするときは，大気中の二酸化炭素を吸収して酸素を放出している。

問７　1990年の二酸化炭素濃度は約350～360ppmであるのに対し，2019年の二酸化炭素濃度は約405～420ppmで，すべての月で多くなっていることがわかる。

問８，問９　2019年の冬(１月，２月)の二酸化炭素濃度は約417ppmであるのに対し，夏(７月，８月)の二酸化炭素濃度は406.2ppmであるから，冬の方が多い。これは，冬に比べて夏は昼の長さが長く，植物が多くの葉をつけているため，植物が光合成をさかんに行い，大気中の二酸化炭素の吸収量が多くなるからである。

問10　北半球は南半球に比べて陸が多いので，生育する植物が多く，植物による二酸化炭素の吸収量が多くなる。それに対し，南半球は陸が少ないので，生育する植物が少なく，植物による二酸化炭素の吸収量が少なくなる。よって，北半球では，夏と冬の二酸化炭素濃度の変化が大きくなり，南半球では，夏と冬の二酸化炭素濃度の変化が小さくなると考えられる。

２　水の温度変化，ミョウバンの溶解度《ようかいど》，ふりこ，電磁石についての問題

問１　水が得たり失ったりする熱量は，(水の重さ)×(水の温度変化)で表され，(80ｇの水が失った熱量)＝(20ｇの水が得た熱量)となるから，求める温度を□℃とすると，80×(50－□)＝20×(□－０)より，4000－80×□＝20×□，□＝4000÷100＝40(℃)になる。

問２　最終的に水の温度は24℃になったので，求める温度を□℃とすると，80×(□－24)＝20×(24－０)より，80×□－1920＝480，□＝2400÷80＝30(℃)と求められる。

問３　50℃のお湯80ｇが30℃のお湯80ｇになり，０℃の氷20ｇが０℃の水20ｇになっているので，０℃の氷20ｇが溶《と》けて０℃の水になるとき，氷の，80÷20＝４(倍)の量の水の温度を，50－30＝20(℃)下げることがわかる。

問４　０℃の氷10ｇが溶けて０℃の水10ｇになるとき，10×４＝40(ｇ)の水の温度を20℃下げる。このとき水が失う熱量は，40×20＝800(カロリー)だから，80ｇの水の温度は，800÷80＝10(℃)下がる。よって，０℃の氷10ｇが溶けて０℃の水10ｇになるとき，46℃の水80ｇの温度は，46－10＝36(℃)になる。したがって，36℃の水80ｇに０℃の水10ｇを混ぜると考えられ，求める温度を□℃とすると，80×(36－□)＝10×(□－０)より，2880－80×□＝10×□，□＝2880÷90＝32(℃)となる。

問５　50ｇの水に15ｇのミョウバンがすべて溶けるときの水溶液の温度は，100ｇの水に，$15\times\frac{100}{50}$＝30(ｇ)のミョウバンがすべて溶けるときの温度と同じになる。グラフより，100ｇの水に溶ける

ミョウバンの量が30ｇになるときの水の温度は約45℃なので，水の温度を45℃以上にすればよい。

問６　ミョウバンの結晶《けっしょう》はイのような正八面体に近い形をしている。

問７　グラフより，水温が下がるとミョウバンの溶解度も下がることがわかる。よって，水溶液の温度が下がると，これまで溶けていたミョウバンが溶けきれなくなり，結晶として出てくる。

問８　人がぶら下がったロープをふりこと考えると，その周期は人の体重とは関係なく，ロープの長さによって決まり，ロープが長いほど，周期も長くなる。よって，戻《もど》ってくるまでの時間が最も長くなるのはエである。

問９　ロープがふれる方向と同じウの方向に飛び出すと，ロープがふれる速さが大きくなるので，最も高い位置まで上がることができる。

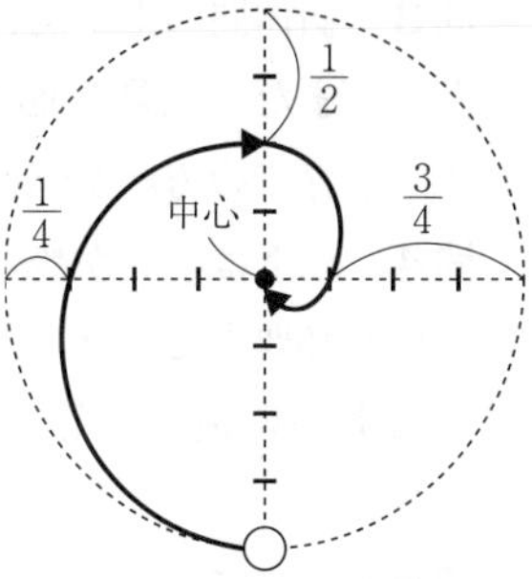

くつを飛ばした位置

問10　真上から見ると，ミドリさんが飛ばしたくつは，一定の速さで中心にいるアカギさんに向かって進んでいくように見える。ミドリさんがくつを飛ばしてからちょうど一周（＝360度）したときに，円の中心に落下したので，ミドリさんがくつを飛ばしてから90度回ったとき，くつは円の半径の，$\frac{90}{360}=\frac{1}{4}$だけ進む。ミドリさんがさらに90度回ったとき，くつは円の半径の，$\frac{180}{360}=\frac{1}{2}$だけ進み，さらに90度回ったとき，くつは円の半径の，$\frac{270}{360}=\frac{3}{4}$だけ進む。よって，ミドリさんから見た，くつが飛んでいくようすは右上の図のようになり，ウのように見える。

問11　右手の親指以外の４本の指先を電流の向きに合わせたとき，親指の向きが電磁石のＮ極の向きと一致《いっち》する。よって，電磁石の面ＢがＮ極になるので，面ＡはＳ極になる。

問12　糸で垂らした電磁石で，Ｎ極になっている面Ｂは北，Ｓ極になっている面Ａは南を向いている。よって，宿舎から進んできて分かれ道の方を向いたとき，左側が南，右側が北であるから，この位置関係になっている分かれ道はイとわかる。

3　生物集団や生物の社会制度についての問題

問１　①　ハスの葉は，表面に非常に小さな突起《とっき》が多数あることで，水をはじく性質をもつ。ヨーグルトの容器のふたには，この構造を取り入れることによって，ヨーグルトが付着しにくくなっているものがある。　②　ヤモリの足のうらには細かな毛が密集しており，接着する力が強いが，はがしやすいので，ヤモリは垂直な壁《かべ》を歩くことができる。この構造を取り入れた接着テープは，接着する力が強い上，かんたんにはがすこともでき，くり返し利用することができる。　③　カタツムリの殻《から》の表面には，非常に細い溝《みぞ》がいたる所にあり，殻に汚《よご》れがついても，殻がぬれると水が溝を通って汚れの下に入りこむので，汚れが落ちやすい。このように，カタツムリの殻の表面の構造を外壁《がいへき》の表面に取り入れることによって，雨だけで汚れが落ちやすくなる。

問２　⑴　群れの大きさが大きくなると，見張り役が増えるので，１個体あたりの警戒《けいかい》に要する時間は短くなる。よって，個体が周囲の警戒に要する時間と群れの大きさの関係はＢになる。なお，群れの大きさが大きくなると，エサを取り合うことになるので，個体どうしの競争は激しくなり，競争に要する時間は長くなる。よって，Ａは個体どうしの競争に要する時間と群れの大きさの関係を表している。　⑵，⑶　Ａ＋Ｂのグラフを書くと下の図のようになり，群れの大きさがｃのときに，個体が周囲の警戒に要する時間と個体どうしの競争に要する時間の合計が最も少なくなることがわかる。つまり，群れの大きさがｃのとき，周囲を警戒する必要が比較的《ひかくてき》少なく，かつ，個体どうしの競争の必要も比較的少なくなることがわかる。

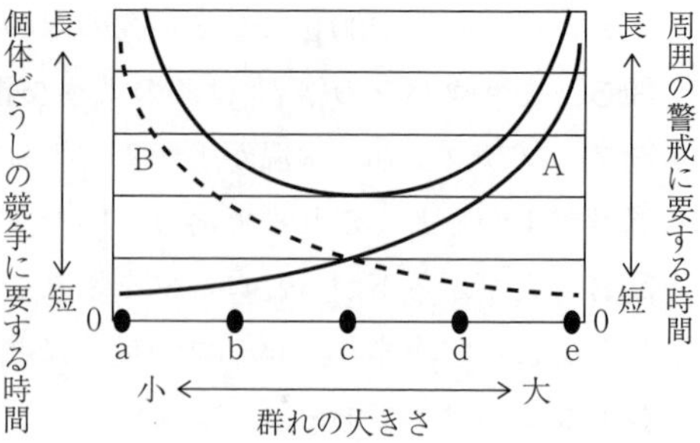

⑷　生物が群れで生活することによって，繁殖《はんしょく》相手を見つけやすく，協力して狩《か》りを行うので，エサを確保しやすくなる。さらに，群れで生活することによって外敵を見つけやすくなり，また，外敵は個体をしぼりにくくなるため，身を守りやすくなる。

問３　個体間の上下関係が決まっていると，無駄《むだ》な争いが減り，集団の中でルールが守られやすくなる。また，兄弟や血縁《けつえん》関係にある親以外の個体が子育てを行うと，子どもの面倒《めんどう》を見る個体が増え，子育ての方法を学びやすくなる。

問４　地下はエサが豊富ではないと述べられているので，集団全体に十分な量の食料を調達するエサ係が必要だと考えられる。また，巣穴の衛生環境《かんきょう》を良くして，集団全体が健康を維持《いじ》できるようにする環境衛生係，巣穴を広げて多くの個体を収容できるようにする巣穴を掘《ほ》る係なども考えられる。

問５　すべての生物は種を維持するために，より多くの子孫を残せるような工夫をしている。

国　語　＜Ｂ入試＞（50分）＜満点：100点＞

解　答

一　**問１**　イ　**問２**　ア　**問３**　**Ａ**　エ　**Ｂ**　イ　**Ｃ**　オ　**Ｄ**　ア　**Ｅ**　ウ　**問４**　（例）「いのち」が宿っているか，そうでないかという違い。　**問５**　⑴　光には，自　⑵　オ　**問６**　（例）愛子に，ナスミのことで気に病む必要はないということを伝えるため。　**問７**　Ⅰ　違う　Ⅱ　同じ　**問８**　ウ　**問９**　イ　二　**問１**　⒜　エ　⒝　イ　⒞　ア　**問２**　オ　**問３**　イ　**問４**　オ　**問５**　エ　**問６**　ウ　**問７**　オ　**問８**　ア，カ　**問９**　（例）人の多様性を認め，誰でも受け入れることで，各地域で人が貧困により食事が取れなくなることや，孤立してしまうことを防ぐ役割。　三　**問１**　下記を参照のこと。　**問２**　①　キ　②　ウ　③　ア　**問３**　ウ　**問４**　①　イ→エ→ア→ウ→オ　②　エ→ア→ウ→オ→イ

●漢字の書き取り

三　**問１**　①　演劇　②　税制　③　習慣　④　補う

解　説

一　**出典は木皿泉《きざらいずみ》の『さざなみのよる』による。**父親の前妻だったナスミについて考えたり，ナスミに対する母の気持ちを知ったりする中で，光《ひかり》はいのちとは何かについて考えをめぐらせる。

問１　ナスミが生きていたら，「光は生まれてない」という母の言葉に驚《おどろ》き，どういう意味なのかわからずに混乱しているのだから，気持ちが落ち着かずに不安でいるようすをいう「動揺《どうよう》」が合う。

問２　前後から，ナスミが生きていたら「光は生まれてない」という母の言葉に光が驚き，どういうことなのかを考えていることがわかる。自分が生まれる前のことを考え始めたので，そのころからあったと思われるポスターや白熱電球など，自然と古いものに目が行っていると思われる。

問３　**Ａ**　柱の上のほうにある目の絵の瞳《ひとみ》にダイヤモンドを貼《は》りつけたのは，笑子《えみこ》だったと直前にある。この後，ダイヤモンドがなくなったことを思い出して笑子は泣き出しているので，死んだナスミとダイヤモンドのかかわりについて話しているエが合う。　**Ｂ**　五年前からダイヤモンドはなくなっていたと言う日出男《ひでお》の言葉に反応したイが入る。　**Ｃ**「もう見たくないんだろうなって」と言う愛子《あいこ》の言葉を受けたオがよい。　**Ｄ**　自分で子育てをできなかったことを，ナスミは一番心残りに思っていたのではないかと言う愛子に対し，鷹子《たかこ》はこの後，子どもを産んで育ててくれている愛子にナスミは感謝しているはずだと伝えている。よって，愛子を力づけているアが入る。　**Ｅ**　笑子が光をなでながらつぶやいたこの言葉の後，鷹子も胸がいっぱいになったようすで光を抱《だ》きしめ，笑子の言葉を肯定《こうてい》して「光ちゃんがダイヤモンドのかわりに家にきた」と言っているので，ウがよい。

問４　この後聞こえた気がする言葉から，生きているほうは宿っていて，死んだほうは宿っていないという違《ちが》いだろうかと光は考えている。本文最後では，宿ったものとは「いのち」であることを光は知るので，「いのち」が宿っているか，そうでないかという違いだとまとめられる。

問５　(1)　本文の最初のほうで，ナスミが生きていたら，光は生まれていないと言われた光は倉庫に行き，ナスミの死や残された家族の思いなどについて考えている。その具体的な内容は，「光には，自分が生まれていない，という状況《じょうきょう》がどうしても想像できない」で始まる二段落に書かれている。　(2)　子どもを産み育てることがかなわなかったナスミの死後，ナスミの夫と再婚《さいこん》し光を出産した愛子は，ナスミに対して申し訳なく感じていた。光も，鷹子の気持ちをおしはかったり，今の幸せな生活はナスミの死のおかげなのかと考えたりしているので，オが選べる。

問６　ナスミに対して申し訳ないと愛子が感じていたと知った鷹子は，ナスミは愛子に感謝しているはずだと言い切っている。愛子に，ナスミのことで気に病《や》む必要はないと伝え，光の母として家族の中でがんばってくれていることをねぎらいたかったものと考えられる。

問７　**Ⅰ・Ⅱ**　(中略)の前にある，反対の意味の二字の言葉は「同じ」と「違う」である。抱かれたときの匂《にお》いや柔《やわ》らかさは抱いてくれた人によって「違う」が，その優《やさ》しさは「同じ」だったと考えられる。

問８「いのちがやどる」ことを，図書館の本を借りて返すような感じではないかと光は思っている。同じ本でも読む人によって感じ方が違うように，人生は人によってそれぞれだが，同じ本を以前に借りた人もこれから借りる人もいるように，いのちとは過去，現在，未来の人々とつながっているものだと感じたと考えられる。よって，ウがあてはまる。

問９　ダイヤモンドは笑子がなくしたと断定できてはいないので，イが選べる。

二　**出典は湯浅《ゆあさ》 誠《まこと》の『つながり続けるこども食堂』による。**多世代交流拠点《きょてん》としてのこども食堂がはたしている役割について述べている。

問１　(a)　活動するさい，よりどころとなる場所。　(b)　うまくやったという顔つき。得意そうな顔。　(c)「市井《しせい》」は，人や家が多く集まっている場所。

問２　ぼう線部①のような見方によって，次の文にあるとおり，「多世代交流拠点としてのこども食堂」が見えなくなる。その結果，地域の高齢者《こうれいしゃ》の活躍《かつやく》の場であるなどの「こども食堂」の多様な価値が見落とされる問題が起きると続けて述べられている。

問３　「こういう光景」とは，子どもたちが話題になっておじいちゃんたちの会話が続いたり，子どもたちの卓球《たっきゅう》の相手をおじいちゃんが喜んで引き受けたりする光景を指す。遠くにいて直接かかわることの少ない孫より，近所に住む子どもたちのほうが老人をいきいきさせるのだから，イが合う。

問４　自分の健康づくりのために卓球をやったり，料理をがんばったりする老人ばかりではないのではないかと，後で筆者は指摘《してき》している。自分の目標を達成したらポイントが還元《かんげん》されるといったしくみは自分のためにがんばる人向けであり，筆者はそれに疑問を感じているので，オが入る。

問５　こども食堂関係者は，続けて「『子どものため』ってなると，よっしゃがんばろうという感じになる」と言っている。他人のためにがんばる人のための施策《しさく》もあるべきだと考える筆者も共感するように，子どものためにがんばりたい人のエネルギーを引き出すための名称《めいしょう》なので，エがよい。

問６　「人をタテとヨコに割る」とは，“対象となる人を年齢《ねんれい》や属性，収入で分ける”という意味。こども食堂は，年齢や属性，収入にかかわらず，誰《だれ》でも利用できるようになっている所が多いのだから，ウがあてはまる。

問７　筆者がぼう線部⑤のように感じている内容は次の段落に述べられている。行政や制度・政策の問題点を意識したわけではなく，ただ人に「元気になってもらいたい，笑顔になってもらいたい」という思いからこども食堂を始めた人たちが，これまでの制度の限界を超《こ》えて問題を解決しているというのだから，オが合う。

問８　本文の冒頭に「こども食堂は，子どもからお年寄りまで多くの世代が交流する拠点になっている」とある。よって，カは正しい。また，第二段落に「８割のこども食堂が対象となる子どもを限定していない。どんな子が行ってもいいのだ」とある。よって，アも合っている。

問９　人の多様性を認め，子どもに限らず誰にでも食事を提供する場であることから，「こども食堂」には地域で孤立《こりつ》する人や，貧困のために食事を取れない人を救う役割があるといえる。また，コロナ禍《か》により収入が減ったり職を失ったりし，引きこもりがちな人などに居場所を提供する役割なども考えられる。

三　漢字の書き取り，四字熟語の知識，敬語の知識，単語の並べかえ

問１　①　脚本《きゃくほん》にもとづいて，俳優が舞台《ぶたい》で言葉と動作で表現し，観客に見せる劇。　②　税金に関係する制度。　③　いつも決まってするようになったこと。　④　音読みは「ホ」で，「補足」などの熟語がある。

問２　①「異口同音」は，大勢の人が口をそろえて同じことを言うこと。　②「我田《がでん》引水」は，自分の都合のいいように言ったり行動したりすること。　③「呉越同舟《ごえつどうしゅう》」は，仲の悪い者が同じ場所に居合わせること。なお，「五里霧中《ごりむちゅう》」は，手がかりがなく，どうしてよいのかわからなくなること。「鶏口牛後《けいこうぎゅうご》」は，大きな集団の末端《まったん》にいるよりは，小さな集団でもトップにいたほうがいいということ。「他山之石《たざんのいし》」は，自分の言動の参考となる，他人の誤った言動のこと。「同工異曲」は，見た目は違うが内容は同じであること。

問３　相手の行動に対して，「着る」という動作の尊敬語である「お召《め》しになる」を使っているウが正しい。なお，話し手が「行く」ことに尊敬語の「いらっしゃる」を使っているア，「私」の行動に尊敬語の「召し上がる」を使っているイや意味が通らないエは誤り。「先生」の行動を，謙譲《けんじょう》語で「申し上げた」としているオも誤り。

問４　①　ア～オの中で，後にほかの四つの言葉のいずれを続けても不自然になってしまうのはオだけなので，「豊かです」が最後にくる。豊かだと形容できるのは「自然」だと考えられるので，「自然が」「豊かです」が主述の関係となる。残りの三つを「兄の」「住む」「長野県は」の順に並べると，長野県を主題にした文ができる。　②「専門だった」の前に置けるのは「日本史が」しかない。残りの三つを「彼女《かのじょ》が」「教わった」「先生は」の順に並べて，これに「日本史が」「専門だった」を続ければよい。

2023年度 公文国際学園中等部

【適性検査】〈帰国生入試〉（50分）〈満点：100点〉

《注意》句読点や記号も一字に数えなさい。

1 次の文章と図や表から考えて、あとの問いに答えなさい。

人生80年時代と言われてから、あっという間に最近では人生100年時代と言われるようになりました。厚生労働省が発表した「令和元年簡易生命表」によると、日本人の平均寿命は男性81.41歳、女性87.45歳だそうです。一説によると江戸時代では30代と言われていた平均寿命が、明治時代に40代となり、その後1950年頃になってようやく60歳前後となったようです。

つまり、現代（昭和以降）になってから平均寿命は[A]的に伸びたということになります。その原因はいろいろと考えられますが、そのうちの大きなものの一つが医学の進歩でしょう。まず、乳児死亡率（生まれてからすぐに死んでしまう子どもの割合）が大幅に減少したこと。次に、それまでは[B]の病とされていた、たとえば「結核《けっかく》」のような病気が、医学や薬学の進歩によって[B]ではなくなったこと。そして衛生環境《えいせいかんきょう》が整ったこと、などが挙げられます。そしてもう一つ、忘れてはならないものが、食糧《しょくりょう》が豊富になったことです。人間が生きていくために必要な栄養素をきちんととることができるかどうかは、寿命を左右するばかりでなく、①人間らしい活動ができるかどうかにも大きく関わることだからです。

現代の日本で生活していると、明日の食べ物に困るという心配をする必要はほとんどなく、日常生活で食糧の問題について真剣に考える、ということはあまりしたことがない人が多いと思いますが、多くの人が明日の食べ物を心配せずに生活できるようになったのも、日本の長い歴史から見ればつい最近のことなのです。

そして実は、今現在の日本でも、この食糧の問題について、本当は真剣に考える必要があるのです。なぜなら、日本という国は食糧自給率が非常に低く、国内で生産される食糧だけでは日本国民全員が生きていくことは到底《とうてい》無理だからです。食糧の多くを輸入に頼《たよ》っているため、世界の様々な動きに影響《えいきょう》されやすく、いつ何時でも食べ物が充分にある状態が続くという②ホショウはどこにもないのです。

『[C]』や『銀河鉄道の夜』で有名な宮沢賢治は、③世界全体が幸福にならない限り、個人の幸福はありえないという内容のことばを遺《のこ》しています。また彼は、『よだかの星』という作品の中で、「あゝ《あ》、かぶとむしや、たくさんの羽虫が、毎晩僕に殺される。そしてそのたゞ《だ》一つの僕がこんどは鷹《たか》に殺される。それがこんなにつらいのだ。あゝ《あ》、つらい、つらい。僕はもう虫をたべないで餓《う》ゑ《え》て死《の》なう。」（ちくま文庫『宮沢賢治全集5』所収）という表現で、④食べることと生きることの問題についても触《ふ》れています。

現代の日本で暮らす私たちのほとんどは、食糧にまったく不足や心配がなく生活することが普段からできているため、一見幸福に思えるかもしれませんが、その幸福が、もし他の国の人たちの貧困や犠牲《ぎせい》の上に成り立っているとしたら、それは本当の幸福と言えるでしょうか。そういうことを宮沢賢治はきっと言っているのでしょう。私たちの毎日の食生活が他国の人々の生活を踏《ふ》み台にして成り立っているだけでなく、その大切な食糧を無駄《むだ》に捨ててしまったりしているとしたら、他人事では済まされない、早急に解決するべき大きな問題です。

問1 下線部①「人間らしい活動」とありますが、人間にしかできない活動の例として適切とは言えないものを次のア～オから一つ選び、記号で答えなさい。

ア 運動会で勝ちたいのでクラスメイトといっしょに応援《おうえん》する。

イ テストの点数を上げたいので毎日机に向かって勉強する。

ウ 食べたいものを食べたいときに食べられるだけ食べる。

エ 将来の夢の実現のために勉強して中学受験に挑戦する。

オ 好きな歌で人を感動させたいので一生懸命《けんめい》歌う練習をする。

問2　下線部②「ホショウ」を漢字で書いたものとして適切なものを次のア～オから一つ選び、記号で答えなさい。
　ア　補賞　　イ　補償　　ウ　保障　　エ　保証　　オ　歩障

問3　[A]に入る語として適切なものを次のア～オから一つ選び、記号で答えなさい。
　ア　飛躍《ひやく》　　イ　急激　　ウ　突発　　エ　基本　　オ　瞬間《しゅんかん》

問4　[B]に入る語を漢字2字で答えなさい。

問5　[C]に入る作品名として適切なものを次のア～オから一つ選び、記号で答えなさい。
　ア　走れメロス　　イ　坊《ぼ》っちゃん　　ウ　ごんぎつね　　エ　蜘蛛《くも》の糸　　オ　雨ニモマケズ

問6　下線部③「世界全体が幸福にならない限り、個人の幸福はありえない」について、本文の内容をふまえた上で、自分の考えを80字以上100字以内で答えなさい。

<下書き用>：必要に応じて使用して下さい。解答は解答用紙に書くこと。

80

100

下線部④「食べることと生きることの問題」について次の文章を読み、以下の問いに答えなさい。

私たちは日々いろいろなものを食べます。私たちヒト以外の動物も何かを食べることで体に必要な栄養を取り入れ、それをもとに生活しています。

下の図は、「食物連鎖《れんさ》」を示しており、植物Aを動物Bが食べ、動物Bを動物Cが食べます。

[植物A] ⟶ [動物B] ⟶ [動物C]
　　　(a)　　　　　(b)

図①

図①の(a)・(b)は次のページの図②の(a)・(b)に対応しており、食べたものがどのように利用されるかの割合（%）が示されています。例えば、私たちがご飯を茶碗《ちゃわん》一杯（150g）食べたとします。しかし、それで私たちの体重は150g増加するかというとそうではありません。150gのうちの一部が私たちの体重となり、残りは図②に示されているように「生命活動」などに利用されます。

図②(a)を例にとります。動物Bが植物Aを食べると、その20%が体重増加に使われます。植物Aを100g食べたとすると、動物Bの体重は、100g × 0.2 = 20gで、20g増えることになります。

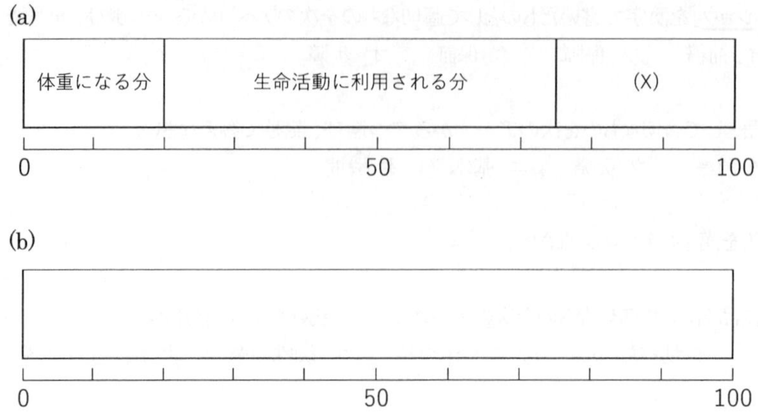

図②

問7　図①について、自然界において、植物 A、動物 B、動物 C に入る可能性のある生き物の組み合わせとして最も適切なものを次のア〜エから一つ選び、記号で答えなさい。

	植物A	動物B	動物C
ア	サクラ	カマキリ	ライオン
イ	エノコログサ(猫じゃらし)	バッタ	カエル
ウ	コンブ	ガの幼虫	メダカ
エ	シイタケ	カメ	コイ

問8 「生命活動」とはどのようなことを指しますか。次のア〜エから適切ではないものをすべて選び、記号で答えなさい。当てはまるものが一つもない場合は、「×」と解答すること。

ア　動物がからだの筋肉を動かす。

イ　ホタルが発光する。

ウ　動物の体温が一定に保たれる。

エ　植物が光合成をおこなう。

問9　図②(a)の(X)に当てはまるのは何か、予想して答えなさい。

問10　動物Cが動物Bを20kg食べたところ、体重が5kg増えました。また、(X)に相当する量は全体の30%でした。これをもとに、図②(b)の図を完成させなさい。ただし、(X)の部分は(X)と書くこと。

問11　図②(a)より、動物Bが体重を5kg増やすには、植物Aを何kg食べなくてはならないでしょうか。

問12　図②(a)・(b)より、動物Cが体重を5kg増やすには、植物Aが何kg必要になるでしょうか。ただし、図②(b)は問10で作成したものを使用すること。

問13　私たちが図①の動物Cの肉を食べることで、どのような問題が生じると考えられますか。これまでの問いをふまえた上で、あなたの考えを述べなさい。

2 アオさんとミドリさんは食品について興味を持ち、スーパーマーケットで調査をしてみました。そのことに関して、以下の問いに答えなさい。

問1 野菜売り場に行くと商品のラベルに「露《ろ》地《じ》栽培《さいばい》」「植物工場」と書いてありました。

(1)環境《かんきょう》への負荷を示す値に、その商品の製造過程などで消費する水の総量を用いるウォーターフットプリント(以下WF)があります。図1は、屋外の畑で育てる露地栽培と、建物内で環境を管理しながら水耕栽培する植物工場でのWFの値を推計したものです。このことから植物工場でのWFの値は露地栽培でのWFの値のおよそ[A]分の1です。[A]に当てはまる整数を答えなさい。

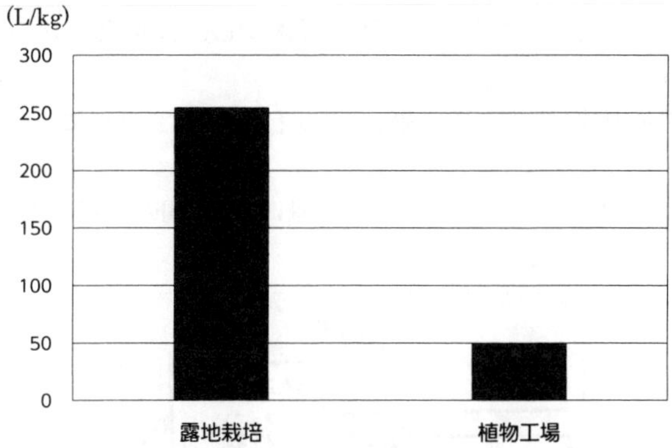

図1 露地栽培と植物工場でのWFの値(推計値)

(「日本LCA学会 第8回食品研究会 2012」より作成)

(2)一方、製造過程などで排出される二酸化炭素の総量を示す値にカーボンフットプリント(以下 CFP)があります。図2は CFP を露地栽培と植物工場で比較したものです。植物工場での CFP の値は露地栽培での CFP の値のおよそ何倍ですか。整数で答えなさい。

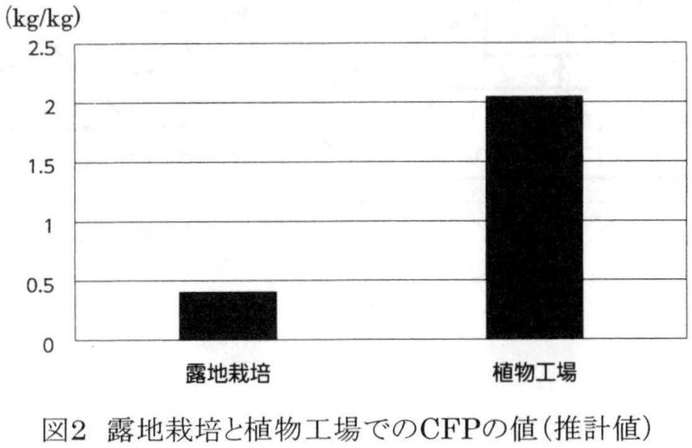

図2 露地栽培と植物工場でのCFPの値(推計値)

(「日本LCA学会 第8回食品研究会 2012」より作成)

(3)図1を見てアオさんは「環境保全のためには露地栽培よりも環境負荷の少ない植物工場をもっと広めていくべきだ」と話しました。それに対してミドリさんは「植物工場の方が環境に優しいとは言えないのではないか」と反論しました。ミドリさんの主張の根拠になるものを図2を参考にして答えなさい。

問2　食肉売り場には、国産品だけではなく外国からの輸入品も多く並んでいました。

(1) 牛肉と鶏《とり》肉について、海外からの輸入量が最も多い国（2021年）として適切なものを次のア～オからそれぞれ一つずつ選び、記号で答えなさい。

ア　中国　　イ ブラジル　　ウ インド　　エ アメリカ　　オ ケニア

(2) ミドリさんは牛肉の輸入によってどんな問題が生じているかに興味を持ち、下の図3を作成しました。図3についての説明として**適切ではないもの**を次のア～エから一つ選び、記号で答えなさい。

ア　世界的に人口が増えていることによって食肉の需要《じゅよう》が拡大していることが、生態系破壊《はかい》の大きな原因の一つになっている。

イ　牧場開発のために土地を開発することで、熱帯雨林に住んでいた先住民の土地が奪《うば》われてしまうことにつながっている。

ウ　砂漠《さばく》化によって熱帯雨林が失われた結果、牛の飼料となる大豆栽培《さいばい》に適した土地が得られるようになった。

エ　牛肉生産によってさまざまな問題が生じている背景には、人間の「お金が欲しい」「豊かになりたい」などの思いが根底にひそんでいる。

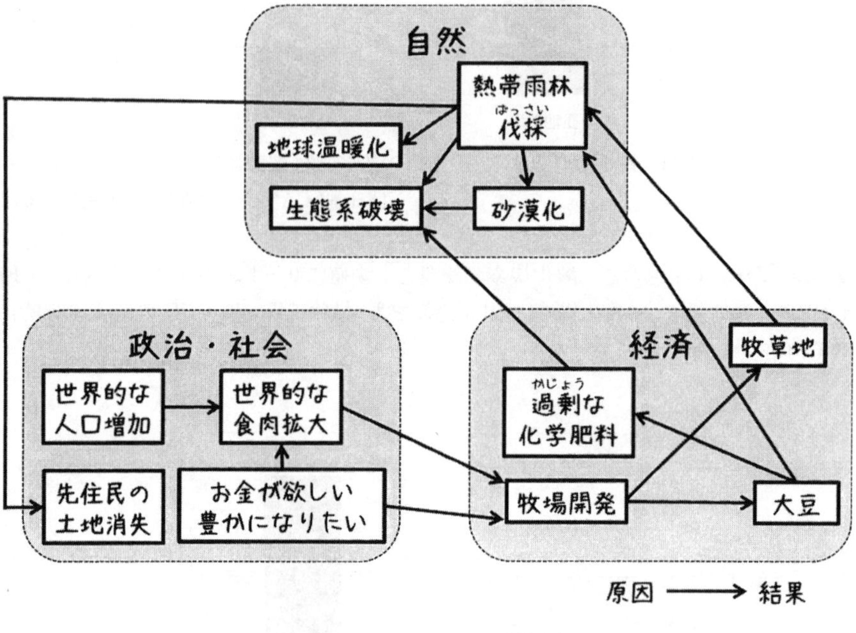

図3

問3　パン売り場に行くと、「原材料費の上昇により、値上げをします」と張り紙がありました。そこで、アオさんは小麦価格について興味を持ち、図4を作成しました。

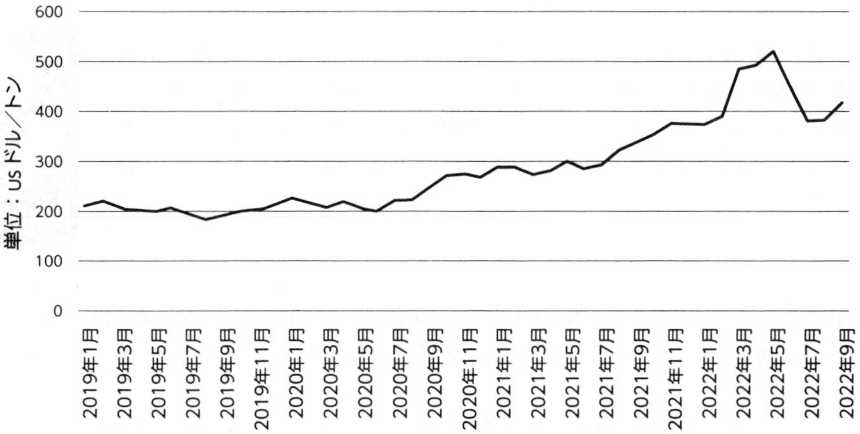

図4　小麦価格の推移

（「World Bank - Commodity Markets」より作成）

（1）図4に関する説明として適切ではないものを次のア～エから一つ選び、記号で答えなさい。

ア　小麦価格に 2019 年1月から 2020 年5月頃まで大幅な変動は起きていない。

イ　小麦価格は 2019 年1月以降3年間で最大で 2.5 倍程度にまで高まった。

ウ　小麦価格は 2022 年1月から4か月間で一気に 100USドル／トンも急上昇している。

エ　小麦価格は 2020 年5月から 2022 年9月までずっと上昇し続けている。

（2）世界的に小麦価格が上昇した理由のひとつとして、2021年夏の高温・乾燥《かんそう》によるアメリカ合衆国・カナダ・オーストラリアなどでの小麦の不作の影響《えいきょう》が挙げられます。また、ウクライナは世界有数の小麦生産国ですが、戦争の影響で2022年は生産量・輸出量が激減すると見込まれています。カナダとウクライナの位置として適切なものを図5のア～カからそれぞれ一つずつ選び、記号で答えなさい。

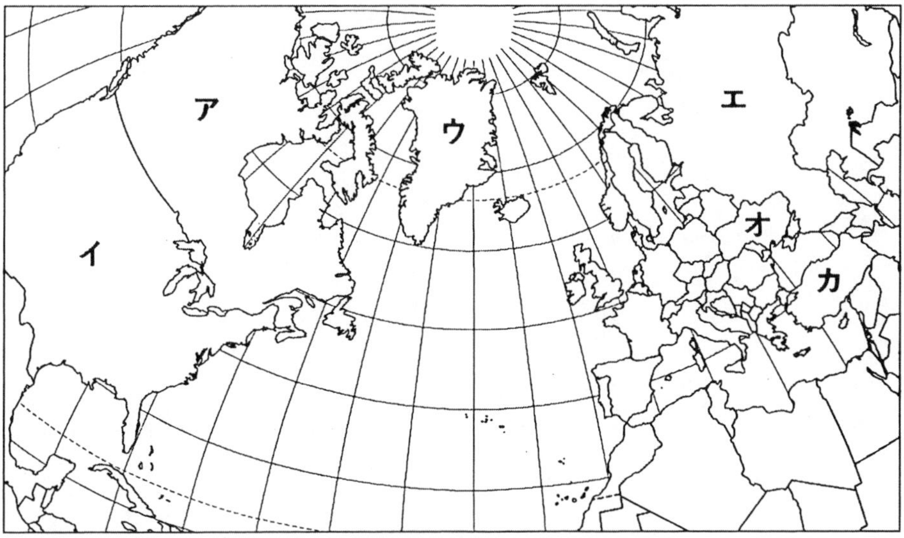

図5

(3)ミドリさんは学校の授業で「農林水産省の職員の立場になって、2021年度は38%だった日本の食料自給率（カロリーベース）を2030年度までに45%へ引き上げるために、コメを使った取り組みを提案しよう！」という課題に取り組むことになりました。具体的な提案を自分で考えて、30字以上50字以内で答えなさい。

問4　お菓子売り場には、2種類の板チョコが売っており、一つは100円で、もう一つは300円でした。300円の板チョコには、右のようなフェアトレードのロゴがついていました。フェアトレードとは、貧困のない公正な社会をつくるために、発展途上国の経済的・社会的に弱い立場にある生産者と、経済的・社会的に強い立場にある先進国の消費者が対等な立場で行う貿易のことです。

(1)国連世界食糧計画の調査によると、2016年には7億9,500万人が栄養不足であったと報告されています。この数は当時の世界人口の9分の1に当たります。この情報から、当時の世界人口を計算しなさい。

(2)フェアトレードの流れについて説明した次の文章中のア～ウの文を適切な順に並べ替えなさい。

あらかじめ定められた価格と生産地域の発展のための補助金を約束する。

↓

ア　フェアトレード商品の原料を他のものと混ぜず区別して製造する。

イ　どれがフェアトレード商品かが分かりやすいように、ラベルを貼《は》って出荷する。

ウ　児童労働や環境《かんきょう》破壊《はかい》などをしないクリーンな製法で作物を栽培《さいばい》する。

↓

安定した収入と技術を習得し、品質の向上につながる。

問5　魚売り場では、賞味期限切れが近い商品を割引する、「割引シール」が貼ってありました。

(1) 賞味期限切れや食べ残しによって食品が廃棄《はいき》されてしまうことを何と呼びますか。カタカナ5字で答えなさい。

(2) すべての食品の廃棄は、スーパーやレストランなどで発生する「事業系食品廃棄」と、各家庭から発生する「家庭系食品廃棄」の2つに分類することができます。農林水産省の調査によると、令和2年度の推計値として、食品廃棄の総量が年間522万トンで、事業系食品廃棄量が275万トンであることが分かりました（図6）。このことから令和2年度の家庭系食品廃棄量を答えなさい。

(3) 図6より、家庭系食品廃棄の割合（%）を答えなさい。ただし、小数点以下の数字は四捨五入し整数で答えること。

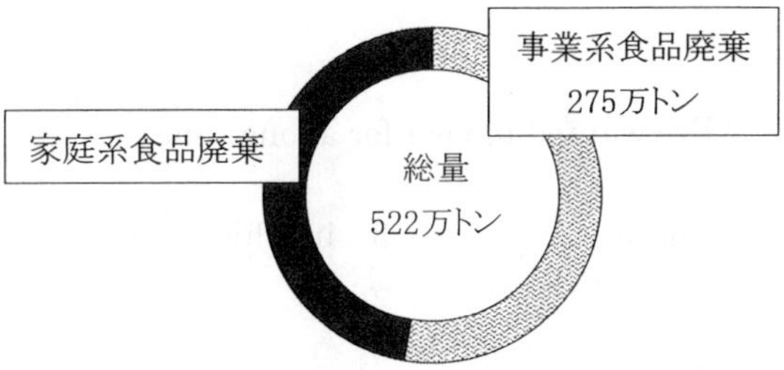

図6　食品廃棄の種別（令和2年度）

（「農林水産省　食品ロス及びリサイクルをめぐる情勢2022版」より作成）

(4) アオさんとミドリさんは、調査したスーパーマーケットの店長から(1)の課題を解決するアイディアをくれないかとお願いされました。割引シールを貼ること以外に食品廃棄を減らす方法を一つ考えて、30字以上50字以内で答えなさい。

【英　語】〈帰国生入試〉（50分）〈満点：100点〉

1 次の(1)〜(15)の英文の（　　）に入れるのにもっとも適切なものを1〜4の中から1つずつ選び、その番号を書きなさい。

(1) Jack was (　　) by his dentist that he had a cavity in a back tooth.

1 said　　2 spoken　　3 talked　　4 told

(2) I arrived fifteen minutes (　　) for the meeting.

1 lately　　2 last　　3 latter　　4 late

(3) China is a country (　　) I've wanted to visit for a long time.

1 which　　2 where　　3 in which　　4 to which

(4) (　　) a little more effort, I could have done it.

1 For　　2 If　　3 With　　4 Without

(5) In my class, there are three students from abroad. One is from England and (　　) are from Australia.

1 another　　2 others　　3 the other　　4 the others

(6) It is not what you have, but what you are (　　) matters.

1 it　　2 nothing　　3 that　　4 what

(7) They didn't (　　) Olivia into the movie because she didn't have any ID.

1 attend　　2 arrive　　3 approve　　4 admit

(8) The rumours of an alien invasion (　　) in widespread panic.

1 occurred　　2 resulted　　3 caused　　4 lead

(9) The average household (　　) of takeaway pizza has increased dramatically over recent years.

1 consume　　2 consomme　　3 consumption　　4 consumerism

(10) After hours of discussion the committee finally (　　) a decision.

1 committed　　2 solved　　3 voted　　4 reached

(11) What I did was wrong. I (　　) with you that I made a terrible decision.

1 agree　　2 afford　　3 advise　　4 accept

(12) "My grandfather always forgets to tie his shoelaces before going out for his morning walk. Someday he's going to trip over something and get hurt."　"Oh, (　　)."

1 I don't hope not　　2 I hope not　　3 I'm not afraid so　　4 I'm afraid not

(13) Japan's government has lowered the age of majority from 20 to 18. The change took (　　) on April 1, thrusting about two million teenagers into legal adulthood.

1 away　　2 effect　　3 charge　　4 a tooth

(14) The Tokyo subway (　　) customers throughout the Tokyo metropolitan area, including some parts of Chiba.

1 servicing　　2 severe　　3 serves　　4 several

(15) After arriving at the scene, the Japan Automobile Federation personnel (　　) up the car and removed a panel underneath to find a kitten inside.

1 blew　　2 jacked　　3 thumbs　　4 piled

2 次の日本語の意味を表すように英文(16)～(20)において、それぞれ下の 1～5 の語句を並べかえて空所を補(おぎな)い、もっとも適切な文を完成させなさい。解答はそれぞれの文の(a)と(b)に入れるものの番号のみを解答用紙の決められた欄(らん)に書きなさい。

(16) Eメールは便利だが、同時に人々を筆不精(ふでぶしょう)にする。
While e-mail is convenient, ______ ______ __(a)__ ______ __(b)__ writing.

1 people　　2 makes　　3 at　　4 it　　5 lazy

(17) 学生時代にはできるだけ多くの国に行くつもりだ。
I'm ______ __(a)__ ______ ______ __(b)__ I can in my school days.

1 going　　2 as many　　3 as　　4 to visit　　5 countries

(18) 彼女のスピーチはとても感情的だったので、私は感動して涙が出てきた。
So emotional was ______ __(a)__ ______ __(b)__ ______ tears.

1 her speech　　2 moved to　　3 I　　4 that　　5 was

(19) 外交問題に関して、彼女にかなう人はだれもいないと確信している。
I am sure that __(a)__ ______ ______ __(b)__ ______ concerning foreign affairs.

1 with　　2 her　　3 compete　　4 can　　5 nobody

(20) 彼が助けてくれたので、私はその仕事をやり終えることができた。
His help __(a)__ ______ ______ __(b)__ ______ done.

1 the work　　2 to　　3 get　　4 me　　5 enabled

3 次の英文を読み、後の問題に答えなさい。(21)～(24)は英文の下線部を埋めるのにもっとも適切なものを1～4の中から1つずつ選び、その番号を書きなさい。(25)は英語で書きなさい。

Against the Clock

Two hundred years ago, a device began to dominate the world of work. No, not the steam engine, the gadget was the clock. With the arrival of the factory, people were paid on the basis of how many hours they worked, rather than their material output. Before then, each worker would be paid for the items they produced. People could work when it was convenient. In contrast, factory workers were required by the owner to start and finish at a set time.

Few workers owned watches or clocks in the 19th century, so people known as "knocker - uppers" would walk the streets knocking on doors and windows to wake workers at the right time. Later, factories would use hooters and whistles to signal the start and end of work-shifts. Eventually, as workers moved farther away from their place of work, the power of the clock led to daily rush hours, as millions headed to and from work. They wasted a lot of time in traffic jams or waiting for delayed trains.

Today, the power of the clock may at last be weakening. Remote working has brought a greater degree of freedom. Flexible working existed well before the COVID-19 pandemic, but it only offered employees the ability to choose when in the day they worked. A survey of 4,700 home-workers across six countries commissioned by Slack, a corporate-messaging firm, found that flexible working was viewed very positively, improving both people's work-life balance and productivity. Workers who worked flexible hours also had a more positive attitude toward their organisation than those on a nine-to-five schedule.

It is hardly surprising that workers prefer flexibility. Working a rigid eight-hour schedule is sometimes inconvenient. Those are also the hours when most shops are open, when doctors and dentists will take appointments, and when repairmen are willing to visit.

Parents who work 9 to 5 may be able to take their children to school in the morning but are unlikely to be able to pick them up in the afternoon. Many families find themselves constantly juggling schedules and giving up precious holiday time to deal with family emergencies.

It is not surprising that home-workers feel they are more productive. After all, few people have the ability to concentrate solidly for eight hours straight. There are points in the day where people are tempted to stare out of the window or go for a walk; these may be moments when they find inspiration or recharge themselves for the next task. When they do this in an office, they risk the boss's disapproval; at home, they can work when they are most motivated.

Adapted, with permission from "Countering the tyranny of the clock", *The Economist*, Oct 17th 2020 edition

(21) Factory workers are paid ________ hour.
1 with　　2 in　　3 per　　4 every

(22) A knocker - uppers' job was similar to that of ________.
1 an owner　　2 a train　　3 a worker　　4 an alarm clock

(23) According to the article, ________
1 life was easier for workers before factories were built.
2 the steam engine was more important than the clock.
3 people who work flexible hours don't like their companies.
4 people work better between 9 and 5 o'clock.

(24) The main reason people who have flexible workplaces are more productive is:________
1 They stare out the window less.
2 They can meet their children more often.
3 They can concentrate for 8 hours.
4 They have a better attitude toward work.

(25) Which word in paragraph 4 means the opposite of flexible?

4 次の英文を読み、後の問題に答えなさい。(26)～(29)は質問に対する解答としてもっとも適切なものを1～4の中から1つずつ選び、その番号を書きなさい。(30)は英語で答えなさい。

Sparrows

The chances are that you are reading this sitting at a desk in Kumon Kokusai Gakuen. We hope you like our school on its perch in a place cheerfully named Kosuzume, or roughly translated to English, Little Sparrow. Many years ago when I first told my Tokyoite wife I'd be working in Kosuzume this news was greeted with a smiling remark about "country air". However, I had no problem with the name because, just as the French writer Marcel Proust recalled how the smell of fresh cakes awoke happy memories of his childhood kitchen, the sight and sound of sparrows does pretty much the same for me. My mother and I would put bread and cake on the lawns on a winter morning and hang nuts from the trees. On particularly bitter English dawns I'd venture out in my slippers and crack the ice on the birdbath. We'd sit in the warm and share breakfast watching the sparrows gorge vast quantities of week-old fruit cake wondering how they'd manage to clear the fence to fly home.

There are well over half a million house sparrows in the world and history says they were introduced to Europe from North Africa by the ancient Romans. They're sociable creatures who seem to like hanging around humans, depending on us by eating what we grow and living where we live. So imagine my dismay when I read in the Mainichi Shimbun that the number of sparrows in Japan has fallen by 34% since the 1990s. The exact reasons for this decline are somewhat unclear but Osamu Mikami, a professor at Hokkaido University, suggests nests are usually built under the eaves of houses or in gaps in tile roofs, places difficult for predators to get at, but recently more square houses with no eaves and no roof joints are being built. *Omotenashi* perhaps doesn't always extend to small feathered guests.

This sad news is nowhere near as bad as the "Smash Sparrow" campaign launched in 1958 by Chinese leader, Mao Zedong which led to the worst ecological disaster known to mankind. Mao felt that sparrows ate too much grain and China could do without them. So he decided that all sparrows must die. Farmers were ordered to run around their fields, screaming at the tops of their voices and making as much noise as possible. The terrified creatures took off and did not dare to land. In the end, the exhausted birds simply dropped from the sky in their millions. But worse was to come. With no sparrows feeding from the air, the field was clear for worms and insects who found themselves at a bizarre limitless buffet. The following year an insect invasion of hungry locusts stripped the fields of everything that grew. China was plunged into famine and up to 50 million people starved to death.

Yet the traditional view of the sparrow in China is somewhat kinder, for example, a stray sparrow flying into your house means that luck is on its way. Similarly in Indonesia, a sparrow frantically flapping around your living room means that a child will soon be born. In western culture, many sailors would get sparrow tattoos in hopes that their souls might be taken to heaven if they died at sea. Jack Sparrow's eponymous sparrow tattoo in the Pirates of the Caribbean films, not only pays tribute to his name, but points to a counterculture of freedom, expression and individualism.

In the world of sports, the sparrow generally flies a low profile. Google "Sparrow Sports Team" and you will not find yourself in a great city or a major league but maybe on a remote football field in Nigeria. Eagles is the most popular team name in American sports and other birds do well, like Hawks and Falcons. There is even a famous ice hockey team called Penguins, though clearly penguins would be hopeless at ice hockey. In Japan, we have the Yakult Swallows, though I wonder if this is just a clever joke because swallow is what you do to a Yakult.

Yet take a while and stare out of your window long enough and the chances are a sparrow will fly into view. Sparrows persist because they remain a symbol of the benefits of working hard to live a comfortable and happy life. These simple birds teach us to apply the same to our lives as in many philosophies where the house sparrow symbolizes community, simplicity, empowerment, creativity, persistence and productivity. Hopefully, your exam today is going well and you too feel that you might like to join us here in Kosuzume and come to share some of these same values.

(26) From the opening paragraph, we learn that the writer:
1 Took a job at Kumon because of the fresh air.
2 Ate fruit cake in the garden for breakfast as a child.
3 Loves the smell of fresh cake in the morning.
4 Has good memories of feeding birds as a child.

(27) According to the second paragraph, which of the following is true:
1 It seems that sparrows were brought to Europe quite recently.
2 Modern houses in Japan are not a good shape for nesting sparrows.
3 Many sparrows enjoy being kept as pets.
4 There are more sparrows in Japan now than ever.

(28) "Smash Sparrow" is described as "bad" mainly because:
1 It led indirectly to human tragedy.
2 It was very noisy.
3 Sparrows were eating too much.
4 Insects had nothing to eat.

(29) Judging from the passage, if a sparrow could talk which of the following would it say?
1 "Wow, I just love the design of modern Japanese houses!"
2 "A team named after us is going to win the cup again!"
3 "Common guys, let's get busy! We have work to do!"
4 "Hey, let's go to Marcel Proust's house for fruit cake!"

(30) Explain in your own words why the writer thinks Yakult Swallows might be "a clever joke."

5 次の2つのテーマのうち1つを選び、150～200 語程度の英語で書きなさい。選んだ質問の番号も必ず書きなさい。

① Write an essay to explain why honesty is important in a friendship.

② Your principal has asked students to suggest a school rule that should be changed.
Think of one rule that you would like to have changed. Please explain.

2023年度

公文国際学園中等部 ▶解 答

※ 編集上の都合により，帰国生入試の解説は省略させていただきました。

適性検査 ＜帰国生入試＞（50分）＜満点：100点＞

解 答

1 **問1** ウ **問2** エ **問3** ア **問4** 不治 **問5** オ **問6** （例） だれか一人が幸福だとしても，その周りや他国の人が不幸であれば，ねたみなどから争いが起こる可能性があり，それは戦争に発展することもありえる。戦争がある限り本当の幸福とは言えないと私も思う。 **問7** イ **問8** × **問9** （例） 体に取り込まれずに排出された分 **問10** 右の図 **問11** 25kg **問12** 100kg **問13** （例） 動物Cを育ててその肉を食べるためには，その動物を育てるための大量のエサが必要となり，また，多くのコストがかかる。

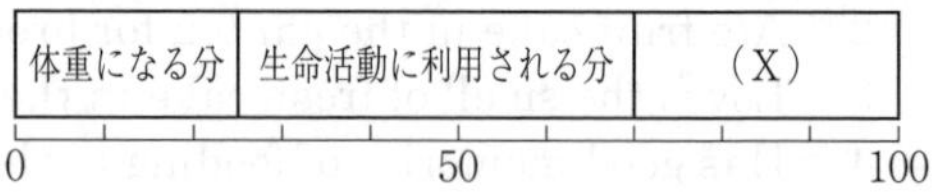

2 **問1** (1) 5 (2) 5倍 (3) （例） 図2より，植物工場の方が二酸化炭素の排出量が多く，環境に優しいとはいえないから。 **問2** (1) **牛肉**…エ，**鶏肉**…イ (2) ウ **問3** (1) エ (2) **カナダ**…ア，**ウクライナ**…オ (3) （例） 自給率の高いコメを使った麺やパンを普及させるためにキャンペーンを行う。 **問4** (1) 71億5500万人 (2) ウ→ア→イ **問5** (1) フードロス (2) 247万トン (3) 47% (4) （例） 手前から商品を取ってもらえるように環境保護や食品廃棄の問題をうったえたポップをつくる。

英 語 ＜帰国生入試＞（50分）＜満点：100点＞

解 答

1 (1) 4 (2) 4 (3) 1 (4) 3 (5) 4 (6) 3 (7) 4 (8) 2 (9) 3 (10) 4 (11) 1 (12) 2 (13) 2 (14) 3 (15) 2 2 ((a)，(b)の順に) (16) 1，3 (17) 4，3 (18) 4，5 (19) 5，1 (20) 5，3 3 (21) 3 (22) 4 (23) 1 (24) 4 (25) rigid 4 (26) 4 (27) 2 (28) 1 (29) 3 (30) （例） Because Yakult is a drink and you swallow it when you drink it. 5 省略

2022年度　公文国際学園中等部

〔電　話〕　(045) 853－８２００
〔所在地〕　〒244-0004　神奈川県横浜市戸塚区小雀町777
〔交　通〕　JR東海道線－「大船駅」よりバス

【算　数】〈Ａ入試〉（50分）〈満点：100点〉

1　次の □ にあてはまる数を求めなさい。

(1)　$8-2\times(4-2\div2)=\square$

(2)　$2\times\{5+98\div(56\div4\times7)\}=\square$

(3)　$1.011\div6+3.033\div12+2.022\div24=\square$

(4)　$\left\{5.75-\left(2\frac{1}{3}\div\frac{20}{21}+1\right)\right\}\div5.75=\square$

(5)　$\left\{\left(0.5+1\frac{2}{3}\times\square\right)\div\frac{4}{9}\right\}-1.125=15$

2　次の □ にあてはまる数を求めなさい。

(1)　姉と妹の所持金の比は 3:1 でしたが、姉が妹に 480 円あげたので、所持金の比は 2:1 になりました。姉のはじめの所持金は □ 円です。

(2)　9% の食塩水 200g から水 80g を蒸発させると食塩水の濃度は □ % になります。

(3)　商品を買うとき、500 円玉 1 枚、100 円玉 4 枚、50 円玉 1 枚、10 円玉 4 枚で支払える金額は □ 通りあります。

(4)　右の図は長方形 ABCD を A が C に重なるように折り返した図です。図の(ア)の角度は □ 度です。

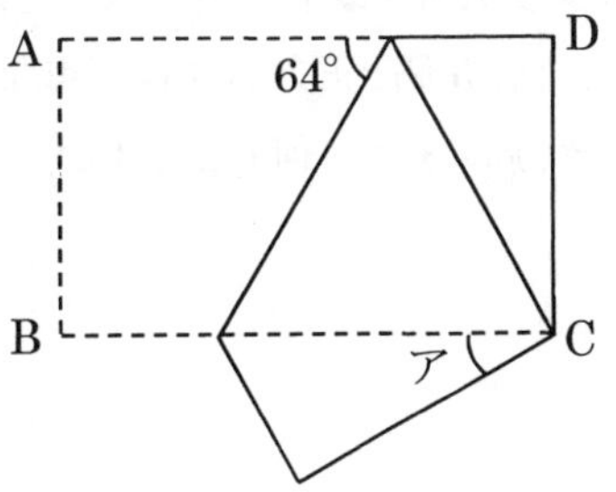

(5) 2、4、6、8、10、2、4、6、8、10、2、4、…… と並ぶ数の列があります。この数の列において、10回目の2は最初の数から数えて ① 番目です。また、合計が2022になるのは最初の数から ② 番目までの数をたしたものです。

(6) 右の3×3のマスのそれぞれには1、3、9のいずれかが入ります。たて3列、横3列、斜《なな》め2列のそれぞれの列に含まれる3つの数をかけた数はすべて等しくなります。1列の3つの数をかけた数は ① で、Eに入る数は ② です。

1	A	3
B	C	D
E	F	9

3 次の各問いに答えなさい。

(1) 父だけで取り組むと12日かかる仕事を、父と母の2人で取り組むと8日でできます。この仕事の$\frac{3}{4}$を父だけで、残りを母だけで取り組むと、全部で何日かかりますか。

(2) 右の図において、直線BEが台形ABCDの面積を二等分するとき、DEとECの長さの比を求めなさい。ただし、最も簡単な整数の比で答えなさい。

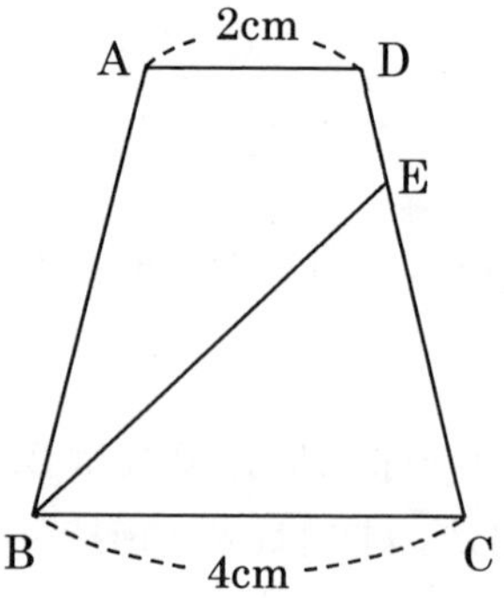

(3) 図1のような三角形と正方形があります。これらの三角形と正方形を図2のように、左から三角形と正方形を順に並べ、辺の真ん中(●印)で重ねていきます。三角形5個と正方形4個が重なっているとき、周の長さは何cmですか。

図1

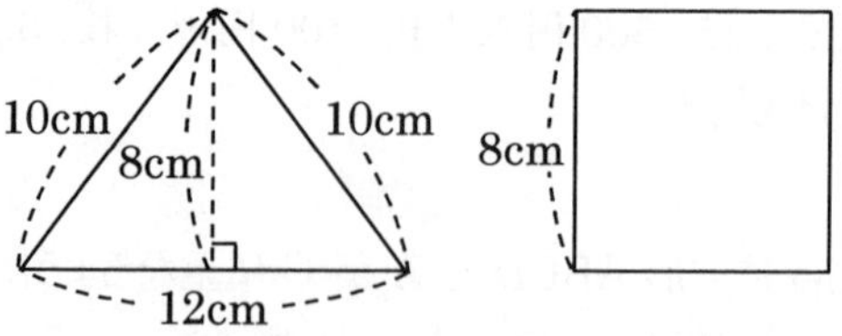

図2

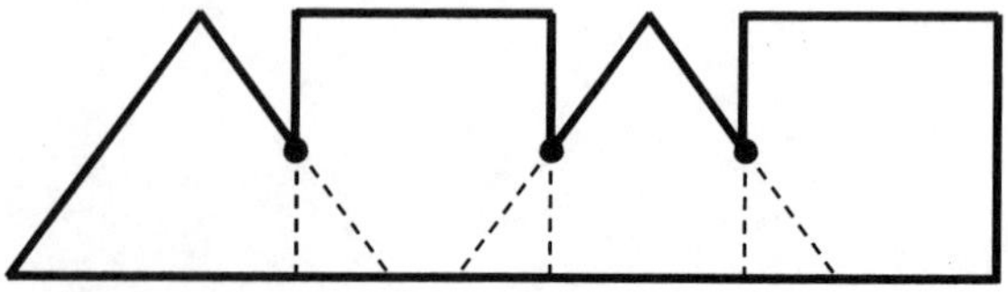

(4)　aをbで割ったときの余りがcであることをa＊b＝cで表すことにします。例えば、40＊6＝4、1＊4＝1です。このとき、(13＊ □)＊3＝1が成り立つような □ にあてはまる数をすべて書きなさい。ただし、□ は13以下の整数とします。

(5)　2022を2022個かけ合わせたとき、その数の一の位はいくつですか。途《と》中の考え方や式も書きなさい。

4　数字の書いてあるボールを下の図のように並べて正方形を作ります。図1は3×3の正方形、図2は4×4の正方形、図3は5×5の正方形とよびます。まわりのボールを除《のぞ》いた点線で囲まれた部分を内側、点線と実線で囲まれた部分を外側と定めます。このとき、次の問いに答えなさい。

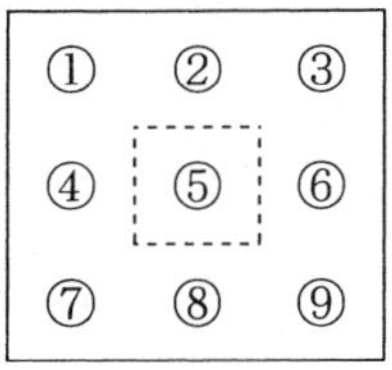

図1

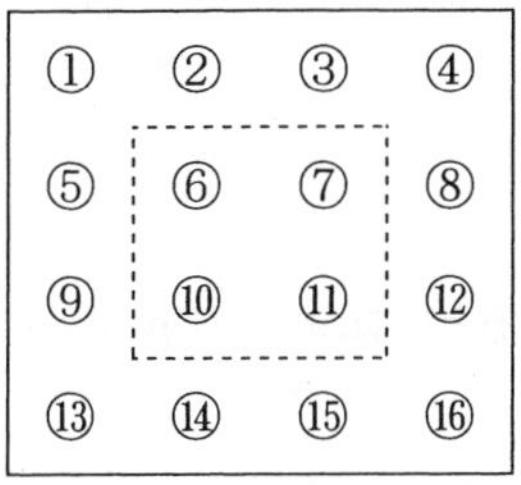

図2

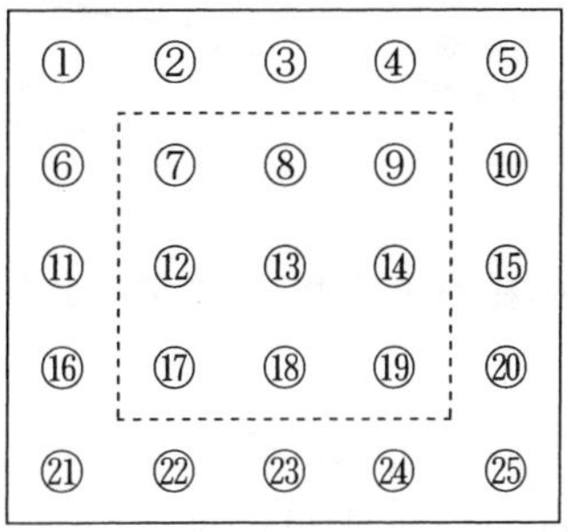

図3

(1)　8×8の正方形において、内側にあるボールの数は何個ですか。

(2)　20×20の正方形において、内側にあるボールの中で、書かれている数字が最も大きいのはいくつですか。

(3)　20×20の正方形において、外側にあるボールの数は何個ですか。

(4)　20×20の正方形において、外側にあるボールに書かれた数字の合計を求めなさい。途《と》中の考え方や式も書きなさい。

5　公文さんの自転車は、図1のようにペダル(こぐ部分)がついた歯車Aと、後輪を回転させる歯車Bが結ばれています。図2は歯車Aと歯車Bの歯の数を示した表です。歯車Bは①～⑥の6種類があり、操作によって歯の数を変えることができます。ペダルを1回転させると歯車Aも1回転し、それにあわせて歯車Bが回ることで後輪が回り、自転車は進みます。後輪の車輪の周の長さは2mです。

例えば、③の歯車Bを選んだ場合、1回ペダルを回すと歯車Bは2回転するため自転車は4m進みます。このとき、次の問いに答えなさい。

図1

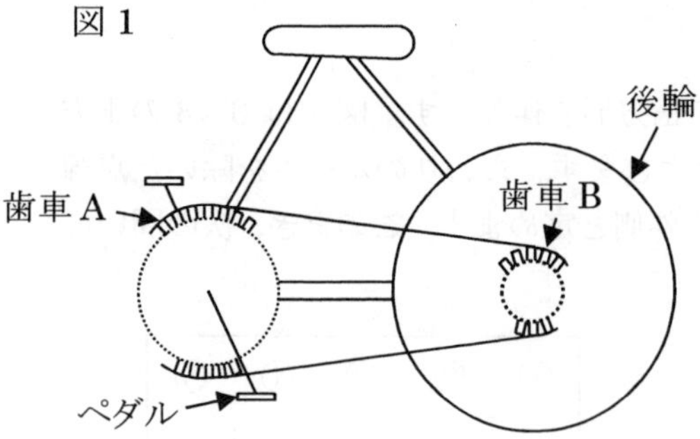

図2

歯車A	歯車B					
42	①	②	③	④	⑤	⑥
	28	24	21	18	16	14

(1)　⑥の歯車Bを選び、ペダルを1回転させると自転車は何m進みますか。

(2)　①の歯車Bを選び、ペダルを何回か回転させると自転車は30m進みました。このとき、ペダルを回転させた回数は何回ですか。

図3は公文さんがペダルを回す速さや歯車Bを2回変えて自転車で走ったときのグラフです。

(3)　公文さんは最初の15分で④の歯車Bを選んで走りました。この間、公文さんが1分間に回転させたペダルの回数は何回ですか。

(4)　公文さんは出発してから15分後に歯車Bを①にしてペダルを1分間に80回転の速さで回して走りました。その15分後、歯車Bを⑥にして10分間走り続けました。出発してから到《とう》着するまでに公文さんがペダルを回転させた回数の合計は何回ですか。途《と》中の考え方や式も書きなさい。

図3

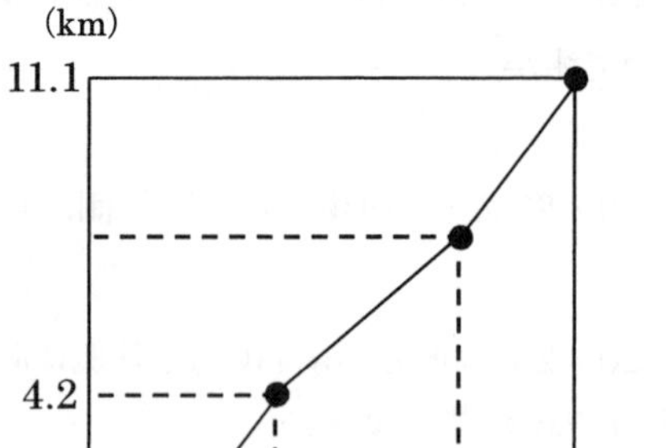

【数　学】〈A入試〉(50分)〈満点：100点〉

1　次の計算をしなさい。

(1)　$1\frac{2}{3} \div 2\frac{1}{7} =$

(2)　$\frac{7}{13} \times \frac{5}{21} \div 1\frac{2}{13} =$

(3)　$3\frac{3}{14} - 2\frac{4}{21} =$

(4)　$\frac{5}{7} - \frac{3}{8} \div \frac{21}{32} =$

(5)　$3 \div \left\{5 - \left(3 - \frac{3}{8} \div \frac{3}{2}\right)\right\} =$

(6)　$0.17 \times 3 + (1 - 0.23) \div \frac{11}{7} =$

(7)　$\left(3\frac{1}{5} + 1.8\right) \times 0.36 - 1\frac{3}{4} =$

(8)　$-3^2 \div 6^3 \div \left(-\frac{5}{2}\right)^4 \times 5^3 =$

2 次の問いに答えなさい。

(1) 1から100までの数の中に、6と8の公倍数は何個ありますか。

(2) 分母と分子の差が84で、約分すると $\frac{7}{19}$ となる分数の分子は何ですか。

(3) 家から美術館まで4kmの道のりを兄と弟が同時に出発し、兄は時速5kmで、弟は時速3kmで歩きました。兄は弟より何分早く着きましたか。

(4) 次の式を計算しなさい。

① $a^3 \times a^7 \div a^5 =$

② $\frac{x+3y}{8} - \frac{3x-5y}{12} =$

③ $\sqrt{7}\left(\sqrt{63} - \sqrt{28}\right) =$

(5) $(x^2+2x-3)^2$ を展開しなさい。答えは x の降べきの順に書きなさい。

(6) 次の式を因数分解しなさい。

① $12x^2 - 13x - 4 =$

② $a^2x^2 - a^2 - x^2 + 1 =$

(7) 次の方程式または不等式を解きなさい。

① $-3.8 - x < -2.9x$

② $\begin{cases} 0.4x = 0.5y \\ \frac{2}{3}x - \frac{y}{4} = 1 \end{cases}$

③ $3x^2 - 4x - 1 = 0$

3 次の問いに答えなさい。

A, Bの2人が同時にスタートして400mトラックを10周走ったら、Aが先にゴールしました。Aはちょうど9周走ったとき、ちょうど8周走ったBとならび、その20秒後に2人の差は10mになりました。ただし、A, Bはそれぞれ一定のスピードで走り続けるものとします。

(1) Aの速さを秒速 x m、Bの速さを秒速 y mとして連立方程式を作りなさい。

(2) Bがゴールしたのはスタートして何秒後か答えなさい。

4 次の問いに答えなさい。答えだけでなく、途《と》中式や説明も書きなさい。

(1) 不等式　$3 < \sqrt{x} < 4$　が成り立つような整数 x の値をすべて求めなさい。

(2) $x = \dfrac{-1+\sqrt{5}}{2}$ のとき、 $x^2 + x - 1$ の値を求めなさい。

(3) 次の図のような三角形があります。x の値を求めなさい。

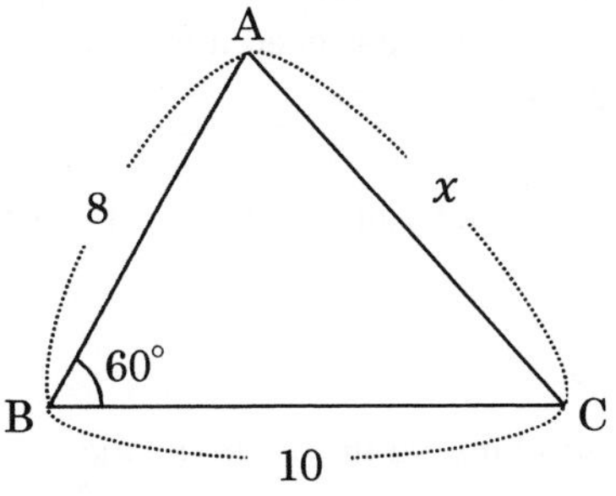

5 2つの放物線 $y = x^2$, $y = -2x^2 + 6x$ について次の問いに答えなさい。

(3)、(4)は答えだけでなく、途《と》中式や説明も書きなさい。

(1) 2つの放物線の交点をOとAとする。Oは原点とするとき、点Aの座標を求めなさい。

(2) 直線OAの式を求めなさい。

(3) OB＝ABとなるような点Bを x 軸上におくとき、点Bの座標を求めなさい。

(4) 点Cの座標を(2,0)とする。点Cを通る直線で三角形OABの面積を二等分するとき、この直線と辺ABとの交点の座標を求めなさい。

【英　語】〈A入試〉(50分)〈満点：100点〉

1　次の(1)～(15)の英文の（　　）に入れるのにもっとも適切なものを1～4の中から1つずつ選び、その番号を書きなさい。

(1) "How long have you been swimming in the pool?"
"I don't know. (　　) about 2 hours or so, I guess."

1 For　　2 Since　　3 From　　4 Until

(2) "Bobby, it's 10 o'clock now and it's time for you to go to bed."
"Oh, mom, I need to finish downloading this app and I just need a few more minutes!"
"Go to bed now (　　) see your smartphone again."

1 but you will　　2 or you will　　3 and you won't　　4 or you won't

(3) "Did you attend the history lecture yesterday?"
"Yes. It was so (　　) that I had to keep pinching my hand to stay awake."

1 bored　　2 boring　　3 bore　　4 boarding

(4) Everyone knows that the sun rises (　　) the east.

1 on　　2 in　　3 towards　　4 above

(5) Jane visited some (　　) temples when she went to Kyoto. Some of them were over 1,000 years old.

1 ancient　　2 modern　　3 recent　　4 newborn

(6) Miso soup is a (　　) Japanese food and many Japanese people have it every morning.

1 common　　2 rare　　3 normally　　4 secret

(7) Jim's brother's wife had a baby girl on Friday. He could not wait to meet his new (　　).

1 niece　　2 nephew　　3 sister　　4 friend

(8) When Sally was walking in Tokyo, she came (　　) an old friend from work. They went for dinner together.

1 until　　2 across　　3 along　　4 through

(9) The teacher asked Jim to take (　　) the garbage as there were two bags in the front of the classroom.

1 off　　2 at　　3 out　　4 by

(10) We have been waiting for more than two hours. We can't wait (　　) two hours.

1 other　　2 either　　3 another　　4 more

(11) My sister insisted (　　) with her to the party.

1 for my coming　　2 on my coming　　3 for me to come　　4 me to come

(12) It never (　　) to me that Mr. Smith liked Ms. White. They have nothing in common.

1 thought　　2 happened　　3 referred　　4 occurred

(13) Please (　　) me know when the program starts.

1 take　　2 get　　3 allow　　4 let

(14) If you forget your homework again, I will have to call your parents. I'm not kidding. I (　　) it.

1 am　　2 mean　　3 dare　　4 say

(15) She said that her father must be very glad (　　) the news.

1 hearing from　　2 to hear　　3 his hearing　　4 that he hears

2 次の日本語の意味を表すように英文(16)～(20)において、それぞれ下の 1～6 の語句を並べかえて空所を補（おぎな）い、もっとも適切な文を完成させなさい。解答はそれぞれの文の(a)と(b)に入れるものの番号のみを解答用紙の決められた欄（らん）に書きなさい。（文頭に来る語も小文字になっています。）

(16) 外の騒音（そうおん）のため、夜なかなか眠れない。
The noise outside ______ __(a)__ ______ ______ __(b)__ ______ night.

1 it　　2 sleep　　3 at　　4 to　　5 hard　　6 makes

(17)　私は息子に、毎日もっと野菜を食べるように助言した。
I ＿＿＿ ＿(a)＿ ＿＿＿ ＿＿＿ ＿(b)＿ ＿＿＿ vegetables every day.

1 son　　2 more　　3 advised　　4 to　　5 eat　　6 my

(18)　私たちは 10 年以上お互いに会っていない。
We ＿＿＿ ＿＿＿ ＿(a)＿ ＿＿＿ ＿(b)＿ ＿＿＿ ten years.

1 met　　2 more　　3 for　　4 haven't　　5 than　　6 each other

(19)　この件に関して、何か他に質問がありますか。
Do you have any further ＿＿＿ ＿(a)＿ ＿＿＿ ＿(b)＿ ＿＿＿ ＿＿＿?

1 with　　2 this　　3 regard　　4 matter　　5 to　　6 questions

(20)　私は、日本に来てはじめて、酒が米から作られていることを知った。
＿(a)＿ ＿＿＿ ＿＿＿ ＿(b)＿ ＿＿＿ ＿＿＿ to Japan that I learned sake is made from rice.

1 I　　2 was　　3 it　　4 until　　5 came　　6 not

3　次の英文を読み、後の問題(21)～(24)に答えなさい。

Chickens Take a Holiday

The sun was about to rise on Farmer Tim's farm. Chester Chicken woke up the cows with his important news.

"The chickens are taking a holiday today," Chester Chicken said.

"Is that so?" said Daisy the cow. "What is the special occasion?"

"We worked too hard this week," Chester said.

"You did?" asked Daisy.

"Yes! We laid ten eggs this week," Chester said, "and there are only five of us."

Daisy smiled and nodded her head. Ten was a lot of eggs for five chickens.

"Enjoy your day off," she said.

"But what about us?" the other cows said to Daisy. "We gave Farmer Tim 100 pails of milk this week. There are only ten of us!"

Daisy agreed with the cows too. 100 pails of milk would make a lot of cheese.

"But we can't take a holiday on the same day as the chickens," Daisy said. "What would Farmer Tim say?"

Daisy and the cows moved over to a patch of grass to have their breakfast.

"The chickens are taking a holiday," Daisy told the trees. "And we don't think it's (①)."

The trees were not happy with this news.

"I've dropped over 1,000 apples this season," one said.

"And I've had a million cherries picked!" said another.

The wind blew and the trees put on their angry faces.

"We deserve a holiday more than the chickens!" the trees shouted together. "We worked too hard all season."

This woke up the rake that was sitting on the grass underneath the trees.

"Have you heard the news?" the apple tree asked the rake. "The chickens are taking a holiday. They think they worked too hard this week."

The rake stood up and announced its disapproval. "I raked over one million leaves this year. And there's only one of me! If anyone deserves a holiday it is a poor tired rake."

Just then Rowdy Rooster hopped on the fence. He looked up into the sky and began to crow. It was time for the farmer to wake up.

The chickens and cows and trees waited for Farmer Tim to come out and pick up the rake.

But a minute passed and Farmer Tim did not appear.

Rowdy called two more times.

"Call him again," the chickens yelled to the rooster. "He must be having a dream."

Rowdy made one last call and this time Farmer Tim woke up. But he didn't come out and pick up the rake, farmer milk the cows, or check on the eggs underneath the chickens. Instead he opened the window and shouted loud enough for everyone to hear: "I worked too hard this week, I say. It's time I took a holiday!"

Adapted from: https://www.englishclub.com/kids/stories/chickens-take-a-holiday.htm

(21) にわとりたちが休日をとったのはなぜか。もっとも適切な文を次から選び、記号で答えなさい。
 a. にわとりたちが卵を産めなくなってしまったから。
 b. Tim がにわとりたちに休日を与えたから。
 c. 牛の Daisy がにわとりの Chester に休日をとるよう勧(すす)めたから。
 d. 今週、にわとりたちが一生けんめいに働いたから。

(22) (①)に入るもっとも適切な語を1つ選び、記号で答えなさい。
 a. perfect
 b. disappointing
 c. fair
 d. difficult

(23) にわとりたちは、Tim がなぜ外に出てこなかったと思ったか。日本語で答えなさい。

(24) 次のうち、本文の内容と異なるものを1つ選び、記号で答えなさい。
 a. Farmer Tim's farm has five chickens.
 b. Because the trees shouted, the rake woke up.
 c. Rowdy Rooster woke up Farmer Tim.
 d. After waking up, Farmer Tim checked on the chickens' eggs.

4　次の英文を読み、後の問題(25)～(28)に答えなさい。

〔編集部注…課題文は著作権上の問題により掲載しておりません。作品の該当箇所につきましては次のウェブサイトを参考にしてください〕

・「The Poor Shoemaker」

https://englishgrammarhere.com/stories/moral-stories-for-kids-in-english-short-stories-with-morals/

1行目～最終行（表記を一部変更）

(25)　下線部(1)の中の４足のくつについて、下線部から読み取れる特徴（とくちょう）を３つ述べなさい。

(26)　くつ屋の老夫婦はくつを作ってくれた人たちにお礼として何をしてあげようとしたのか。もっとも適切なものを１つ選び、記号で答えなさい。

a.　美しいくつを皮で作る
b.　飛び出してびっくりさせる
c.　服を作る
d.　お客さんに紹介する

(27)　下線部(2) elvesを本文中の英語2語で言いかえなさい。

(28)　この物語の続きとして最もあり得ない文を１つ選び、記号で答えなさい。

a.　The shoemaker and his wife earned enough money and bought a big house.
b.　The shoemaker and his wife became good friends with the elves.
c.　The shoemaker and his wife learned how to make beautiful shoes.
d.　The shoemaker and his wife always remembered the elves when they saw a new pair of beautiful shoes.

5 次の英文を読み、後の問題(29)～(33)に答えなさい。

Baseball Legend Henry 'Hank' Aaron

The Atlanta Braves Major League baseball team announced Friday Hall of Famer Hank Aaron has died at the age of 86. The team says Aaron died peacefully in his sleep Thursday.

Aaron spent all but two years of his 23-year major league baseball career with the Braves organization. In a statement on the Braves web site, Chairman Terry McGuirk said the team was "devastated" at news of Aaron's death. "Henry Louis Aaron wasn't (ア) our icon, (イ) one across Major League Baseball and around the world."

Aaron was known as the all-time greatest hitter, but he is best known for breaking Babe Ruth's all-time home run record in 1974. By the time he retired two years later, he had 755 home runs, a record that stood until 2007 when it was broken by Barry Bonds. Aaron remains in second place.

Aaron joined the then-Milwaukee Braves in 1954 and moved with the team in 1965 to Atlanta, where he played until 1974. He played his final two seasons back in Milwaukee, with the Brewers before retiring in (ウ).

In his career, Aaron was always among baseball's best. He was the National League (NL) Most Valuable Player in 1957, the same year the Braves won the World Series, and he was a two-time NL batting champion, a three-time Gold Glove winner for his defensive play as a right fielder and a record 25-time All-Star.

He was elected to the Baseball Hall of Fame in 1982, and in 1999, MLB created the Hank Aaron Award, given (1) annually to the best hitter in both leagues.

Off the field, Aaron was an activist for civil rights, having been a victim of racial inequalities. He was born in Mobile, Alabama, and didn't play organized high school baseball because only white students had teams.

During the buildup to passing Ruth's home run mark, threats were made on his life (2) by people who did not want to see a Black man break the record.

After his retirement, as an executive with the Braves, Aaron worked to help find Black players meaningful employment after their playing days were over.

"On the field, Blacks have been able to be super giants," he once said. "But once our playing days are over, this is the end of it, and (3) we go back to the back of the bus again."

Adapted from: VOA https://www.voanews.com/usa/baseball-legend-henry-hank-aaron

(29) 空らん (ア)、(イ)に入る最も適切な語の組み合わせを１つ選び、記号で答えなさい。

a. (ア) more (イ) than
b. (ア) either (イ) or
c. (ア) always (イ) and
d. (ア) just (イ) but

(30) 空らん (ウ) にあてはまる年号を１つ選び、記号で答えなさい。

a. 1956
b. 1966
c. 1976
d. 1986

(31) 下線部(1)ともっとも意味が近いものを1つ選び、記号で答えなさい。
- a. every year
- b. all members
- c. sometimes
- d. very often

(32) 本文によると、下線部(2)はどのような人々か、日本語で答えなさい。

(33) 下線部(3)から読み取れる意味としてもっとも適切なものを1つ選び、記号で答えなさい。
- a. 黒人に対する差別が残っていた
- b. 黒人に対する差別がなくなった
- c. 白人に対する差別が生まれた
- d. 白人の偉大（いだい）な英雄（えいゆう）が再び現れた

三 次の問いに答えなさい。

問1 次の本文を読み、それを要約した後の文の空欄《くうらん》に当てはまる言葉をそれぞれ指定された字数で本文中から抜き出しなさい。

〈本文〉

一つのことに集中したら、いや、一つのことに集中できるには、ほかのことがなるべく干渉《かんしょう》しないように一時的に忘れていなくてはならない。それが忘我、無我夢中である。そういう状態でのみ、われわれは真に深い自我の発動による精神の営みを行うことができる。

(外山滋比古『ライフワークの思想』より)

〈要約文〉

ほかのことを[①(6字)]て一つのことに[②(2字)]する、[③(7字)]の状態でのみ、われわれは真に深い自我の発動による精神の営みを行うことができる。

問2 次の本文を読み、それを要約した後の文の空欄部を、文中の言葉を用いて指定の字数の範囲内《はんいない》で埋めて、完成させなさい。

〈本文〉

あなたと血のつながった人は、いったいどれくらいいるだろうか?

両親が二人、父方と母方の祖父母が四人、曽祖父《そうそふ》と曽祖母が八人……こうして十世代前までさかのぼれば、計算上、あなたには千二十四人の〝直系のご先祖さま〟がいることになる。だいたい二百五十年くらい前までのご先祖さまだ。

さらに昔の、キリストや神武《じんむ》天皇の時代にまでさかのぼれば、とてもじゃないが、ご先祖さまの数など数えきれない。その頃《ころ》の全世界の人口より、もっと多いに違《ちが》いない。

その間には、何度となく遺伝子の交差も行なわれているはずだ。つまり、ぼくたちはどこかで必ず、つながっている。そう、分かりきったことだが、もう一度言おう——人はみな、つながっているのだ。

だから、ある人種だけが特別で、他よりも優《すぐ》れているとか、おとっているとか、そんなことはありえない。いつの時代にも、人種差別をしたがる人間はいるが、バカげた話だ。

(C・Wニコル『自分って何だ?』より)

〈要約文〉

あなたと血のつながったご先祖さまは数えきれないほどおり、何度となく遺伝子の交差が行なわれている。つまり、[(41字~50字)]をする人間はバカげている。

問6　傍線部⑥「おじいちゃまにかかると、私はいつまでだってこうして笑っていられるのだった」とありますが、「おじいちゃま」と長く話してからの「私」の変化について説明したものとしてふさわしくないものを次の中から一つ選び、記号で答えなさい。

ア　それまで周囲に対する否定的な気持ちを話すことができずにいたが、おじいちゃまがそれを聞き入れてくれ、悪口をいうことがあってもいいと知った。

イ　それまでいい子でいることに必死だったが、おじいちゃまが「役割を演じる」という発想を与えてくれたおかげで、楽な気持ちになった。

ウ　それまで相手を傷つけることを恐《おそ》れて生活していたが、おじいちゃまから相手と向き合うことが大切だと言われ、はっきりと意見を主張できるようになった。

エ　それまでいい子を演じようとしている自分をうとましく思っていたが、おじいちゃまから本当にいい子だからだと褒《ほ》められ、自分を肯定《こうてい》できた。

オ　それまでいい子でいることに疲れていたが、そのことにおじいちゃまが共感し、孫を演じる協定を結んでくれたことで、これまでの日常が違《ちが》って見えるようになった。

問7　本文について説明したものとして適するものを次の中から二つ選び、記号で答えなさい。なお、解答の順番は問いません。

ア　「ギャングみたいな」などの比喩《ひゆ》から、おじいちゃまが孫を悪事に引き込んでいることがほのめかされている。

イ　私（すみれ）の視点から描くことで、おじいちゃまの気持ちが全くわからない形になっている。

ウ　おじいちゃまがすみれに対して行った数々のアドバイスは今後のすみれの成長を妨《さまた》げるものであったといえる。

エ　おじいちゃまが大学構内にいる人をすみれに見せたのは、社会における人のあり方を伝えるための行動だといえる。

オ　おじいちゃまの服装の描写は、彼が自らを上品に見せているが実は社会人として問題があることを暗示している。

カ　多くの会話文からおじいちゃまがすみれを大切に思い、生きる上で気持ちが楽になるよう願っていることが伝わる。

問4　傍線部④「私をとても楽にしてくれた」とありますが、それはどうしてですか。その説明として最も適するものを次の中から一つ選び、記号で答えなさい。

ア　自分のふるまいは、自分の意志の力だけでなんとかするものではなく、周囲の人や社会のあり方によって決まるものだと知ったから。

イ　世の中の人たちがなりたい自分になることができているわけではなく、周囲に流されているだけにすぎないことに気づいたから。

ウ　大学で見た人たちが、自らの役割を時には楽しそうに、時には真面目《まじめ》に一生懸命《いっしょうけんめい》演じていることに感動を覚えたから。

エ　孫係という任務を全《まっと》うすることで、おじいちゃまが学会で通う大学に連れて行ってくれ、これまでの世界とは違ったものを見ることができたから。

オ　大学教授のお孫さんを笑顔で演じることで、これからの自分に自信が持てるようになり、もう一人でも生きていくことができると確信したから。

問5　傍線部②「私はなんだかワクワクしていた」・傍線部⑤「ものすごくわくわくするのだった」とありますが、「私」をこのような気持ちにさせてくれる「おじいちゃま」は、「私」にとってどのような存在ですか。その説明として最も適するものを次の中から一つ選び、記号で答えなさい。

ア　私が大好きだったおばあちゃまの別の一面を教えてくれたように、うそをついてでも私を驚《おどろ》かせ、私の気持ちを盛り上げてくれる存在。

イ　本当は自分が嫌《いや》だと思ってきた私を受け入れるとともに、今の私にはない、新しいものの見方や行動の仕方を見せてくれる存在。

ウ　いい子でいることに疲れてしまった私がいい子の殻《から》を破ることができるように、次々と悪事を考え出してはそこに引き込もうとしてくる存在。

エ　実の娘であるママのことも平気で悪く言い、私のこともかわいいとは思えないなどと、自分たち家族のよくない点を指摘《してき》してくれる存在。

オ　普段は謙虚《けんきょ》にふるまいながら、裏では悪態をつくなど、大人の二面性を私に見せつけ、そのような大人になることを要求してくる存在。

二　次の文章を読んで、後の問いに答えなさい。

〔編集部注…課題文は著作権上の問題により掲載できません。作品の該当箇所につきましては次の書籍を参考にしてください〕
・西　加奈子著『おまじない』所収の「孫係」（筑摩書房　二〇一八年三月発行）
七六ページ一〇行目～八四ページ七行目

問1　傍線部《ぼうせんぶ》ａ～ｃの語句の意味を次の中からそれぞれ一つずつ選び、記号で答えなさい。

ａ「毒舌家《どくぜつか》」
ア　手厳《てきび》しいことを言う人。
イ　暗いことばかり言う人。
ウ　口数が少ない人。
エ　おしゃべりな人。
オ　人を不愉快《ふゆかい》にさせる人。

ｂ「興じる」
ア　うまくこなすこと。
イ　新たに始めること。
ウ　すっきりすること。
エ　任務を果たすこと。
オ　おもしろがること。

ｃ「異様に」
ア　明るくさわやかなさま。
イ　楽観的なさま。
ウ　普通ではないさま。
エ　人気があるさま。
オ　別の一面があるさま。

問2　傍線部①「気持ち分かりますから」とありますが、「おじいちゃま」は「すみれ」のどのような気持ちが分かるというのですか。その説明として最も適するものを次の中から一つ選び、記号で答えなさい。
ア　周囲の人が自分を気遣《きづか》ってくれているように見せているが実際は冷たいことを非難《ひなん》する気持ち。
イ　みんなに好かれていることが重荷となり、その人たちの悪口を言いたくなってしまう気持ち。
ウ　一人になりたいと言っても、周囲の人がそうさせてくれないので不満に思う気持ち。
エ　本音を押し殺して周囲の人に合わせることに、疲れてしまったと思う気持ち。
オ　人に気を遣《つか》いすぎて疲《つか》れてしまったことを主張したが、受け入れてもらえなかった悲しい気持ち。

問3　傍線部③「すみれさんは、孫係。わたしは、爺係《じじがかり》」とありますが、これらの係は自分が関わる相手に対してどうすることを指しますか。この傍線部より後の「おじいちゃま」の発言から、「―こと。」に続くように、16字以上20字以内で抜き出しなさい。

問6　傍線部③「場の空気を読む」とありますが、これと同じ意味となる部分を、本文中から16字以上20字以内で抜《ぬ》き出し、始めと終わりの3字を答えなさい。

問7　空欄部［Y］に当てはまる言葉として最も適するものを次の中から一つ選び、記号で答えなさい。

ア　孤立《こりつ》　　イ　中立　　ウ　直立
エ　自立　　オ　設立

問8　傍線部④「相違《そうい》や対立を恐《おそ》れずに、しかし相手を傷つけることなく、より良い形で対話を続けていく努力と忍耐《にんたい》が必要です」とありますが、筆者のこの考えを踏《ふ》まえて、次のAさんの意見に反論する形で、空欄部に入るあなたの意見を101字以上120字以内で書きなさい。なお、解答は会話文体でなくてもかまいません。

Aさん
「私たちの学校に制服を導入しようという意見が出ているみたいだね。私は賛成だな。毎日着る服を選ぶわずらわしさから解放されるし、同じ服を着ることでこの学校の生徒だという一体感も生まれるからね。」

あなた
「私は制服はないほうがいいな。［　　　　］」

下　書　き

120　100

問2　空欄部《くうらんぶ》[A]〜[E]には、すべて同じ接続詞が入ります。その接続詞を次の中から一つ選び、記号で答えなさい。

ア　だから　　イ　しかし　　ウ　なぜなら
エ　そして　　オ　つまり

問3　傍線部《ぼうせんぶ》①「私たちが言葉を発する場が感情から完全に切り離《はな》されることはありません」とはどういうことですか。その説明として最も適するものを次の中から一つ選び、記号で答えなさい。

ア　私たちは何か発言をする際、相手の感情を傷つけないために自分の思ったことを正直に話すことができない場合が多いということ。
イ　私たち人間は感情をコントロールすることができないので、言葉を操るためには自分をいつわって生きていかなければならないということ。
ウ　いかなる場面においても、私たちが発する言葉は、その言葉が持つ意味だけでなく、その場にいる人間の感情とも結びつくということ。
エ　自分の感情を正確に把握《はあく》することで、会話の流れや議論を支配し、自分の思い通りに事を運ぶことができるようになるということ。
オ　言葉を発しようとした場所ごとに、生まれてくる感情は異なるので、それぞれの場面ごとに適切な言葉遣《づか》いをしなければならないということ。

問4　空欄部[X]に当てはまる内容として最も適するものを次の中から一つ選び、記号で答えなさい。

ア　言葉をきちんと学ばないと不幸な人生を歩むことになること
イ　言葉が貧困になると感情をコントロールできなくなること
ウ　外国語を理解できないと世界を正しく認識できなくなること
エ　語彙《ごい》力が少ない人は幼稚《ようち》だという印象をもたれてしまうこと
オ　微妙《びみょう》なニュアンスを使い分けないと人に嫌《きら》われてしまうこと

問5　傍線部②「言葉をすり抜《ぬ》けて暴力に走ってしまいます」とありますが、それはどういう状態を指していますか。その説明として最も適するものを次の中から一つ選び、記号で答えなさい。

ア　自分の感情がきちんと理解できない不安や、相手に思いが伝わらない歯がゆさから、他者を心理的に追い詰めようとしてしまう状態。
イ　何を言っても相手が自分のことを理解してくれないという絶望的な心境になり、自暴自棄《じぼうじき》になってつい相手に対して手が出てしまう状態。
ウ　話し合いがスムーズに進まないことにいら立ってしまい、早く結論を出そうとするあまり相手の意見を無視する態度を取ってしまう状態。
エ　自分より体が大きかったり、腕力《わんりょく》が勝っていたりする相手に対して、自分を守るために言葉で相手を攻撃しようとする状態。
オ　言葉の豊かさが心の豊かさにつながると思えないため、言葉を学ぼうとする人に対して見下した気持ちを持ってしまう状態。

相手の立場に立って考えてみる、そんな姿勢が大切です。最初から挫折しない、あるいは挫折を許さないような社会は、その意味では危険だと感じます。

また、豊穣《ほうじょう》な言葉には、文学や芸術に接することで精神を※2涵養《かんよう》することが何より大切です。対話以外でも、小説や詩や演劇や映画や落語など、さまざまな機会で言葉の能力を磨《みが》く情操育成の努力が必要です。

（中略）

もう一つ顕著《けんちょ》な現代の問題点は、対立を避《さ》けること、言葉で議論することを回避《かいひ》する傾向《けいこう》です。

学校ではディベートの授業が導入され、議論に慣れた若者も増えてきているようですが、他方で昨今の傾向として、「③場の空気を読む」という傾向、あるいは多数意見に反対せず同調することへの圧力が強まっています。直接言われなくても上司の意向を※3忖度《そんたく》するというのも、その一つです。気遣《きづか》いするのは悪いことではありませんが、是々非々《ぜぜひひ》できちんと主張を行わないと元も子もありません。対話はある意味でぶつかり合いですので、それを避けるのは対話の拒否《きょひ》、否定です。私はそんな最近の傾向を危惧《きぐ》しています。

対話が人間のあり方を成立させるとすると、このような傾向は、一人ひとりが［Y］していないこと、［E］、自分がないことを意味します。自身で考えずにその場の雰囲気《ふんいき》に流されるというのは、自分が人間としてきちんと成長していないということです。そこで、言葉は現状追認になり、現実をより善《よ》く変える力を失います。すると、※4空疎《くうそ》な言葉であっても強制や言論の武器になってしまいます。場を読む雰囲気の中で、言葉は相手の認可を促す儀式《ぎしき》に過ぎなくなりますが、それはマイルドな見かけをした押《お》し付けです。納得のいかないことにはきちんと（c）イギを唱え、反論を述べること。その基本を失ってはなりません。

対話は別にきれいごとではなく、それによって傷つけ合うこともあります。ズバッと相手に痛いところを突《つ》かれたり、矛盾《むじゅん》を指摘《してき》されたりするからです。私も学生や友人と議論してたまにやり込められると、やはり嫌《いや》な思いをします。しかし、それはそれで仕方ありません。それがないと対話にならないからです。むしろ、しばらく経つとそんなほろ苦い経験が大変懐《なつ》かしく、ありがたく思い出されるものです。ですから、④相違《そうい》や対立を恐《おそ》れずに、しかし相手を傷つけることなく、より良い形で対話を続けていく努力と忍耐《にんたい》が必要です。そのために必要なのは、相手を他の人間として尊重すること、言葉を信頼《しんらい》してこの現実を生きること、そして言葉が自分自身を変えながら生き方を形作る可能性に賭《か》けることです。

（納富信留『対話の技法』より）

注 ※1襞…衣類などの細長い折り目。またそのように見えるもの。
※2涵養…自然にしみこむように養成すること。
※3忖度…他人の気持ちをおしはかること。
※4空疎…形だけで、内容がとぼしいこと。

問1 波線部（a）「ニナ（って）」、（b）「クンレン」、（c）「イギ」を漢字に直しなさい。

二〇二二年度 公文国際学園中等部

【国語】〈A入試〉（五〇分）〈満点：一〇〇点〉

《注意》一、句読点や記号も一字に数えなさい。
二、記述問題の下書き欄《らん》は、下書き用に利用してかまいません。
三、作問の都合で、作品を一部改変したところがあります。

一

次の文章は納富信留《のうとみのぶる》『対話の技法』の一説です。本文を読んで、後の問いに答えなさい。（設問の都合により章ごとの見出しは省略しました。）

感情をめぐる具体的な手法は一旦脇《いったんわき》に置いておいて、ここではより本質的な問題を考えていきましょう。言葉と感情がどのように関係するかです。

①私たちが言葉を発する場が感情から完全に切り離《はな》されることはありません。言葉は感情を包み込《こ》んで成り立っているからです。論理という側面だけを見れば、コンピュータが遂行《すいこう》する計算と同じで、真と偽《ぎ》、［A］正しいか間違《まちが》っているかが問題です。しかし、その言葉を発するのがあくまで私たち人間であり、しかも身体の物理的な反応ではなく、心の間でのやりとりである以上、そこに心の状態としての感情が関わるのは当然でしょう。

言葉と感情の関係には、ほぼ一対一で定型化しているものもあります。たとえば「あなたは物分かりが悪い」などと言われたらカッとくるでしょうし、「あなたの言うことは素晴らしい」と言われたら嬉《うれ》しくなるはずです。ですが、多くの場合、両者はそれほど単純に対応していません。同じ不満を述べるにしても、相手を怒《おこ》らせずに意向をきちんと伝えることは可能ですし、むしろ、発言の趣旨《しゅし》を明瞭《めいりょう》にするように促《うなが》すこともできます。対話の現場では、実際には言い方、［B］口調や抑揚《よくよう》や前後の文脈、さらに間の取り方から顔つきや仕草まで、すべてが合わさって感情を生むことになります。

ここでぜひ考えておきたい点は、言葉の豊かさが感情の豊かさと連動すること、反対に、［X］です。語彙《ごい》やニュアンスが貧しいと、自然と語句や語気が強くなります。［C］、自分の言いたいことを丁寧《ていねい》に発信できないと、言葉以外の部分で相手に圧力をかけざるを得なくなります。まさか腕力《わんりょく》で威嚇《いかく》するわけにはいきませんので、強硬《きょうこう》で荒《あら》っぽい言葉を使うのです。「断固」とか「けっして」とか「絶対に」とか言うのは、そんな事態の兆候《ちょうこう》です。

言葉が繊細《せんさい》で豊かに※1襞《ひだ》をもって意味を伝える場合、言葉そのものが自然に感情を（a）ニナってくれます。豊かさは心にゆとりと喜びをもたらしますので、対話を潤滑《じゅんかつ》に進める絶好の基盤《きばん》となります。言葉（ロゴス）に豊かさが必要なのは、理性（ロゴス）がきちんと育っていないと感情をコントロールできないからです。なによりも、言葉を豊かに持っていない人は、語る本人が本当は何を考えているかを明瞭に把握《はあく》できない、それを表現できないという事態に陥《おちい》ります。自分でもどかしくなると、②言葉をすり抜《ぬ》けて暴力に走ってしまいます。それが言葉の暴力です。

では、どのように言葉を豊かにしていくのかと言うと、対話をして上手《うま》く通じないという経験を積むのが一番です。［D］、挫折《ざせつ》をつうじて言葉を語り受け止める（b）クンレンを積むのです。むしろ失敗を重ねながらもそこから反省して学ぶ、そこで改めて

2022年度

公文国際学園中等部　▶解説と解答

算　数　＜A入試＞（50分）＜満点：100点＞

解　答

[1] (1) 2　(2) 12　(3) 0.5055　(4) 0.4　(5) 4　[2] (1) 4320円　(2) 15％　(3) 99通り　(4) 38度　(5) ① 46番目　② 338番目　(6) ① 27　② 3
[3] (1) 15日　(2) 1：3　(3) 192cm　(4) 2，3，4，6，9，12　(5) 4
[4] (1) 36個　(2) 379　(3) 76個　(4) 15238　[5] (1) 6 m　(2) 10回　(3) 60回　(4) 2650回

解　説

[1] 四則計算，計算のくふう，逆算

(1) $8-2\times(4-2\div2)=8-2\times(4-1)=8-2\times3=8-6=2$

(2) $2\times\{5+98\div(56\div4\times7)\}=2\times\{5+98\div(14\times7)\}=2\times(5+98\div98)=2\times(5+1)=2\times6=12$

(3) $1.011\div6+3.033\div12+2.022\div24=1.011\times\frac{1}{6}+1.011\times3\times\frac{1}{12}+1.011\times2\times\frac{1}{24}=1.011\times\frac{1}{6}+1.011\times\frac{1}{4}+1.011\times\frac{1}{12}=1.011\times\left(\frac{1}{6}+\frac{1}{4}+\frac{1}{12}\right)=1.011\times\left(\frac{2}{12}+\frac{3}{12}+\frac{1}{12}\right)=1.011\times\frac{6}{12}=1.011\times\frac{1}{2}=1.011\div2=0.5055$

(4) $\left\{5.75-\left(2\frac{1}{3}\div\frac{20}{21}+1\right)\right\}\div5.75=\left\{5.75-\left(\frac{7}{3}\times\frac{21}{20}+1\right)\right\}\div5.75=\left\{5.75-\left(\frac{49}{20}+1\right)\right\}\div5.75=\{5.75-(2.45+1)\}\div5.75=(5.75-3.45)\div5.75=2.3\div5.75=0.4$

(5) $\left\{\left(0.5+1\frac{2}{3}\times\square\right)\div\frac{4}{9}\right\}-1.125=15$ より，$\left(0.5+1\frac{2}{3}\times\square\right)\div\frac{4}{9}=15+1.125=16.125$，$0.5+1\frac{2}{3}\times\square=16.125\times\frac{4}{9}=16\frac{1}{8}\times\frac{4}{9}=\frac{129}{8}\times\frac{4}{9}=\frac{43}{6}$，$1\frac{2}{3}\times\square=\frac{43}{6}-0.5=\frac{43}{6}-\frac{1}{2}=\frac{43}{6}-\frac{3}{6}=\frac{40}{6}=\frac{20}{3}$
よって，$\square=\frac{20}{3}\div1\frac{2}{3}=\frac{20}{3}\div\frac{5}{3}=\frac{20}{3}\times\frac{3}{5}=4$

[2] 比の性質，濃度《のうど》，場合の数，角度，周期算，条件の整理

(1) 姉が妹に480円あげる前と後で，2人の所持金の合計は変わらないので，2人の所持金の和を，$3+1=4$と，$2+1=3$の最小公倍数より，12とすると，姉のはじめの所持金は，$12\times\frac{3}{3+1}=9$，妹に480円あげた後の姉の所持金は，$12\times\frac{2}{2+1}=8$となる。よって，比の，$9-8=1$にあたる金額が480円なので，姉のはじめの所持金（9にあたる金額）は，$480\times9=4320$（円）とわかる。

(2) 9％の食塩水200gには食塩が，$200\times0.09=18$（g）ふくまれる。この食塩水200gから水80gを蒸発させると，食塩水の重さは，$200-80=120$（g）になり，ふくまれる食塩の重さは18gで変わらないので，濃度は，$18\div120=0.15$より，15％になる。

(3) 50円玉1枚と10円玉4枚では，10円，20円，30円，…，90円の9通りの金額が支《し》払《はら》える。これ

に100円玉１枚を加えると，100円，110円，120円，…，190円も支払うことができ，100円玉は４枚あるから，10円から490円までの10の倍数の金額はすべて支払えることがわかる。さらに，500円玉１枚を加えると，500円から，500＋490＝990(円)までの10の倍数の金額もすべて支払える。よって，支払える金額は，10円から990円までの10の倍数の金額すべてだから，990÷10＝99(通り)ある。

⑷　右の図１で，折り返した図形だから，イの角度は角AEFの大きさと等しく，64度である。また，AEとFCは平行で，平行線のさっ角は等しいから，ウの角度は角AEFの大きさと等しく，64度となる。よって，エの角度は，180－64×２＝52(度)だから，アの角度は，90－52＝38(度)とわかる。

図１

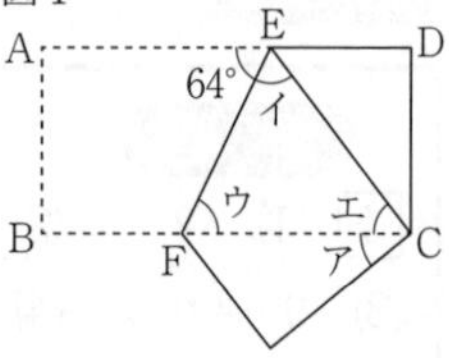

⑸　{2，4，6，8，10}の５つの数がくり返されている。この５つの数を１組と考えると，10回目の２は，10組目の１つ目に現れる。つまり，５つの数が９組並んだ後の１つ目に現れるので，最初の数から数えると，５×９＋１＝46(番目)(…①)となる。また，１組の数の和は，２＋４＋６＋８＋10＝30だから，2022÷30＝67余り12より，67組目までたすと，2022まであと12となる。よって，12＝２＋４＋６より，67組目の後，２，４，６の３つの数をたすと，合計が2022になるので，最初の数から，５×67＋３＝338(番目)(…②)までたすと，合計が2022になる。

⑹　右の図２で，$1\times A\times 3=3\times D\times 9$だから，$A=D\times 9$となり，$A$は$D$の９倍とわかる。どのマスにも１，３，９のいずれかが入るので，$A=9$，$D=1$となる。よって，１列の３つの数をかけた数は，１×９×３＝27(…①)と求められる。すると，$1\times C\times 9=27$より，$C=27\div 9=3$となる。よって，$E\times 3\times 3=27$より，$E=27\div(3\times 3)=3$(…②)である。

図２

1	A	3
B	C	D
E	F	9

3　仕事算，辺の比と面積の比，図形と規則，長さ，約束記号，整数の性質，周期算

⑴　この仕事全体の量を１とすると，父だけでは１日に，$1\div 12=\frac{1}{12}$，父と母の２人では１日に，$1\div 8=\frac{1}{8}$の量の仕事ができるから，母だけでは１日に，$\frac{1}{8}-\frac{1}{12}=\frac{1}{24}$の量の仕事ができる。よって，全体の$\frac{3}{4}$を父だけで，その残りの，$1-\frac{3}{4}=\frac{1}{4}$を母だけで取り組むと，父が取り組む日数は，$\frac{3}{4}\div\frac{1}{12}=9$(日)，母が取り組む日数は，$\frac{1}{4}\div\frac{1}{24}=6$(日)となるから，全部で，９＋６＝15(日)かかる。

⑵　右の図①で，三角形ABDと三角形CBDは，底辺をそれぞれAD，BCとすると，高さが等しいので，面積の比はAD：BCと等しく，２：４＝１：２となる。そこで，三角形ABDの面積を１，三角形CBDの面積を２とすると，三角形EBCの面積は，台形ABCDの面積の半分だから，(１＋２)÷２＝1.5となる。したがって，三角形DBEの面積は，２－1.5＝0.5なので，三角形DBEと三角形EBCの面積の比は，0.5：1.5＝１：３である。よって，DE：ECも１：３となる。

図①

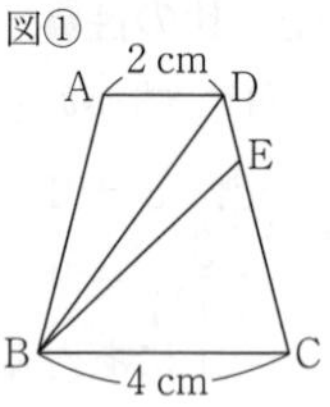

⑶　まず，右の図②のように，三角形２個と正方形１個を並べた場合，図②の周の長さは，10cmの部分２か所，８cmの部分１か所，12cmの部分２か所，太線の

図②

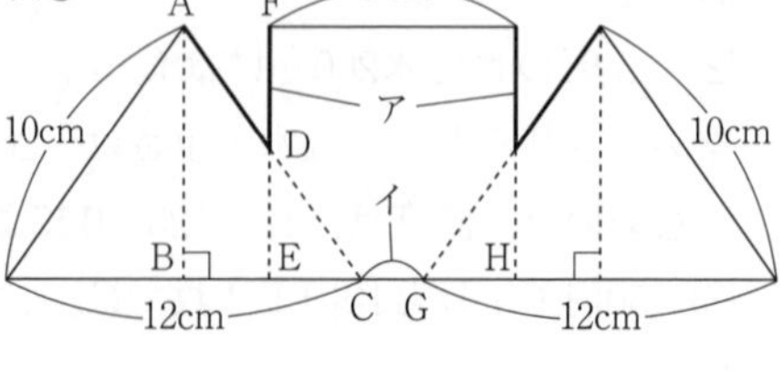

アの部分２か所，イの部分１か所の長さの和となる。ADの長さは，10÷２＝５(cm)，FDの長さは，８÷２＝４(cm)だから，２か所のアの部分の長さはそれぞれ，５＋４＝９(cm)となる。また，BCの長さは，12÷２＝６(cm)で，ＥはBCの真ん中の点になるから，ECの長さは，６÷２＝３(cm)である。同様に，GHの長さも３cmだから，イの部分の長さは，８－３×２＝２(cm)とわかる。次に，三角形５個と正方形４個を並べた場合，10cmの部分は２か所，８cmの部分は正方形の数と同じ４か所，12cmの部分は三角形の数と同じ５か所ある。また，アの部分は正方形１個につき，その左右に２か所あるから，全部で，２×４＝８(か所)あり，イの部分は正方形の数と同じ４か所ある。よって，三角形５個と正方形４個を並べた場合の周の長さは，10×２＋８×４＋12×５＋９×８＋２×４＝20＋32＋60＋72＋８＝192(cm)と求められる。

⑷　(13＊□)＊３＝１のとき，(13＊□)を３で割ると１余る。また，□は13以下の整数なので，13を□で割った余り，つまり，(13＊□)は13より小さい。したがって，(13＊□)として考えられる数は，１，４，７，10となる。13＊□＝１のとき，□は，13－１＝12の約数のうち，１より大きい数だから，□＝２，３，４，６，12となる。13＊□＝４のとき，□は，13－４＝９の約数のうち，４より大きい数だから，□＝９となる。13＊□＝７のとき，□は，13－７＝６の約数のうち，７より大きい数となるが，そのような数はない。同様に，13＊□＝10のときも，あてはまる□はない。以上より，□にあてはまる数は，２，３，４，６，９，12とわかる。

⑸　2022を何個かかけ合わせたときの一の位は，２を同じ個数だけかけ合わせたときの一の位と同じになる。ここで，１個のときは２，２個かけ合わせたときは，２×２＝４より，４，３個かけ合わせたときは，４×２＝８より，８，４個かけ合わせたときは，８×２＝16より，６，５個かけ合わせたときは，16×２＝32より，２，…のようになるので，｛２，４，８，６｝の４つの数がくり返される。よって，2022÷４＝505余り２より，2022を2022個かけ合わせた数の一の位は，｛２，４，８，６｝の２番目の数と同じになるから，４になる。

４　数列，方陣《ほうじん》算

⑴　８×８の正方形で，内側にあるボールは，たてと横に，８－２＝６(個)ずつ並んでいるから，６×６＝36(個)ある。

⑵　20×20の正方形の内側にあるボールの中で，書かれている数字が最も大きいのは，右の図のアの位置(内側の右下のかど)にあるボールで，これは図のイの位置(20×20の正方形全体の右下のかど)にあるボールから上に１つ，左に１つ進んだところにある。イの位置にあるボールの数字は，並んでいるボールの数字の中で最も大きいから，並んでいるボールの個数と等しく，20×20＝400となる。また，20×20の正方形では横一列に20個ずつ並んでいるので，イの１つ上の位置にあるボールの数字は，400－20＝380となる。よって，アの位置のボールの数字は，380－１＝379とわかる。

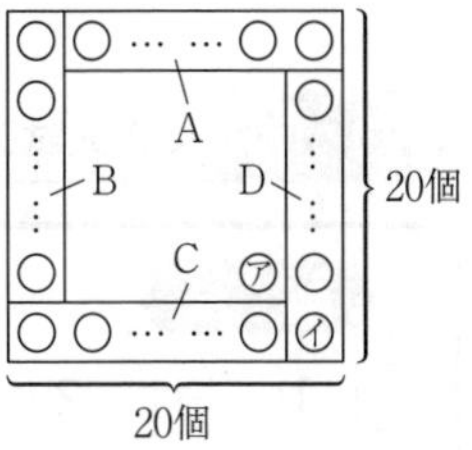

⑶　図のように，外側をＡ～Ｄの４つの部分に区切ると，１つの部分にボールは，20－１＝19(個)あるから，外側にはボールが全部で，19×４＝76(個)ある。

⑷　Ａの部分には２から20までの19個の数字が並んでいるから，その合計は，２＋３＋…＋20＝(２＋20)×19÷２＝209である。Ｃの部分には，380＋１＝381から399までの19個の数字が並んでいるから，その合計は，381＋382＋…＋399＝(381＋399)×19÷２＝7410である。また，Ｂの部分に

並んでいる数字は，１，21，41，…のように20ずつ増えていき，最後の数字は，381－20＝361だから，Ｂの部分の数字の合計は，１＋21＋41＋…＋361＝(１＋361)×19÷２＝3439となる。同様に，Ｄの部分に並んでいる数字は，20＋20＝40から始まって20ずつ増えていき，最後の数字は400だから，Ｄの部分の数字の合計は，(40＋400)×19÷２＝4180となる。よって，外側の数字の合計は，209＋7410＋3439＋4180＝15238と求められる。

5 反比例，速さ，グラフ

⑴ 歯車Ａと歯車Ｂで，(歯数)×(回転数)は同じになるから，歯数が14である⑥の歯車Ｂを選んで，ペダルを１回転(歯車Ａを１回転)させると，14×(歯車Ｂの回転数)＝42×１＝42となる。よって，このとき，歯車Ｂは，42÷14＝３(回転)し，後輪の車輪の周の長さは２ｍだから，自転車は，２×３＝６(ｍ)進む。

⑵ 自転車が30ｍ進んだので，後輪の歯車Ｂは，30÷２＝15(回転)したとわかる。また，歯車Ｂの歯数は28だから，ペダルを回転させた回数を□とすると，42×□＝28×15＝420となる。よって，□＝420÷42＝10(回)と求められる。

⑶ 問題文中の図３より，最初の15分間は１分あたり，(4.2×1000)÷15＝280(ｍ)進んだので，１分間に歯車Ｂは，280÷２＝140(回転)したとわかる。また，歯車Ｂの歯数は18だから，１分間にペダルを回転させた回数は，18×140÷42＝60(回)と求められる。

⑷ ⑶より，出発してから15分後までにペダルを回転させた回数は，60×15＝900(回)で，15分後から30分後までの15分間は，１分間に80回ペダルを回転させたので，この15分間のペダルを回転させた回数は，80×15＝1200(回)となる。また，この15分間は歯車Ｂの歯数を28にしたので，１分間の歯車Ｂ(後輪)の回転数は，42×80÷28＝120(回)となり，自転車の速さは分速，２×120＝240(ｍ)となる。したがって，この間に，240×15÷1000＝3.6(km)進んだから，30分後から40分後までの10分間では，11.1－4.2－3.6＝3.3(km)，つまり，3300ｍ進んだことになる。このとき，歯車Ｂは⑥にしたので，⑴より，ペダルを１回転させると，自転車は６ｍ進む。これより，30分後から40分後までにペダルを回転させた回数は，3300÷６＝550(回)とわかる。以上より，ペダルを回転させた回数の合計は，900＋1200＋550＝2650(回)と求められる。

数　学 ＜Ａ入試＞（50分）＜満点：100点＞

解　答

1 ⑴ $\frac{7}{9}$　⑵ $\frac{1}{9}$　⑶ $1\frac{1}{42}$　⑷ $\frac{1}{7}$　⑸ $1\frac{1}{3}$　⑹ 1　⑺ 0.05　⑻ $-\frac{2}{15}$
2 ⑴ 4個　⑵ 49　⑶ 32分　⑷ ① a^5　② $\frac{-3x+19y}{24}$　③ 7　⑸ $x^4+4x^3-2x^2-12x+9$　⑹ ① $(3x-4)(4x+1)$　② $(a+1)(a-1)(x+1)(x-1)$　⑺ ① $x<2$　② $x=\frac{15}{7}$，$y=\frac{12}{7}$　③ $x=\frac{2\pm\sqrt{7}}{3}$
3 ⑴ (例)　$9y=8x$，$20x-20y=10$　⑵ 1000秒後
4 ⑴ $x=10$，11，12，13，14，15　⑵ $x^2+x-1=0$　⑶ $x=2\sqrt{21}$
5 ⑴ (2，4)　⑵ $y=2x$　⑶ (5，0)　⑷ $\left(\frac{5}{2}, \frac{10}{3}\right)$

解 説

1 四則計算

(1) $1\frac{2}{3}\div 2\frac{1}{7}=\frac{5}{3}\div\frac{15}{7}=\frac{5}{3}\times\frac{7}{15}=\frac{7}{9}$

(2) $\frac{7}{13}\times\frac{5}{21}\div 1\frac{2}{13}=\frac{7}{13}\times\frac{5}{21}\div\frac{15}{13}=\frac{7}{13}\times\frac{5}{21}\times\frac{13}{15}=\frac{1}{9}$

(3) $3\frac{3}{14}-2\frac{4}{21}=3\frac{9}{42}-2\frac{8}{42}=1\frac{1}{42}$

(4) $\frac{5}{7}-\frac{3}{8}\div\frac{21}{32}=\frac{5}{7}-\frac{3}{8}\times\frac{32}{21}=\frac{5}{7}-\frac{4}{7}=\frac{1}{7}$

(5) $3\div\left\{5-\left(3-\frac{3}{8}\div\frac{3}{2}\right)\right\}=3\div\left\{5-\left(3-\frac{3}{8}\times\frac{2}{3}\right)\right\}=3\div\left\{5-\left(3-\frac{1}{4}\right)\right\}=3\div\left\{5-\left(\frac{12}{4}-\frac{1}{4}\right)\right\}=3\div\left(5-\frac{11}{4}\right)=3\div\left(\frac{20}{4}-\frac{11}{4}\right)=3\div\frac{9}{4}=3\times\frac{4}{9}=\frac{4}{3}=1\frac{1}{3}$

(6) $0.17\times 3+(1-0.23)\div\frac{11}{7}=0.51+0.77\times\frac{7}{11}=0.51+\frac{77}{100}\times\frac{7}{11}=0.51+\frac{49}{100}=0.51+0.49=1$

(7) $\left(3\frac{1}{5}+1.8\right)\times 0.36-1\frac{3}{4}=(3.2+1.8)\times 0.36-1\frac{3}{4}=5\times 0.36-1\frac{3}{4}=1.8-1.75=0.05$

(8) $6^3=(2\times 3)^3=2^3\times 3^3$, $\left(-\frac{5}{2}\right)^4=\left(\frac{5}{2}\right)^4=\frac{5^4}{2^4}$より，$-3^2\div 6^3\div\left(-\frac{5}{2}\right)^4\times 5^3=-3^2\div(2^3\times 3^3)\div\frac{5^4}{2^4}\times 5^3=-3^2\div(2^3\times 3^3)\times\frac{2^4}{5^4}\times 5^3=-\frac{3^2\times 2^4\times 5^3}{2^3\times 3^3\times 5^4}=-\frac{2}{3\times 5}=-\frac{2}{15}$

2 倍数，分数の性質，速さ，式の計算，平方根の計算，因数分解，一次不等式，連立方程式，二次方程式

(1) 6と8の最小公倍数は24だから，6と8の公倍数は24の倍数である。よって，1から100までの数の中に6と8の公倍数は，100÷24＝4あまり4より，4個ある。

(2) 約分すると$\frac{7}{19}$になるので，もとの分数の分母と分子の比は19：7とわかる。この比の，19－7＝12にあたる数が84だから，比の1にあたる数は，84÷12＝7となる。よって，もとの分数の分子は，7×7＝49である。

(3) (道のり)÷(速さ)＝(時間)より，兄がかかった時間は，$4\div 5=\frac{4}{5}$(時間)，弟がかかった時間は，$4\div 3=\frac{4}{3}$(時間)となる。1時間＝60分より，$\frac{4}{5}$時間は，$60\times\frac{4}{5}=48$(分)，$\frac{4}{3}$時間は，$60\times\frac{4}{3}=80$(分)だから，兄は弟よりも，80－48＝32(分)早く着いた。

(4) ① $a^3\times a^7\div a^5=a^{10}\div a^5=a^5$　② $\frac{x+3y}{8}-\frac{3x-5y}{12}=\frac{3(x+3y)-2(3x-5y)}{24}=\frac{3x+9y-6x+10y}{24}=\frac{-3x+19y}{24}$　③ $\sqrt{7}(\sqrt{63}-\sqrt{28})=\sqrt{7}(3\sqrt{7}-2\sqrt{7})=\sqrt{7}\times\sqrt{7}=7$

(5) $(a+b+c)^2=a^2+b^2+c^2+2ab+2bc+2ca$の公式を利用すると，$(x^2+2x-3)^2=(x^2)^2+(2x)^2+(-3)^2+2\times x^2\times 2x+2\times 2x\times(-3)+2\times(-3)\times x^2=x^4+4x^2+9+4x^3-12x-6x^2=x^4+4x^3-2x^2-12x+9$

(6) ① $12x^2=3x\times 4x$，$-4=(-4)\times(+1)$，$3x\times(+1)+4x\times(-4)=-13x$より，$12x^2-13x-4=(3x-4)(4x+1)$　② $a^2x^2-a^2-x^2+1=a^2(x^2-1)-(x^2-1)$となり，$x^2-1=P$とおくと，$a^2P-P=(a^2-1)P$となる。よって，$P$を$x^2-1$に戻《もど》すと，$(a^2-1)P=(a^2-1)(x^2-1)=(a+1)(a-1)(x+1)(x-1)$

(7) ① $-3.8-x<-2.9x$より，$-x+2.9x<3.8$，$1.9x<3.8$，$x<2$　② $0.4x=0.5y$…㋐，$\frac{2}{3}x-\frac{y}{4}=1$…㋑とする。㋐×10より，$4x=5y$，$4x-5y=0$…㋒　㋑×12より，$8x$

$-3y=12$…㋓　㋒×2−㋓より，$-10y-(-3y)=0-12$，$-7y=-12$，$y=\frac{12}{7}$　これを㋒に代入して，$4x-\frac{60}{7}=0$，$4x=\frac{60}{7}$，$x=\frac{15}{7}$　③　二次方程式の解の公式を用いると，$3x^2-4x-1=0$より，$x=\frac{-(-4)\pm\sqrt{(-4)^2-4\times3\times(-1)}}{2\times3}=\frac{4\pm\sqrt{16+12}}{6}=\frac{4\pm\sqrt{28}}{6}=\frac{4\pm2\sqrt{7}}{6}=\frac{2\pm\sqrt{7}}{3}$

3 連立方程式の応用

⑴　Aの速さを秒速xm，Bの速さを秒速ymとするとき，Aが9周するのにかかる時間は$\frac{400\times9}{x}$秒，Bが8周するのにかかる時間は$\frac{400\times8}{y}$秒となり，これらが等しいから，$\frac{400\times9}{x}=\frac{400\times8}{y}$が成り立つ。両辺に$xy$をかけて整理すると，$400\times9\times y=400\times8\times x$，$9y=8x$…①となる。また，Aが9周，Bが8周したときから20秒間で，Aが走った距離《きょり》は$20x$m，Bが走った距離は$20y$mであり，この20秒間でAはBより10m長く走ったから，$20x-20y=10$…②が成り立つ。

⑵　①より，$8x-9y=0$…①'　②より，$2x-2y=1$…②'　①'−②'×4より，$-y=-4$，$y=4$　したがって，Bの速さは秒速4mである。スタートしてからゴールするまでに走る距離は，$400\times10=4000$(m)だから，Bがゴールしたのは，スタートしてから，$4000\div4=1000$(秒後)とわかる。

4 平方根の性質，式の値，三平方の定理

⑴　$3<\sqrt{x}<4$より，$3^2<(\sqrt{x})^2<4^2$，$9<x<16$となる。これを満たす整数xの値は，10，11，12，13，14，15である。

⑵　x^2+x-1に$x=\frac{-1+\sqrt{5}}{2}$を代入すると，$\left(\frac{-1+\sqrt{5}}{2}\right)^2+\frac{-1+\sqrt{5}}{2}-1=\frac{1-2\sqrt{5}+5}{4}+\frac{-2+2\sqrt{5}}{4}-\frac{4}{4}=\frac{1-2\sqrt{5}+5-2+2\sqrt{5}-4}{4}=0$

〔ほかの解き方〕　$x=\frac{-1+\sqrt{5}}{2}$の両辺を2倍し，さらに両辺に1を加えると，$2x+1=\sqrt{5}$となる。よって，$(2x+1)^2=5$より，$4x^2+4x+1=5$，$4x^2+4x-4=0$，$x^2+x-1=0$となる。

⑶　右の図のように，点Aから辺BCに垂線AHを引くと，△ABHは30度，60度の角をもつ直角三角形だから，AB：BH：AH＝2：1：$\sqrt{3}$である。したがって，$BH=\frac{1}{2}AB=\frac{1}{2}\times8=4$，$AH=\sqrt{3}BH=\sqrt{3}\times4=4\sqrt{3}$，$HC=BC-BH=10-4=6$となる。よって，△AHCで三平方の定理より，$x=\sqrt{AH^2+HC^2}=\sqrt{(4\sqrt{3})^2+6^2}=\sqrt{84}=2\sqrt{21}$と求められる。

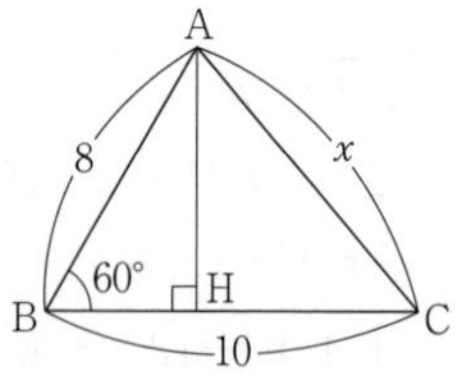

5 放物線と直線

⑴　$y=x^2$と$y=-2x^2+6x$の2式を連立させると，$x^2=-2x^2+6x$，$3x^2-6x=0$，$3x(x-2)=0$より，$x=0$，2となり，0は原点Oのx座標だから，点Aのx座標は2である。これを$y=x^2$に代入して，$y=2^2=4$より，A(2，4)となる。

⑵　直線OAは原点Oを通るので，その式は$y=ax$とおける。この直線はA(2，4)を通るので，$y=ax$に$x=2$，$y=4$を代入すると，$4=2a$，$a=2$となる。よって，直線OAの式は$y=2x$

である。

(3)　O(0, 0), A(2, 4)より，OB＝ABとなる点Bをx軸《じく》上にとると，右の図のように，点Bはx軸上の正の部分にくるので，B(b, 0)とすると，OB＝b…①となる。また，C(2, 0)のとき，△ABCは直角三角形であり，BC＝$b-2$，AC＝4だから，三平方の定理より，$AB^2=BC^2+AC^2=(b-2)^2+4^2$…②となる。OB＝ABのとき，$OB^2=AB^2$だから，①，②より，$b^2=(b-2)^2+4^2$が成り立つ。これを解くと，$b^2=b^2-4b+4+16$，$4b=20$，$b=5$となるので，B(5, 0)とわかる。

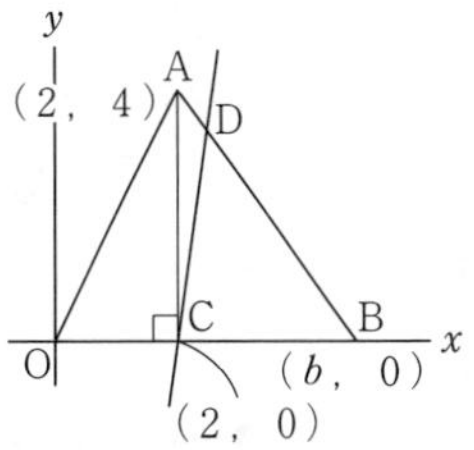

(4)　$\triangle OAB=\frac{1}{2}\times OB\times AC=\frac{1}{2}\times 5\times 4=10$より，点Cを通り△OABの面積を二等分する直線と辺ABとの交点をDとすると，$\triangle CBD=\frac{1}{2}\triangle OAB=\frac{1}{2}\times 10=5$となる。ここで，点Dの$y$座標を$d$とすると，$d$は△CBDで底辺をCBとみたときの高さであり，CB＝5－2＝3だから，$\frac{1}{2}\times 3\times d=5$が成り立つ。これより，$3d=10$，$d=\frac{10}{3}$となるので，点Dの$y$座標は$\frac{10}{3}$である。また，A(2, 4)，B(5, 0)より，直線ABの傾《かたむ》きは，$\frac{0-4}{5-2}=-\frac{4}{3}$なので，その式を$y=-\frac{4}{3}x+c$とおき，点Aの座標の値を代入すると，$4=-\frac{8}{3}+c$，$c=\frac{20}{3}$より，直線ABの式は$y=-\frac{4}{3}x+\frac{20}{3}$となる。点Dはこの直線上にあって，$y$座標が$\frac{10}{3}$だから，$\frac{10}{3}=-\frac{4}{3}x+\frac{20}{3}$，$10=-4x+20$，$x=\frac{5}{2}$より，$D\left(\frac{5}{2}, \frac{10}{3}\right)$とわかる。

英　語　＜Ａ入試＞（50分）＜満点：100点＞

※解説は編集上の都合により省略させていただきました。

解　答

1　(1)　1　(2)　4　(3)　2　(4)　2　(5)　1　(6)　1　(7)　1　(8)　2　(9)　3　(10)　3　(11)　2　(12)　4　(13)　4　(14)　2　(15)　2　2　(16)　(a)　1　(b)　2　(17)　(a)　6　(b)　5　(18)　(a)　6　(b)　2　(19)　(a)　1　(b)　5　(20)　(a)　3　(b)　4　3　(21)　d　(22)　c　(23)　（例）　Timが夢を見ていると思ったから。　(24)　d　4　(25)　（例）　新しい／美しい／売り出される準備ができている　(26)　c　(27)　little people　(28)　b　5　(29)　d　(30)　c　(31)　a　(32)　（例）　黒人の選手がBabe Ruthのホームラン記録を破ることを望まない人々。　(33)　a

国　語　＜Ａ入試＞（50分）＜満点：100点＞

解　答

一　**問1**　下記を参照のこと。　**問2**　オ　**問3**　ウ　**問4**　イ　**問5**　ア　**問6**　自身で～される　**問7**　エ　**問8**　（例）　たしかに，一体感が出るのはいいことだけど，それは制服でなくても行事や日々の活動を通じて養えるものだよね。それに，その日何を着て行くか決めることで自分で考えて判断する力もつけられるし，みんなが違う服を着ることで個性豊かになるのではないかな。　**二** **問1**　a　ア　b　オ　c　ウ　**問2**　エ　**問3**　その人の望む自分でいる努力をする(こと。)　**問4**　ア　**問5**　イ　**問6**　ウ　**問7**　エ，カ　**三** **問1**　①　一時的に忘れ　②　集中　③　忘我，無我夢中　**問2**　(例) 人はみなつながっているのだから，ある人種だけが他よりも優れているとか，おとっているとかいった人種差別

●漢字の書き取り

一 **問1**　(a)　担(って)　(b)　訓練　(c)　異議

解　説

一 **出典は納富信留《のうとみのぶる》の『対話の技法』による。**言葉を豊かにすることの意義とその方法や，言葉で議論することを回避《かいひ》せず，よりよい形で対話を続けることの大切さを述べている。

問1　(a)　音読みは「タン」で，「担当」などの熟語がある。訓読みにはほかに「かつ(ぐ)」がある。　(b)　教えたことがうまくできるように，練習を通じて身につけさせること。　(c)　ちがった意見。

問2　「真と偽《ぎ》」を「正しいか間違《まちが》っているか」，「言い方」を「口調や抑揚《よくよう》や前後の文脈～仕草」，「語彙《ごい》やニュアンスが貧しいと，自然と語句や語気が強く」なることを「丁寧《ていねい》に発信できないと，言葉以外の部分で相手に圧力をかけ」るなどと，前の内容を後で言いかえているので，“要するに”という意味の「つまり」がよい。

問3　次の文に「言葉は感情を包み込《こ》んで成り立っている」とある。そのため，言葉を発する場合，その言葉の意味だけでなく，心の状態である感情もかかわってくるのだから，ウがあてはまる。

問4　直前に「言葉の豊かさが感情の豊かさと連動すること，反対に」とあるので，言葉が貧しいと感情にも影響《えいきょう》が出るという内容が入る。よって，イがふさわしい。

問5　次の文に「それが言葉の暴力です」とあることから，傍線《ぼうせん》部②の「暴力」は語句や語気が強くなることを意味する。直前の文や直前の段落にあるとおり，これは自分の感情がはっきりつかめず，うまく表現できないために相手に圧力をかけているのだから，アが合う。

問6　「場の空気を読む」とは，自分の意見をはっきり主張せず，その場の流れに合わせることをいうので，次の段落にある「自身で考えずにその場の雰囲気《ふんいき》に流される」がぬき出せる。

問7　直前にある「このような傾向《けいこう》」とは，「場の空気を読む」という傾向，主張のぶつかり合いを避《さ》け，対話を拒否《きょひ》，否定する傾向を指す。対話は人間のあり方を成立させるものだと考えると，対話の拒否や否定は「自分がないこと」，つまり，一人ひとりが「自立」していないことを意味する。

問8　Ａさんの意見を尊重しつつ反論するのだから，制服で「一体感も生まれる」という意見はもっともだと認めつつ，ほかの方法でも一体感は養えると主張するとよい。そのうえで，制服がないことのよい点を述べる。

二 **出典は西加奈子《にしかなこ》の『おまじない』所収の「孫係」による。**自分は社会で役割を与《あた》えられた係だと考えればよいというおじいちゃまの考えにふれ，卑怯《ひきょう》で悪い子の自分を嫌《いや》だと思っていた「私」

(すみれ)は楽になる。

問1　a　他人に対して手厳《てきび》しい皮肉や悪口を言う人。　b　楽しむ。おもしろがる。　c　普通《ふつう》ではないようす。変わっているようす。

問2　周囲との関係に気を遣《つか》うことに疲《つか》れ，「ひとりになりたい」とつぶやいた「私」に，おじいちゃまは共感している。よって，エが選べる。

問3　傍線部③の係を，「私」の両親のために一カ月つとめあげようとおじいちゃまは提案している。係の仕事を忠実にこなして仲のよい孫と祖父を演じた結果，「私」の両親はとても喜んだのだから，「その人の望む自分でいる努力をする」ことだといえる。

問4　周囲に気を遣っていい子でいようとしていたとき，「私」は疲れを感じていた。だが，おじいちゃまが言うように，自分の意志で動くのではなく，社会の中で与えられた役割に沿って動くのだと考えることで楽になったのだから，アがあてはまる。

問5　本文の最後のほうで「私」は，みんなの前ではいい子としてふるまっていても，本心ではみんなに対する不満を持っている自分を「卑怯で，悪い子なんだと思って」いる。だが，おじいちゃまはそうふるまう「私」は思いやりのあるいい子だと肯定《こうてい》してくれるのだから，イがあてはまる。

問6　相手の望むようにふるまい，いい子のふりをしているような自分を「私」は嫌になっていたが，おじいちゃまがそれは思いやりだと肯定してくれたため，「私」は求められる役割を気持ちよくこなせるようになった。はっきりと意見を主張できるようになったわけではないので，ウがふさわしくない。

問7　ア　おじいちゃまは自分を嫌だと思っていた「私」に，新しいものの考え方を教えて生きやすくしてくれたのだから，悪事に引きこんだとはいえない。　イ　おじいちゃまの気持ちも，「私」との会話などを通じて明らかになっている。　ウ　相手の望む自分でいることで，社会の中で与えられた役割をこなそうというおじいちゃまの考え方は，人間関係を平穏《へいおん》に保つうえで役立つと考えられ，今後のすみれの成長を妨《さまた》げるものとはいえない。　エ　大学の中のさまざまな人を見せながら，大抵《たいてい》の人は徐々《じょじょ》にその場に合った自分らしくなっていくとおじいちゃまは説明しているので，合う。　オ　おじいちゃまは「素敵《すてき》な教授」の係を社会ではこなそうと考え，それにふさわしい服装をしていると考えられる。社会に適応するためのおじいちゃまの手段であり，社会人として問題があるとはいえない。　カ　自分をいつわり，いい子を演じている自分を嫌だと思っていたすみれに対し，それは思いやりからくる行動であり，本当にいい子だからできることだとおじいちゃまは褒《ほ》めている。そして，社会の中で自分の係をつとめていると考えればよいと，気持ちが楽になるアドバイスもしているので，適する。

三　**出典は外山滋比古《とやましげひこ》の『ライフワークの思想』，C・Wニコルの「自分って何だ？」による。**前者では「真に深い自我の発動による精神の営み」を行うために必要なことについて述べられ，後者では他者との「つながり」について説明されている。

問1　〈要約文〉中の「ほかのことを～の状態」が，〈本文〉にある「そういう状態」にあたる。①，②「忘我《ぼうが》，無我夢中」の状態とは，ほかのことを「一時的に忘れ」て一つのことに「集中」する状態である。　③〈本文〉にある「そういう状態」とは，すぐ前にある「忘我，無我夢中」の状態のことを指す。

問2　〈要約文〉の空欄《くうらん》の直前にある「つまり」以降は，〈本文〉の「つまり」より後の内容に対応している。筆者が「バカげ」ていると言うのは「人種差別」をする人間なので，空欄の最後が「人種差別」になるようにまとめる。「人種差別」とは「ある人種だけが特別で，他よりも優《すぐ》れているとか，おとっている」と考える思想だが，「人はみな，つながっている」ので，「人種差別」をすることはおろかなのだと述べられている。

2022年度　公文国際学園中等部

〔電　話〕　(045) 853－8200
〔所在地〕　〒244-0004　神奈川県横浜市戸塚区小雀町777
〔交　通〕　JR東海道線－「大船駅」よりバス

【算　数】〈B入試〉(50分)〈満点：100点〉

1

次の □ にあてはまる数を求めなさい。

(1)　$15-2\times(3+4)+5=$ □

(2)　$16-14\div2+3\times(21-8\times2)=$ □

(3)　$\left(\frac{1}{3}-\frac{1}{5}\right)\div4\frac{2}{3}\times3\frac{1}{2}+\frac{1}{5}=$ □

(4)　$\left(1\frac{1}{2}+0.75\right)\div\frac{1}{3}-0.875\times4\frac{2}{7}=$ □

(5)　$\left(\square\times4\frac{1}{6}-\frac{3}{4}\right)\div\frac{5}{6}-6=\frac{1}{10}$

2

次の □ にあてはまる数を求めなさい。

(1)　時速 45km＝秒速 □ m です。

(2)　濃度 6% の食塩水 200g と濃度 4% の食塩水 300g を混ぜると □ %の食塩水になります。

(3)　落ちた高さの 40% だけ跳《は》ね上がるボールを、高さ □ cm から落としたところ、2 回目の跳《は》ね上がりが 48cm でした。

(4)　シュークリーム 3 個とショートケーキ 2 個の値段は 1100 円、シュークリーム 4 個とショートケーキ 6 個の値段は 2300 円です。ショートケーキ 1 個の値段は □ 円です。

(5)　0 から 9 までの数が書かれたカードが 1 枚ずつ合計 10 枚あります。これらのカードの中から 1 枚ずつ 3 枚のカードを取り出し、左から順に並べます。
　このとき、カードの並べ方は全部で ① 通りです。また、それら 3 枚のカードの数をかけ合わせたとき、0 になる並べ方は全部で ② 通りです。

(6) 右の計算が成り立つように**ア**から**キ**にあてはまる数を入れます。
イは ① で、**カ**は ② です。

		ア	7	イ
×			ウ	9
	2	4	エ	4
1	オ	0	4	
1	カ	5	キ	4

3 次の各問いに答えなさい。

(1) ある会社の社員 300 名の出身地は、男性の $\frac{3}{5}$、女性の $\frac{3}{4}$ が県内でした。県外が出身地の人の男女比が 7:5 であったとき、県外が出身地の人は男女合わせて何人ですか。

(2) ある直方体の体積は 2184 cm^3 で、たて、横、高さの長さは連続している 3 つの整数です。たてが最も長く、高さが最も短いとき、横の長さは何 cm ですか。

(3) 下の展開図を組み立てて立体を作ったとき、重なる点の組合せとして正しいものを、次の(ア)～(ク)のうちから選び、記号で答えなさい。

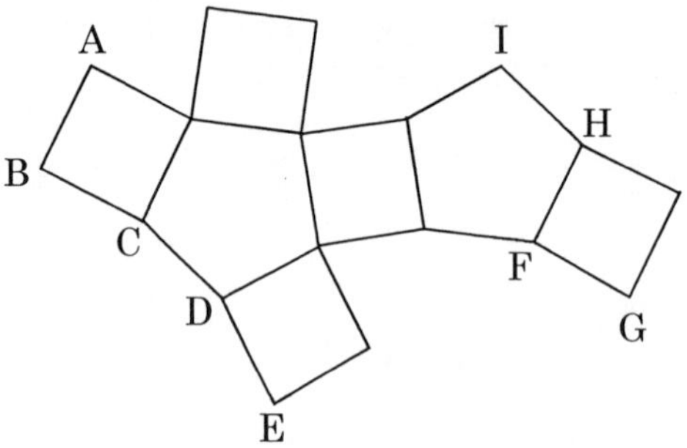

(ア) AとI、CとG、EとF　　(イ) BとI、CとG、EとF
(ウ) AとI、CとG、EとH　　(エ) BとI、CとG、EとH
(オ) AとI、DとG、EとF　　(カ) BとI、DとG、EとF
(キ) AとI、DとG、EとH　　(ク) BとI、DとG、EとH

(4) 整数 A の約数の中で 2 番目に小さい数を【A】で表します。例えば、6 の約数は 1、2、3、6 なので、【6】＝2 であり、9 の約数は 1、3、9 なので、【9】＝3 です。このとき、100 以下の整数 A の中で【A】＝5 となる整数をすべて答えなさい。

(5) 長さ 318m の列車 A がトンネルを通過するのに 67 秒かかりました。また、長さ 162m の列車 B が列車 A と同じ速さでこのトンネルを通過するのに 54 秒かかりました。トンネルの長さは何 m ですか。途《と》中の式も書きなさい。

4 右の図のように整数を1から順に並べていくことにします。17以降もこの規則で並べていきます。このとき、次の問いに答えなさい。

1	2	5	10	…
4	3	6	11	…
9	8	7	12	…
16	15	14	13	…
…	…	…	…	…

(1) 上から8段目、左から1番目の整数はいくつですか。

(2) 左上から右下にかけて並ぶ数1、3、7、13、……を考えたとき10番目の整数はいくつですか。

(3) 2022は上から何段目、左から何番目の位置にありますか。

(4) 図1のように左上の整数を1として □ を作り、□ 内にあるすべての整数をたしたものを、【横2行、たて2列目の和】とします。同様にして、図2の場合、【横3行、たて3列目の和】となります。

このとき、【横 [ア] 行、たて [ア] 列目の和】が 3321 になるとき、[ア] にあてはまる数はいくつですか。途《と》中の考え方や式も書きなさい。ただし、[ア] には同じ数が入ります。

図1

1	2	5	10	…
4	3	6	11	…
9	8	7	12	…
16	15	14	13	…
…	…	…	…	…

図2

1	2	5	10	…
4	3	6	11	…
9	8	7	12	…
16	15	14	13	…
…	…	…	…	…

5 周囲の長さが等しい長方形 ABCD と直角三角形 ABE が図のように重なっていて、さらに長方形の対角線 AC を引きます。辺 CD と辺 BE の交点を F、対角線 AC と辺 BE の交点を G とします。

点 P は秒速 2cm で長方形の辺上を点 A から出発して反時計回り(点 B の方へ)に動きます。点 Q は秒速 3cm で直角三角形の辺上を点 E から出発して反時計回り(点 A の方へ)に動いて 1 周します。点 P と点 Q は同時に動き始めます。このとき、次の問いに答えなさい。

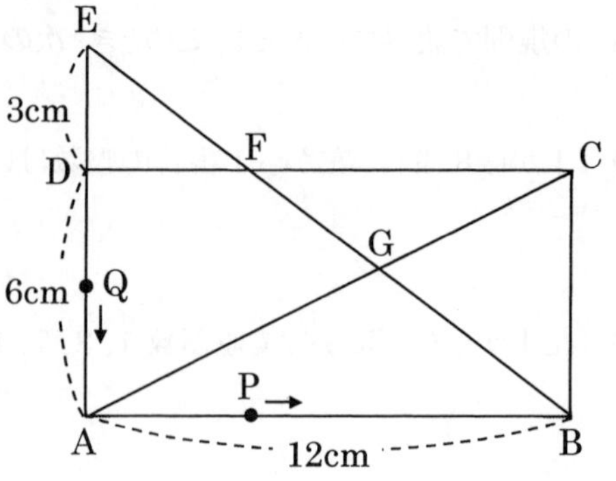

(1) 点 Q が 1 周するのにかかる時間は何秒ですか。

(2) BG の長さは何 cm ですか。

(3) 点 Q が 1 周するまでの間で、3 点 A、P、Q をそれぞれ結んだとき三角形ができないのは、動き始めて ① 秒後から ② 秒後までの間と、動き始めて ③ 秒後です。
① ～ ③ にあてはまる数は何ですか。

(4) 動き始めて 8 秒後の三角形 APQ の面積は何 cm^2 ですか。途《と》中の考え方や式も書きなさい。

【社　会】〈B入試〉(40分)〈満点：75点〉

1 次の文章を読み、あとの問いに答えなさい。

2021年9月15日、アメリカの宇宙企業、スペースXが作成した宇宙船クルードラゴンが民間人4人を乗せて宇宙へと旅立った。3日間の行程を終え、世界初の民間人だけによる地球周回宇宙旅行が成功した。乗客のアイザックマンは「おどろくほど素晴らしい飛行だった」と述べ、スペースX幹部は「*a*誰もが宇宙で過ごせる新時代が幕を開けた」と述べたという。

20世紀に世界は地球と宇宙という境界を乗り越え、ついに民間人さえもその境を越えた。未知の世界への到達《とうたつ》は、私たちに高揚感《こうようかん》をもたらしてくれる。ヨーロッパの大航海時代、人々はそうした高揚感に駆《か》り立てられ、未知なる世界を求めて旅立った。*b*人々の境界をまたぐ移動は、モノ・人・文化の交流をもたらし、社会や文化的な発展をもたらした一方で、負の側面をもたらすこともあった。

こうした状況をふまえ、歴史の授業で世界や日本の交流の歴史について、以下、3つのある地域について生徒がパネルにまとめた。

パネル1(地域1)

・①縄文時代の人々が祖先とされており、アイヌの人々は古くから狩りや漁を行った。そこで獲得《かくとく》したものを衣服や②お米と交換《こうかん》した。
・時代が進むと、本州から来た和人に圧迫《あっぱく》され、抵抗《ていこう》をした。
　例 ・1457年に、コシャマインが反乱をおこしたが、鎮圧《ちんあつ》された。
　　 ・1669年に、アイヌは(　1　)をリーダーとして武士たちと戦った。
・本州の和人との交流で、アイヌの人たちがかつてかかったことのない天然痘《てんねんとう》がもたらされ、多くの人たちが亡くなった。

参考文献:『アイヌ民族:歴史と現在』

パネル2(地域2)

・3つの王国に分かれていたが、15世紀の初めに尚巴志が統一し、(　2　)王国が成立した。
・この地域は、統一以降、貿易活動を活発に行っていた。
・19世紀後半に、新政府は(　2　)王国を(　2　)藩として、完全に日本の統治下に入れようと試み、その後は(　2　)藩を廃《はい》して沖縄県を設置した。
・③第二次世界大戦では、日本国内において地上戦が行われ、第二次世界大戦が終了し、この地が本土復帰を果たしてからも、アメリカ軍の基地がおかれている。

パネル3(地域3)

・6世紀に、この地域の南西部に位置する国である(　3　)から④仏教が伝来した。
・13世紀の元寇の主力はこの地域に住む人たちであった。
・戦国時代を治め、日本を統一した(　4　)は2回に渡ってこの地に出兵した。
・江戸時代には、日本に通信使が来訪し、積極的な交流を行った。
・19世紀の日清戦争では、清と日本がこの地域をめぐり争った。その後も海外諸国の干渉《かんしょう》が続き、日露戦争終結を意味する(　5　)条約でこの地域への優先権を得たあと、日本は⑤1910年にこの地域を併合《へいごう》した。

問１　文中の空欄《くうらん》（　１　）～（　５　）に当てはまる語句を答えなさい。なお、（　１　）と（　４　）には人名が入る。また、（　２　）～（　４　）は漢字で記しなさい。

問２　下線部①について、縄文時代について述べた文として正しい文を次のア～エから１つ選びなさい。

ア　三内丸山遺跡の調査で、遠くの地域と物々交換が行われていたことがわかった。
イ　打製石器が生み出され、使用されるようになった。
ウ　女性をかたどった埴輪《はにわ》が作成されるようになった。
エ　農耕の成功を祈る祭りで、銅鐸《どうたく》が使用された。

問３　下線部②について、日本列島で稲作が本格的に行われるようになった時代として適切な時代を次のア～エから１つ選びなさい。

ア　縄文時代　　イ　弥生時代　　ウ　古墳時代　　エ　飛鳥時代

問４　下線部③について、第二次世界大戦についての記述として正しい文を次のア～エから１つ選びなさい。

ア　日本は、日英同盟を理由に協商国側として参戦した。
イ　伊藤博文と陸奥宗光らが、清と下関条約を結んだ。
ウ　日本の真珠湾攻撃《こうげき》は、太平洋戦争のきっかけとなった。
エ　日本は、この戦争での特需《とくじゅ》によって、不景気から抜け出した。

問５　下線部④について、仏教について正しい文を次のア～エから１つ選びなさい。

ア　栄西が開いた臨済宗は、幕府の保護を受け公家や武士に広がった。
イ　浄土宗を開いた日蓮は、南無阿弥陀仏ととなえれば救われると説いた。
ウ　浄土真宗を開いた道元は、武士や庶民《しょみん》にわかりやすい信仰を説いた。
エ　親鸞は曹洞宗を開き、座禅による悟《さと》りを目指した。

問６　下線部⑤について、韓国併合に関連する記述として、誤っている文を次のア～エから１つ選びなさい。

ア　この地域の人は日本の土地調査によって土地をうばわれ、日本に移住した。
イ　朝鮮の植民地支配は1945年に終了した。
ウ　日本語や日本の歴史の教育を学校で強制した。
エ　大久保利通が安重根《アンジュングン》に暗殺されたことがきっかけとなった。

問7　パネル1（地域1）に関連して、次のア～ウはアイヌの居住地の分布を示している。18世紀のアイヌの居住地を示す地図をア～ウから1つ選びなさい。

ア

イ

ウ

問8　パネル2（地域2）に関連して、次の地図は15世紀の交易ルートを示したものである。次の図1を参考に、15～16世紀の文として誤っている文を次のア～エから1つ選びなさい。

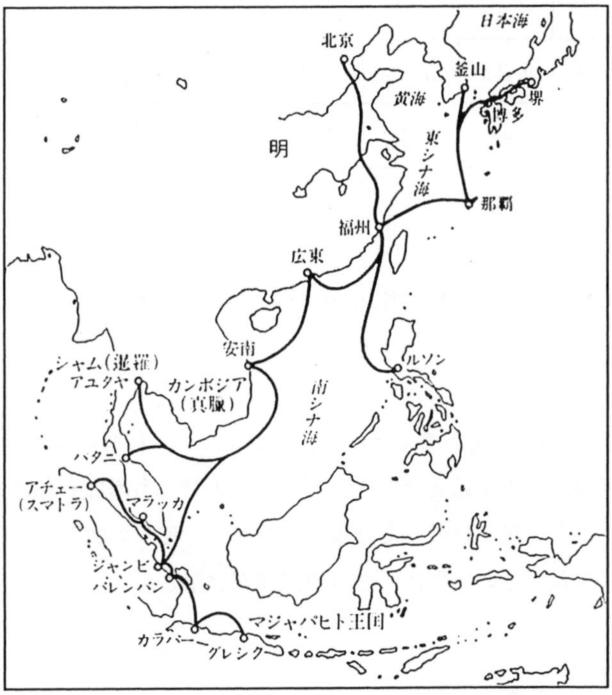

図1

『データが語る日本の歴史』を一部改変

ア　日本は、明との間で勘合貿易を行った。

イ　那覇は、明、朝鮮、東南アジア、日本の中継地として貿易で栄えた。

ウ　薩摩藩による支配の結果、薩摩藩との交易関係が生まれた。

エ　堺や博多は、日本の貿易拠点として栄えた。

問９　二重下線部 ***a*** に関連して、今後地球に住む人々が宇宙へと進出することが想定される。パネル１～３をふまえ、その際にどのような問題が起こるか。根拠《こんきょ》をあげて、あなたの考えを述べなさい。なお、参考にしたパネルの番号を解答欄に記入したうえで、次の囲みにしたがって解答欄のＡ、Ｂに記しなさい。

［　　Ａ　　］ので、［　　Ｂ　　］。

問10　二重下線部 ***b*** に関連して、次の表１は「20 世紀の日本からの移民の人数」を示している。表１について述べた文として正しい文を下のア～エから１つ選びなさい。

表１

	1901年	1905年	1913年	1917年	1925年	1929年	1933年	1937年	1941年
ハワイ王国	36,160	54,417	14,161	13,012	1,912	119	―	―	―
アメリカ合衆国	1,060	6,726	21,193	24,995	1,309	236	―	―	―
ブラジル連邦共和国	―	799	10,547	13,541	35,134	50,011	57,261	10,116	1,277

（単位：人）

『データが語る日本の歴史』より作成

注）1898 年にハワイ王国はアメリカ合衆国に併合されているが、アメリカ合衆国の人数にハワイ王国の人数は含まない。

ア　1933 年以降、満州国への移住が増えたため、ブラジルへの移民の数が減少している。
イ　アメリカへの移民が２万人を超えたとき、ハワイへの移民も増加している。
ウ　関東大震災で被災した住民が移動した結果、ハワイへの移民の数が増加している。
エ　アメリカへの移民が最も多い時期に、岩倉使節団が派遣《はけん》された。

2 次の詩と文章を読み、あとの問いに答えなさい。なお、この詩は「関係人口」について考えるうえで参考になるものである。「関係人口」の説明は文章の中にある。

風は
遠くから　理想を含んでやってくるもの
土は
そこにあって　生命を生み出し育むもの

君　風性の人ならば
土を求めて吹く風になれ
君が土性の人ならば
風を呼びこむ土になれ

土は風の軽さを嗤《わら》い
風は土の重さを蔑《さげす》む
愚《おろ》かなことだ

風は軽く涼《すず》やかに
土は重く温かく
和して文化を生むものを

玉井袈裟男「風のノート」

2020年からの新型コロナウイルスによる感染拡大によって人の移動の自粛《じしゅく》を求められた影響《えいきょう》で、国内で人々の交流が少なくなっている傾向《けいこう》があります。実際に各交通機関の乗客は通常より減少したと言われています。現在、日本国内には航空路線網《もう》や鉄道路線網、高速道路網などが張り巡《めぐ》らされており、どこに行くにも便利な世の中になっています。とくにＪＲ各社で運行されている新幹線は、①東海道をはじめ、山陽、九州、東北、北陸、北海道の他、秋田、山形の各新幹線も存在し、その役割はビジネスや旅行といった移動のために利用され、おおいに人々の交流に役立っていると言えるでしょう。一方で、地方では多くの鉄道路線が廃止《はいし》になったりしていますが、それは②人口の減少によって利用者が減ったことが一つの原因とも言われています。

さて、その人口とは通常は「定住人口」と表され、実際に住んでいる人やその数のことをさしますが、人口の考え方にはそのほかに「交流人口」や「関係人口」といったものがあります。「交流人口」とは観光などで訪れる人やその数のことで、「関係人口」とは観光で訪れるより長く滞在《たいざい》したり、たびたび滞在したり、さらには滞在しなくとも色々な形で関心をもって、その地域との関係性を続けている人やその数をいいます。上の詩はその「関係人口」の可能性を示すもので、ここでいう「風」は（　A　）を、「土」は（　B　）をたとえとして表しているとも考えられます。現在、日本ではとくに地方における人口減少が問題となっており、いろいろな形で地域の活性化を図る方法が試されていますが、「関係人口」を増やすことが一つの解決策になる可能性があるとして、③多くの自治体が対応を考えています。

問１　下線部①について、日本の各新幹線の出発駅の中には、いくつかの新幹線を除いて共通の出発駅がある。その中でもっとも多い出発駅は何駅か、漢字で答えなさい。

問２　下線部②に関連して、現在の日本は「人口減少社会」と言われているが、人口が増加している都道府県も存在する。次の表１は人口増加率の上位５位の都道府県を示している。表１の空欄（　Ｘ　）に当てはまる都道府県名を下のア～エから選びなさい。

表１

都道府県名	増加率（%） 2019～2020年
東京都	0.52
（　　Ｘ　　）	0.16
神奈川県	0.05
埼玉県	−0.03
千葉県	−0.05

『データブック オブ・ザ・ワールド2021』より作成

ア　富山県　　イ　大阪府　　ウ　高知県　　エ　沖縄県

問３　次のＡ～Ｄの地図は日本の地方において、その地方で人口がもっとも多い府県を着色している。着色している府県が誤っている地方はどれか、解答欄の(1)に地方名を漢字で答えなさい。さらに、正しい府県名を解答欄の(2)に漢字で答えなさい。

A

B

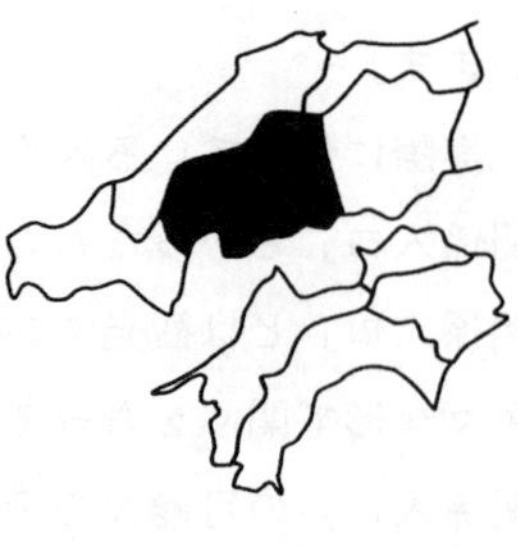

C

D

問４　次の写真１は日本の地方においてよく見られる風景で、秋田県藤里町の写真である。人々が生活する地域と山間地域との境目にある写真のような場所を何というか。「○山」の○の部分にあてはまる漢字１字を答えなさい。

写真１

問５　次のア～ウの図は日本のある３つの市区町村の2015年の人口ピラミッドである。人口ピラミッドは男女別・年齢別にどの年代の人がどのくらいの割合で存在するかを示したグラフである。写真１（問４）の秋田県藤里町の人口ピラミッドをア～ウから１つ選びなさい。

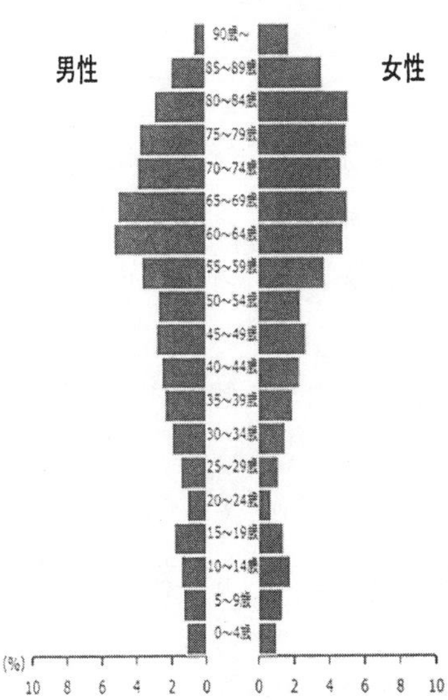

ア

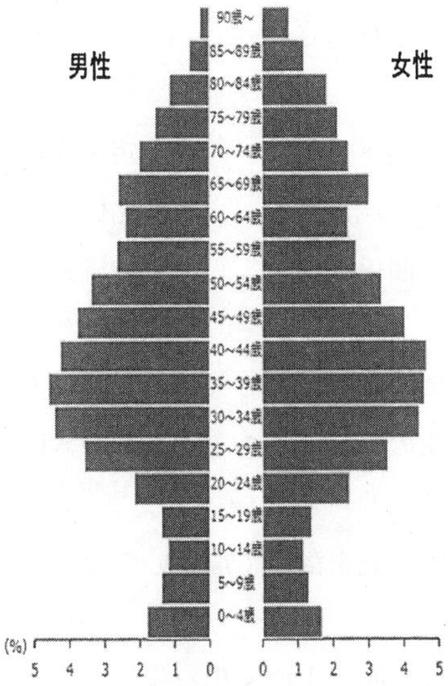

イ

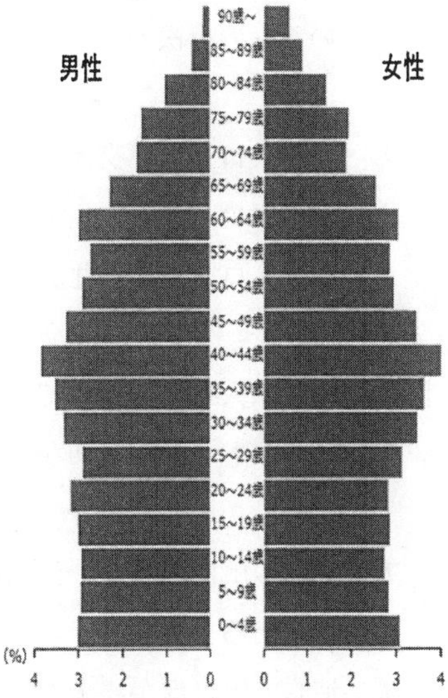

ウ

RESAS 地域経済分析システム

問６　次のア～エの表は、ある都道府県の「農業生産物の収穫《かく》量の順位（2019年）」を示している。ア～エの表のうち秋田県の表を１つ選びなさい。

ア

農作物	順位
米	2位
りんご	8位
じゃがいも	1位
さくらんぼ	3位

イ

農作物	順位
米	10位
りんご	1位
じゃがいも	8位
さくらんぼ	4位

ウ

農作物	順位
米	3位
りんご	6位
じゃがいも	―
さくらんぼ	5位

エ

農作物	順位
米	4位
りんご	4位
じゃがいも	―
さくらんぼ	1位

『データブック オブ・ザ・ワールド 2021』より作成

問７　「定住人口」「交流人口」「関係人口」の土地との関わり合いの深さを比べ、深い順になっているものを次のア～カから１つ選びなさい。

ア　定住人口　＞　交流人口　＞　関係人口　　イ　定住人口　＞　関係人口　＞　交流人口
ウ　関係人口　＞　定住人口　＞　交流人口　　エ　関係人口　＞　交流人口　＞　定住人口
オ　交流人口　＞　定住人口　＞　関係人口　　カ　交流人口　＞　関係人口　＞　定住人口

問８　「関係人口」について考えるにあたり、詩の最後の３行の部分は、どのように解釈《かいしゃく》するとよいか。もっとも適切なものを次のア～エから１つ選びなさい。

ア　高原の風は涼しく、土地は太陽の光を浴びて温かいので、２つがからみ合ってよい文化が生まれるだろう。
イ　涼しい風と温かい土地があれば人間はよい文化を作り上げることができるだろう。
ウ　訪れる人には涼しい風を届けて、土地の人には温かく接すればよい文化が生まれるだろう。
エ　気軽に訪れる人たちと、愛着を持ってその土地に暮らしている人たちが協力すればよい文化が生まれるだろう。

問9　文中の空欄（　A　）、（　B　）にあてはまる言葉を考えなさい。ただし、「・・・人」、「・・・の人」、「・・・する人」となるように答えること。

問10　下線部③に関連して、あなたは問4の写真1のような地域の首長で、この地域は次の囲みのような特色がある。この地域の「関係人口」を増やして継続《けいぞく》的に活気のある地域にするために、あなたは首長としてどのような取り組みを行うか提案しなさい。

特色	・冬には積雪がある。
	・問4の写真1のように山林が豊富である。
	・地域に大きな工場はほとんどなく、農業や林業に従事している人の割合が大きい。

3　次の新聞記事を読み、あとの問いに答えなさい。

新聞記事1

入管法改正、今の国会では断念

政府と（　X　）は18日、入管法の改正案について、今の①国会での成立をあきらめました。改正案は日本にいられる外国人の管理を厳しくする内容で（　Y　）が今の国会で決めることに慎重《しんちょう》な姿勢を見せていました。②（　A　)議員の任期が10月で切れるため、廃案《はいあん》になる見通しです。

国外への退去処分を受けた外国人が退去を拒《こば》み、入管施設《しせつ》に収容されるのが長引くことが問題になっています。入管法の改正案の主なねらいは、長期収容をなくしていくことです。

今年3月には、愛知県名古屋市で収容されていた（　B　）人のウィシュマ・サンダマリさん（当時33歳）が亡くなりました。ウィシュマさんは適切な治療《ちりょう》を受けられなかった可能性があり、（　Y　）などは真相を明らかにするよう求めています。

毎日小学生新聞 2021年5月20日

新聞記事２　**（　Ｃ　）選手を（　Ｄ　）認定　審査２か月、緊急避難措置《きんきゅうひなんそち》で初**

サッカー・ワールドカップ予選出場のため（　Ｃ　）代表として来日し、母国への帰国を拒否《きょひ》しているピエ・リヤン・アウン選手に対し、③大阪出入国在留管理局は20日、（　Ｄ　）として認定したことを伝えた。審査《しんさ》は２年ほどかかるケースが多いが、政府は在留（　Ｃ　）人に緊急避難措置を講じており、今回は２か月で認められた。措置が始まった５月下旬以降の申請で（　Ｄ　）と認定されるケースは初めて。

同選手は５月28日の日本戦で、④クーデターを強行した国軍への抵抗《ていこう》の意思を示す「（　Ｅ　）」を掲《かか》げた。６月16日に関西空港で「帰国すれば命の危険がある」として保護を求め、同22日に（　Ｄ　）認定を申請《しんせい》した。

この日、大阪入管を訪れた同選手は、認定証明書を受け取った後、「安心した。サッカーの練習や日本語の勉強をしっかりやっていきたい」と話した。

（　Ｄ　）認定は、人種や⑤政治的意見などを理由に、本国で迫害《はくがい》を受ける恐れがある外国人に日本での在住を認める制度。認定されると、原則として５年間の定住が認められ、永住許可を得るための要件も緩和《かんわ》される。⑥国民年金や福祉手当などの受給資格も得られる。

政府は希望する（　Ｃ　）人に、６か月の在留と就労《しゅうろう》を認め、（　Ｄ　）認定申請は迅速《じんそく》に審査《しんさ》する緊急避難措置を講じている。同選手は７月２日、在留資格を取得し、現在はサッカーＪ３・ＹＳＣＣ横浜（⑦横浜市）に練習生として参加している。

措置の対象となっている（　Ｃ　）人は８月13日現在、約1900人いる。

読売新聞オンライン2021年８月20日

問１　文中の空欄（　Ｘ　）、（　Ｙ　）に入る語句の組み合わせで正しいものはどれか。次のア〜エから１つ選び記号で答えなさい。

ア　Ｘ：与党　Ｙ：野党　　イ　Ｘ：野党　Ｙ：与党
ウ　Ｘ：与党　Ｙ：与党　　エ　Ｘ：野党　Ｙ：野党

問２　下線部①の「国会」の役割は何か。次のア〜ウから１つ選びなさい。

ア　法律や予算を決める。
イ　法律にもとづいて政策を実行する。
ウ　憲法や法律にもとづいて、もめごとや犯罪に対する刑罰《けいばつ》の判断を行う。

問３　文中の空欄（　Ａ　）にあてはまる語句を漢字３字で答えなさい。

問４　下線部②について、この選挙が 2021 年 10 月 31 日に実施された。この選挙について、次の１～４の文を読み、内容が正しい文には「Ａ」、誤っている文には「Ｂ」と答えなさい。

１　有権者は、小選挙区で１票、比例区で１票、投票することができる。
２　小選挙区で立候補した候補者は、比例区に立候補することができない。
３　小選挙区の当選者は、ドント式で決める。
４　候補者が男女同数になるよう法律で義務づけられ、女性の当選者が 30％を超えた。

問５　文中の空欄（　Ｂ　）、（　Ｃ　）にあてはまる国名を次のア～エから１つ選び、記号で答えなさい。なお、（　Ｂ　）、（　Ｃ　）には別々の国名が入る。

ア　ミャンマー　　イ　スリランカ　　ウ　アフガニスタン　　エ　アメリカ

問６　文中の空欄（　Ｄ　）にあてはまる語句を漢字２字で答えなさい。

問７　下線部③の「大阪出入国在留管理局」を担当している国の機関は何か。次のア～エから１つ選び、記号で答えなさい。

ア　文部科学省　　イ　国土交通省　　ウ　法務省　　エ　デジタル庁

問８　下線部④について、「クーデター」とはどのようなことか、説明しなさい。

問９　下線部④の「クーデター」に関連して、権力を持っている人に、日本国民がどのように関わることができるか。次の１～５の文を読み、内容が正しい文には「Ａ」、誤っている文には「Ｂ」と書きなさい。

１　内閣総理大臣を国民投票でやめさせることができる。
２　最高裁判所の裁判官を国民審査でやめさせることができる。
３　都道府県知事や市町村長をその地域の住民投票でやめさせることができる。
４　国政選挙において、投票者は自身の名前を記入せず、無記名で投票することができる。
５　自由民主党の総裁選挙は、すべての有権者が投票できる。

問10　文中の空欄（　Ｅ　）にあてはまる語句を次のア～エから１つ選び、記号で答えなさい。

ア　ピースサイン　　イ　握りこぶし　　ウ　黄色いハンカチ　　エ　三本指

問11　下線部⑤の「政治的意見」について、政治的意見を述べることは次のア～エの人権の中でどれにあてはまるか。１つ選び、記号で答えなさい。

ア　社会権　　イ　平等権　　ウ　自由権　　エ　環境権

問12　下線部⑥の「国民年金」について、国民年金とはどのようなしくみか。次のア～エから内容が正しい文を１つ選びなさい。

ア　生活が苦しくなった人にお金を支給する。
イ　働いている最中にケガをした人にお金を支給する。
ウ　失業した人にお金を支給する。
エ　一定の年齢になった人にお金を支給する。

問13　下線部⑦の「横浜市」について、2021年８月に実施《じっし》された横浜市長選挙では、次の囲みの内容が争点の１つとなった。空欄（　Ｚ　）にあてはまる語句をカタカナ３字で答えなさい。

（　Ｚ　）のほかホテルや劇場、国際会議場や展示会場やショッピングモールなどが集まった複合的な施設を作るかどうかが争点の１つとなりました。

【理　科】〈B入試〉（40分）〈満点：75点〉

1　次の文章を読み、以下の問いに答えなさい。

〔A〕あなたは自分の住んでいる町の気温や降水量の平年値を知っていますか。気象庁では「30 年間の平均値」を「平年値」と定めています。2021 年 4 月までは、1981 年～2010 年の平均値が平年値（旧平年値）でしたが、5 月（5 月 19 日）からは、1991 年～（ A ） 年の平均値（新平年値）に変わりました。新・旧の平年値を比べると気候の変化がわかります。表1は、横浜市の観測データです。

表1　横浜市の平均気温と降水量の新旧平年値のデータ

		1月	2月	3月	4月	5月	6月	7月	8月	9月	10月	11月	12月	年
平均気温〔℃〕	新平年値	6.1	6.7	9.7	14.5	18.8	21.8	25.6	27.0	23.7	18.5	13.4	8.7	16.2
	旧平年値	5.9	6.2	9.1	14.2	18.3	21.3	25.0	26.7	23.3	18.0	13.0	8.5	15.8
降水量〔mm〕	新平年値	64.7	64.7	139.5	143.1	152.6	188.8	182.5	139.0	241.5	240.4	107.6	66.4	1730.8
	旧平年値	58.9	67.5	140.7	144.1	152.2	190.4	168.9	165.0	233.8	205.5	107.0	54.8	1688.6

問1　上の文章中の（ A ）にあてはまる年を答えなさい。

問2　次の文の（ B ）～（ E ）にあてはまる語句・数値を答えなさい。

表1の月別の平均気温を見てみると、すべての月で新平年値の方が高くなっている。また、年平均気温でも（ B ）℃高くなっている。降水量を見てみると、減少している月もあるが、年平均としては（ C ） mm 増加している。特に（ D ） 月の増加量が多くなっている。この月が多いのは、秋雨や（ E ）によるものだと考えられる。

問3　2031 年になって新しい平年値になったとき、横浜の年平均気温はどうなると考えられますか。あなたの考えを、理由を含めて答えなさい。

〔B〕 図1はある海岸線から沖に向かって、れき、砂、泥《どろ》がどのようにたい積しているのかを、上からと横から示しています。図中のＡは海岸線を示し、Ｂは沖のある地点を示しています。

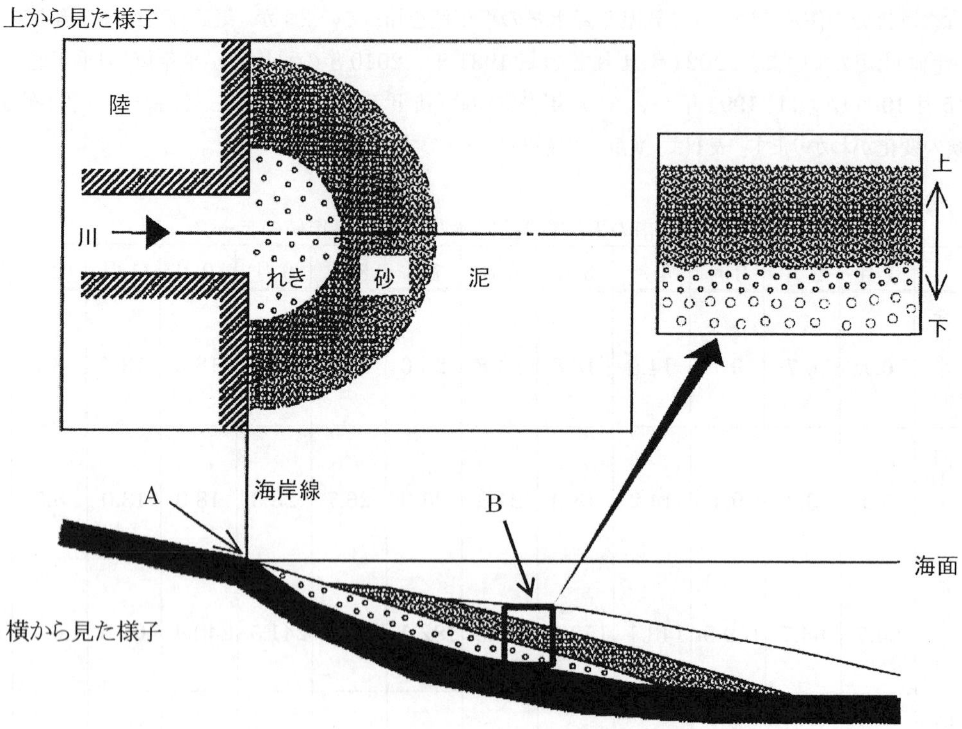

図1 れき・砂・泥のたい積の様子

問4 次の文章の中で、図1のたい積の様子を正しく表しているものを、次のア～エから1つ選び記号で答えなさい。

ア．粒《つぶ》の小さなものは海岸から近く浅いところにたい積する。

イ．粒の小さなものは海岸から遠く深いところにたい積する。

ウ．粒の大きなものは海岸から遠く深いところにたい積する。

エ．粒の大きなものは海岸からの距離《きょり》に関係なくどこでもたい積する。

問5 大きな地震《しん》が起き、図1の地域が隆《りゅう》起したとすると、Ｂ地点にたい積するものはどのように変化しますか。次のア～ウから正しいものを1つ選び記号で答えなさい。

ア．粒の大きなものから小さなものへ変化する。

イ．粒の小さなものから大きなものへ変化する。

ウ．粒の大きさは変化しない。

問6　今から数万年後に図1の B 地点まで陸になったとします。その時、現在の海岸線近くに砂やれきの地層が見られ、この地層の中からある化石が見つかりました。この化石として考えられるものを次のア～エから1つ選び記号で答えなさい。ただし、図1の地域は神奈川県とします。

ア．ホタテ　　イ．サンゴ　　ウ．椰《や》子の実　　エ．アサリ

問7　過去の氷河期のように地球全体が寒冷化していたときには、海水面の高さは現在に比べてどうなっていましたか。

〔C〕 地球の歴史を地層や化石から分類したものを地質時代といいます。地質時代の中で今から約6600万年前から現在までを新生代といい、その中で約260万年前からを第四紀、さらに約1万年前からを完新世と呼んでいます。

最近の調査では人類活動による影響《えいきょう》が1950年代以降の地層から見られるようになり、新たな地質時代として「人新世」を考えている研究者もいます。

表2　主な地質時代

約46億年前	(地球の誕生)		
	先カンブリア時代		
約5億4000万年前	古生代		
約2億5000万年前	中生代	三畳紀	
		ジュラ紀	
		白亜紀	
約6600万年前	新生代	古第三紀	
約2300万年前		新第三紀	
約260万年前		第四紀	更新世
約1万年前			完新世
(1950年ごろ)			(人新世)

問8　今から約7000万年前の地層からある恐竜《きょうりゅう》の化石が見つかりました。この恐竜が生きていた地質時代を次のア～エから1つ選び記号で答えなさい。

ア．新生代第四紀

イ．中生代白亜《あ》紀

ウ．新生代古第三紀

エ．古生代

問9　新たな地質時代として考えられている「人新世」の地層中には、それ以前の地質時代の地層と区別することができるどのようなものがふくまれているでしょうか。具体的なものを1つ答えなさい。

2 次の文章を読み、以下の問いに答えなさい。

風船を持ったまま急に走り出すと、風船が後ろに動いたように感じます。しかし実際は、風船は動こうとしていないので、走り出した人に対して後ろになっただけです。このように、私たちは実際とは異なるように感じることがあります。

〔A〕 ミドリさんが進行方向を向いて電車に乗っているときを考えてみましょう。

問1 走っている電車が急ブレーキをかけると、ミドリさんはどうなりますか。次のア〜エから1つ選び記号で答えなさい。

ミドリさん

ア．前方に倒《たお》れそうになる　　イ．後方に倒れそうになる

ウ．右側に倒れそうになる　　エ．左側に倒れそうになる

問2 ミドリさんの乗っている電車が駅に止まるためにだんだん減速しているとき、その横を同じ方向に進む新幹線が毎時 150 km で通り過ぎていきました。このとき、ミドリさんは新幹線がだんだん速くなっていくように感じました。ミドリさんが感じた新幹線の速さが図1のグラフです。グラフ中の A の瞬《しゅん》間には、ミドリさんの乗った電車の速さは毎時何 km ですか。

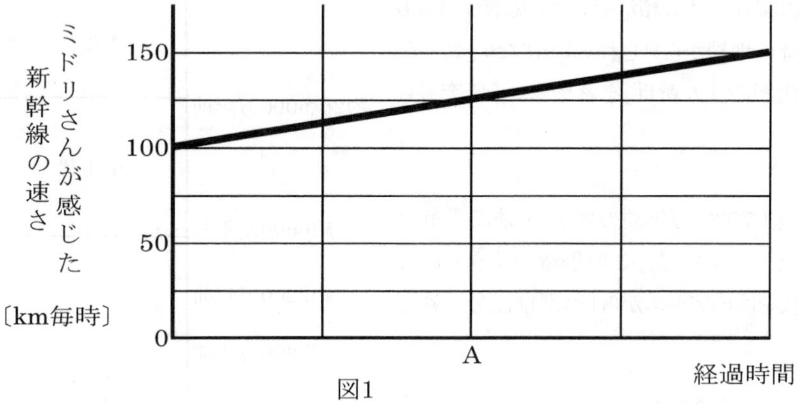

図1

〔B〕 昔の人が「太陽が地球の周りをまわっている」と考えたように、自転している地球で立ち止まっている人には、ミドリさんと同じようなことがおきます。

問3 地球を北極側、南極側それぞれから見たときの自転の方向を記号で答えなさい。

北極側から見た場合

南極側から見た場合

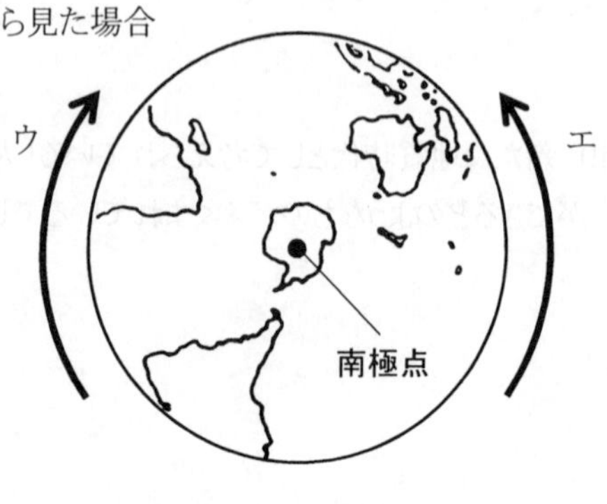

地球が丸く、そして自転していることは、高気圧や低気圧の風のふきかたにも関係してきます。

問4　南半球の低気圧の風のふきかたは、ア、イのどちらか記号で答えなさい。図中の「低」は低気圧の中心を示しています。

〔C〕　鏡を使うと、人がいないところに人がいるように見えます。特に縁《ふち》の見えないような大きな鏡を見ると、そこに鏡があることが分からなくなることもあります。

問5　キミオくんが図2の位置で、大きな鏡越《ご》しにアカリさんを見ています。アカリさんはどの位置にいるように見えますか。ア～オから1つ選び記号で答えなさい。

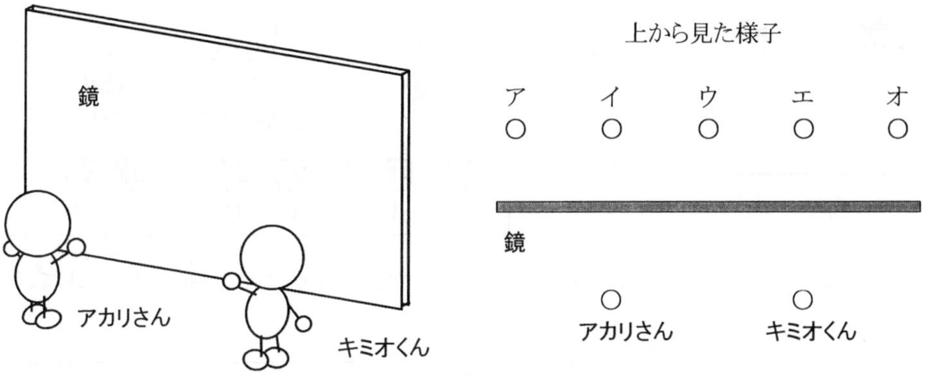

図2

問6　キミオくんは、2枚の鏡を60°の角度で合わせて、図3の位置に立ちました。2枚の鏡に合計何人の自分が見えますか。

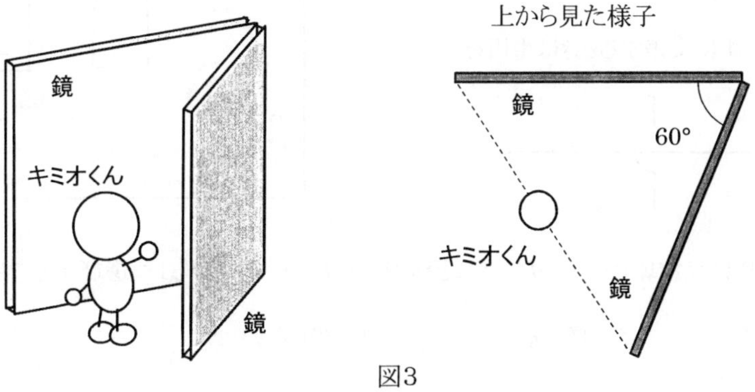

図3

〔D〕 電流は目に見えないのに、豆電球を光らせたり、モーターを回したりすることができます。そこで、電気について考えてみましょう。

最初に、豆電球の光り方を調べるために、電池2個と豆電球5個を、図4のように導線でつなぎました。

問7 図4の豆電球のうち、一番明るく光るのはどの豆電球ですか。ア～ウから1つ選び記号で答えなさい。

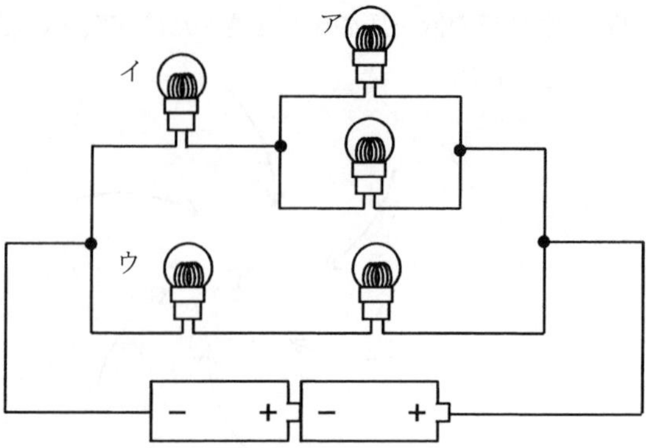

図4

今度は豆電球を使って、電池がどのようにつながっているかを調べました。図5のように、中身の見えない箱にA～Dの端《たん》子がついています。この箱の中には、2つの電池が入っていて導線で端子につながっていますが、どのようにつながっているかは分かりません。そこで、豆電球を端子につないで明るさを調べたところ表1のようになりました。

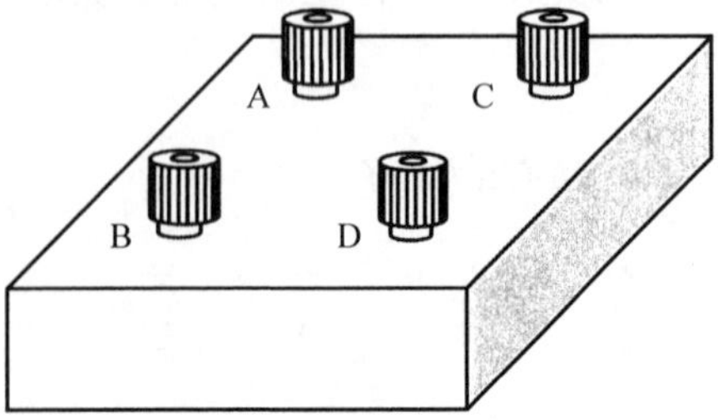

図5

表1

暗く光った	明るく光った	光らなかった	暗く光った
A　B	B　C	C　D	A　D

問8 箱の中で電池と端子がどのようにつながっているかをかきなさい。ただし、図4を参考にして、次のかき方を守りなさい。

・導線がつながっているときは黒丸をつける

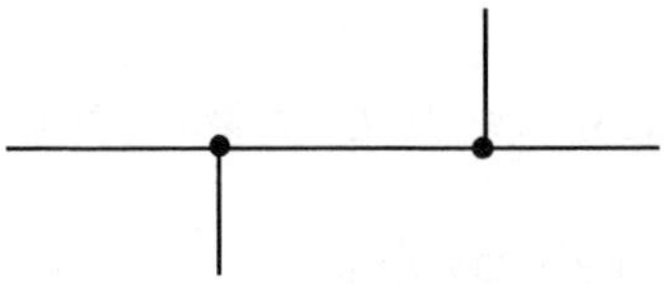

・導線がつながらずに交差するときは半円をかく

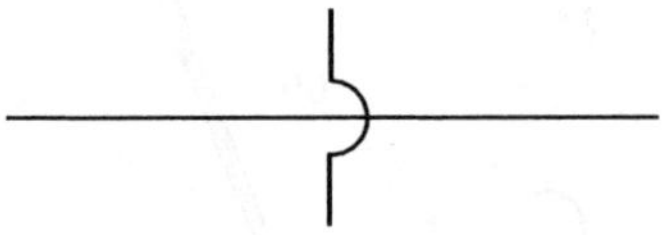

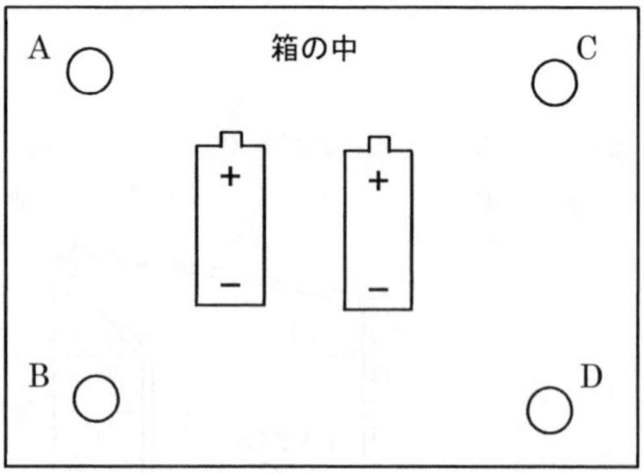

問9 端子Bと端子Dに豆電球をつないだときにどうなるか、次のア～ウから1つ選び記号で答えなさい。

ア．明るく光る　　イ．暗く光る　　ウ．光らない

3 次の文章を読み、以下の問いに答えなさい。

中学１年生のアオイくんはこの１年間で身長が 15 cm も伸《の》び、いわゆる「成長期」を経験しました。これまでよりも食欲が増し、周りの人にも「身長が伸びたね」と言われました。①雑食の動物である私たちヒトは、肉や魚、野菜などを食べます。ヒト以外の動物も他の生物を食べ、栄養として自身の体に取り込《こ》み、それをもとに成長します。

アオイくんは「植物は何を食べて成長するのだろう？」と考え、植物の育て方を以下のようにまとめました。

＜植物の育て方＞

(1) 土や砂に植える

(2) 定期的に水をあげる

(3) 外の新鮮《せん》な空気に触《ふ》れさせる

(4) 太陽の光に当てる

アオイくんは(1)と(2)に注目し、水に栄養が含《ふく》まれているとは考えにくかったので、「植物は何を食べて成長するのだろう？」という問いに対して、次のような仮説を考えました。

≪仮説1≫　植物は土を食べてすべての栄養を得ている

はるか昔、同じようなことを考えた人がいました。現在から2000年以上前の学者であるアリストテレスです。アリストテレスは、植物は根に口があり、土の中の栄養分をその口から吸収して成長すると考えていました。それまでなんとなく正しかったように思われていたこの説を確かめるべく、現在から 200 年ほど前、ベルギーのヘルモントという学者が実験を行いました。ヘルモントは「植物が土を食べて成長するなら、成長した植物の土は減っているはずだ」と考えました。そして、ヤナギの木を使って次のような実験を行いました。

【実験1】 ヤナギの木の苗《なえ》を用意し、②木と土の重さを測った上で、植木鉢《ばち》に植えた。水は毎日十分な量を与《あた》え、5年経った後、③木と土の重さを再度測った。

≪仮説1≫が正しければ、木の重さが（　Ａ　）分だけ、土の重さが（　Ｂ　）いるはずです。しかし、結果は次のようになりました。

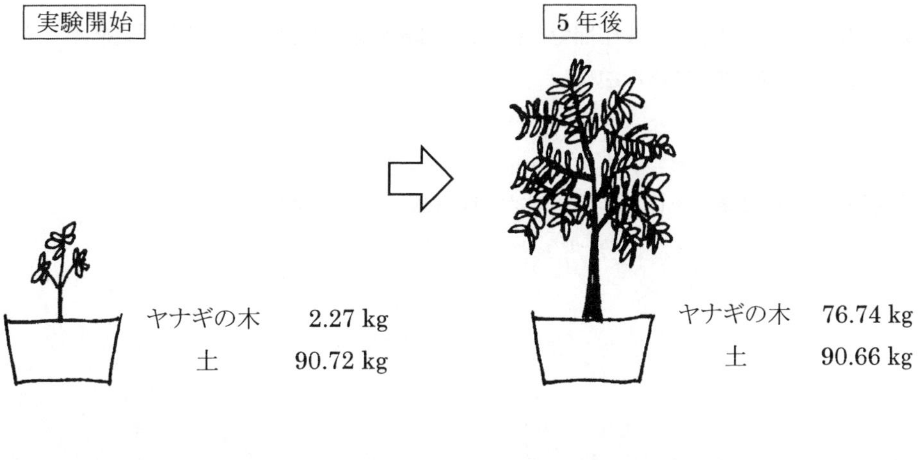

問1　下線部①について、ヒト以外の雑食の動物として最もふさわしいものを、次のア～オから1つ選び記号で答えなさい。

ア．ベンガルトラ　　イ．トムソンガゼル　　ウ．ホホジロザメ

エ．オオカマキリ　　オ．ニホンイノシシ

問2　文中の（　Ａ　）と（　Ｂ　）に入る適切な言葉をそれぞれ答えなさい。

問3　下線部②と③について、より正確な実験結果を得るために、重さを測るときにしなければならないことは何ですか。最もふさわしいものを次のア～エから1つ選び記号で答えなさい。

ア．下線部②はよく乾燥《かんそう》させて測り、下線部③はそのまま測る。

イ．下線部②はそのまま測り、下線部③はよく乾燥させて測る。

ウ．下線部②も下線部③も、よく乾燥させて測る。

エ．下線部②も下線部③も、そのまま測る。

問4　【実験1】において、外部からの要因で土の重さが変わってしまうことを防ぐためにしなければならないことは何ですか。最もふさわしいものを次のア～エから1つ選び記号で答えなさい。

ア．枯《か》れた葉や枝などが土に混じらないように取り除く。

イ．水をあげたときは毎回よく乾燥させる。

ウ．減ってしまった土を定期的に補充《じゅう》する。

エ．増えてしまった土を定期的に取り除く。

問5　実験結果より、ヤナギの木、土は５年間でそれぞれ何 kg 変化しましたか。変化した値を書き、さらに「増えた・減った」のどちらかを○でかこみなさい。

問6　実験結果より、≪仮説1≫は正しいといえますか。理由とともに答えなさい。

この実験結果を見てアオイくんは別の仮説≪仮説２≫を考えました。これは植物の育て方の(2)・(3)・(4)に関わることでした。この仮説が正しいか検証するために、アオイくんは以下のような実験を行いました。

【実験2】 鉢植えの植物を、「水をあげる・あげない」、「新鮮な空気によく触《ふ》れさせる・ほとんど触れさせない」、「日光によく当てる・ほとんど当てない」の条件を組み合わせて数日間育てた。

水をあげなかったものは実験の途《と》中で枯《か》れてしまったので、水をあげたものの葉をエタノールで脱《だっ》色した後にヨウ素液をたらし、含《ふく》まれるデンプンの量を調べたところ、表1の結果が得られました。

表1

空気	日光	ヨウ素液への反応
よく触れさせる	よく当てる	◎
	ほとんど当てない	△
ほとんど触れさせない	よく当てる	△
	ほとんど当てない	×

◎→青紫《むらさき》色になった
△→ほんの少し青紫色になった
×→色が変わらなかった

問7 この実験の結果からアオイくんは自分の立てた≪仮説2≫が正しかったと判断しました。≪仮説2≫とはどのようなものだったか答えなさい。ただし、≪仮説2≫は、「植物は何を食べて成長するのだろう？」という疑問に対して考えたものであり、「 植物は 」から文を始めることとします。

アオイくんは植物を育てる際に、肥料を使うことを思い出しました。家にあった液体肥料の説明文を読んでみると、「用途《と》に合わせ、適切に水で薄《うす》めてご使用ください。」と書いてありました。そこで、アオイくんはいろいろな濃《のう》度の肥料をつくってみました。まず、アオイくんは液体肥料 10 mLと水 10 mLを混ぜて、④濃度 50 %の肥料を作りました。

問8 ⑤濃度 25 %の肥料を作るためには液体肥料 10 mLに何 mLの水を混ぜればよいか答えなさい。

問9 下線部④を 5 mLと下線部⑤を 20 mL 混ぜたら、濃度何%の肥料ができるか答えなさい。

三 次の問いに答えなさい。

問１ 次の①～④の傍線部《ぼうせんぶ》のカタカナを漢字に直しなさい。
(送りがなが必要な場合は、送りがなも含《ふく》めて書きなさい)

① 友だちがテレビにウツル。
② 野球の試合をカンランする。
③ 委員会は六人でコウセイされている。
④ その答えは誤りのテンケイだ。

問２ 次の①～③の二つの漢字に共通する部首をつけると熟語ができます。共通する部首をつけてできた熟語を答えなさい。

(例) 倉・干 ＋ 「刂」 → 「創刊」 答え：創刊

① 売 扁
② 申 土
③ 各 至

問３ 次の①～③の文にはそれぞれ漢字の間違《まちが》いが含まれています。それを探し、正しい漢字を書きなさい。ただし間違っている漢字は１字です。

① 今度の試験はまったく自身がない。
② 新しい先生は以外とやさしかった。
③ 速やかに建物から異動してください。

問4　傍線部③「はじめて自分で味噌《みそ》を仕込《しこ》んだとき」とありますが、その後の「わたし」について説明したものとしてふさわしくないものを次の中から一つ選び、記号で答えなさい。

ア　味噌を作る過程が思ったよりも混み入っておらず簡単であることを知った。

イ　食べ物を作る過程に関心を持ち、食べ物の味の理由について考えるようになった。

ウ　賞味期限を根拠《こんきょ》もなく受け入れることで、大丈夫だろうという自分の願いを裏付《うらづ》けていたことに気づいた。

エ　食品の安全性について、普段《ふだん》わたしたちが立ち止まって考えていないことに気づいた。

オ　食品の安全のしくみについてわたしたちが関心を持つことにより、そのしくみがうつり変わることを知った。

問5　傍線部④「□真□銘《めい》」とありますが、□に同じ漢字を入れることで四字熟語が成立します。□に入る漢字1字を記しなさい。

問6　傍線部⑤「ことのほか『実力』がいるように思いました」とありますが、この「実力」について説明をした連続した二つの段落があります。その最初の5字を記しなさい。

問7　傍線部⑥「迫力《はくりょく》を感じたのだと思います」とありますが、どうして迫力を感じたのですか。その理由を101字以上120字以内で説明しなさい。なお「わたしたち」「パプアニューギニアの彼の家族」という言葉を必ず用いること。

下書き

120　100

c 「拍子抜《ひょうしぬ》け」

ア リズムが狂《くる》うこと。

イ 身動きがとれなくなること。

ウ 分からなくなること。

エ 張り合いがなくなること。

オ がっかりして落ち込《こ》むこと。

問2 傍線部①「一九八〇年代の日本人の中にこんな返答ができる人はほとんどいなかったと思います」とありますが、そう思うのはどうしてですか。その理由を説明したものとして最も適するものを次の中から一つ選び、記号で答えなさい。

ア 一九八〇年代の日本人は、生活環境《かんきょう》を整えることを趣味《しゅみ》としていたから。

イ 一九八〇年代の日本人は、レジャーとして自然のものを採集することをしていなかったから。

ウ 一九八〇年代の日本人は、自分たちで自分たちの命を守ることができていたから。

エ 一九八〇年代の日本人は、生きるために自然のものを採集するということをしていなかったから。

オ 一九八〇年代の日本人は便利なあまり、生活に手間をかけることは楽しいことだと知っていたから。

問3 傍線部②「もっともっと便利にと『多くの自動化』を求めても、やがてそのありがたみが薄《うす》れたり、味気なさを感じることもあります」とありますが、この具体例としてふさわしくないものを次の中から一つ選び、記号で答えなさい。

ア 速く移動するために飛行機を乗り継《つ》いで旅行することが可能になったが、すぐに目的地についてしまうので、乗り物に長時間乗る味わいがなくなってしまった。

イ 海外の工場で大量生産した衣服を安価に買うことができるようになり、それらが多くの人に購入《こうにゅう》されて一大ブームになったので、品薄《しなうす》になってしまった。

ウ エアコンで空調が管理できるようになったことによって、みんなで夕涼《ゆうすず》みすることで味わってきた夏の趣《おもむき》がなくなってしまった。

エ スマートフォンを使って、簡単にメールや電話ができるようになったので、手紙を書いたり、もらったりする喜びが薄れてしまった。

オ 料理をする時間がない忙《いそが》しい人のために、たくさんの加工食品が生み出されたが、それによって料理の楽しみを知る人が少なくなってしまった。

感じられることもあります。そのひとつは、「味噌の製造年月日って、いったいなにを指しているのだろう?」ということでした。そしてその疑問は、食品に表示された「安全情報」にあまりにも依存《いぞん》してきた自分の生活を振《ふ》り返るきっかけにもなりました。当然のことですが、わたしの味噌には、賞味期限の日付が印字されていません。自分で作っているので使用原料ははっきりわかりますが、「商品」になった食品にあるような情報はありません。安全なものを食べたいと思ったら、その判断は最終的に自分が下すしかないこと、作る過程が見え、実感がある食べ物に愛着がわくこと、おいしいもの、まずいものに対してその理由を推測することができること、食材や加工品を作っている人たちに対してありがたみがわくこと……など、自らの手で味噌を仕込むことで、ふだんの自分の食生活、食環境についていろいろと考えるようになりました。

なかでも、食べるものが安全であると確信して口に入れるのには、⑤ことのほか「実力」がいるように思いました。買ったもの、特に加工品は、だれかが作って、だれかが安全を「保証」し、賞味期限を決めてくれます。「メーカーや検査機関、行政がきちんとやってくれているだろうから、きっと大丈夫《だいじょうぶ》」と漫然《まんぜん》と思いこむことで、もしくは何も考えずお任《まか》せ状態で受け入れてきた自分に気づいたのです。「きっと大丈夫」の「きっと」とは、ちょっと心配だけれど、大丈夫であってほしいから大丈夫ということにしちゃおうと、といったところでしょうか。自分には何の根拠《こんきょ》もないし、他の人が言うことに納得できる理由があるのかないのか、あるとすればどういうものなのか、よくわからないけど、大丈夫という希望を持っている自分を追認するだけだったのです。

食べ物に関する実力。そんな、生き延《の》びるためにもっとも必要な能力を、わたしたちは持っていないということなのでしょうか。身の回りにあるもののしくみや原理、由来を考えることなくものごとがうつり変わっていく。わたしたちはそんな世界に生きているのではないでしょうか。便利に思える科学技術も、その表面だけしか見ていないのではないでしょうか。

だからこそ、「木の実を採って食べてる」というパプアニューギニアの彼の家族に、強烈《きょうれつ》な珍しさとともに、力強さ、そして⑥迫力《はくりょく》を感じたのだと思います。

（佐倉統／古田ゆかり『おはようからおやすみまでの科学』より）

注 ※1 コンスタント…一定しているさま。
※2 対峙…向き合って立つこと。

問1 傍線部《ぼうせんぶ》a～cの語句の意味を次の中からそれぞれ一つずつ選び、記号で答えなさい。

a「にわかに」
ア 種類が豊富で。
イ 段階を追って。
ウ 突然《とつぜん》に。
エ 時々。
オ 変動して。

b「漠然《ばくぜん》と」
ア ぼんやりと。
イ 決めつけて。
ウ 予感して。
エ 偶然《ぐうぜん》に。
オ はっきりと。

〈中略〉

現在のわたしたちが趣味《しゅみ》として行っていることの中には、昔の人たちが生活のための生業《なりわい》として行っていたことが少なくありません。釣りやキャンプ、カヌーなどのアウトドア・レジャー、キノコ狩り、木の実拾い、日曜大工、陶芸《とうげい》や板金《ばんきん》なども生活するために必須《ひっす》の作業。その中から環境《かんきょう》を整えたり道具を作る技術が生み出されました。縫《ぬ》い物や編《あ》み物やパッチワークは、寒さや危険から身を守る衣服を作るのに必要でした。

「アウトドア・レジャー」ということばがあるのは、世界中でも限られた国だけだそうです。アウトドアを「レジャー」として位置づけることができるのは、あまりにも便利さが進んでしまっていることを表しています。そして同時に、生活に手間をかけたり自分で工夫したりするのは楽しいことなのだと教えてくれているようにも思います。

②もっともっと便利にと「多くの自動化」を求めても、やがてそのありがたみが薄《うす》れたり、味気なさを感じることもあります。自動化して楽をしたいというのも生活や未来を作っていくことのひとつですが、自動だけじゃつまらない、と考えるのも、未来のひとつです。また、便利さをお金で買うのもひとつの選択《せんたく》ですが、できるだけ多くの工程を自分の手で行うこともまた、創造的で楽しい仕事です。

そのことをあらためて実感したのは、③はじめて自分で味噌《みそ》を仕込《しこ》んだときでした。

それまでのわたしは、味噌といったらパックに入ってお店の棚《たな》にあるもので、自分で作るなど考えたこともありませんでした。味噌作りのプロセスはわたしにとって「ブラックボックス」も同然でした。

周囲にちらほらと味噌作りの楽しさを語ってくれる友人が出てきても、わたしにはもうひとつ、味噌作りをしなくてよい理由がありました。親戚《しんせき》が自家製の大豆《だいず》を使って仕込んでいる味噌を、手に入れることができたからです。しかもそれは、④□真□銘《めい》の「手作り味噌」。いくら味噌を手作りすることが楽しくても、自分で仕込む合理的動機はなかったのです。さらにかくも味噌作りの経験のないわたしは、自分で仕込むのはとてもたいへんなことで、よほど慣れていないとうまくできないだろうとｂ漠然《ばくぜん》と思ってもいました。

そんな事情が変わったのは、ある年の暮れ、十年来の友人から声をかけられたことがきっかけでした。

「こんど、みんなで味噌作り講習会をやるけど、参加しない？」

ちょうど、発酵食品《はっこうしょくひん》に興味を持ち始めていたころでもあり、ぬか漬《づ》けを作ったり、小さな瓶《びん》でお酒を仕込んだり、自家製の酵母《こうぼ》を使ってパンを焼いたりしていたので、講習会のような場なら気軽にトライできるかもしれないという気持ちになったのです。

さて、教えてもらいながら味噌を仕込んだ感想は……？

ｃ拍子抜《ひょうしぬ》けするほど単純でした。味噌の素材は、大豆、塩、米麹《こめこうじ》、麦麹《むぎこうじ》です。麦麹を使わず米麹だけで仕込むこともあるそうです。手順もいたって単純です。大豆をゆでてつぶし、米麹、麦麹と塩を混ぜ、殺菌《さっきん》した容器に詰《つ》めます。

〈中略〉

自分で作ると、今まではなんとも思わなかったことが不思議に

二 次の文章を読んで、後の問いに答えなさい。（設問の都合により章ごとの見出しは省略しました。）

「故郷ではおやじさん、なにやってんの？」

定食屋のおじさんは、カウンターの中から彼《かれ》に聞きました。四八〇円の豚肉《ぶたにく》のショウガ焼き定食を食べながら、彼はこう答えました。

「なにも、していない」

パプアニューギニアから来た彼は、当時、国費留学生として工学部の大学院に在籍《ざいせき》していました。そしてときどき、大学の近くにある小さな定食屋で食事をするうちに、店のおじさんともことばを交《か》わすようになったころのできごとです。

それは、一九八〇年代前半。留学生の父親がなにもやっていないとは、ａにわかに信じがたいことでした。そしておじさんは続けました。

「なにもしていないって言ったって、どうやって食ってんの？」

ややストレートすぎる聞き方ではありますが、横にいたわたしもぜひ聞きたい質問だったのです。

すると彼は、こう答えました。

「木の実を採って食べてる」

迫力《はくりょく》のある答えでした。高度経済成長期の都市部で育ったわたしだけではなく、①一九八〇年代の日本人の中にこんな返答ができる人はほとんどいなかったと思います。

「食べている」とは、「食生活を支えている」すなわち「生活の糧《かて》」を指しています。わたしたちが暮らしている日本では、都市はもちろん、農村などにおいても、自然の中から食べ物を採集する食生活を主としている人はほとんどいないのではないでしょうか。自然から食べ物を採取する機会は、せいぜい山菜採りとか、釣《つ》りなど。それらは、食べるものを採るためというより、むしろ行為《こうい》そのものを楽しむ「レジャー」と位置づけるのが自然です。そのプラスα《アルファ》として手に入れた物を食べる。レジャーである「採集」行為は、それ自体が食生活や命を支えるものにはなり得ません。

たとえば、いくら魚釣りが好きだといっても、「今日一匹《いっぴき》も魚が釣れなかったら食べるものがない」などという切羽詰《せっぱつ》まった状況《じょうきょう》の人などいるでしょうか？　山菜採りやキノコ狩《が》りにしても、「食べたら死ぬかもしれない」という心配はあっても、「採れなかったら一家が飢《う》える」という危機と直面しているでしょうか？

わたしたちは、おなかがすいたら食べ物を買うことができます。自分で採ったり、栽培《さいばい》したりしなくても、他の人が作った食材や料理を買って食べられるのですから、採れなくてもなんとかなります。彼とおじさんの、あの短い会話が忘れられないのは、発展《はってん》途上《とじょう》の国に対する一種の珍《めずら》しさや「未開」といったイメージではなく、「木の実を採って食べている」と言ったその背後に、彼らの「実力」を感じたからでした。買うという行為なしに※１コンスタントに食べ物を調達し自分や家族を生かすことができ、安全な食べ物かどうかを見分ける力もあり、食べ物となる植物が来年もその翌年も、同じように実るような食べ方を知っている……。

ただ素朴《そぼく》で珍しいという以上に、彼の家族の生活は、自分の力で食べ物を手にし、自然を理解する力があり、命を守る力も持っているという、「生命」の迫力が存在していました。同時にわたしは、自分の中の「未開」と※２対峙《たいじ》せずにはいられませんでした。

ウ　答えが出せない自分の気持ちに決着をつけ、まずは行動してみようというつよしの思いを目《ま》の当たりにし、自分の関わりが正しかったと思ったから。

エ　その声から、つよしの中で気持ちの変化があったことに気づき、今の状況から一歩踏み出せるのではないかと思いうれしくなったから。

オ　つよしの発言内容があまりにも的外《まとはず》れで、今のままでは何を言っても言いたいことが伝わらないとあきらめ、時間をおこうと考えたから。

問7　傍線部⑤「つよしはあずき色の自転車を愛したがっているんじゃないかな」とありますが、「つよし」があずき色の自転車を愛するということはここではどういうことを指しますか。16字以上20字以内で書きなさい。

問8　傍線部⑥「ふーっとさびしい気持ちになった」とありますが、それはなぜですか。その理由として最も適するものを次の中から一つ選び、記号で答えなさい。

ア　つよしは俺を一番大切に思ってくれていると考えていたのに、つよしのあずき色の自転車に対する思いを知って、自分が入り込《こ》む余地がないと思えたから。

イ　つよしと店主の話を聞いていたが、結局はつよしとあずき色の自転車だけの問題であり、つよしから捨てられた俺は処分されてしまうように感じられたから。

ウ　今までは毎日、この店で店主から手入れをしてもらえていたが、つよしの考えが変わるとこれから俺はこの店に来ることがなくなってしまうと思ったから。

エ　店主と話をした結果、つよしの本心がはっきりして彼が幸せになることで、もう俺に本音を話してくれなくなってしまうと思ったから。

オ　つよしの心変わりがなかなか理解できないのは、俺が複雑な世の中を想像でしか見てこなかったせいだと思い、もっとたくさんの体験をしておくべきだったと後悔《こうかい》したから。

問9　傍線部⑦「誠実はありがたい」とありますが、この時の「俺」の気持ちはどのようなものですか。その説明として最も適するものを次の中から一つ選び、記号で答えなさい。

ア　落ち込んでいた俺は、店主の気づかいによって元気を取り戻《もど》すことができたので、これからも店主のようにつよしのことを励《はげ》ましていこうという気持ちになった。

イ　俺は人目を避《さ》けて行動しているので、これからはもっとたくさん人から注目されて、今まで以上にたくさん褒《ほ》めてもらいたいという気持ちが強くなった。

ウ　ただ静かに走るだけではなく、軽《かろ》やかに走ることができる俺がつよしに語りかけたり、新しい景色を見せてあげたりしたいという気持ちが強くなった。

エ　俺の行動によってつよしの本当の気持ちを引き出すことができたので、心を痛めている新しい持ち主の所に行き、再び役に立ちたいと思う気持ちが強くなった。

オ　つよしは俺にぴったりの持ち主だと確信していたところ、つよしの本当の気持ちを知ることになり落ち込んだが、店主の公平な優しさによって救われた気持ちになった。

問3　傍線部①「つよしは店主に何か言おうとした」とありますが、それはどのような言葉だと考えられますか。最も適するものを次の中から一つ選び、記号で答えなさい。

ア　お店の方は自転車をよく知っていますか。
イ　僕の自転車はやはり古くさいと思いましたか。
ウ　この自転車でも速いスピードが出せますか。
エ　僕の自転車の手入れをしてくださいましたか。
オ　もうこの自転車を手放すべきだと思いますか。

問4　傍線部②「つよしは月曜から金曜日、朝、俺を取りに来て高校へ行き、学校が終わると帰りにあずかりやにあずけた」とありますが、それはなぜですか。その理由として最も適するものを次の中から一つ選び、記号で答えなさい。

ア　新しい自転車を傷つけないために、乗る時間を短くして大切に使おうと考えたから。
イ　お父さんに買ってもらった自転車はスピードが出るので、通学時間が短くて済むと思っているから。
ウ　あずき色の自転車は古く、高校生のつよしが乗るようなものではないので、少し恥ずかしく思っているから。
エ　家の近くには新しい自転車を安心して置けるような設備の整った駐輪場《ちゅうりんじょう》が見つからなかったから。
オ　つよしは店主と話をすることを楽しみにしており、毎日通いたいと思っていたから。

問5　傍線部③「つよしの口は油をさしたように、がぜんすべらかになった」とありますが、それはなぜですか。その理由として最も適するものを次の中から一つ選び、記号で答えなさい。

ア　店主が丁寧《ていねい》にあずき色の自転車を扱うのを見て、この人ならばおかあさんを説得してくれると思ったから。
イ　店主がつよしの心の奥《おく》まで理解してくれ、この人になら自分の置かれた状況《じょうきょう》を話しても良いと思ったから。
ウ　店主との会話から店主がおかあさんの味方だとわかり、これからは自分の思いをごまかす必要がないと思ったから。
エ　自慢《じまん》の自転車を店主にほめられて、いつも以上に得意になり、話が止められなくなったから。
オ　自転車についてまったくわからないはずの店主が自転車の良し悪《あ》しを言い当てて、その想像力に感心したから。

問6　傍線部④「さわやかな笑顔を浮かべて」とありますが、「店主」がそのような表情をしているのはなぜですか。その理由として最も適するものを次の中から一つ選び、記号で答えなさい。

ア　今まで人に言わずにいたつよしの本当の気持ちを聞くことができ、自分にだけ言ってくれたことをうれしく思ったから。
イ　今まで他の人の気持ちを理解しようとしなかったつよしが、おとうさんだけではなくおかあさんの気持ちまでも理解しようとしている姿をうれしく思ったから。

母親はいないと思います」
　するとつよしは大きな声を出した。
「もちろんそうです！　きっとおかあさんはクリスティを喜んでくれる」
　それから小さな声で言った。
「でもぼくは」
　しずかな時間が流れた。つよしは自分の気持ちを探しているようだった。やがてつよしはそれを見つけた。
「ぼくが嫌なんです」
　つよしは立ち上がり、「明日また来ます」と言って、あずき色の自転車を引いて出て行った。
　店主は口答えをされたのに、④さわやかな笑顔を浮かべていて、つよしの発言に満足しているようだ。
　俺？
　俺はなにがなんだかようわからん。
　世の中は複雑すぎる。
　ただ、これは想像なんだけど、⑤つよしはあずき色の自転車を愛したがっているんじゃないかな。けれどうまく愛せないから、いらついている。そういうことなんじゃないか。たぶん、そう。
　そこまで想像すると、俺の心はしーんとした。
　だってこれって、つよしとあずき色の問題であって、俺ってあんまし関係ないんじゃないかと思えて来たんだ。
　⑥ふーっとさびしい気持ちになった。すると店主の誠実な手が俺に触《ふ》れた。ひんやりとしたひらべったい手が俺を奥へと運び、タイヤに付いた泥《どろ》を雑巾《ぞうきん》で拭《ふ》き取り始めた。慣れない手付きだから、くすぐったいし、完璧《かんぺき》には綺麗《きれい》にならない。けど、俺のざわついた心はだいぶ落ち着いた。
　⑦誠実はありがたいと、このときは思った。

（大山淳子『あずかりやさん』より）

注　※小上がり…簡単な仕切りで隔《へだ》ててある小さな座敷《ざしき》。

問1　傍線部《ぼうせんぶ》ａ「まんべんなく」、ｂ「ことさら」の語句の意味を次の中からそれぞれ一つずつ選び、記号で答えなさい。

ａ「まんべんなく」
ア　数多く。
イ　均等に。
ウ　大量に。
エ　一部分だけ。
オ　限りなく。

ｂ「ことさら」
ア　今にも。
イ　まさに。
ウ　ふるえるように。
エ　ゆっくりと。
オ　特に。

問2　[Ａ]～[Ｄ]にあてはまる言葉として最も適するものを次の中からそれぞれ一つずつ選び、記号で答えなさい。

ア　ひんやり　イ　へらへら　ウ　ごろごろ
エ　じんじん　オ　とぼとぼ　カ　はらはら
キ　もじもじ　ク　わくわく　ケ　ぎらぎら
コ　ぎいぎい　サ　するする　シ　どんどん

「それで、遠藤さんから譲ってもらった自転車をぼくにくれたんですけど」
　つよしはそこで黙った。
　すると店主が言った。
「遠藤さんの自転車はしっかりした作りですが、若い人が乗る自転車と違いますから、通学に利用するのは少し恥《は》ずかしいですよね」
　つよしははっとした。俺もはっとした。店主は誠実だが、頭がやわらかく、この手の話も通じるのだと思い、俺はなんだかほっとしたし、つよしもほっとしたようだ。
「おとうさんに入学祝いに何が欲《ほ》しいって聞かれたとき、ぼく、自転車って言っちゃったんです。せっかくおかあさんが用意してくれたのに」
　③つよしの口は油をさしたように、がぜんすべらかになった。
　つよしは正座した太ももの上にげんこつを握《にぎ》っていたんだけど、それをbことさら強くにぎり、「朝、おかあさんがくれた自転車で家からここまで来て、ここでおとうさんが買ってくれた自転車に乗り換《か》えて、学校へ行ってるんです」と言い、吐《は》き捨てるようにこう付け加えた。
「ぼく、おかあさんを騙《だま》してる」
「騙すだなんて、おかあさんを思ってのことでしょう？　それにかっこいい自転車に乗りたいのは、あなたくらいの年齢《ねんれい》では当然でしょう」
　つよしは「普通《ふつう》の家族だったらそうかもしれません」と言った。
「おとうさんとおかあさんはぼくが幼稚園《ようちえん》に通っているころに別れて、ぼくはそれからずっとおかあさんと暮らしています。おとうさんは今別のひとと暮らしています」
「そうなんですか」
「おとうさんはときたまぼくに会って、ものを買ってくれようとするんだけど、ぼくは今まで断っていました」
「なぜですか」
「おかあさんがぼくを一生懸命育てているからです」
「それだとどうしておとうさんからものをもらってはいけないんですか」
「おかあさんがぼくに一生懸命で、おとうさんはぼくに一生懸命じゃない。なのにお金を持っているから、ぼくを簡単に幸せにできるんです」
　そのときのれんが揺《ゆ》れた。つよしを励《はげ》ますように、いい風が入ってきたのだけど、つよしの表情は硬《かた》いまんまだ。
「おかあさんは頭をいっぱい下げて、何日もかけて古い自転車を手に入れました。おとうさんはカードを出すだけで、クリスティを手に入れました。かかった時間はほんの数分でした。なのにぼくはクリスティが好きなんです」
　すると店主は言った。
「お金を手に入れるのも簡単なことではないですよ。おとうさんもあなたに一生懸命なんだと思いますよ」
　つよしの頬《ほお》はかあっと赤くなった。そういうふうに考えたことがなかったようだ。俺は自転車屋で過ごしたから、金を稼《かせ》ぐたいへんさを知っている。しかしつよしはとうさんと一緒に暮らしていないから、そのたいへんさを知らないのかもしれない。かあさんのたいへんさだけが目に入るのかもしれない。
　店主はやさしくこう言った。
「おかあさんに本当のことを話せば、喜んでくれると思いますよ。それを喜ばないだいじな息子《むすこ》がかっこいい自転車に乗っている。それを喜ばない

その後、②つよしは月曜から金曜日、朝、俺を取りに来て高校へ行き、学校が終わると帰りにあずかりやにあずけた。必ずあずき色を引いてきて、あずき色を持ち帰った。

土曜と日曜は別モノだ。つよしはどちらかの昼間に手ぶらでやってきて、いつもと違《ちが》う道を走った。

俺はつよしと一緒にでっかいビルを見たし、でっかいタワーも見た。タワーはすごい。天に突《つ》き刺《さ》さっていて、空が痛そうだ。木が多い公園に行ったときは、葉っぱの匂《にお》いを知った。

つよしは俺に世の中を見せてくれる。俺は自転車屋の天井《てんじょう》にぶら下がっていた頃《ころ》より、いろんなものを見、知ることができたが、一番見たいものは見せてもらえなかった。それはつよしの家だ。

ある日曜の夕方のこと。つよしはその日俺と山に登り、そうとうくたびれていたようで、あずかりやに入ると、店主にこう言った。

「いちいちお金をやりとりするのは面倒《めんどう》なので、一ヵ月《いっかげつ》分払《はら》っておいてもいいですか」

「もちろんかまいませんが」と店主は言い、そのあと遠慮《えんりょ》がちにこう言った。

「駅前の駐輪場《ちゅうりんじょう》で登録手続きをすれば、一ヵ月四百円で済みますよ」

つよしはしばらく黙っていたが、「自転車をここにあずけては迷惑《めいわく》ですか」と尋《たず》ねた。

店主は笑顔《えがお》で言った。

「こちらはかまいません。ただ、笹本さんは学生さんなので、このまま一日百円をいただき続けるのもどうかと思いまして」

店主は目が見えないが、つよしが学生だと言い当てた。声とか、来る時間帯とか、さまざまな情報から推測したのだろう。

つよしは「駅前だとおかあさんが気付くので」と言った。

店主は座布団《ざぶとん》を差し出し、「もしよかったらご相談にのりますよ」と言った。

「お話を聞いてもけして口外しません。話すだけ話してみるというのはどうですか」

そう言われて、つよしはしばらく［　D　］していたが、やがて靴《くつ》をぬいで※小上がりに上がった。

店主はしずかに座《すわ》っているだけで、何かを聞き出そうとする気配はない。俺は自転車屋の親父を思い出した。客は、ほうっておくと勝手にしゃべり出す。つよしも例外ではなかった。

「お小遣《こづか》いが足らなくなってきたから、もうそろそろおしまいにしないといけないって思うんです」

店主はうなずいた。

「高校に通うのに自転車が必要なんです。おかあさんは、一生懸命《いっしょうけんめい》自転車を探してくれて、あのあずき色の」と言いかけて、つよしははっとして、言葉を選び、言い直した。

「古い自転車をアパートのお隣《となり》の遠藤《えんどう》さんから譲《ゆず》ってもらったんです。遠藤さんはもう歳《とし》で自転車に乗れないから、捨てようと思ってた、って言ってました」

「遠藤さんから譲っていただいた自転車なんですね」

「はい。ぼくのおかあさんはやさしい人です。お金があれば買ってくれるんですけど、朝早くからスーパーで働いて、夜は弁当屋で働いて、でも自転車は買えないんです。ぼくの学費を貯《た》めているんです。大学へ行かせるんだってはりきっています」

「自転車は高いですからね」

二〇二二年度 公文国際学園中等部

【国語】〈Ｂ入試〉（五〇分）〈満点：一〇〇点〉

《注意》一、句読点や記号も一字に数えなさい。
二、記述問題の下書き欄《らん》は、下書き用に利用してかまいません。
三、作問の都合で、作品を一部改変したところがあります。

一　次の文章を読んで、後の問いに答えなさい。

高校に入学したつよしはおかあさんからあずき色の古い自転車を用意してもらいましたが、その後おとうさんからも入学祝いにとミスター・クリスティという名前の高価な自転車を買ってもらいました。

やがてつよしはやって来た。友人に「笹本《ささもと》、すげえかっこいい自転車だな」なんて声をかけられ、うれしそうに「入学祝いなんだ」と答えていた。

そして再び俺《おれ》は走った。つよしと走った。風を感じた。

走っている間は不安なんてちらっとも浮《う》かばない。だってさ、すげえ楽しいんだもの。運転手は体が軽くて、運転はたしかだし、若いからスピードも出せる。俺にぴったりの持ち主だ。

つよし、最高！

しかし今日も商店街に入った。つよしが俺から降りて手で引き始めると、もくもくと嫌《いや》な気持ちが俺の心を支配した。

つよしはまた俺をあずけるのか。そしてあずき色の自転車と一緒《いっしょ》に家に帰るのか。

予想は当たった。

藍色《あいいろ》ののれんをくぐると、つよしは俺を店内に入れ、店主に「またこれをお願いします」と言った。こんどは「明日の朝まで」と言う。

店主はわかりましたと言って、百円を受け取ると、奥《おく》からあずき色の自転車を引いてきた。そのとき俺はあれっと思った。［Ａ］という音がしない。［Ｂ］といい感じの音がして、そいつは出て来て、しかもサビもない。カゴのゆがみも修正されている。デザインはださいままの自転車だが、だいぶ生き返った感じだ。

つよしはあずき色の自転車を受け取ると、あれっという顔をした。

摩擦《まさつ》がなく、いい感じに車輪が回るのが、手で引くだけで感じられるのだろう。①つよしは店主に何か言おうとしたが、店主が「お気をつけて」と言ったので、そのまま黙《だま》って出て行った。

つよしは去った。

俺は店主の誠実な手により奥にしまわれた。

俺は暗闇《くらやみ》で思った。店主はただあずかるだけじゃなく、あのぼろ自転車の手入れをしたんだ。目は見えないし、自転車屋の親父《おやじ》のようなプロではないから、ひたすら時間をかけて、磨《みが》いただけだろう。

あの誠実な手で。

誠実はだいじだと思う。なんせ公平だ。あずき色にも俺にも店主の誠実さはａまんべんなく分け与《あた》えられる。

でも俺は誠実を求めているんじゃない。俺が求めているのはもっと熱いものだ。それがどんな色で、どんな形なんだか、よくわからないけれども。

ひらべったいはずはないし、［Ｃ］しているわけがない。

2022年度

公文国際学園中等部 ▶解説と解答

算　数　＜Ｂ入試＞（50分）＜満点：100点＞

解　答

1 (1) 6　(2) 24　(3) $\frac{3}{10}$　(4) 3　(5) $1\frac{2}{5}$　2 (1) 秒速12.5m　(2) 4.8％　(3) 300cm　(4) 250円　(5) ① 720通り　② 216通り　(6) ① 6　② 3　3 (1) 96人　(2) 13cm　(3) (オ)　(4) 5，25，35，55，65，85，95　(5) 486m　4 (1) 64　(2) 91　(3) 上から45段目，左から４番目　(4) 9　5 (1) 12秒　(2) 6 cm　(3) ① 3秒後　② 6秒後　③ 9秒後　(4) $8\frac{2}{5}$cm²

解　説

1 四則計算，逆算

(1) $15-2\times(3+4)+5=15-2\times7+5=15-14+5=1+5=6$

(2) $16-14\div2+3\times(21-8\times2)=16-7+3\times(21-16)=16-7+3\times5=16-7+15=9+15=24$

(3) $\left(\frac{1}{3}-\frac{1}{5}\right)\div4\frac{2}{3}\times3\frac{1}{2}+\frac{1}{5}=\left(\frac{5}{15}-\frac{3}{15}\right)\div\frac{14}{3}\times\frac{7}{2}+\frac{1}{5}=\frac{2}{15}\times\frac{3}{14}\times\frac{7}{2}+\frac{1}{5}=\frac{1}{10}+\frac{2}{10}=\frac{3}{10}$

(4) $\left(1\frac{1}{2}+0.75\right)\div\frac{1}{3}-0.875\times4\frac{2}{7}=\left(\frac{3}{2}+\frac{3}{4}\right)\div\frac{1}{3}-\frac{7}{8}\times\frac{30}{7}=\left(\frac{6}{4}+\frac{3}{4}\right)\div\frac{1}{3}-\frac{15}{4}=\frac{9}{4}\times\frac{3}{1}-\frac{15}{4}=\frac{27}{4}-\frac{15}{4}=\frac{12}{4}=3$

(5) $\left(\square\times4\frac{1}{6}-\frac{3}{4}\right)\div\frac{5}{6}-6=\frac{1}{10}$より，$\left(\square\times4\frac{1}{6}-\frac{3}{4}\right)\div\frac{5}{6}=\frac{1}{10}+6=\frac{1}{10}+\frac{60}{10}=\frac{61}{10}$，$\square\times4\frac{1}{6}-\frac{3}{4}=\frac{61}{10}\times\frac{5}{6}=\frac{61}{12}$，$\square\times4\frac{1}{6}=\frac{61}{12}+\frac{3}{4}=\frac{61}{12}+\frac{9}{12}=\frac{70}{12}=\frac{35}{6}$　よって，$\square=\frac{35}{6}\div4\frac{1}{6}=\frac{35}{6}\div\frac{25}{6}=\frac{35}{6}\times\frac{6}{25}=\frac{7}{5}=1\frac{2}{5}$

2 単位の計算，濃度《のうど》，割合，消去算，場合の数，条件の整理

(1) 45km＝45000m，１時間＝60秒×60＝3600秒だから，時速45kmで進むとき，１秒間では，45000÷3600＝12.5(m)進む。よって，時速45km＝秒速12.5mである。

(2) 濃度６％の食塩水200ｇには食塩が，200×0.06＝12(ｇ)，濃度４％の食塩水300ｇには食塩が，300×0.04＝12(ｇ)ふくまれるから，これらを混ぜると，食塩水の重さは，200＋300＝500(ｇ)，食塩の重さは，12＋12＝24(ｇ)となる。よって，濃度は，24÷500＝0.048より，4.8％になる。

(3) 落ちた高さの0.4倍だけ跳《は》ね上がるので，２回目に跳ね上がる高さは，落とした高さの，0.4×0.4＝0.16(倍)になる。よって，２回目の跳ね上がりが48cmのとき，落とした高さは，48÷0.16＝300(cm)とわかる。

(4) シュークリーム，ショートケーキ１個の値段をそれぞれク，ケと表すと，下の図１の㋐，㋑の式に表せる。㋐の式を３倍して，ショートケーキを６個にそろえると，シュークリームが，３×３＝９(個)とショートケーキが６個で，1100×３＝3300(円)になるから，㋒の式に表せる。㋑と㋒の差を考えると，シュークリーム，９－４＝５(個)の値段が，3300－2300＝1000(円)だから，シュークリーム１個の値段は，1000÷５＝200(円)とわかる。よって，㋐の式より，ショートケーキ２個の値段は，1100－200×３＝500(円)だから，ショートケーキ１個の値段は，500÷２＝250(円)と求められる。

図１

ク×３＋ケ×２＝1100(円)…㋐
ク×４＋ケ×６＝2300(円)…㋑
ク×９＋ケ×６＝3300(円)…㋒

(5) 左から１番目のカードは０から９までの10通りあり，それぞれの場合で左から２番目は，左から１番目以外の９通り，左から３番目は左から１・２番目以外の８通りあるから，並べ方は全部で，10×９×８＝720(通り)(…①)ある。また，カードの数をかけ合わせたとき，０になる並べ方は３枚の中に０がふくまれる並べ方である。左から１番目が０の場合，左から２番目は１から９の９通りあり，左から３番目は１から９までのうち左から２番目以外の８通りあるから，左から１番目が０になる並べ方は，９×８＝72(通り)ある。左から２番目，３番目が０の場合も同様に72通りずつあるから，３枚のカードの数の積が０になる並べ方は，72×３＝216(通り)(…②)ある。

(6) 右の図２で，９×イの一の位が４になる。１から９までの整数のうち，９をかけた積の一の位が４になるものは，６しかないから，イ＝６(…①)とわかる。すると，76×９＝684より，エ＝８とわかる。よって，2484÷９＝276より，ア＝２とわかる。さらに，ウ×イ，つまり，ウ×６の一の位が４になることから，ウは４か９となる。ウ＝９とすると，276×９＝2484で，これは一番左の位の数が１でないので，図２と合わない。ウ＝４とすると，276×４＝1104で，これは図２と合う。よって，ウ＝４と決まり，オ＝１だから，カ＝２＋１＝３(…②)とわかる。

図２

```
   ア７イ
 ×  ウ９
 ２４エ４
１オ０４
１カ５キ４
```

3 比の性質，調べ，展開図，約束記号，整数の性質，通過算

(1) 県外出身の男性と女性の人数をそれぞれ$\boxed{7}$，$\boxed{5}$とする。男性全体の$\frac{3}{5}$，女性全体の$\frac{3}{4}$が県内出身なので，県外出身の男性は，男性全体の，$1-\frac{3}{5}=\frac{2}{5}$，県外出身の女性は，女性全体の，$1-\frac{3}{4}=\frac{1}{4}$となる。つまり，男性全体の$\frac{2}{5}$が$\boxed{7}$，女性全体の$\frac{1}{4}$が$\boxed{5}$にあたるから，男性全体の人数は，$\boxed{7}\div\frac{2}{5}=\boxed{\frac{35}{2}}$，女性全体の人数は，$\boxed{5}\div\frac{1}{4}=\boxed{20}$となる。したがって，$\boxed{\frac{35}{2}}+\boxed{20}=\boxed{\frac{75}{2}}$にあたる人数が300人となるので，$\boxed{1}$にあたる人数は，$300\div\frac{75}{2}=8$(人)とわかる。県外出身の男女の合計人数は，$\boxed{7}+\boxed{5}=\boxed{12}$にあたるから，８×12＝96(人)と求められる。

(2) 直方体のたて，横，高さの３つの長さ(単位はcm)が連続する整数で，体積が2184cm^{3}になる。一の位に注目して調べると，３つの長さが（12cm，13cm，14cm)のとき，体積は，12×13×14＝2184(cm^3)になるとわかる。よって，たてが最も長く，高さが最も短いから，横の長さは13cmである。

(3) Ａ～Ｉ以外の頂点を右の図１のように，Ｐ～Ｘとし，五角形CDWSPが底になるようにして組み立てると，右の図２のようになる。よって，ＡとＩ，ＤとＧ，ＥとＦが重なるので，正しいものは㈳である。

図１

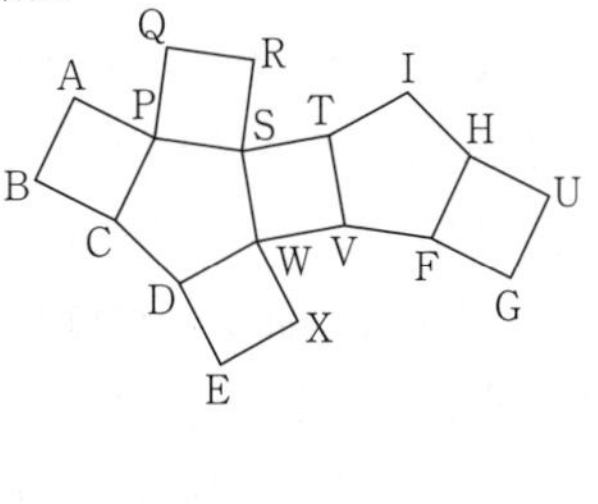

図２

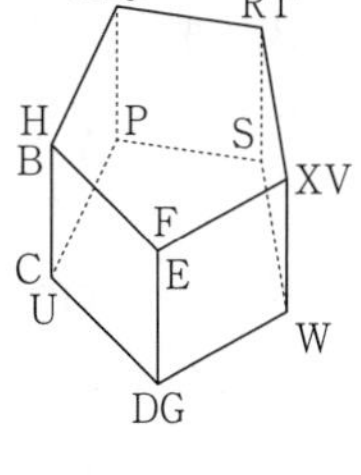

(4) どの整数も１を約数にもつので，約数の中で２番目に小さい数は，約数の中で１の次

に小さい数である。したがって，【A】＝５のとき，１の次に小さいAの約数は５だから，Aは２，３，４を約数にもたず，５を約数にもつ。つまり，Aは５の倍数であるが，２，３，４の倍数でない。５の倍数は一の位が０か５であり，一の位が０の整数は２の倍数だから，５の倍数であって２や４の倍数でない数は，一の位が５の整数となる。そのような整数には100以下では，５，15，25，35，45，55，65，75，85，95があてはまる。これらのうち，15，45，75は３の倍数だから，【A】＝５となる100以下の整数Aは，５，25，35，55，65，85，95である。

(5)　列車Ａがトンネルを通過するときのようすは，右の図３のようになるので，トンネルの長さを□ｍとすると，列車Ａは67秒で(□＋318)ｍ進む。同様に，列車Ｂは54秒で(□＋162)ｍ進む。列車Ａ，Ｂの速さは同じだから，列車Ａ，Ｂと同じ速さで，(□＋318)－(□＋162)＝318－162＝156(ｍ)進むのに，67－54＝13(秒)かかる。よって，列車Ａ，Ｂの速さは秒速，156÷13＝12(ｍ)だから，トンネルの長さは，12×67－318＝804－318＝486(ｍ)と求められる。

図３

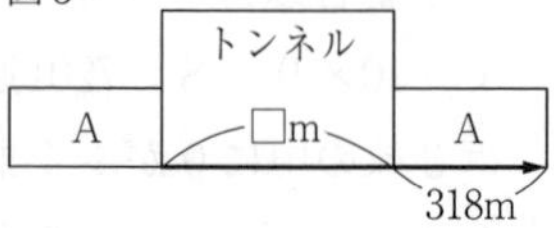

4　数列

(1)　左から１番目の整数は，上から１段目が，１＝１×１，２段目が，４＝２×２，３段目が，９＝３×３，…のように，段の数を２回かけた数になっている。よって，上から８段目，左から１番目の整数は，８×８＝64となる。

(2)　{１，３，７，13，…}の10番目の整数は，上から10段目，左から10番目の整数で，これは上から10段目，左から１番目の整数よりも，10－１＝９小さい。よって，10×10＝100よりも９小さいから，100－９＝91とわかる。

(3)　45×45＝2025より，2025は上から45段目，左から１番目にある。また，2022は2025よりも，2025－2022＝３小さいから，2022は上から45段目，左から，１＋３＝４(番目)にある。

(4)　横□行，たて□列目の和は，１から(□×□)までのすべての整数の和となる。たとえば，横10行，たて10列目の和は，１から，10×10＝100までのすべての整数の和だから，１＋２＋３＋…＋100＝(１＋100)×100÷２＝5050となり，3321より大きくなる。そこで，□の数を１減らすと，横９行，たて９列目の和は，１から，９×９＝81までのすべての整数の和だから，１＋２＋３＋…＋81＝(１＋81)×81÷２＝3321になる。よって，アにあてはまる数は９である。

5　平面図形―図形上の点の移動，相似，面積

(1)　下の図１で，直角三角形ABEの周囲の長さは，長方形ABCDの周囲の長さと等しいので，(６＋12)×２＝36(cm)である。よって，点Ｑは１周するのに，36÷３＝12(秒)かかる。

(2)　AEの長さは，３＋６＝９(cm)，ABの長さは12cmだから，BEの長さは，36－(９＋12)＝15(cm)となる。また，AEとBCは平行なので，三角形AEGと三角形CBGは相似である。よって，EG：BG＝AE：CB＝９：６＝３：２だから，BGの長さは，$15\times\frac{2}{3+2}=6$(cm)と求められる。

(3)　まず，点ＱがＡにくるのは，９÷３＝３(秒後)で，このとき，初めてＡ，Ｐ，Ｑを結んだ三角形ができなくなる。動き始めてから３秒後，点ＰはＡから，２×３＝６(cm)進んだところにあるので，点ＰがＢにくるまで，あと，(12－６)÷２＝３(秒)かかる。点Ｑが３秒間で進む長さは，３×３＝９(cm)だから，この３秒間は，点Ｑが点Ｐに追いつくことはなく，点Ｑは辺AB上にある。したがって，この３秒間はＡ，Ｐ，Ｑを結んだ三角形はできないので，動き始めて３秒後(…①)から，３＋３＝６(秒後)(…②)までの間は三角形ができない。また，点ＱがＢにくるのは，動き始めてから，（９＋12）÷３＝７（秒後）で，そのとき，下の図２のように，点ＰはＢから，２×７－12＝２（cm）進んだところにある。図２の後，点ＰはＣにくるまで，（６－２）÷２＝２（秒）かかり，点ＱはＧにくるまで，６÷３＝２（秒）かかるから，点ＰがＣにくると同時に点ＱはＧにくる。このとき，点Ａ，Ｐ，Ｑは一直線に並ぶので，三角形ができない。よって，動き始めてから，７＋２＝９（秒後）（…③）も三角形ができない。

⑷　動き始めてから８秒後，点ＰはＢから，２×８－12＝４（cm），点ＱはＢから，３×８－（９＋12）＝３（cm）のところにあるので，三角形APQのようすは下の図３のようになり，その面積は，三角形ABPの面積から三角形ABQと三角形BPQの面積をひくと求められる。ここで，点ＱからABに垂直な直線QHを引くと，三角形HBQと三角形ABEは相似になる。したがって，QH：EA＝HB：AB＝BQ：BE＝３：15＝１：５となるので，QHの長さは，$9\times\frac{1}{5}=\frac{9}{5}$（cm），HBの長さは，$12\times\frac{1}{5}=\frac{12}{5}$（cm）である。よって，三角形ABQの面積は，AB×QH÷２＝$12\times\frac{9}{5}\div 2=\frac{54}{5}$（cm²），三角形BPQの面積は，BP×HB÷２＝$4\times\frac{12}{5}\div 2=\frac{24}{5}$（cm²）となり，三角形ABPの面積は，12×４÷２＝24（cm²）だから，三角形APQの面積は，$24-\frac{54}{5}-\frac{24}{5}=\frac{42}{5}=8\frac{2}{5}$（cm²）と求められる。

図１
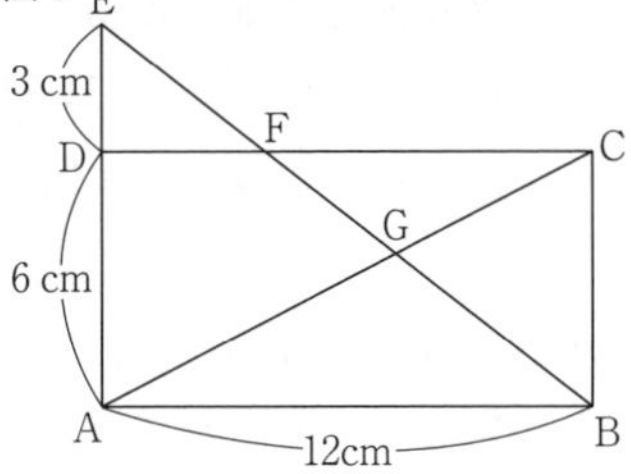

図２
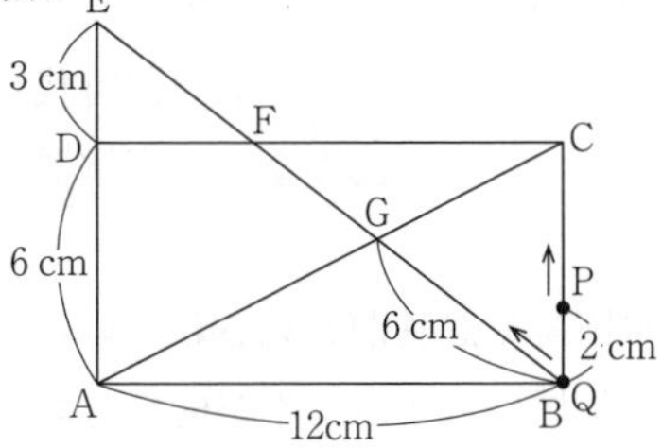

図３
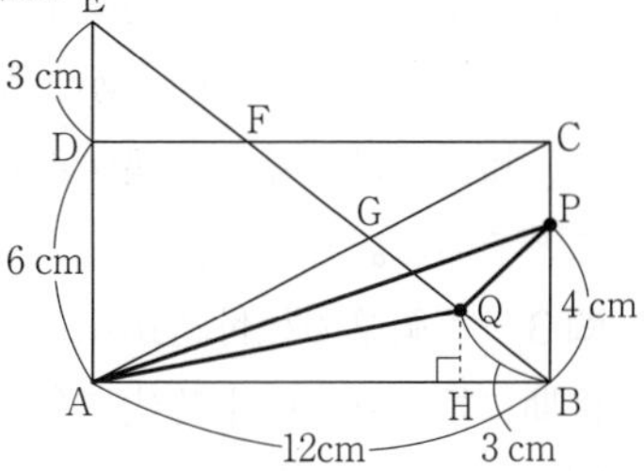

社　会　＜Ｂ入試＞（40分）＜満点：75点＞

解　答

1　**問１**　**１**　シャクシャイン　**２**　琉球　**３**　百済　**４**　豊臣秀吉　**５**　ポーツマス　**問２**　ア　**問３**　イ　**問４**　ウ　**問５**　ア　**問６**　エ　**問７**　ア　**問８**　ウ　**問９**　**番号**…（例）１　**Ａ**　（例）和人とアイヌの人々の交流でアイヌの人々が多く亡くなっていた　**Ｂ**　（例）宇宙の未確認生物との交流で日本に新たな病気がもたらされる可能性がある　**問10**　ア　**2**　**問１**　東京（駅）　**問２**　エ　**問３**　⑴　九州（地方）　⑵　福岡県　**問４**　里（山）　**問５**　ア　**問６**　ウ　**問７**　イ　**問８**　エ　**問９**　**Ａ**　（例）旅人（観光に訪れる人）　**Ｂ**　（例）昔から住んでいる人（その土地の人）　**問10**　（例）特産物の通信販売による定期購買者と生産者の現地での交流イベントや山村留学の推進，雪や自然を利用したイベントの定期開催。　**3**　**問１**　ア　**問２**　ア　**問３**　衆議院　**問４**　**１**　Ａ　**２**　Ｂ　**３**　Ｂ　**４**　Ｂ　**問５**　**Ｂ**　イ　**Ｃ**　ア　**問６**　難民　**問７**　ウ　**問８**　（例）武力を行使するなど非合法的な手段によって現行の政府を倒し，政治権力を奪い取ること。　**問９**　**１**　Ｂ　**２**　Ａ　**３**　Ａ　**４**　Ａ　**５**　Ｂ　**問10**　エ　**問11**　ウ　**問12**　エ　**問13**　カジノ

解　説

1　日本と外国との交流の歴史を題材にした問題

問1　**1**　アイヌの首長であったシャクシャインは，不公平な取引をする松前藩に不満を持つアイヌの人々を率いて1669年に蜂起《ほうき》したが，和睦《わぼく》の席で殺害された。　**2**　1429年，尚巴志《しょうはし》が沖縄島を統一し，琉球王国を形成した。琉球王国は，日本・中国・東南アジア諸国との間の中継貿易で栄えたが，明治時代の琉球処分によって沖縄県が設置され，日本の領土の一部に組みこまれた。**3**　538年(552年の説もある)，百済の聖明王が仏像や経典などを欽明《きんめい》天皇に贈《おく》った。これが，仏教の日本への公式な伝来とされている。　**4**　豊臣秀吉は，1590年に北条氏をほろぼして日本を統一すると，明(中国)への進出をくわだて，1592～93年(文禄の役)と1597～98年(慶長の役)の２回にわたって朝鮮へ出兵した。　**5**　ポーツマス条約は，1905年に結ばれた日露戦争の講和条約である。この条約では，日本が韓国に対する指導権をもつこと，南満州鉄道とそれにともなう権利を日本に譲《ゆず》ること，旅順・大連の租借《そしゃく》権を日本に譲ること，樺太の南半分を日本に譲ることなどが決められた。

問2　ア　青森市郊外にある三内丸山遺跡《いせき》は，縄文時代前～中期の大規模な集落跡《あと》で，遺跡からは北海道産の黒曜石や新潟県産のひすいなどが見つかっており，当時の人々が遠くの地域と物々交換《こうかん》を行っていたことが明らかとなっている。　イ　旧石器時代(先土器時代)について述べている。ウ　埴輪《はにわ》ではなく，土偶《どぐう》が正しい。　エ　銅鐸《どうたく》などの青銅器が日本に伝わったのは，弥生時代のことである。

問3　福岡県の板付遺跡などで水田跡や農具が発見されていることから，日本では稲作が縄文時代後期に始まり，弥生時代に多くの地域に広まって本格的に行われるようになったとされている。

問4　1939年９月，ドイツがポーランドに侵攻《しんこう》を開始したことに対して，イギリス・フランスがドイツに宣戦布告し，第二次世界大戦が始まった。日本は1941年12月にハワイの真珠湾《わん》を攻撃《こうげき》してこの戦争に加わり，1945年８月まで戦った。よって，ウが正しい。なお，アは第一次世界大戦，イは日清戦争，エは朝鮮戦争についての記述である。

問5　栄西が開いた臨済宗は，座禅《ざぜん》と問答によって悟《さと》りを開こうとする教えで，鎌倉幕府の保護を受けて公家や武士の間に広がった。よって，アが正しい。なお，イは日蓮ではなく法然，ウは道元ではなく親鸞，エは親鸞ではなく道元が正しい。

問6　初代韓国統監《とうかん》であった伊藤博文が，1909年に満州のハルビン駅で韓国の独立運動家である安重根に暗殺されると，日本は翌10年に韓国を併合《へいごう》し，植民地として1945年まで支配した。なお，大久保利通は薩摩藩出身の政治家で，1878年に東京都千代田区の紀尾井坂で不平士族によって暗殺された。

問7　アイヌは，北海道を中心に樺太の南半分や千島列島に居住していたが，18世紀には松前藩が北海道南部を支配していたため，その地域は18世紀のアイヌの居住地の分布に入っていない。

問8　琉球王国が薩摩藩の島津氏に征服されたのは，1609年(17世紀)のことである。支配下に入ったのちも琉球王国は中国との朝貢《ちょうこう》関係を続け，中国からの交易で得た産物や琉球でとれる黒砂糖などを薩摩藩に納めていた。なお，15世紀～16世紀とは1401年～1600年のことで，室町時代から安土桃山時代にあたる。

問9　パネル１の「天然痘《てんねんとう》がもたらされ」という記述からは新たな病気が流行する可能性，パネル

2の「アメリカ軍の基地がおかれている」やパネル3の「この地域を併合」からは，宇宙の未確認生物に地球が支配されてしまう可能性などが考えられる。また，全パネルを通して想定されることとして，別の地域へ進出すると，元々そこに住んでいた人々(生物)との争いが起こることがあげられる。

問10　ア　1932年に満州国が建国されると多くの日本人が満州に移住したため，1933年以降ブラジルへの移民の数は減少した。　イ　アメリカへの移民が2万人をこえた1913年，ハワイへの移民の数は減少している。　ウ　関東大震災が起こったのは1923年で，そのころハワイへの移民の数は減少している。　エ　アメリカへの移民の数が最も多いのは1917年だが，岩倉使節団が欧米に派遣《はけん》されたのは1871年である。

2　「関係人口」を題材とした問題

問1　東海道新幹線・北陸新幹線・上越新幹線・東北新幹線・秋田新幹線・山形新幹線が，東京駅を出発駅としている。

問2　47都道府県のうち，2019〜2020年に人口が増加しているのは，日本で最も出生率の高い沖縄県と，他県から人口が流入している東京都・神奈川県の3都県だけである。統計資料は『データブック　オブ・ザ・ワールド』2021年版などによる(以下同じ)。

問3　(1)，(2)　九州地方で人口が最も多いのは福岡県であるが，Aでは佐賀県に色が塗《ぬ》られている。なお，Bの中国・四国地方で人口が最も多いのは広島県，Cの東北地方で人口が最も多いのは宮城県，Dの近畿地方で人口が最も多いのは大阪府である。

問4　里山は，人々が暮らす集落の近くにあり，人々と密接なかかわりをもつ森林のことである。かつては，薪《まき》や炭などの燃料となる木，食用のきのこや山菜，肥料として用いられる落ち葉，屋根を葺《ふ》くための萱《かや》などを採る場となっていた。

問5　秋田県は全国で最も65歳《さい》以上の人口割合が高く，15歳未満の人口割合が低い都道府県で，藤里町でも同じく少子高齢化が進行していると考えられるため，アがあてはまる。

問6　「あきたこまち」の産地として知られる秋田県は，米の収穫《しゅうかく》量が新潟県・北海道についで日本で3番目に多い。よって，ウがあてはまる。なお，じゃがいもの収穫量全国第1位のアは北海道，りんごの収穫量全国第1位のイは青森県，さくらんぼの収穫量全国第1位のエは山形県。

問7　文章より，定住人口はその土地に住んでいる人，交流人口は観光などで訪れる人，関係人口はたびたび滞在《たいざい》するなど，関心をもってその地域との関係性を続けている人であることが読み取れる。よって，かかわり合いの深い順に並べると，定住人口＞関係人口＞交流人口となる。

問8，問9　詩の「風」は「遠くから　理想を含《ふく》んでやってくるもの」なので，関係人口である「気軽に訪れる人」，「土」は「そこにあって　生命を生み出し育むもの」なので，定住人口である「その土地に暮らしている人」とわかる。この「風」と「土」が「和して文化を生む」と書かれていることから，「気軽に訪れる人」と「その土地に暮らしている人」が協力すれば，よい文化が生まれるという意味に解釈《かいしゃく》できる。

問10　この地域のキーワードは「雪」「山林」「農業や林業」である。これらをいかし，雪に関するイベントを開催《かいさい》する，山村留学・農業体験・林業体験を推進する，特産物の通信販売を拡大する，特産物や古民家宿泊などふるさと納税制度の返礼品を充実《じゅうじつ》させる，といった取り組みを行うことが考えられる。

[3] 2021年の新聞記事を題材とした問題

問1　政府として政権を担当する政党を与党，与党以外の政党を野党という。野党には，与党が国民の人権を侵害したり利益に反したりする政策を行わないよう監視《かんし》や批判をし，ときには対案を出してよりよい法律案に修正させる役割がある。

問2　国会は日本国憲法第41条で「国の唯一《ゆいいつ》の立法機関」と定められ，国の予算は第86条で国会の「議決を経なければならない」と規定されている。よって，アが正しい。なお，イは内閣，ウは裁判所の役割について述べている。

問3　衆議院議員の任期(４年)が2021年10月21日に満了《まんりょう》を迎《むか》えるにあたり，国会の空白期間をできるだけ短くし，新型コロナ対策や経済政策に一日も早く取り組むため，10月14日に衆議院が解散された。その後，第49回衆議院議員総選挙が10月31日に実施《じっし》された。

問4　**1**　衆議院議員選挙では小選挙区比例代表並立制が採用されているので，有権者は小選挙区と比例区でそれぞれ１票ずつ投票できる。なお，小選挙区では候補者名，比例区では政党名を投票用紙に記入する。　**2**　衆議院議員選挙では，小選挙区の候補者が比例代表にも立候補できる重複立候補制が採用されている。そのため，小選挙区で落選しても比例区で復活当選することがある。　**3**　各党の得票数を整数で割り，その商の大きい順に議席を割り当て，当選者定数に達するまで各政党に配分する計算方式をドント式という。小選挙区ではなく，比例区の議席配分に用いられる方式である。　**4**　男女の候補者数ができる限り均等になることをめざす「政治分野における男女共同参画推進法(候補者男女均等法)」が制定されているが，全候補者に占《し》める女性の割合はこの選挙でも17.7％という低い水準で，女性の当選者は全体の9.7％であった。

問5　**B**　2021年３月，名古屋出入国在留管理局に収容中であったスリランカ人のウィシュマ・サンダマリさんが亡《な》くなり，入管職員の対応が適切であったかどうかが問題となった。　**C**　ミャンマーでは2021年２月に国軍主導のクーデターが発生したため，迫害《はくがい》をおそれて国から逃《に》げ，保護を求める人が増加した。サッカー選手のピエ・リヤン・アウン選手もその一人で，大阪出入国在留管理局は彼を難民として認定した。

問6　問５のＣの解説を参照のこと。なお，難民とは戦争や紛争・災害のほか，人種・宗教・政治的意見の相違《そうい》などによる迫害から逃《のが》れるため，国境を越《こ》えて国外に移り住む人々をいう。

問7　法務省は国籍や登記に関する事務や国民の人権を守ることを仕事とし，外局には出入国在留管理庁・公安審査委員会・公安調査庁がおかれている。また，出入国在留管理庁には地方支分部局として大阪をふくめ全国に８つの地方出入国在留管理局がおかれている。

問8　武力や暴力的な手段を用いて非合法に現行の政府を倒して政権を奪《うば》い，政治的な変化をもたらすことをクーデターという。

問9　**1**　国民は，内閣総理大臣を選ぶこともやめさせることも直接はできない。　**2**　国民は，最高裁判所の裁判官が裁判官として適当かどうかを判断し，国民審査によってやめさせることができる。ただし，これまでに国民審査でやめさせられた裁判官はいない。　**3**　地方自治において，首長(都道府県知事・市町村長)や議員などの解職を請求することをリコールという。原則として有権者の３分の１以上の署名を選挙管理委員会に提出することで解職の是非《ぜひ》を問う住民投票が行われ，過半数の同意が得られればその首長・議員はやめさせられる。　**4**　国政選挙は，普通選挙(一定年齢になったすべての国民に選挙権が与えられる)・平等選挙(一人１票の公平な投票権が与えられる)・直接選挙(有権者が候補者に直接投票する)・秘密選挙(だれがだれに投票したかわからない方法で行う)という４つの原則で行われる。　**5**　自由民主党(自民党)の総裁選挙で投票することができるのは，自民党議員や自民党員など自民党が認める者だけである。

問10　ピエ・リヤン・アウン選手は，日本戦の国歌斉唱《せいしょう》のときにクーデターで権力をにぎった国軍への抵抗の意思を示す「三本指」を掲《かか》げた。

問11　自分の考えを伝えたり発表したりすることができる権利を表現の自由といい，日本国憲法第21条１項は表現の自由について，「集会，結社及《およ》び言論，出版その他一切の表現の自由は，これを保障する」と定めている。

問12　国民年金は，原則として日本国内の20歳以上60歳未満のすべての人が加入しなくてはならない公的年金制度である。一定の保険料を納めることにより，老齢・障害・家族の死亡《しぼう》によって健全な生活が営めなくならないよう，年金の支給が受けられる。なお，アは公的扶助《ふじょ》の一つである生活保護，イは労働者災害補償保険，ウは雇用《こよう》保険について説明している。

問13　カジノやホテル，国際会議場やショッピングモールなどが一体となった統合型リゾートをIRといい，2018年にIR実施法が制定されたことを受け，国内に３か所までIRが整備されることになった。2021年８月に実施された横浜市長選挙では，このことが争点の一つとなった。

理　科 ＜Ｂ入試＞（40分）＜満点：75点＞

解　答

1　**問1**　2020　**問2**　**B**　0.4　**C**　42.2　**D**　10　**E**　台風　**問3**　(例)　温暖化が進んでいる今の状況から考えると，次の横浜の平均気温の新平年値も高くなると考えられる。　**問4**　イ　**問5**　イ　**問6**　エ　**問7**　(例)　海水面は低くなっていた。　**問8**　イ　**問9**　(例)　プラスチックのかけら　**2**　**問1**　ア　**問2**　毎時25km　**問3**　**北極側**…イ　**南極側**…ウ　**問4**　イ　**問5**　イ　**問6**　５人　**問7**　イ　**問8**　(例)　解説の図を参照のこと。　**問9**　ア　**3**　**問1**　オ　**問2**　**A**　増えた　**B**　減って　**問3**　ウ　**問4**　ア　**問5**　**ヤナギの木**…74.47kg増えた　**土**…0.06kg減った　**問6**　(例)　ヤナギの木の重さは大きく増加しているのに対し，土はほとんど変化がないため，正しいとはいえない。　**問7**　(例)　(植物は)水や空気に含まれる成分と，日光を利用して栄養を得ている。　**問8**　30mL　**問9**　30％

解　説

1　**平均気温と降水量，地層，地質年代についての問題**

問1　気象庁では30年間の平均値を平年値とし，10年ごとに更新《こうしん》している。2021年５月19日より使用を開始した平年値は，1991年から2020年までの観測値の平均をもとにしたものである。

問2　**B**　年平均気温の旧平年値は15.8℃，新平年値は16.2℃なので，新平年値は，16.2－15.8＝0.4(℃)高い。　**C**　降水量の年平均について，新平年値は旧平年値と比べて，1730.8－1688.6＝42.2(mm)増加している。　**D**　降水量の新平年値について，１～12月のうち，旧平年値に対する増加量が最も大きいのは10月で，その増加量は，240.4－205.5＝34.9(mm)となっている。　**E**　日本に台風が接近，上陸する数が多いのは，夏から秋にかけてである。

問3　新平年値の平均気温は，旧平年値に比べて高くなっているので，2031年になって新しい平年値になったときには，さらに高くなることが予想される。この平均気温の上昇《じょうしょう》の原因として，地球温暖化が考えられる。

問4　図１からもわかるように，川の水によって運ばれてきた土砂のうち，粒《つぶ》の大きなれきは海岸から近く浅いところにたい積し，粒の小さな泥《どろ》は海岸から最も遠いところまで運ばれてたい積する。

問5　図１の地域が隆起《りゅうき》すると，海岸線の位置がＢ地点に近づき，Ｂ地点は海の深さが浅くなる。そのため，現在たい積している泥よりも粒の大きなものがたい積するようになる。

問6　アサリは浅い海の底に生息するので，アサリの化石は，砂やれきの地層に見られる。なお，ホタテは寒い地域，サンゴや椰子《やし》の実はあたたかい地域に生息する生物で，神奈川県にはふつう生息していない。

問7　地球全体が寒冷化していくと，極地方の氷や氷河が多くなるので，海水の量が減り，海水面は低くなる。

問8　表２より，約7000万年前は中生代とわかるため，イが選べる。恐竜《きょうりゅう》やアンモナイトの化石は，中生代を代表する化石(示準化石)である。

問9　「人新世」の地層中には，人間の活動によって産み出されたプラスチックや工業製品などの人工物が含《ふく》まれていると考えられる。

2　**慣性，鏡の見え方，電気回路についての問題**

問1　外から力を受けない，もしくは力がつり合っている場合，動いているものはその動きを続けようとし，静止しているものは静止し続けようとする。このような性質を慣性という。走っている電車が急ブレーキをかけると，電車は止まろうとするが，ミドリさんはこれまで動いていた電車と同じように動き続けようとするため，前方に倒《たお》れそうになる。

問2　ミドリさんが感じた新幹線の速さは，(同じ方向に進む新幹線の速さ)－(ミドリさんの乗った電車の速さ)となる。図１より，Ａの瞬間《しゅんかん》，ミドリさんが感じた新幹線の速さは毎時125kmになっている。このとき，ミドリさんの乗った電車は，毎時150kmで進んでいた新幹線と同じ方向に，毎時，150－125＝25(km)で進んでいたとわかる。

問3　北極上空から見ると，地球は反時計まわりに自転している。この様子を，地球の南極上空から見ると，自転の方向は時計まわりとなる。

問4　地球の自転は低気圧の風のふきかたにも関係していると述べられているように，南半球では自転の向きが北半球と反対向きなので，低気圧の地表付近での風のふきかたも北半球と反対向きになる。北半球の場合は，地表付近では低気圧の中心に向かって反時計まわりに風がふきこんでいるが，南半球の場合は，地表付近では低気圧の中心に向かって時計まわりに風がふきこんでいる。

問5　鏡に映るアカリさんの像は，鏡を対称《たいしょう》の軸《じく》として，実際にアカリさんがいる位置と鏡に対して線対称の位置に見える。

問6　図３のように，２枚の鏡を60度の角度で合わせた場合，鏡の中には２枚の鏡が60度で合わさったものが，360÷60－１＝５(個)できて，それぞれの中にキミオくんの像が１つずつ見える。よって，鏡には自分の像が５人見える。

問７　図４で，アの豆電球とそのすぐ下にある豆電球が並列につながる部分全体は，電気の流れをさまたげるはたらき(抵抗《ていこう》)が豆電球0.5個分と考えることができる。そのため，電池１個，豆電球１個をつないだときに豆電球に流れる電流の大きさを１とすると，アの豆電球には$\frac{2}{3}$，イの豆電球には$1\frac{1}{3}$，ウの豆電球には１の電流が流れる。豆電球に流れる電流の大きさが大きいほど豆電球は明るく光るので，一番明るく光るのはイの豆電球になる。

問８　表１より，端子《たんし》Ａと端子Ｂに豆電球をつないだときと，端子Ａと端子Ｄに豆電球をつないだときには，電池１個と豆電球がつながった回路になり，端子Ｂと端子Ｃに豆電球をつないだときには，直列につながった２個の電池と豆電球がつながった回路になっているとわかる。また，端子Ｃと端子Ｄに豆電球をつないだときには電気が流れない。このようになる回路として，右の図などが考えられる。

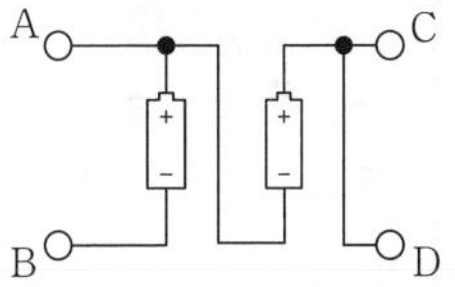

問９　問８より，端子Ｂと端子Ｄに豆電球をつなぐと，直列につながった２個の電池と豆電球がつながった回路になるので，豆電球は明るく光る。

3　植物の成長についての問題

問１　ベンガルトラやホホジロザメ，オオカマキリは肉食性の動物，トムソンガゼルは草食性の動物，ニホンイノシシは雑食性の動物である。

問２　植物が，土を食べてすべての栄養を得ているとすると，ヤナギの木の重さが増加した分だけ，土の重さが減少することになる。

問３　木や土には水が含まれている。より正確な実験結果を得るためには，木と土をよく乾燥《かんそう》させて，水を含んでいない状態で重さをはかる必要がある。

問４　枯《か》れた葉や枝などが土に混じってしまうと，土の重さが増えてしまい，正確な実験結果が得られなくなる。

問５　実験１では，５年間で，ヤナギの木の重さは，76.74－2.27＝74.47(kg)増えたが，土の重さは，90.72－90.66＝0.06(kg)減っている。

問６　仮説１が正しければ，ヤナギの木の重さの増加量と土の重さの減少量が等しくなるはずであるが，実験１ではヤナギの木の重さの増加量が非常に大きいのに対して，土の重さはほとんど変化していない。よって，仮説１は正しいとはいえない。

問７　実験２では，水，空気，日光の３つの条件を変化させて，葉の中に含まれるデンプンの量を比べている。実験の結果から，水と空気をあたえた植物に日光を当てると，デンプン(養分)が多くつくられることがわかる。よって，この実験の結果から正しいと判断した仮説２の内容として，植物は水と空気に含まれる成分と，日光を利用して栄養を得ているということが考えられる。

問８　ここでは，液体肥料10mLと水10mLを混ぜると，濃度《のうど》50％の肥料になると述べられているため，(液体肥料の体積)÷{(液体肥料の体積)＋(水の体積)}×100＝(濃度)の式が成り立つものとして考える。濃度25％の肥料をつくるために液体肥料10mLに混ぜる水の体積を□mLにすると，10÷(10＋□)×100＝25より，□＝30(mL)と求められる。

問９　濃度50％の肥料５mLに含まれる液体肥料の体積は，$5\times\frac{50}{100}$＝2.5(mL)，濃度25％の肥料20mLに含まれる液体肥料の体積は，$20\times\frac{25}{100}$＝５(mL)になる。よって，混ぜ合わせた肥料は，体積が，５＋20＝25(mL)，含まれる液体肥料の体積が，2.5＋５＝7.5(mL)になると考えられ，濃度は，7.5÷25×100＝30(％)である。

国　語　＜Ｂ入試＞（50分）＜満点：100点＞

解　答

一　問１　a　イ　　b　オ　　問２　A　コ　　B　サ　　C　ア　　D　キ　　問３　エ　　問４　ウ　　問５　イ　　問６　エ　　問７　（例）　おかあさんに対して誠実になること。　　問８　ア　　問９　オ　　二　問１　a　ウ　　b　ア　　c　エ　　問２　エ　　問３　イ　　問４　オ　　問５　正　　問６　わたしたち　　問７　（例）　わたしたちが食べ物をもたらすその仕組みに関心を持たず，その表面を理解しているだけなのに対し，パプアニューギニアの彼の家族は自分たちの力で食べ物を手にする力を持つとともに，その背後にある自然を理解した上で，自らの命を守る方法も知っているから。　　三　問１　下記を参照のこと。　　問２　①　続編　　②　神社　　③　客室　　問３　①　信　　②　意　　③　移

●漢字の書き取り

三　問１　①　映る　　②　観覧　　③　構成　　④　典型

解　説

一　**出典は大山《おおやま》淳《じゅん》子《こ》の『あずかりやさん』による。**高校までの通学や休日につよしを乗せながら，つよしの家には置いてもらえない自転車のクリスティ（俺《おれ》）は，ある日そのわけを知る。

問１　a　残るところなく，もれなく。　　b　特に。特別。

問２　A　使い古した自転車を引くときに出る音を表す言葉が入るので，物がにぶくきしむ音を表す「ぎいぎい」がよい。　　B　つよしが預けた古い自転車を，店主は磨《みが》き，車輪がなめらかに回るようにしたことが後の部分からわかる。よって，すべるように動くようすをいう「するする」が入る。　　C　「俺」が求めているものが持つ性質が入る。「俺」は「もっと熱いもの」を求めていると直前の段落にあるので，「ひんやり」しているわけがないことになる。「ひんやり」は，冷たく感じるようす。　　D　家への往復には古い自転車を，学校への往復には新しい自転車を使うつよしには何かわけがありそうだと店主は感じ，相談にのるからと，つよしに話をするように勧《すす》める。つよしはしばらく迷っていたので，遠慮《えんりょ》したり恥《は》ずかしがったりするようすをいう「もじもじ」が合う。

問３　使い古した自転車が，預けたときとは違《ちが》って摩擦《まさつ》がなく，車輪がスムーズに回るようになっていることにつよしは気づいている。そのため，店主が自転車の手入れをしてくれたのだろうかと思い，そのことをたずねようとしたのだと考えられる。よって，エが選べる。

問４　この後の，つよしと店主とのやり取りに注目する。遠藤《えんどう》さんから譲《ゆず》ってもらったあずき色の自転車は古く，高校生が乗る自転車とは型などが違うため，通学に利用するのは少し恥ずかしいとつよしは感じていた。そのため，学校と店との往復には新しい自転車を使ったのだから，ウが合う。

問５　つよしの話を聞いていた店主は，あずき色の自転車は古く，高校への通学に使うのは恥ずか

しいと思っていたつよしの気持ちを見ぬいた。自分の気持ちを理解してくれたことで，つよしはほっとし，この店主になら自分の状況《じょうきょう》を話してもよいだろうと感じたはずなので，イがよい。

問６　店主の言葉から，つよしは自分を思うおとうさんの気持ちや，クリスティを喜んでくれるだろうおかあさんの気持ちに気づいた。店主がさわやかな笑顔《えがお》を浮《う》かべたのは，つよしの本心を聞いたからというだけにとどまらず，自分に話すことでつよしが今の状況から踏《ふ》み出すきっかけをつかんだと感じたからだろうと想像できるので，エが選べる。

問７　苦労して自分のために自転車を用意してくれたおかあさんに感謝しているのに，その自転車よりクリスティが好きな自分はおかあさんを騙《だま》しているとつよしは思い，苦しんでいた。あずき色の自転車を愛することは，つよしにとって，おかあさんに対して誠実になることを意味している。

問８　直前の部分に注目する。つよしはおかあさんの用意したあずき色の自転車を愛したいと思っているのに，愛せずに苦しんでいる。クリスティとしては，つよしは自分を大切に思ってくれていると感じていたが，自分が入りこむ余地はないと感じてさびしく思っているのだから，アが合う。

問９　傍線部⑦の「誠実」とは，店主のクリスティに対する態度を指す。あずき色の自転車に対するつよしの思いを知り，つよしは自分にとって最高の持ち主だと感じていたクリスティは心をみだされたが，店主がていねいにクリスティに接してくれたために救われた気持ちになったのである。

二　**出典は佐倉統《さくらおさむ》，古田《ふるた》ゆかりの『おはようからおやすみまでの科学』による。**科学技術が進んだ便利な社会に住むわたしたちは，発展途上国《とじょうこく》の人たちに比べ，食べ物に関する実力がないのではないかと述べている。

問１　**a**　だしぬけ。突然《とつぜん》。　**b**　はっきりしないようす。　**c**　意気ごんでいたのに大したことにはならず，気がぬけること。

問２　次の段落で，一九八〇年代には，自然の中から採集する食べ物を主な食料とする生活をしている日本人などほとんどいなかっただろうと述べられている。よって，エがあてはまる。

問３　結果としてもたらされた「品薄《しなうす》」は味気なさを感じさせるものではないので，イが選べる。なお，大量生産した衣服を安く買うことによって生じる味気なさなら，手作りの服の持つ味わいやあたたかみと無縁になるといったことが考えられる。

問４　最後から二つ目の段落に，「身の回りにあるもののしくみや原理，由来を考えることなくものごとがうつり変わっていく」とあるので，オがふさわしくない。なお，二つ目の〈中略〉の直前の段落にア，直後の段落にイ，その次の段落にウとエの内容が書かれている。

問５　「正真正銘《しょうめい》」は，うそいつわりのない本物であること。

問６　この「実力」とは，安全性や原材料，製造過程など，食べるものに関する知識についてのもので，最後から二番目の段落には「生き延《の》びるためにもっとも必要な能力」とされている。「実力」の内容については，文章前半の「わたしたちは，おなかがすいたら」で始まる連続した二段落で，木の実を採って食べる家族を例に，説明されている。

問７　傍線部⑥をふくむ文が，前のことがらを理由・原因として，後にその結果をつなげるときに用いる「だからこそ」で始まることに注目する。わたしたちは食べ物をもたらすしくみに関心を持たず，表面を理解しているだけにすぎない。一方，パプアニューギニアの彼《かれ》の家族は，本文前半にあるとおり，自分たちの力で食べ物を手にし，その背後の自然を理解する力や命を守る力も持っているため，「迫力《はくりょく》」を感じたのである。

三 漢字の書き取り，漢字の部首，誤字の訂正《ていせい》

問1 ① 音読みは「エイ」で，「映写」などの熟語がある。訓読みにはほかに「は(える)」がある。 ② 見物すること。 ③ 組み立てて全体をつくること。 ④ それらしい特徴《とくちょう》をもっとも備えているもの。

問2 ① 「いとへん」をつけると，映画や本などで前に出たものの続きを意味する「続編」となる。 ② 「しめすへん」をつけると，神をまつるやしろをいう「神社」になる。 ③ 「うかんむり」をつけると，客用の部屋という意味の「客室」になる。

問3 ① 「身」→「信」として，自分の力や価値を自分で信じることをいう「自信」にする。なお，「自身」は，自分のこと。 ② 「以」→「意」として，思いのほかという意味の「意外」にする。なお，「以外」は，それをのぞいたほかのもの。 ③ 「異」→「移」に変えて，場所を移すことを意味する「移動」とする。なお，「異動」は，地位や勤める場所が変わること。

2022年度　公文国際学園中等部

〔電　話〕　(045) 853－８２００
〔所在地〕　〒244-0004　神奈川県横浜市戸塚区小雀町777
〔交　通〕　JR東海道線－「大船駅」よりバス

【適性検査】〈帰国生入試〉(50分)〈満点：100点〉

1　次の問いについて答えなさい。

最近では、毎日のように新型コロナウイルスのことを耳にします。実は、ウイルスが生き物かどうかは難しい問題です。生き物は細ぼうの中に遺伝子を持っていますが、ウイルスは遺伝子を持っているのに細ぼうでできてはいないのです。自力で増えることはできず、移動することもできません。風や動物などによって運ばれ、他の生き物に侵入《しんにゅう》します。ウイルスはとてもたくさんの種類が存在していて、人が風邪《かぜ》をひくとき、それはたいていウイルスが原因だとされています。

ウイルスが鼻や口から吸いこまれると、のどや下図の A にくっつきます。鼻やのど、A は乾燥《かんそう》や異物から守るために湿《しめ》っています。これはウイルスから体を守るために大きな役割を果たしています。ウイルスは、くっついた部分の細ぼうに入りこむと、その細ぼうを使って増えていきます。感染した細ぼうはダメージを受け、他の細ぼうへの感染が進んでしまいます。体内でウイルスを増やさないためには、まずは口や鼻からウイルスを入れないことが大切です。ワクチンはウイルスが体内に入ってしまったとしても増えないようにする役割があります。

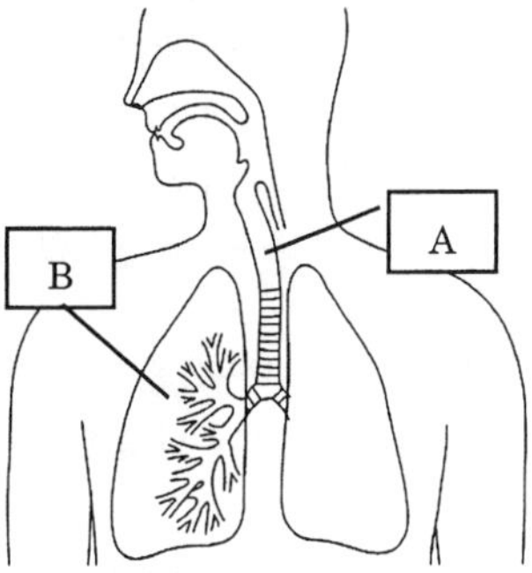

図

問1　図は呼吸をする際の空気の通り道を表しています。空気は A を通って B に入っていきます。A 、B の名称《めいしょう》をそれぞれ答えなさい。

問2　A は直径2cmほどの太さです。ウイルスは1mmの10,000分の1ほどの、とても小さなものです。ウイルスが直径2cmのビー玉ほどの大きさだとすると、A は直径がどれほどのトンネルだといえますか。正しいものを次のア～エから一つ選び、記号で答えなさい。

ア　40 cm　　イ　40 m　　ウ　4 km　　エ　400 km

図の B は、直径約 0.3mm の小さなふくろがいくつかかたまったブドウのような形をしています。そのまわりを毛細血管がつつんでいます。ここで空気中の a を取り入れて、血液中の b を放出します。この小さなふくろは数億個もあると言われています。

問3　a 、b に当てはまる気体の名称をそれぞれ答えなさい。

問4　なぜ小さなふくろの形になっているのでしょうか。理由を考えて答えなさい。

問5　本文中の下線部に関連して、冬に風邪やインフルエンザが流行《はや》りやすい理由として考えられるものを、次のア〜エから一つ選び、記号で答えなさい。

ア　冬は湿度《しつど》が高いため、のどの奥がより湿《しめ》り、ウイルスなどを押し流そうとするはたらきが弱まるため。

イ　冬は湿度が高いため、のどの奥が乾燥し、ウイルスなどを押し流そうとするはたらきが弱まるため。

ウ　冬は湿度が低いため、のどの奥がより湿り、ウイルスなどを押し流そうとするはたらきが弱まるため。

エ　冬は湿度が低いため、のどの奥が乾燥し、ウイルスなどを押し流そうとするはたらきが弱まるため。

太郎君の家では感染対策として手指の消毒をしています。消毒に使われるアルコール水は、アルコールの一種であるエタノールと水を混ぜたものです。エタノールの濃度《のうど》がおよそ75%のとき、効果が高いとされています。濃度が75%というのは、全体の体積の75%がエタノールであるということです。エタノールは1cm^3あたり0.8gとして以下の問いに答えなさい。

問6　アルコールについて説明した以下の1〜4の文について、それぞれ正しいものには○、誤っているものには×を記入しなさい。

1　アルコール水は青色の液体である。

2　アルコール（エタノール）に火をつけると燃える。

3　アルコール水は酸性である。

4　アルコール水を皮膚《ひふ》に付けるとすっとする。

問7　水とエタノールをそれぞれ100mLずつ用意したとき、どちらの方が何g重いか答えなさい。ただし、水は1cm^3あたり1gとします。

問8　濃度75%の消毒用アルコール水を100mL作るとき、必要なエタノールは何gか答えなさい。

問9　太郎君は、父、母、姉、妹の5人家族です。毎朝全員が、それぞれに対して1回ずつ「おはよう」と声をかけ、相手も「おはよう」と返します。この一家で1日に「おはよう」と発話される回数は、下表の通り4×5＝20回となります。また、太郎君が通う学校は30人学級です。学級でも家庭と同じように、毎朝それぞれが全員に対してあいさつをします。太郎君のクラスで、ある朝に発されるすべての「おはよう」の回数は何回か答えなさい。

表

From＼To	父	母	姉	太郎	妹
父		○	○	○	○
母	○		○	○	○
姉	○	○		○	○
太郎	○	○	○		○
妹	○	○	○	○	

問10　太郎君の学級では、新型コロナウイルス感染対策のために、登校する生徒を6割にしました。その状況《じょうきょう》下《か》でのある1日に、太郎君の学級に登校する生徒は何人になるか答えなさい。

問11　政府から外出機会の5割削減《さくげん》が要請《ようせい》されました。その結果、太郎君の学級では接触機会はおよそ何％削減されますか。小数点以下を四捨五入し、整数で答えなさい。またそのように考えた理由を説明しなさい。ただし、問9を利用し、接触機会は発される「おはよう」の声の回数で考えて良いものとします。

問12　ワクチンの有効率90％とは、「100人に打ったら、90人に効《き》く」という意味ではなく、「ワクチンを接種すると、発病する確率を90％削減《さくげん》できる」という意味です。今、1か月で100人いたら10人が発病する状況《じょうきょう》下《か》であるとします（発病する確率は10％と言えます）。この状況下で、100人の人にワクチンを打った後に、その人たちの中から1か月間で100人中2人の発病が確認されました。このワクチンの有効率を答えなさい。

2　次の文章と図や表から考えて、あとの問いに答えなさい。

2019年の終わり頃《ころ》から世界中に広がり、いまだに完全終息とはならない①新型コロナウイルスですが、我々人類の歴史は、実は常にウイルスと共にあり、その②ウイルスとの闘《たたか》いの歴史であるとも言えます。

この地球上に人類が誕生したのは、資料にもよりますが、約20万年前と考えられています。ウイルスの誕生はそれよりもずっと早く、数十億年前とも言われています。（　Ⅰ　）、人類よりウイルスの方がはるかに長くこの地球上に存在している、ということになります。従って、人類は誕生してからずっと、ウイルスと闘いながら共生してきたのです。

日本の歴史上、最も古いものでは、③奈良時代に天然痘《てんねんとう》らしき症例《しょうれい》が発生していたという記録が残っています。日本最古の歴史書とされる『 A 』にその記述が見られます。日本での仏教の普及《ふきゅう》が広がった時期と重なり、日本古来の神を④ないがしろにしたための神罰《しんばつ》による病だと考えられていたようです。（　Ⅱ　）、渡来人《とらいじん》の移動が活発になった時期とも重なり、感染が広がったと考えられています。

ウイルスの存在は、19世紀に入ってから知られるようになり、感染症予防のワクチンが開発されるに至って、20世紀に入ってようやくこの天然痘は根絶されました。日本での記録は奈良時代以降しか残っていませんが、世界に目を向けると、紀元前十数世紀までさかのぼります。実に数千年という長い時間、天然痘というウイルスと人類は闘い続けたのです。これまでに人類が根絶に成功したウイルス感染症はこの天然痘だけです。

ウイルス感染症でこれまで特に感染の規模が大きかったものとしては、インフルエンザの一種とされる「⑤スペイン風《か》邪《ぜ》」が挙《あ》げられます。これは20世紀になってから世界的に大流行したものですが、感染者数は全世界で約5億人、死者数は5千万人にのぼるとも言われます。当時の世界人口は19億人ほどなので、現在の世界人口約79億人あたりに換算《かんさん》すれば、約 B 人が感染したことになります。いかに猛威《もうい》を振《ふ》るったかがわかります。

この「スペイン風邪」は、感染の第一波が起きた時がちょうど C のまっただ中であったため、ヨーロッパなどで、軍人を中心として人の移動が活発になったこともあって感染が拡大した、と考えられています。この戦争が終結した原因の一つは、感染拡大によって多くの死者が出たことで、徴兵《ちょうへい》できる成人男性が減少したためである、という説もあります。

このように人類とウイルスとの闘いの歴史を見てくると、感染拡大の原因と、それを抑《おさ》えるためにはどうしたらよいのかが、少しずつ見えてきます。今私たちが闘っている新型コロナウイルスもまた、すぐに、簡単には終息しそうにありません。（　Ⅲ　）、人類が負けないためには、⑥うまく共生していきながら少しでも感染を抑えていけるように、すべての人々が努力していくしかないのでしょう。

問1　空欄《くうらん》(　Ⅰ　)～(　Ⅲ　)に当てはまる言葉として最も適するものをそれぞれ次のア～オから一つずつ選び、記号で答えなさい。ただし、同じ記号を2回以上使ってはいけません。

ア　しかし　　イ　なぜなら　　ウ　さて　　エ　つまり　　オ　また

問2　A　に入る書物の名称《めいしょう》として正しいものを次のア～オから一つ選び、記号で答えなさい。

ア　日本書紀《にほんしょき》　　イ　枕草子《まくらのそうし》　　ウ　徒然草《つれづれぐさ》　　エ　奥《おく》の細道《ほそみち》　　オ　羅生門《らしょうもん》

問3　B　に入る数字として正しいものを次のア～オから一つ選び、記号で答えなさい。

ア　6百万　　イ　5千万　　ウ　3億　　エ　20億　　オ　50億

問4　C　には、1914 年に始まったある戦争の名称が入ります。正しいものを次のア～オから一つ選び、記号で答えなさい。

ア　戊辰《ぼしん》戦争　　イ　日清《にっしん》戦争　　ウ　日露《にちろ》戦争　　エ　第一次世界大戦　　オ　第二次世界大戦

問5　下線部①「新型コロナウイルス」について、その社会的・経済的な影響《えいきょう》、および政府が行った対策に関する以下の1～5の文について、それぞれ正しいものには○、誤っているものには×を記入しなさい。

1　マイナスの影響を受けた産業として、飲食業などが挙《あ》げられる。

2　国境を越《こ》えた人とモノの移動がいずれも増加し、グローバル化が進んだ。

3　マスクなどが品薄《しなうす》になり、インターネットでの高額転売が行われた。

4　政府から国民に対する給付金の交付などが行われることはなかった。

5　人々の給料が大幅《おおはば》に上昇《じょうしょう》するなど、経済的な影響が大きかった。

問6　下線部②「ウイルスとの闘《たたか》いの歴史」について、以下の表はこれまでの歴史上に起きた感染症死者数の推定データです。表1について説明した以下の1～3の文について、それぞれ正しいものには○、誤っているものには×を記入しなさい。

表 1:感染症別死者数(「Visualizing the History of Pandemics」より作成)

感染症の内容	死者数	時期
ペスト・ローマ帝国の疫病《えきびょう》	500万人	165年~180年
ペスト・東ローマ帝国の疫病	3000万人~5000万人	541年~542年
ペスト・黒死病	2億人	1347年~1351年
天然痘	5600万人	1520年
ペスト・17世紀の大疫病	300万人	1600年
ペスト・19世紀の中国とインドで流行	1200万人	1855年
スペイン風邪《かぜ》	4000万人~5000万人	1918年~1919年
アジア風邪	110万人	1957年~1958年
エイズ	2500万人~3500万人	1981年~現在

1　これまでの感染症では、19 世紀に流行したペストが死者数の合計で2番目に多い。

2　スペイン風邪による死者数は、アジア風邪による死者数よりも多い。

3　ペスト・黒死病による死者数は、他のすべての感染症による死者数を上回っている。

問7　下線部③「奈良時代に天然痘《てんねんとう》らしき症例《しょうれい》」について、奈良時代の人々も感染症と闘《たたか》っていましたが、その方法は現在とは大きく異なっていました。A、B、C それぞれの図は、当時の人々が疫病《えきびょう》を乗り越《こ》えるために用いたもの、もしくは作り上げたものです。A、B、C の図とそれぞれの説明文、さらに本文をヒントにしながら、当時の人々がどんな方法で天然痘に立ち向かっていたかを、今の時代との大きなちがいを示しながら説明しなさい。なお、解答する際に、図 A の土馬《どば》が、脚《あし》が折れた状態で発見されることが多い理由についてもふれること。

図A

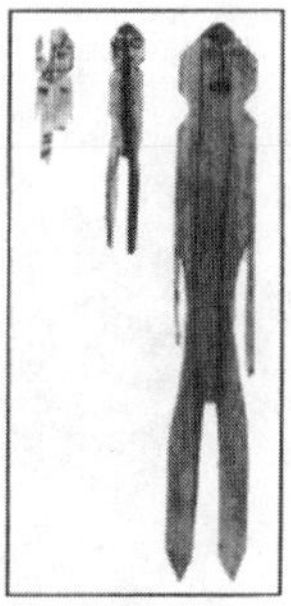
図B

図C

図 A：土馬《どば》といい、雨ごいなどの祭りなどに使用された。
図 B：人形《ひとがた》といい、人の形をした木製の人形である。
図 C：東大寺大仏であり、当時の社会不安を背景に作られた。

問8　下線部④「ないがしろ」の本文中での意味として最も適するものを次のア〜オから一つ選び、記号で答えなさい。

ア　あっても無いかのように軽くあつかうさま。
イ　慎重《しんちょう》に構えず手軽にやってのけるさま。
ウ　見下《みくだ》したりあなどったりしてさげすむさま。
エ　そこにないものを無理を言ってほしがるさま。
オ　敬意を払《はら》っていねいにあつかうさま。

問9　下線部⑤「スペイン風邪《かぜ》」について、以下の(1)、(2)の問いに答えなさい。

(1)スペイン風邪と新型コロナウイルスには、いくつかの共通点がある一方で、異なる点も見られます。以下の図1～4の資料を手がかりにしながら、共通点を3つ、異なる点を1つ説明しなさい。

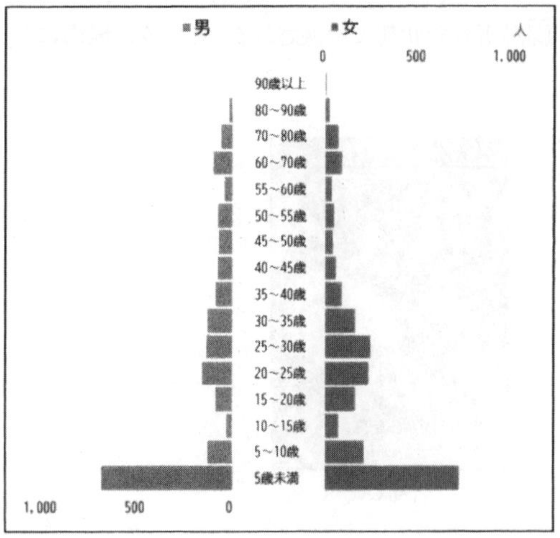

図1：スペイン風邪年齢別死亡者
(「茨城県統計書」より)

図2：スペイン風邪流行当時の様子
(「東京朝日新聞」1920年1月12日)

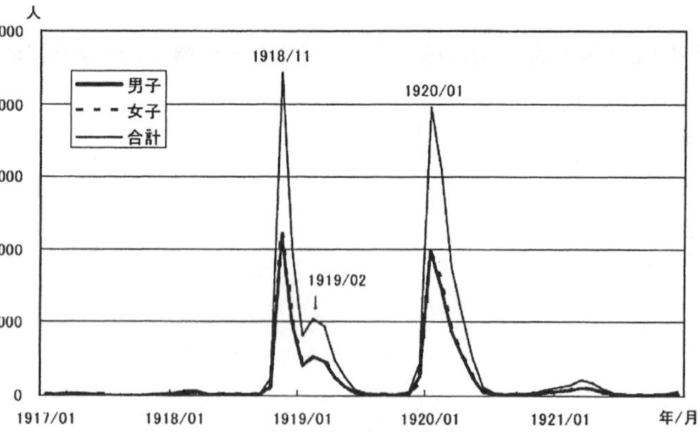

図3：スペイン風邪の死亡者数の推移
(「人口動態統計」より作成)

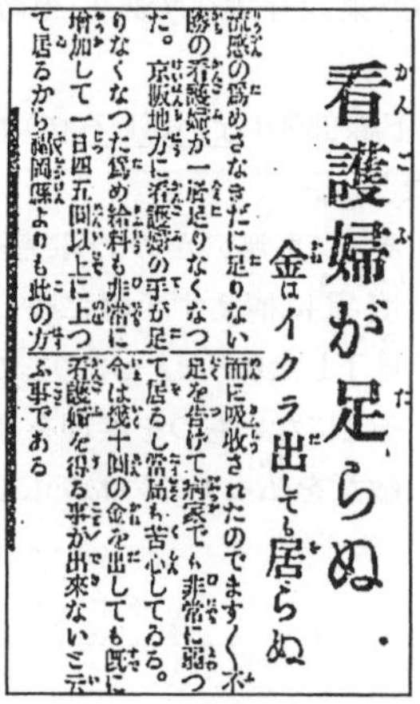

看護婦《かんごふ》が足《た》らぬ

金はイクラ出しても居らぬ

流感の為めさなきだに足りない勝の看護婦が一層足りなくなつた。京阪地方に看護婦の手が足りなくなつた為め給料も非常に増加して一日四五圓以上に上つて居るから福岡縣よりも此の方面に吸収されたのでますく〳〵不足を告げて病家でも非常に困つて居るし當局も苦心してゐる。今は幾十圓の金を出しても既に看護婦を得る事が出来ないと云ふ事である

図4：新聞記事
(「九州日報 1920年1月 18日」)

(2)表2と図5、およびそれに基《もと》づく下記の情報1～3を手がかりに、スペイン風邪《かぜ》の発祥地《はっしょうち》と考えられる国名を答えなさい。

情報1：その国の人口100万人あたりの新型コロナウイルスの死者数はインドネシアを上回っている。

情報2：その国の訪日外客数はイギリスを上回っている。

情報3：その国は東南アジアの国ではない。

表2：新型コロナウイルスの人口100万人あたりの累計《るいけい》死者数（2021年4月24日まで）
（「Our World in Data」より作成）

ブラジル	アルゼンチン	チリ	アメリカ	カナダ
1832人	1360人	1347人	1728人	633人

イギリス	イタリア	フランス	ドイツ	ロシア
1881人	1969人	1510人	974人	727人

インド	インドネシア	中国	日本	韓国
139人	163人	3人	78人	35人

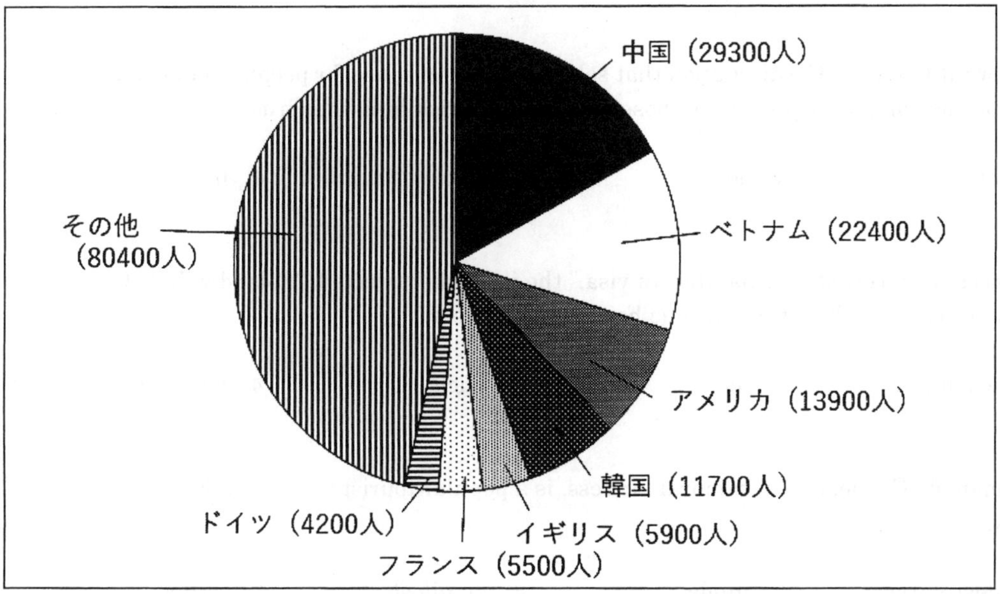

図5：2021年1月～8月国別訪日外客数
（「日本政府観光局（JNTO）発表統計」より作成）

問10　本文の内容をまとめた次の文章の空欄《くうらん》に入る言葉を、それぞれ指定された字数で本文中からぬき出して答えなさい（同じ数字には同じ言葉が入ります）。

ウイルスは人類よりも古い歴史を持つため、人類は誕生したときからウイルスと（　①2字　）し、闘《たたか》ってきた。（　②3字　）とは3千年以上にわたって闘い続け、唯一《ゆいいつ》（　③5字　）した。（　④6字　）はこれまでに特に大きい（　⑤2字　）で感染拡大をした。これらのウイルス感染症は、（　①　）しつつ感染拡大を抑《おさ》えるよう努力していかなければならない。

問11　下線部⑥「うまく共生していきながら少しでも感染を抑えていけるように、すべての人々が努力していくしかないのでしょう」について、今の自分にもできることを、本文の内容をふまえて、60字以上80字以内で具体的に答えなさい。

【英　語】〈帰国生入試〉（50分）〈満点：100点〉

1　次の(1)～(15)の英文の（　）に入れるのにもっとも適切なものを1～4の中から1つずつ選び、その番号を書きなさい。

(1) This nation deserves so much (　　　) for hosting this event under the most unusual circumstances ever, and doing it all with grace, dignity, and honor.

1 award　　2 credit　　3 disgrace　　4 criticism

(2) In order to slow the spread of COVID-19, measures such as mask-wearing, social-distancing, and good ventilation have proven (　　　).

1 imaginative　　2 adjective　　3 comparative　　4 effective

(3) We want to reduce the disruption that self-isolation can cause for people and businesses, while ensuring we're protecting those most (　　　) risk from the virus.

1 at　　2 for　　3 into　　4 if

(4) "Maria has received a humanitarian visa," the journalist tweeted. "Poland will do (　　　) is necessary to help her to continue her sporting career."

1 whenever　　2 it　　3 such　　4 whatever

(5) Kumamoto Castle, once a samurai fortress, is a popular tourist (　　　) in Kumamoto City.

1 destination　　2 guide　　3 manifest　　4 activist

(6) Major automakers have long stood atop the industry (　　　) by keeping development and production of gasoline-powered engines in-house.

1 pyramid　　2 greenhouse　　3 circle　　4 string

(7) The huge container ship that blocked the Suez Canal for nearly a week earlier this year finally (　　　) the port of Rotterdam in the Netherlands to begin unloading its cargo.

1 arrived　　2 got　　3 appeared　　4 reached

(8) These fish, named Goliath Groupers after the giant of Biblical legend, can (　　　) over 800 pounds.

1 weight　　2 heavy　　3 weigh　　4 high

(9) The Tigers fans were (　　　) disappointed because their team lost to their rival team.

1 terribly　　2 freshly　　3 willingly　　4 approximately

(10) Commuter trains in Japan are usually on time (　　　) crowded schedules. Even when the weather is bad, you can count on the train to arrive.

1 despite　　2 instead　　3 otherwise　　4 even

(11) The Inland Sea is a body of water that (　　　) the Japanese islands of Honshu, Shikoku and Kyushu. It also connects the Pacific Ocean to the Sea of Japan.

1 attaches　　2 belongs to　　3 covers　　4 separates

(12) The large amount of summer homework was too much for Bob and he got a (　　　) headache.

1 running　　2 beaming　　3 splitting　　4 splashing

(13) The new product being (　　　) by the company may be delayed due to a global shortage of semiconductors.

1 overrun　　2 manipulated　　3 developed　　4 prefaced

(14) Global warming and the destruction of the natural environment are the biggest (　　　) facing humanity today.

1 trouble　　2 challenges　　3 affair　　4 disappointing

(15) Having a good time and (　　　) yourself mean almost the same thing.

1 living　　2 enjoying　　3 amazing　　4 believing

2 次の英文(16)～(20)において、それぞれ下の 1～5 の語句を並べかえて空所を補(おぎな)い、最も適切な文を完成させなさい。解答はそれぞれの文の(a)と(b) に入れるものの番号のみを解答用紙の決められた欄(らん)に書きなさい。

(16) To understand the author's purpose, it is important to be interested ______ __(a)__ ______ __(b)__ ______ to read.

1 what　　2 you　　3 about　　4 are　　5 in

(17) It is raining so hard now, so you ______ ______ __(a)__ ______ __(b)__ the rain stops.

1 until　　2 better　　3 here　　4 had　　5 stay

(18) Do you know that Brazil is one of the few ______ __(a)__ ______ __(b)__ ______?

1 speak　　2 countries　　3 where　　4 they　　5 Portuguese

(19) We all wanted his advice, but he wouldn't ______ __(a)__ ______ ______ __(b)__.

1 take　　2 discussion　　3 in　　4 part　　5 our

(20) No matter how angry you are, violence __(a)__ ______ __(b)__ ______ ______.

1 the　　2 is　　3 out　　4 of　　5 question

3 次の英文を読み、後の問題に答えなさい。(21)～(24)は質問に対する解答としてもっとも適切なものを 1～4 の中から 1 つずつ選び、その番号を書きなさい。(25)は英語で書きなさい。

How does gravity pull things down to Earth?

Gravity is a force, which means that it pulls on things. But the Earth isn't the only thing which has gravity. In fact, everything in the universe, big or little, has its own pull because of gravity – even you.

Isaac Newton was one of the first scientists to figure out the rules of how gravity behaves. As the story goes, he was sitting under an apple tree when one of the fruits fell off. As he saw the apple fall down to the ground, he started to wonder why it didn't go up to the sky instead.

After lots of experiments, and some very clever thinking, he worked out that the force of gravity depends on how heavy objects are, and that the pull of gravity between objects gets smaller, the further apart they are. To see how gravity works in our universe, we're going to take a journey, with a few stops along the way.

First off, we'll go to the park and play a game of football. When you kick the football into the air, the Earth's gravity pulls it back down. But that's not the only thing that's happening: the gravity of the football is also pulling on the Earth. The thing is, the Earth is very heavy – much heavier than the football – so it's unaffected by the pull of the football, while the football itself is pulled back down to Earth.

Our next stop is the Moon, and as we journey up into space, there's a good chance you'll see the Sun. Now, the Sun is much, much bigger than the Earth, which means its pull is very powerful indeed.

You might be wondering why the Earth and all the other (ア) don't just fall into the Sun, the same way the football falls to Earth. The answer is that the (ア) are all moving, and the balance between the force of gravity and the speed of their movement (which comes from when they were first made, about 4.5 billion years ago) keeps them circling round the Sun.

When we arrive on the Moon, you'll see that the pull of gravity is not the same everywhere. It is related to how heavy – or how massive – an object is. If you jump on the Moon, you'll be able to go much higher than you can on Earth. This is because the Earth is bigger than the Moon, so the force between you and the Earth – which is what we call weight – is bigger than the force between you and the Moon. On the Moon, you seem to weigh less than on Earth, so you can jump higher.

Our final stop is the seaside. Sitting on the beach, you can see the sea gradually getting closer and closer to you – this is the tide coming in. After some time, the sea seems to get further away – now, the tide is going out. But the sea is not actually moving in and out – it is moving up and down. As the sea level rises, the water gets closer to you, because the beach you are sitting on slopes upwards away from the sea. And as the sea level drops down, the water gets further away from you.

This is also an effect of gravity, and it happens because the Moon is close to the Earth. Unlike the football, the Moon is heavy enough to have an effect – just a little one, because the Earth is still much heavier – but it's enough for us to notice when we watch the tides. As the water level rises, it is being pulled towards the Moon, and the tide comes in. Then the tide goes out, and the water level drops, as the Moon rotates around the Earth.

An interesting question is why we don't have enormous tides caused by the Sun pulling on the Earth. We know that the Sun is much bigger than the Moon – so surely it ought to be able to pull water towards it? Actually, it does – but much less than the Moon. This is because although the Sun is much bigger than the Moon, it is much, much further away – and the pull of gravity gets weaker the bigger the distance between objects.

So, next time you're kicking a football around in the park, you'll know how gravity is bringing the football back down to Earth.

Adapted from: Curious Kids: How does Gravity pull Things down to Earth? 2018 by Monica Grady (The Open University), The Conversation

(21) Which of the following has the least gravity?

1 the Sun　2 the Earth　3 a football　4 the Moon

(22) What keeps the Earth from colliding with the Sun?

1 the pull of gravity between the Sun and Earth
2 the force of the Moon on the Earth
3 the movement of the ocean tides
4 the balance between speed and gravity

(23) In the sixth paragraph, choose the word that best fits in (ア).

1 footballs　2 suns　3 planets　4 objects

(24) The main topic of this article is

1 the attraction between objects in the universe
2 the reason a football flies
3 our solar system
4 a journey through the universe

(25) According to the passage, what is said to have inspired Isaac Newton to think about gravity? Answer in a single English word.

4 次の英文を読み、後の問題に答えなさい。(26)〜(29)は質問に対する解答としてもっとも適切なものを1〜4の中から1つずつ選び、その番号を書きなさい。(30)は英語で答えなさい。

Honeybees

Honeybees are flying insects, and close relatives of wasps and ants. Bees of all varieties live on nectar and pollen. Honeybees are social insects that live in colonies. The hive population consists of a single queen, a few hundred drones, and thousands of worker bees.

Worker bees are all female, and they do almost everything for the hive. From birth to her death 45 days later, the worker bee is given different tasks to do during different stages of her life. Worker bees are responsible for everything from feeding the larvae (the baby bees), to tending to the queen, to cleaning the hive, to collecting food, to guarding the colony, to building honeycomb. The stinger of the worker bee is barbed, so when she is forced to defend herself or the hive, her stinger will become stuck in the skin of her victim. She is unable to pull it out, and dies when she inevitably tears herself away from the stuck stinger, leaving it behind with the venom sack still pumping venom into her victim.

Male bees are called drones. Their job is to mate with queens from other hives. If they do get the opportunity to mate, they die immediately afterwards. If they do not mate, they can live up to 90 days. You can identify drones in the hive by their big round bodies and large eyes. Drones are incapable of stinging.

There is one queen bee per hive and she is the mom of all the other bees. She is the only fertile female member of the colony, and lays about 1,500 eggs a day during spring and summer. Queen bees are distinguished from the other members of the hive by their long abdomens and small wings. Soon after birth, queen bees will go out and have a wild weekend, where they mate with 15 or more drones over a three day period before retiring to the hive to lay eggs.

When the colony needs a new queen bee, they simply choose a healthy larva, hatched from an egg of the current queen, and feed it royal jelly, a special, super nutritious food. Royal jelly, produced in the heads of young nurse bees (worker bees whose job it is to care for the larvae), helps this larva grow into a queen. Queens can live from 4 to 7 years, that's up to 57 times longer than a worker bee.

To seal their hive and to protect against diseases, the bees make a substance called propolis. Propolis is a combination of beeswax, honey, and tree resins, and is antibacterial, antifungal, and antiviral. It disinfects and protects their hive. It is also very sticky, and honeybees love to use it to seal up any cracks or holes they may encounter on a housekeeping mission.

With such a large population all working together, some great communication skills are needed. Bees do their talking in two ways by scent and by dancing. When a honeybee is warning her sisters about an intruder, or if all the ladies in the hive are particularly happy, honeybees have the ability to release a special hormonal scent called pheromones. The bees can detect these scents and interpret their message. A happy bee pheromone smells suspiciously like lemons, and a warning smell has a banana-like scent.

Adapted from: http://www.honeybeecentre.com/learn-about-honeybees

(26) How long do worker bees live?
1 one month
2 one month and a half
3 five weeks
4 three months

(27) If the worker bees are happy, what will the hive have a similar odor to?
1 lemons 2 honey 3 bananas 4 nectar

(28) If a larva receives royal jelly, what will it become?
1 a wasp 2 a worker bee 3 a drone 4 a queen bee

(29) What do worker bees use to maintain and protect the hive?
1 tree resins
2 honey
3 beeswax
4 all of the above

(30) Which type of bee can live twice as long as the worker bee? Answer in a single English word.

5 次の2つのテーマのうち1つを選び、150～200 語程度の英語で書きなさい。選んだ質問の番号も必ず書きなさい。

① What is one way to stop global warming? Write two or three reasons to support your answer.

② Write about a memorable day that you experienced at school.

2022年度 公文国際学園中等部 ▶解　答

※　編集上の都合により，帰国生入試の解説は省略させていただきました。

適性検査 ＜帰国生入試＞（50分）＜満点：100点＞

解　答

[1] **問1**　**A**　気管　**B**　肺　**問2**　ウ　**問3**　**a**　酸素　**b**　二酸化炭素　**問4**　（例）　表面積を大きくして，効率よく酸素と二酸化炭素を交換するため。　**問5**　エ　**問6**　**1**　×　**2**　○　**3**　×　**4**　○　**問7**　水の方が20g重い。　**問8**　60g　**問9**　870回　**問10**　18人　**問11**　（例）　問9より，30人のクラスでは，本来の接触機会は870回だが，登校する生徒の人数が5割の，30×0.5＝15(人)になると，接触機会は，14×15＝210(回)になる。よって，接触機会は，870－210＝660(回)減るので，660÷870×100＝75.8…より，およそ76％削減される。　**問12**　（例）　ワクチンを未接種の人の場合，100人のうち1か月で10人が感染するのに対して，ワクチンを打った人の場合，100人のうち1か月で2人が感染する。つまり，ワクチンを打つと発病する確率が，本来の，2÷10×100＝20(％)になり，発病する確率を，100－20＝80(％)削減できるので，このワクチンの有効率は80％といえる。　[2] **問1**　Ⅰ　エ　Ⅱ　オ　Ⅲ　ア　**問2**　ア　**問3**　エ　**問4**　エ　**問5**　**1**　○　**2**　×　**3**　○　**4**　×　**5**　×　**問6**　**1**　×　**2**　○　**3**　○　**問7**　（例）　奈良時代は医療技術が発達していなかったため，多くの人々を動員して大仏をつくるという宗教的な方法や，人形などを自分の身代わりとして利用するという呪術的な方法が解決手段となった。　**問8**　ア　**問9**　(1)　**共通点**…（例）　複数回にわたって感染が拡大した。／感染対策としてマスクが用いられた。／医療現場がひっ迫していた。　**異なる点**…（例）　死者数の多い年齢層が異なる。　(2)　アメリカ　**問10**　①　共生　②　天然痘　③　根絶に成功　④　スペイン風邪　⑤　規模　**問11**　（例）　人が移動することで感染が拡大しないように不要不急の移動をなるべく避けたり，インフルエンザの予防接種を受けるのと同じようにワクチン接種を受けたりする。

英　語 ＜帰国生入試＞（50分）＜満点：100点＞

解　答

[1] (1)　2　(2)　4　(3)　1　(4)　4　(5)　1　(6)　1　(7)　4　(8)　3　(9)　1　(10)　1　(11)　4　(12)　3　(13)　3　(14)　2　(15)　2　[2] ((a)，(b)の順に)　(16)　1，4　(17)　5，1　(18)　3，1　(19)　4，2　(20)　2，4　[3] (21)　3　(22)　4　(23)　3　(24)　1　(25)　apple　[4] (26)　2　(27)　1　(28)　4　(29)　4

(30) drone　　5 省略

Dr.福井の

入試に勝つ！ 脳とからだのウルトラ科学

歩いて勉強した方がいい？

みんなは座って勉強しているよね。だけど，暗記するときには歩きながら覚えるといいんだ。なぜかというと，歩いているときのほうが座っているときに比べて，心臓が速く動いて（脈はくが上がって）脳への血のめぐりがよくなるし，歩いている感覚が背骨の中を通って脳をつつくので，頭が働きやすくなるからだ（ちなみに，運動による記憶力アップについては，京都大学の久保田名誉教授の研究が有名）。

具体的なやり方は，以下のとおり。まず，机の上にテキストを広げ，1ページぐらいをざっと読む。そして，部屋の中をゆっくり歩き回りながら，さっき読んだ内容を思い出す。重要な語句は，声に出して言ってみよう。その後，机にもどってテキストをもう一度読み直し，大切な部分を覚え忘れてないかをチェック。もし忘れている部分があったら，また部屋の中を歩き回りながら覚え直す。こうしてひと通り覚えることができたら，次のページへ進む。あとはそのくり返しだ。

さらに，この“歩き回り勉強法”にひとくふう加えてみよう。それは，なかなか覚えられないことがら（地名・人名・漢字など）をメモ用紙に書いてかべに貼っておくこと。ドンドン貼っていくと，やがて部屋中がメモでいっぱいになるハズ。これらはキミの弱点集というわけだが，これを歩き回りながら覚えていくようにしてみよう！　このくふうは，ふだんのときにも自然と目に入ってくるので，知らず知らずのうちに覚えることができてしまうという利点もある。

歴史の略年表や算数の公式などを大きな紙に書いて貼っておくのも有効だ。

Dr.福井（福井《ふくい》一成《かずしげ》）…医学博士。開成中・高から東大・文Ⅱに入学後，再受験して翌年東大・理Ⅲに合格。同大医学部卒。さまざまな勉強法や脳科学に関する著書多数。

Memo

Memo

当社発行物の無断使用は固くお断りいたします。御使用の前はまずご相談ください。

当社発行物には500点余の首都圏中・高過去問をはじめ、６点の学校案内、そのほかいくつかの情報誌などがございます。その多くが年度版で、限られたスタッフが来るべき受験シーズン前に余裕を持って受験生へ届けられるよう、日夜作業にあたり出版を重ねております。

その中で、最近、多くの印刷物やネット上において当社発行物からの無断使用が見受けられ、一部で係争化しているところもございます。事例といたしましては、当社の新刊発行を待ち、それを流用して毎年ネット上に新改訂として掲載していたＡ社、当社過去問から三百箇所をはぎ合わせ「自社制作につき無断転載禁止」とし、集客材としてホームページに掲載していたＢ社、当社版誌面を無断スキャンし、記述式解答は一部殆ど丸取りして動画を制作していた家庭教師グループＣ社、当社発行物の表紙を差し替え、内容を複製し配布していた塾のＤ社などほか数社がございます。

当社発行物の全部もしくは一部を無断使用することは固くお断りいたします。

当社コンテンツの中にはリーズナブルな設定でご提供している事例もたくさんございますので、ご利用されたい方はまずは、お気軽にご相談くださいますようお願いします。同時に、当社発行物を無断で使用している媒体などにつきましての情報もお寄せいただければ幸いです（呈薄謝）。

株式会社 声の教育社

2025年度用

中学スーパー過去問

■編集人 声の教育社・編集部
■発行所 株式会社 声の教育社
〒162-0814 東京都新宿区新小川町8-15
☎03-5261-5061㈹ FAX03-5261-5062
https://www.koenokyoikusha.co.jp

※本書の内容についての一切の責任は当社にあります。内容・解説・解答・その他は当社ホームページよりお問い合わせ下さい。

カコを追いかけ
ミライをつかめ
「今の説明、もう一回」を何度でも
web過去問
ストリーミング配信による入試問題の解説動画
もっと古いカコモンないの？
カコ過去問
「さらにカコの」過去問をHPに掲載（DL）
声の教育社
詳しくはこちらから

よくある解答用紙のご質問

01

実物のサイズにできない

拡大率にしたがってコピーすると，「解答欄」が実物大になります。配点などを含むため，用紙は実物よりも大きくなることがあります。

02

A3用紙に収まらない

拡大率164％以上の解答用紙は実物のサイズ（「出題傾向＆対策」をご覧ください）が大きいために，Ａ３に収まらない場合があります。

03

拡大率が書かれていない

複数ページにわたる解答用紙は，いずれかのページに拡大率を記載しています。どこにも表記がない場合は，正確な拡大率が不明です。

04

１ページに２つある

１ページに２つ解答用紙が掲載されている場合は，正確な拡大率が不明です。ほかの試験回の同じ教科をご参考になさってください。

公文国際学園中等部

【別冊】入試問題解答用紙編

禁無断転載

解答用紙は本体からていねいに抜きとり、別冊としてご使用ください。

※　実際の解答欄の大きさで練習するには、指定の倍率で拡大コピーしてください。なお、ページの上下に小社作成の見出しや配点を記載しているため、コピー後の用紙サイズが実物の解答用紙と異なる場合があります。

●入試結果表

※得点はいずれも素点

年度	回	項目	国語	算数	数学	英語	2科合格		
2024	A入試	配点(満点)	100	100	100	100	満点(200)		
							国・算	最高点 174	最低点 140
		合格者平均点	＊1	74.3	66.9	72.1	国・数	最高点 173	最低点 98
		受験者平均点		60.9	62.1	63.7	国・英	最高点 181	最低点 110
		キミの得点					数・英	最高点 145	最低点 108

＊1　試験科目が国・算／国・数／国・英の順に、国語の合格者平均点は 79.0／69.3／69.9、受験者平均点は 69.0／65.8／64.2 です。試験科目が数・英の場合，数学の合格者平均点は 59.7、受験者平均点は 51.2、英語の合格者平均点は 71.0、受験者平均点は 71.5 です。

年度	回	項目	国語	算数	社会	理科	4科合計	4科合格
2024	B入試	配点(満点)	100	100	75	75	350	最高点
		合格者平均点	78.8	70.0	58.7	56.2	263.7	312
		受験者平均点	69.4	58.4	50.3	49.5	227.6	最低点
		キミの得点						232

年度	回	項目	国語	算数	数学	英語	2科合格		
2023	A入試	配点(満点)	100	100	100	100	満点(200)		
							国・算	最高点 176	最低点 131
		合格者平均点	＊1	68.5	59.4	72.3	国・数	最高点 176	最低点 83
		受験者平均点		56.3	54.7	61.4	国・英	最高点 186	最低点 107
		キミの得点					数・英	最高点 165	最低点 117

＊1　試験科目が国・算／国・数／国・英の順に、国語の合格者平均点は 79.0／69.2／68.3、受験者平均点は 70.2／64.4／62.0 です。試験科目が数・英の場合，数学の合格者平均点は 65.0、受験者平均点は 59.5、英語の合格者平均点は 78.4、受験者平均点は 72.7 です。

年度	回	項目	国語	算数	社会	理科	4科合計	4科合格
2023	B入試	配点(満点)	100	100	75	75	350	最高点
		合格者平均点	77.6	66.1	57.6	52.3	253.6	320
		受験者平均点	68.5	55.5	51.5	46.3	221.8	最低点
		キミの得点						229

年度	回	項目	国語	算数	数学	英語	2科合格		
2022	A入試	配点(満点)	100	100	100	100	満点(200)		
							国・算	最高点 175	最低点 140
		合格者平均点	＊1	74.8	60.9	75.6	国・数	最高点 185	最低点 100
		受験者平均点		63.0	56.9	67.9	国・英	最高点 178	最低点 131
		キミの得点					数・英	最高点 158	最低点 118

＊1　試験科目が国・算／国・数／国・英の順に、国語の合格者平均点は 80.8／71.3／74.0、受験者平均点は 74.3／69.2／66.8 です。試験科目が数・英の場合，数学の合格者平均点は 64.7、受験者平均点は 57.8、英語の合格者平均点は 78.7、受験者平均点は 74.0 です。

年度	回	項目	国語	算数	社会	理科	4科合計	4科合格
2022	B入試	配点(満点)	100	100	75	75	350	最高点
		合格者平均点	74.6	76.6	54.8	52.9	258.9	302
		受験者平均点	62.4	66.2	46.0	47.0	221.6	最低点
		キミの得点						237

〔参考〕満点（合格者最低点）　【帰国生入試】2024 年：200(128)　2023 年：200(121)　2022 年：200(130)

※　表中のデータは学校公表のものです。ただし、4科合計は各教科の平均点を合計したものなので、目安としてご覧ください。

声の教育社

2024年度 公文国際学園中等部

算数解答用紙 A入試

番号		氏名		評点	/100

1

(1)		(2)		(3)	
(4)		(5)			

2

(1)	人	(2)	ページ
(3)	mm	(4)	cm
(5)	cm^2	(6)	と

3

(1)	① 番目	②	(2)	① cm^2	② cm^2
(3)	① 枚	② 枚	(4)	① 円	② 人

4

(1)	毎分 m	(2)	m	(3)	毎分 m
(4)	答え ① ② ③				

5

(1)	cm	(2)	cm^3	(3)	cm^2
(4)	答え cm^2				

（注）この解答用紙は実物を縮小してあります。179％拡大コピーをすると、ほぼ実物大の解答欄になります。

〔算　数〕100点(推定配点)

1, 2 各４点×11　3 各３点×８　4 (1), (2) 各３点×２　(3) ４点　(4) ６点＜完答＞　5 (1), (2) 各３点×２　(3) ４点　(4) ６点

2024年度　公文国際学園中等部

数学解答用紙　A入試

番号		氏名		評点	/100

（注）この解答用紙は実物を縮小してあります。182%拡大コピーをすると、ほぼ実物大の解答欄になります。

1 (1) (2) (3) (4) (5) (6) (7) (8)

2 (1) < < (2) (3) (4)① (4)② (4)③ (5)① (5)② (6)① (6)② (6)③ (6)④

3 (1) ・ ・ (2) 個

4 (1) (2) (3)

5 (1) (2) (3) (4)

〔数　学〕100点(推定配点)

1, 2　各３点×20　3　各４点×２　4　(1)　５点<完答>　(2)　４点　(3)　５点　5　(1), (2)　各４点×２　(3), (4)　各５点×２

２０２４年度　公文国際学園中等部

英語解答用紙　Ａ入試

番号		氏名		評点	/100

1

(1)	(2)	(3)	(4)	(5)
(6)	(7)	(8)	(9)	(10)
(11)	(12)	(13)	(14)	(15)

2

(16)	(a)	(b)
(17)	(a)	(b)
(18)	(a)	(b)
(19)	(a)	(b)
(20)	(a)	(b)

3

(21)	1	2
(22)		
(23)		
(24)		

4

(25)	
(26)	
(27)	
(28)	

5

(29)	
(30)	
(31)	
(32)	
(33)	

（注）この解答用紙は実物を縮小してあります。182％拡大コピーをすると、ほぼ実物大の解答欄になります。

〔英　語〕100点(推定配点)

1　各２点×15　2　各３点×５　3　(21)　５点＜完答＞　(22)～(24)　各４点×３　4　(25)～(27)　各４点×３　(28)　５点　5　(29)～(31)　各４点×３　(32)　５点＜完答＞　(33)　４点

２０２４年度　公文国際学園中等部

国語解答用紙　Ａ入試

番号　　氏名　　評点　／100

一

1 a　b　c
2
3
4
5
6
7 （80）（100）
8 ア　イ　ウ　エ　オ

二

1 a　b　c
2
3
4
5
6
7 （40）（50）
8

三

1 ①　②　③
2 （40）（50）

（注）この解答用紙は実物を縮小してあります。172％拡大コピーをすると、ほぼ実物大の解答欄になります。

〔国　語〕100点(推定配点)

一　問１　各２点×３　問２～問４　各４点×３　問５　３点　問６　４点　問７　10点　問８　各１点×５　二　問１　各２点×３　問２　５点　問３　３点　問４～問６　各４点×３　問７　10点　問８　各２点×２　三　各10点×２<問１は完答>

２０２４年度　公文国際学園中等部

算数解答用紙　B入試

番号　　氏名　　評点　／100

1
(1)
(2)
(3)
(4)
(5)

2
(1) 点
(2) 円
(3) オ
(4) 人
(5)
(6) 度

3
(1) ① cm²　② cm²
(2) ① 個　② 通り
(3) ① L　② 分
(4) ① 秒　② m

4
(1) 頂点
(2) ア　イ　ウ
(3) 通り
(4) 答え 通り

5
(1) cm
(2) cm
(3) cm²
(4) 答え cm²

（注）この解答用紙は実物を縮小してあります。179%拡大コピーをすると、ほぼ実物大の解答欄になります。

〔算　数〕100点(推定配点)

1, 2　各４点×11　3　各３点×８　4　(1), (2)　各３点×２<(2)は完答>　(3)　４点　(4)　６点
5　(1), (2)　各３点×２　(3)　４点　(4)　６点

２０２４年度　公文国際学園中等部

社会解答用紙　B入試

番号		氏名		評点	／75

1

1　問1　A　県　B　県　問2　C　川　問3　(1)　(2)

2　問1　問2　問3　X　Y　問4　問5　問6　問7　問8

2

問1　(1)　(2)　(3)　(4)　(5)　(6)　問2　問3　問4　問5　問6　問7　問8　問9　問10　問11

3

問1　問2　問3　問4　問5　問6　問7　問8　選挙　問9　問10　問11　ア　イ　ウ　エ　オ　カ　キ　問12　議席　問13　問14

（注）この解答用紙は実物を縮小してあります。189％拡大コピーをすると、ほぼ実物大の解答欄になります。

〔社　会〕75点(推定配点)

1　1　各1点×5　2　問1～問4　各2点×5　問5，問6　各3点×2　問7，問8　各2点×2　2　問1　各2点×6　問2～問9　各1点×9　問10，問11　各2点×2　3　問1　2点＜完答＞　問2～問6　各1点×5　問7　2点　問8～問11　各1点×10　問12～問14　各2点×3

2024年度　公文国際学園中等部

理科解答用紙　B入試

番号		氏名	

評点
/75

1

問1		問2			問3	
問4		問5		問6		
問7						

問8

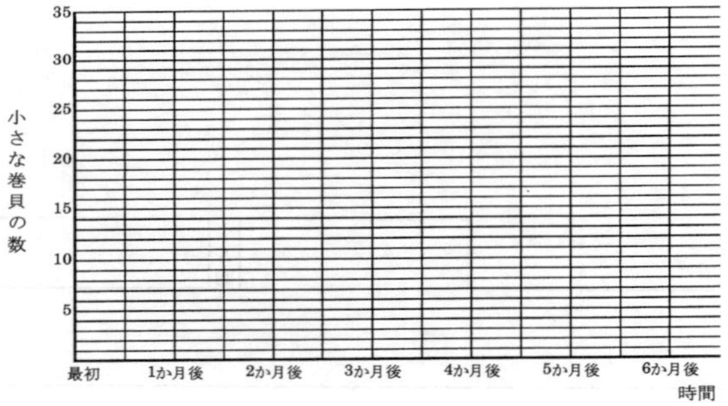

問9	疑問：
	答え：

2

問1		問2		問3		問4	
問5		問6		問7			
問8							
問9							
問10							
問11							
問12	問題点：						
	解決策：						

3

問1		問2		問3		問4	
問5		問6		問7			
問8							
問9							
問10							

（注）この解答用紙は実物を縮小してあります。192%拡大コピーをすると、ほぼ実物大の解答欄になります。

〔理　科〕75点(推定配点)

1　問1～問6　各2点×6<問2は完答>　問7，問8　各4点×2　問9　5点　2　問1～問11　各2点×11　問12　各3点×2　3　問1～問7　各2点×7　問8　3点　問9　2点　問10　3点

２０２４年度　　公文国際学園中等部

国語解答用紙　Ｂ入試

番号　　氏名　　評点　／100

一
1 a b c d e
2
3
4
5
6
7
8

二
1 a b c
2
3
4
5
6
7
8 A B C D E
9

三
1 ① ② ③ ④ い
2 ⑤ ⑥
3 ⑦ ⑧
4 ⑨ ⑩

（注）この解答用紙は実物を縮小してあります。179％拡大コピーをすると、ほぼ実物大の解答欄になります。

〔国　語〕100点(推定配点)

一　問１　各１点×５　問２　４点　問３　５点　問４～問６　各４点×３　問７　10点　問８　４点　二　問１　各２点×３　問２～問５　各４点×４　問６　３点　問７　６点　問８　各１点×５　問９　４点　三　各２点×10

２０２４年度　公文国際学園中等部

適性検査解答用紙　帰国生

番号		氏名		評点	/100

1

- 問1
- 問2　(1)　月　(2)　円
- 問3
- 問4　(1)　発電　(2)　%　(3)　億キロワット時
- 問5
- 問6
- 問7　(1)　①　②　(2)　E　F　G
- 問8　(1)　倍　(2)　(3)　a　b　c　d
- 問9
- 問10　①　②　③

2

- 問1
- 問2
- 問3　x　y　z
- 問4
- 問5　(1)　分　(2)　記号　(2)　理由
- 問6　→　→　→
- 問7　(1)　(2)
- 問8
- 問9
- 問10
- 問11　(1)　(2)
- 問12　（40　60）
- 問13　（60　80）

（注）この解答用紙は実物を縮小してあります。189％拡大コピーをすると、ほぼ実物大の解答欄になります。

〔**適性検査**〕100点(推定配点)

1　問1　3点　問2　各2点×2　問3，問4　各3点×4　問5～問7　各2点×7　問8　(1)，(2)　各2点×2　(3)　3点＜完答＞　問9，問10　各2点×4　2　問1～問4　各2点×6　問5　(1)　2点　(2)　記号…2点，理由…6点　問6　3点＜完答＞　問7～問11　各2点×7　問12　6点　問13　7点

２０２４年度　公文国際学園中等部

英語解答用紙　帰国生

番号		氏名		評点	/100

5

選んだ質問の番号	

（注）この解答用紙は実物を縮小してあります。175％拡大コピーをすると、ほぼ実物大の解答欄になります。

1

(1)	(2)	(3)	(4)	(5)
(6)	(7)	(8)	(9)	(10)
(11)	(12)	(13)	(14)	(15)

2

(16)	(a)	(b)
(17)	(a)	(b)
(18)	(a)	(b)
(19)	(a)	(b)
(20)	(a)	(b)

3

(21)	(22)	(23)	(24)
(25)			

4

(26)	(27)	(28)	(29)
(30)			

〔英　語〕100点(推定配点)

1　各２点×15　2　各３点×５　3, 4　各４点×10　5　15点

２０２３年度　公文国際学園中等部

算数解答用紙　Ａ入試

番号		氏名		評点	/100

1
(1)　(2)　(3)　(4)　(5)

2
(1)　%　(2)　円
(3)　g　(4)　分
(5)　①　個　②　個　(6)　①　②　cm^3

3
(1)　個　(2)　円　(3)
(4)　答え　cm^2
(5)　答え　m

4
(1)　点　(2)　点　(3)　回
(4)　答え　点

5
(1)　cm　(2)　cm　(3)　cm
(4)

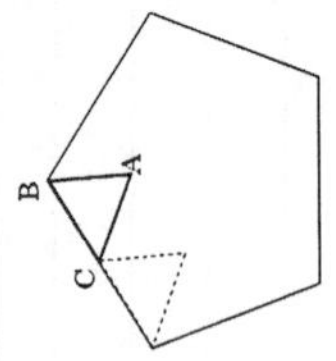

答え　cm

（注）この解答用紙は実物を縮小してあります。182%拡大コピーをすると、ほぼ実物大の解答欄になります。

〔算　数〕100点(推定配点)

1　各４点×５　2　(1)～(4)　各４点×４　(5)，(6)　各３点×４　3　(1)～(3)　各４点×３<(3)は完答>　(4)，(5)　各５点×２　4　(1)，(2)　各３点×２　(3)　４点　(4)　５点　5　(1)，(2)　各３点×２　(3)　４点　(4)　５点

２０２３年度　公文国際学園中等部

数学解答用紙　A入試

番号　　氏名　　評点 ／100

1
(1)　(2)　(3)
(4)　(5)　(6)
(7)　(8)

2
(1)　(2)　(3) （枚）
(4) $a\square a\square a\square a\square a = 2a^2 + a$
(5) ①　(5) ②　(6) A＝　B＝
(7) ①　(7) ②
(8)　(9) ①　(9) ②

3
(1) ｛
(2) 男子　人　女子　人

4
(1)
(2) ①　(2) ②

5
(1)　(2)
(3)　(4)

（注）この解答用紙は実物を縮小してあります。182%拡大コピーをすると、ほぼ実物大の解答欄になります。

〔数　学〕100点(推定配点)

1, 2　各３点×20　3　各４点×2＜(2)は完答＞　4　(1)　５点　(2)　①　４点　②　５点　5　(1), (2)　各４点×2　(3), (4)　各５点×2

２０２３年度　公文国際学園中等部

英語解答用紙　Ａ入試

番号　　氏名　　評点　／100

（注）この解答用紙は実物を縮小してあります。182%拡大コピーをすると、ほぼ実物大の解答欄になります。

4
(25)　(26)　(27)　(28)

5
(29)　(30)　(31)　(32)　(33)

1
(1)　(2)　(3)　(4)　(5)
(6)　(7)　(8)　(9)　(10)
(11)　(12)　(13)　(14)　(15)

2
(16) (a) (b)
(17) (a) (b)
(18) (a) (b)
(19) (a) (b)
(20) (a) (b)

3
(21)　5　10　15　20　25
(22)　(23)　(24)

〔英　語〕100点(推定配点)

1　各２点×15　2　各３点×５　3　(21)　５点　(22)～(24)　各４点×３　4　(25)～(27)　各４点×３　(28)　５点　5　(29)，(30)　各４点×２　(31)　５点　(32)，(33)　各４点×２

二〇二三年度　公文国際学園中等部

国語解答用紙　A入試

番号		氏名		評点	/100

一

1	a	b	c
2			
3			
4			
5			
6			
7			
8			
9			

二

1	a	b	c		
2	A	B	C	D	E
3					
4					
5					
6					
7					
8	80	100			

三

1	①		
	②		
	③		
2	①	10	20
	②	40	50

（注）この解答用紙は実物を縮小してあります。B５→A３（163%）に拡大コピーすると、ほぼ実物大の解答欄になります。

〔国　語〕100点(推定配点)

一　問１　各２点×３　問２　３点　問３～問７　各４点×５　問８　３点　問９　各４点×２　二　問１　各２点×３　問２　各１点×５　問３　３点　問４～問７　各４点×４　問８　10点　三　問１　①，②　各３点×２　③　４点　問２　①　４点　②　６点

2023年度　公文国際学園中等部

算数解答用紙　B入試

番号		氏名		評点	/100

1

(1)	(2)	(3)
(4)	(5)	

2

(1) 万円	(2) 人
(3) 時速 km	(4) 度
(5) ① 秒後 ② 秒後	(6) ① ②

3

(1) cm	(2) 本	(3) 色

(4)

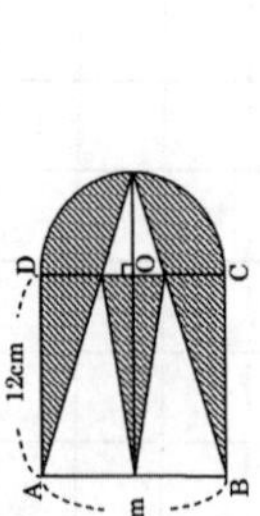

答え cm^2

(5)

答え 個

4

(1)

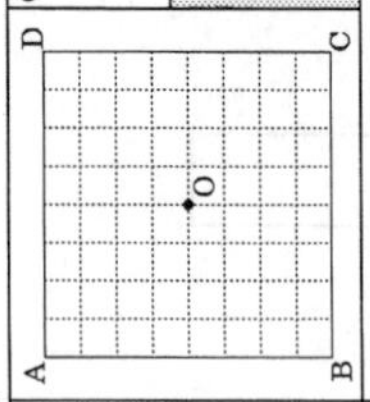

(2) cm^2

(3)

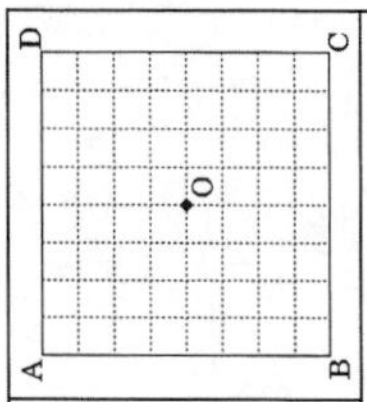

(4)

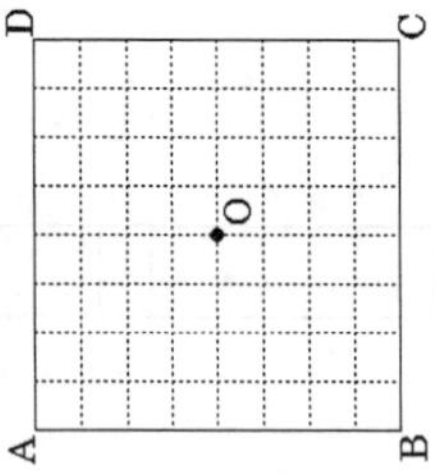

答え cm^2

5

(1) 枚	(2) 通り	(3) 通り

(4)

答え 通り

（注）この解答用紙は実物を縮小してあります。185%拡大コピーをすると、ほぼ実物大の解答欄になります。

〔算　数〕100点(推定配点)

1　各4点×5　2　(1)〜(4)　各4点×4　(5), (6)　各3点×4　3　(1)〜(3)　各4点×3　(4), (5)　各5点×2　4　(1), (2)　各3点×2　(3)　4点　(4)　5点＜完答＞　5　(1), (2)　各3点×2　(3)　4点　(4)　5点

２０２３年度　公文国際学園中等部

社会解答用紙　B入試

番号		氏名		評点	/75

（注）この解答用紙は実物を縮小してあります。189%拡大コピーをすると、ほぼ実物大の解答欄になります。

1

問1	あ	い	
問2	A	B	C
問3	問4	問5	問6
問7	問8	問9	問10
問11	問12	問13	

2

問1	(1) 農林水産品	α　県	(2)
問2	問3	問4	問5
問6	問7	問8	問9
問10			

3

問1	(1)	(2)	(3)
	(4)	(5)	(6)
問2	問3	問4	
問5	問6	問7	問8
問9	(1)		
	(2)		

〔社　会〕75点（推定配点）

1　問1，問2　各2点×5　問3，問4　各1点×2　問5，問6　各2点×2　問7～問10　各1点×4　問11，問12　各2点×2　問13　1点　2　問1～問9　各2点×11　問10　3点　3　問1　各2点×6　問2～問6　各1点×5　問7～問9　各2点×4

２０２３年度　公文国際学園中等部

理科解答用紙　B入試

番号		氏名		評点	/75

1

問1

問2　①　②　③

問3

問4　(1)　(2)　時　分　秒

問5　問6

問7

問8　問9

問10

2

問1　問2　問3

問4　問5　問6

問7

問8　問9　問10

問11　問12

3

問1　①　②　③

問2　(1)　(2)　(3)　(4)

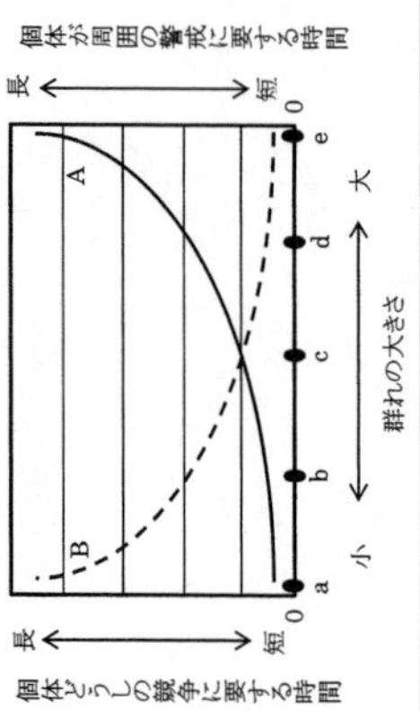

問3　順位制：　ヘルパー：

問4　係の名称：　仕事内容：

問5

（注）この解答用紙は実物を縮小してあります。200%拡大コピーをすると、ほぼ実物大の解答欄になります。

〔理　科〕75点(推定配点)

1　問1　2点　問2　各1点×3　問3　2点　問4　(1)　2点　(2)　3点　問5～問9　各2点×5　問10　3点　2　問1～問6　各2点×6　問7　3点　問8～問12　各2点×5　3　問1，問2　各2点×7　<問2の(4)は完答>　問3　各1点×4　問4　各2点×2　問5　3点

二〇二三年度　公文国際学園中等部

国語解答用紙　B入試

番号		氏名		評点	/100

一

1	
2	
3	A　B　C　D　E
4	20　30
5	1　2
6	30　40
7	I　II
8	
9	

二

1	a　b　c
2	
3	
4	
5	
6	
7	
8	
9	50　60

三

1	①　②　③　④
2	①　②　③
3	
4	①　→　→　→　→　②　→　→　→　→

（注）この解答用紙は実物を縮小してあります。B５→A３（163%）に拡大コピーすると、ほぼ実物大の解答欄になります。

〔国　語〕100点（推定配点）

一　問１　３点　問２　４点　問３　各１点×５　問４，問５　各４点×３　問６　５点　問７　３点＜完答＞　問８，問９　各４点×２　二　問１　各２点×３　問２，問３　各４点×２　問４　３点　問５　４点　問６　３点　問７　４点　問８　各３点×２　問９　６点　三　各２点×10＜問４は各々完答＞

２０２３年度　公文国際学園中等部

適性検査解答用紙　帰国生

番号		氏名		評点	/100

1

- 問1
- 問2
- 問3
- 問4
- 問5
- 問6（80　100）
- 問7
- 問8
- 問9
- 問10（0　50　100）
- 問11　kg
- 問12　kg
- 問13

2

- 問1　(1)　(2)　倍　(3)
- 問2　(1) 牛肉　(2) 鶏肉
- 問3　(1) カナダ　(2) ウクライナ　(3)（30　50）
- 問4　(1)　人　(2)　→　→
- 問5　(1)　トン　(2)　(3)　%　(4)（30　50）

（注）この解答用紙は実物を縮小してあります。200%拡大コピーをすると、ほぼ実物大の解答欄になります。

〔適性検査〕100点(推定配点)

1　問1～問5　各3点×5　問6　7点　問7, 問8　各3点×2<問8は完答>　問9～問12　各4点×4　問13　6点　2　問1　各3点×3　問2　(1)　各2点×2　(2)　3点　問3　(1)　3点　(2)　各2点×2　(3)　6点　問4　各3点×2<(2)は完答>　問5　(1)～(3)　各3点×3　(4)　6点

２０２３年度　公文国際学園中等部

英語解答用紙　帰国生

番号		氏名		評点	/100

1

(1)		(2)		(3)		(4)		(5)	
(6)		(7)		(8)		(9)		(10)	
(11)		(12)		(13)		(14)		(15)	

2

	(a)	(b)
(16)		
(17)		
(18)		
(19)		
(20)		

3

(21)		(22)		(23)		(24)	
(25)							

4

(26)		(27)		(28)		(29)	
(30)							

5

選んだ質問の番号	

（注）この解答用紙は実物を縮小してあります。175％拡大コピーをすると、ほぼ実物大の解答欄になります。

〔英　語〕100点(推定配点)

1　各２点×15　2　各３点×５　3, 4　各４点×10　5　15点

2022年度　公文国際学園中等部

算数解答用紙　A入試

番号		氏名	

評点　/100

1 (1)　(2)　(3)　(4)　(5)

2 (1) %　(2) 円　(3) 度　(4) 通り　(5) ① 番目 ②　(6) ① 番目 ②

3 (1) cm　(2) 日　(3) :　(4)　(5) 考え方や式　答え

4 (1) 個　(2)　(3) 個　(4) 考え方や式　答え

5 (1) m　(2) 回　(3) 回　(4) 考え方や式　答え 回

（注）この解答用紙は実物を縮小してあります。185%拡大コピーをすると、ほぼ実物大の解答欄になります。

〔算　数〕100点(推定配点)

1 各4点×5　2 (1)～(4) 各4点×4　(5)，(6) 各3点×4　3 (1)～(3) 各4点×3　(4)，(5) 各5点×2<(4)は完答>　4 (1)～(3) 各3点×3　(4) 6点　5 (1)，(2) 各3点×2　(3) 4点　(4) 5点

２０２２年度　公文国際学園中等部

数学解答用紙　Ａ入試

番号　　氏名　　評点　／100

4 (2)　(3)

5 (1)　(2)　(3)　(4)

（注）この解答用紙は実物を縮小してあります。182%拡大コピーをすると、ほぼ実物大の解答欄になります。

1 (1)　(2)　(3)　(4)　(5)　(6)　(7)　(8)

2 (1)（個）　(2)　(3)（分）　(4) ①　②　③　(5)　(6) ①　②　(7) ①　②　③

3 (1) {　}　(2)（秒後）

4 (1)

〔数　学〕100点(推定配点)

1, 2　各３点×20　3　各４点×2　4　(1)　４点＜完答＞　(2), (3)　各５点×2　5　(1), (2)　各４点×2　(3), (4)　各５点×2

２０２２年度　公文国際学園中等部

英語解答用紙　A入試

番号		氏名		評点	/100

1

(1)	(2)	(3)	(4)	(5)
(6)	(7)	(8)	(9)	(10)
(11)	(12)	(13)	(14)	(15)

2

(16)	(a)	(b)
(17)	(a)	(b)
(18)	(a)	(b)
(19)	(a)	(b)
(20)	(a)	(b)

3

(21)　(22)　(23)　(24)

4

(25) 1 2 3　(26)　(27)　(28)

5

(29)　(30)　(31)　(32)　(33)

（注）この解答用紙は実物を縮小してあります。182%拡大コピーをすると、ほぼ実物大の解答欄になります。

〔英　語〕100点(推定配点)

1 各２点×15　2 各３点×５　3 (21)，(22)　各４点×２　(23)　５点　(24)　４点　4 (25)　５点＜完答＞　(26)～(28)　各４点×３　5 (29)～(31)　各４点×３　(32)　５点　(33)　４点

二〇二三年度　公文国際学園中等部

国語解答用紙　A入試

番号　　氏名　　評点　　／100

一

1　a　って　b　c

2

3

4

5

6　始め　終わり

7

8　100　120

二

1　a　b　c

2

3　15　20　こと。

4

5

6

7

三

1　①　②　③

2　40　50

（注）この解答用紙は実物を縮小してあります。B5→A3（163%）に拡大コピーすると、ほぼ実物大の解答欄になります。

〔国　語〕100点(推定配点)

一　問1　各2点×3　問2～問7　各5点×6　問8　10点　二　問1　各2点×3　問2　5点　問3　7点　問4～問6　各5点×3　問7　各3点×2　三　問1　各2点×3　問2　9点

2022年度　公文国際学園中等部

算数解答用紙　B入試

番号		氏名		評点	/100

1

(1)　(2)　(3)　(4)　(5)

2

(1) 秒速　　m
(2) 　　%
(3) 　　cm
(4) 　　円
(5) ①　　通り　②　　通り
(6) ①　②

3

(1) 　　人
(2) 　　cm
(3)
(4)
(5) 式

答え　　m

4

(1)　(2)
(3) 上から　　段目　左から　　番目
(4) 考え方や式

答え

5

(1) 　　cm
(2) 　　秒
(3) ①　　秒後　②　　秒後　③　　秒後
(4) 考え方や式

答え　　cm^2

（注）この解答用紙は実物を縮小してあります。182%拡大コピーをすると、ほぼ実物大の解答欄になります。

〔算　数〕100点(推定配点)

1　各4点×5　2　(1)～(4)　各4点×4　(5)，(6)　各3点×4　3　(1)～(3)　各4点×3　(4)，(5)　各5点×2<(4)は完答>　4　(1)，(2)　各3点×2　(3)　4点　(4)　5点　5　(1)，(2)　各3点×2　(3)　①，②　各1点×2　③　2点　(4)　5点

２０２２年度　公文国際学園中等部

社会解答用紙　Ｂ入試

番号		氏名	

評点	/75

1

問1	(1)	(2)	(3)	
	(4)	(5)		
問2	問3	問4	問5	
問6	問7	問8		
問9	番号	A	B	
問10				

2

問1	駅	問2		
問3	(1) 地方	(2) 山	問4	
問5	問6	問7	問8	
問9	A	B		
問10				

3

問1	問2	問3			
問4	1	2	3	4	
問5	B	C	問6	問7	
問8					
問9	1	2	3	4	5
問10	問11	問12			
問13					

（注）この解答用紙は実物を縮小してあります。189％拡大コピーをすると、ほぼ実物大の解答欄になります。

〔社　会〕75点(推定配点)

1　問1　各2点×5　問2〜問6　各1点×5　問7，問8　各2点×2　問9　A，B　各2点×2　問10　2点　**2**　問1〜問9　各2点×11　問10　3点　**3**　問1，問2　各1点×2　問3　2点　問4，問5　各1点×6　問6　2点　問7　1点　問8　3点　問9〜問13　各1点×9

２０２２年度　公文国際学園中等部

理科解答用紙　Ｂ入試

番号		氏名		評点	/75

1

問1	A
問2	B　C　D　E
問3	
問4	
問5	
問6	
問7	
問8	
問9	

2

問1	
問2	毎時　km
問3	北極側　南極側
問4	
問5	
問6	人
問7	
問8	
問9	

問8

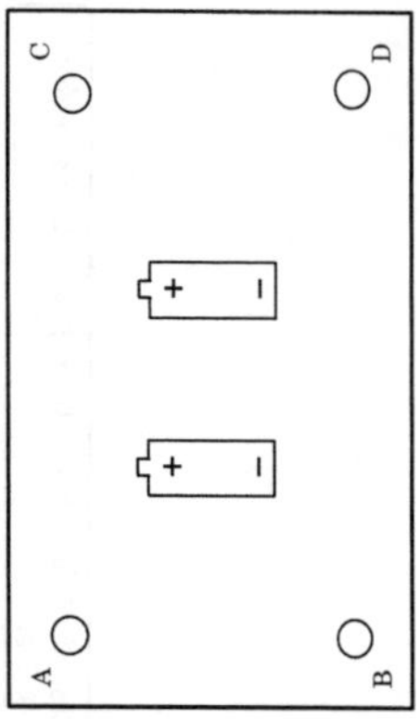

3

問1	
問2	A　B
問3	
問4	
問5	ヤナギの木　kg　増えた・減った　土　kg　増えた・減った
問6	
問7	植物は
問8	mL
問9	%

（注）この解答用紙は実物を縮小してあります。200%拡大コピーをすると、ほぼ実物大の解答欄になります。

〔理　科〕75点(推定配点)

1　問1，問2　各2点×5　問3　3点　問4～問9　各2点×6　2　問1　2点　問2　3点　問3～問5　各2点×4　問6　3点　問7　2点　問8　4点　問9　2点　3　問1～問5　各2点×7　問6～問9　各3点×4

二〇二二年度　公文国際学園中等部

国語解答用紙　B入試

番号		氏名		評点	/100

一

1	a		b					
2	A		B		C		D	
3								
4								
5								
6								
7	(20字) 15 20							
8								
9								

二

1	a		b		c	
2						
3						
4						
5						
6	(5字)					
7	(120字) 100 120					

三

1	①		②		③		④	
2	①		②		③			
3	①		②		③			

（注）この解答用紙は実物を縮小してあります。Ｂ５→Ａ３（163%）に拡大コピーすると、ほぼ実物大の解答欄になります。

〔国　語〕100点(推定配点)

一　問1，問2　各2点×6　問3～問6　各4点×4　問7　7点　問8，問9　各4点×2　二　問1　各2点×3　問2～問5　各4点×4　問6　5点　問7　10点　三　各2点×10

２０２２年度　　公文国際学園中等部

適性検査解答用紙　帰国生

番号		氏名		評点	/100

1

問1　A　B
問2
問3　a　b
問4
問5
問6　1　2　3　4
問7
問8
問9
問10
問11
問12

2

問1　I　II　III
問2
問3
問4
問5　1　2　3　4　5
問6　1　2　3
問7
問8
問9　(1)　共通点　共通点　共通点　異なる点
(2)
問10　①　②　③　④　⑤
問11　60　80

（注）この解答用紙は実物を縮小してあります。185％拡大コピーをすると、ほぼ実物大の解答欄になります。

〔適性検査〕100点(推定配点)

1　問1〜問3　各2点×5　問4　4点　問5　2点　問6　各1点×4　問7　4点　問8〜問10　各3点×3　問11，問12　各7点×2　2　問1〜問4　各2点×6　問5，問6　各1点×8　問7　4点　問8　2点　問9　各3点×5　問10　各1点×5　問11　7点

2022年度　公文国際学園中等部

英語解答用紙　帰国生

番号		氏名		評点	/100

（注）この解答用紙は実物を縮小してあります。175％拡大コピーをすると、ほぼ実物大の解答欄になります。

5

選んだ質問の番号	

1

(1)		(2)		(3)		(4)		(5)	
(6)		(7)		(8)		(9)		(10)	
(11)		(12)		(13)		(14)		(15)	

2

	(a)	(b)
(16)		
(17)		
(18)		
(19)		
(20)		

3

(21)		(22)		(23)		(24)	
(25)							

4

(26)		(27)		(28)		(29)	
(30)							

〔英　語〕100点(推定配点)

1　各２点×15　2　各３点×５　3，4　各４点×10　5　15点

Memo

中学後見返し